KB006251

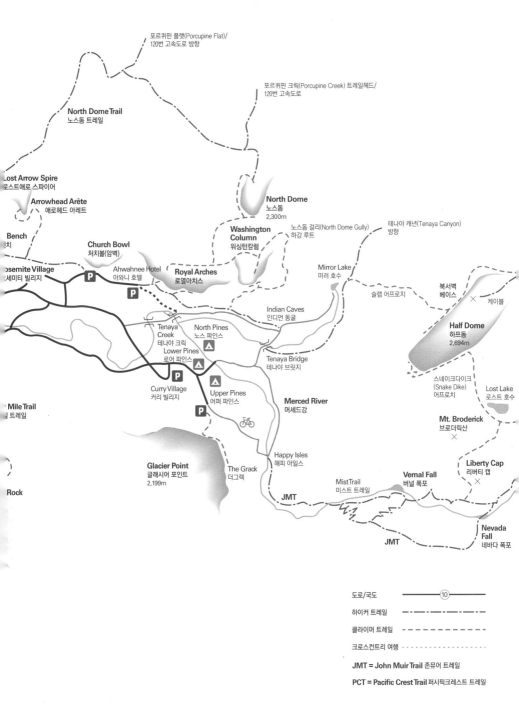

캠프 4

지은이 **스티브 로퍼**Steve Roper

1941년생. 요세미티에서 400번(재등 포함) 이상 등반한 베테랑 등반가다. 그는 등반가로서 성공했을 뿐만 아니라 작가로도 일가를 이뤘다. 앨런 스텍과 함께 『북미 클래식 등반 50선』을 집필했으며, 1967년 발행한 산악매체 〈Ascent〉 공동 편집자로 일했다. 또한 『요세미티 등반 가이드』를 포함해 다수의 가이드북과 기사를 작성했다.

옮긴이 **송은희**

여행기자 및 에디터로 일하면서 발리, 홍콩과 상하이 가이드북을 작업했고, UEFA 번역 업무를 하면서 『창문뱀』, 『성공하는 삶의 7가지 비밀』, 『엘리자베스 홀리』 등의 번역서를 출간했다. 20년 전 등반을 시작해 빅월 등반 교육을 받았으며, 서울시산악연맹 기획위원을 지냈다. 배낭과 텐트를 짊어지고 알프스와 히말라야를 일주했고, 최근에는 킬리만자로에 올랐으나 요세미티는 아직도 감히 오르지 못하고 있다.

캠프 4

스티브 로퍼 지음 송은희 옮김

하루재클럽

차례

왼쪽 _ 미트그라인더Meat Grinder(5.10 크랙루트)를 스테밍 자세로 오르는 모습
(사진: 로저 브리들러브/어센트 컬렉션)

계절이 마법을 일으켜 대지에 활력을 불어넣으면, 대지는 본연의 모습을 드러낸다. 캐시드럴 봉우리들과 엘캐피탄은 인생은 중요한 경험이라는 사실을 일깨우고, 고립된 바위에서 맡는 바다 내음과 소나무 향은 또 다른 세계를, 아스팔트와 화려한 레스토랑이 범접 못하는 그런 세계를 향한 노스탤지어를 자극한다. 변한 것은 없다. 그곳에는 고요가 존재한다.

마이크 보르고프Mike Borghoff, 1962년

요세미티 등반은 왜 그렇게 다를까? 등반기술과 등반윤리와 등반장비가 왜 모두 자체적으로 발전했을까? 근본적인 이유는 바위가 지닌 성질에 있다. 닳고 닳아서 빙하처럼 반질반질하고, 홀드가 드문 바위벽은 세상 그 어디에도 없다. 모든 등반선은 수직 크랙으로 이어지고, 모든 크랙과 홀드는 수직 방향이다. 특별한 기술과 장비는 절대적인 필요성을 통해 진화했다.

이본 취나드Yvon Chouinard, 1963년

나는 오랫동안, 정확히 말하면 30년 동안, 이 책을 쓰는 것을 피해왔다. 1964년 6월, 요세미티Yosemite 등반의 개척자 앨런 스텍Allen Steck에게 보낸 열정에 찬 편지 사본을 갖고 있다. "우리가 요세미티 등반의 역사를 써야 해요! 선배가 과거의 역사를 다루면, 제가 현대를 다룰게요." 스텍은 엄청난 작업을 우려하는 조심스러운 답장을 보내왔다. 우리는 또 한 번 편지를 주고받았으나, 프로젝트는 끝내 무산되고 말았다. 1964년은 요세미티 등반의 초창기여서 그때 그렇게 된 것이 지금으로서는 오히려 다행이다. 엘캐피탄El Capitan에 루트가 네 곳만 있을 때 책을 썼다면 어떻게 되었을까? 당시는 프랭크 사슈러Frank Sacherer와 척 프랫Chuck Pratt이 크고 작은 벽에서 인공 보조물을 제거하기 위해 쟁탈전을 벌이기 이전이었다. 그리고 매드슨Madsen, 슈미츠Schmitz, 헨넥Henneck, 로리아Lauria, 데이비스Davis, 크로거Kroger 같은 이름을 들어보지도 못한 때였다.

　지난 몇 년 동안, 캠프4에서 과거 등반 얘기들을 들려줄 때마다, 사람들은 내게 '기록으로 남겨달라'고 부탁했다. 마치 포도주를 마시고 미친 듯이 떠든 내용이 간단하게 정리될 수 있는 것처럼. 앨런 스텍의 말이 옳았다. 등반역사를 쓰는 일은 아주 수고로운 작업이다. 그래서 나는 다른 누군가가 그 일을 할 거라 생각하며 기다렸다. 하지만 아무도 나서지 않았다. 1990년 5월, 친구 휴 스위프트Hugh Swift가 "너무 늦기 전에 써야 해." 라고 재촉했다. 그러고는 8개월 후 갑작스레 세상을 떴다. 이제 그는 자신이 사랑했던 히말라야에 대해서는 결코 쓰지 못할 것이다. 그의 죽음을 통해 깨달았다. 우리는 죽을 수밖에 없는 존재이며, 죽는 순간 독특한 정보가 많이 담긴 이야기들이 함께 사라진다는 사실을.

로열 로빈스Royal Robbins와 짐 심스Jim Sims를 비롯한 여러 친구들도 나를 강하게 압박했다. 그러나 나를 결정적으로 움직이게 만든 사람은 앨런 스텍이었다. 1992년 그는 요세미티 등반의 황금기를 다룰 적임자로 마운티니어스북스Mountaineers Books에 나를 추천했다. 그리고 며칠 후 출판사의 도나 드샤조Donna DeShazo 이사가 나를 추켜세우며 경계심을 허물었다. 누가 저항할 수 있을까? 그분들에게 감사드린다. 그들의 격려가 없었더라면 이 프로젝트는 시작할 수도 없었을 것이다.

지나간 시대를 추억하는 일은 아찔한 능선을 로프도 없이 종주하는 것과 같다. 한편에서는 윤색하라고 악마가 꼬드긴다. "당신의 이야기는 그렇게 끌리지 않아. 더 재미있어야 해." 반대쪽에 있는 진리의 전사는 "증명할 수 있는 것, 기록된 것만 써." 하고 명령한다. 작가는 이 좁은 암릉-아레트arête를 통과하지 않은 채 개인적인 사건을 처리할 수 없다. 과거에 대한 현재의 신념은 오래전 사건을 바라보는 우리의 인식을 크게 바꿀 수 있다. 가령, 성숙한 성인이 된 나는 무모했던 과거를 되돌아보며 당혹감을 느낀다. 어떻게 그리 유치할 수 있었을까? 그리고 더 성숙한 관점에서 오래된 사건을 유연하게 넘어가거나, 혹은 내 행동을 과대평가하는 것은 아닐까?

내가 내세울 수 있는 점은 사실 그대로 쓰려고 노력했다는 것이다.

옛 기억을 끌어내는 과정에서 많은 등반가들이 도움을 줬다. 만약 내용에 오류가 있다면 그것은 모두 내 책임이다. 많은 지인들이 추억을 나눠주고, 편지를 보내주고, 전화로 길게 이야기를 해주고, 일기나 자료를 빌려주었다. 에릭 벡Eric Beck, 리치 콜더우드Rich Calderwood, 이본 취나드Yvon Chouinard, 닉 클린치Nick Clinch, 데이브 쿡Dave Cook, 마이크 코벳Mike Corbett, 스콧 데이비스Scott Davis, 빌 던마이어Bill Dunmire, 존 에번스John Evans, 톰 프로스트Tom Frost, 모건 해리스Morgan Harris, 모트 헴펠Mort Hempel, 톰 히긴스Tom Higgins, 앨 맥도널드Al Macdonald, 일레인 매튜스Elaine Matthews, 웨인 메리Wayne Merry, 브루스 메이어Bruce Meyer, 존 모턴John Morton, 로열 로빈스Royal Robbins, 얀 사슈러Jan Sacherer, 조지 세션스George Sessions, 존 쇤르John Shonle, 빌 스톨Bill Stall, 앨런 스텍Allen Steck, 밥 스위프트Bob Swift 그리고 프랭크 타버Frank Tarver에게 고마움을 표하고 싶다.

위에 언급한 사람들이 제공해준 정보들을 샅샅이 훑어보는 것 외에도 1950년대와 1960년대에 활동한 등반가들로부터 받은 수백 통의 편지에서 그 당시의 시대적 자료를 찾을 수 있었다. 그래서 이것들이 언젠가는 가치 있게 사용될 것으로 판단해 버리지 않고 보관했다. 이 책의 많은 인용문의 출처는 찢기고 얼룩진 편지와 인터뷰 내용이다. 그리고 당시 아주 중요한 등반 관련 매체인 『서미트Summit』, 『아메리칸 알파인저널American Alpine Journal』, 『시에라클럽 소식지Sierra Club Bulletin』에서 많은 부분을 인용했다. 상세한 출처는 뒤에 기록해 놨다.

과거의 등반가들 대부분은 카메라가 없었지만, 다행히도 글렌 데니Glen Denny가 1960년대에 요세미티 계곡을 돌아다니면서 등반가와 등반

장면을 촬영한 흑백사진들이 있었다. 그는 방대한 양의 흑백필름을 샅샅이 뒤져 사용할 수 있게 해줬고, 그 결과 캠프4 주역들의 멋진 사진은, 글로는 결코 표현할 수 없는 방식으로, 이 책을 풍성하게 해줬다. 이런 인물사진들의 대부분은 1960년대 중후반에 찍혔지만, 그 이전 시기를 다룰 때도 자료로 활용했다.

집필을 하면서 나는 도서관 사서가 우리 사회에서 가장 묵묵히 일하는 구성원이라는 사실을 새삼 깨달았다. 박식하면서도 늘 정중하고, 문제를 해결할 때까지 쉬지 않는 유전자를 지닌 요세미티국립공원 도서관의 린다 이드Linda Eade와 시에라클럽 도서관의 포비 애덤스Phoebe Adams에게 감사드린다.

여러 사람이 원고의 다양한 버전을 읽고, 샛길로 빠지려는 나를 올바른 방향으로 이끌어줬다. 앨런 스텍은 처음 원고 몇 장을 감수해줬고, 로열 로빈스는 전체를 다 읽은 후 "스티브, 여기 이 상스러운 표현은 불필요해 보여."라며 설득력 있는 제안과 신랄하면서도 적확한 비평을 해줬다. 그리고 마운티니어스북스의 마가렛 포스터Margaret Foster와 드나 드샤조는 침착하게, 전문적으로 프로젝트가 유지될 수 있도록 도와줬다. 16년 동안 함께 일한 프리랜서 편집자 린다 군나르손Linda Gunnarson은 등반을 하지 않는 사람 가운데 암벽등반과 등산 활동에 대해 가장 많이 알고 있는 인물이다. 그녀는 전술적으로 아주 많은 의견을 제시해줬으며, 종종 "말하고자 하는 바를 여기서 설명하면 어떨까요?"라는 식으로 메모를 건네줬다. 마지막으로, 거의 밤마다 '옛 이야기'를 건네주고, 모순된 논리를 잡아내기 위해 잠을 설치고, 캠프4의 매력적인 그룹에 대한 논쟁과 철학적 차이점을 보다 더 깊이 있게 도와준 아내 캐시Kathy에게 고마움을 전한다. 더불어 도움을 준 모든 분들에게도 감사드린다.

지금은 소유권이 개인에게 넘어간 1994년의 캠프4 입구 표지 (사진: 스티브 로퍼)

신의 뜻이든 순전히 우연이든 나는 미국 암벽등반 활동이 본격화된 1960년대에 요세미티 계곡의 캠프4에서 살다시피 했다. 1947년부터 1971년까지 25년간의 요세미티 등반 황금기는 그 당시 가장 어려웠던 로스트애로침니Lost Arrow Chimney 초등과 함께 시작되었다. 다른 주목할 만한 등반들이 곧 뒤따랐고, 나는 나중에 캠프4와 거대한 화강암 벽에서 신화적인 특성을 띠는 사건들을 목격했다. 친구들은 당시 내가 이 엄청난 거인들사이를 성큼성큼 걸었다지만, 나는 별난 사람들과 어울리는 부적응자라는느낌이 더 강하게 들었다.

요세미티 계곡의 거대한 벽은 제2차 세계대전이 끝날 무렵까지 사실상 거의 손길이 닿지 않은 미지의 영역이었다. 그러나 변화가 일어날 시점이 다가오고 있었다. 미국은 유럽에 비해 등반 수준이 뒤처져 있었다. 1930년대 알프스에서는 세계 최고의 등반가들이 위압감을 주는 사면과가파른 암벽을 따라 수십 개의 훌륭한 루트를 개척했다. 반면 요세미티는독특한 도전과제를 제시하고 있어서, 이 거대 암벽들이 왜 미등 상태로 남았는지 쉽게 알 수 있다. 화강암은 하나의 거대한 덩어리였을 뿐만 아니라, 상대적으로 적은 수의 수직 크랙이 존재했는데, 일부는 중간에서 끊겨 있었다. 따라서 수평 이동이 불가능하기 때문에 더 쉬운 루트를 만들 수 없었다. 요세미티 등반은 물기 없는 건조한 크랙을 재밍jamming으로 올라야 하는 특징을 갖고 있었고, 재밍은 아주 어려운 등반 스타일이었다. 또한 봄철에도 30도를 웃돌 정도로 뜨거운 날씨로 유명했다. 따라서 여러 날 등반할 때 많은 물을 갖고 올라가야 했고, 물은 무게가 많이 나가는 보급품이었다.

이런 장애물은 거의 전례가 없을 정도로 새로운 도전과제를 제시했다. 요세미티는 분명 새로운 스타일의 등반을 요구했다. 계곡의 거대한 벽을 오르고자 하는 사람은 부드러운 크랙재밍 테크닉을 터득해야 했고, 피톤이 잘 맞지 않는 크랙에 대한 특별한 장비를 고안해야 했으며, 수직에 가까운 벽 위로 짐을 끌어올리는 방법을 찾아야 했다. 1950년대와 1960년대에 소수의 등반가 그룹은 이 모든 어려움을 극복했다. 다른 지역 등반가들은 10년 동안 경외심을 갖고 요세미티 등반을 지켜본 후 합류했고, 이후 요세미티 등반가들이 개발한 기술이 널리 퍼져나가면서 파타고니아와 배핀섬의 가파른 절벽을 오르는 데 사용되었다.

요세미티를 찾은 1930년대 등반가들은 여러 루트를 초등했다. 연질의 피톤과 대마 로프를 사용하고, 테니스화를 신고 등반한 것을 감안하면 정말 놀라운 일이다. 그들은 요세미티 등반의 진정한 개척자였다. 그렇기는 해도 미국 암벽등반 역사에서 '불가능'을 가능의 영역으로 변환시킨 이들은 제2차 세계대전 이후 세대였다. 스위스 태생의 존 살라테John Salathé는 인공등반이 새로운 가능성을 가져다줄 것을 처음 간파하고, 로스트애로침니 등반으로 그 가능성을 입증해 보였다. 1950년대는 존 살라테와 앨런 스택의 센티넬Sentinel 북벽에 대한 대담한 등반과 함께 시작되었다. 그 시기에 이뤄진 (하프돔과 엘캐피탄) 등반은 가장 거대한 벽도 오를 수 있다는 것을 보여줬고, 등반가 로열 로빈스Royal Robbins와 워런 하딩Warren Harding은 미래의 등반 비전과 용기의 상징이 되었다. 그리고 마크 파월 Mark Powell, 척 프랫Chuck Pratt, 밥 캠스Bob Kamps, 프랭크 사슈러Frank Sacherer 같은 재능 있는 등반가들은 이전 세대에 두려움을 준 재밍크랙과 수직벽을 유연하게 오르면서 자유등반의 르네상스를 이끌었다.

당시 등반장비가 요세미티 등반에 적절치 않다는 것을 알게 된 몇몇 선지자들은 주목할 만한 장비를 발명했다. 살라테는 강철 피톤을 손수 제작했고, 딕 롱Dick Long과 톰 프로스트Tom Frost는 봉봉Bong-Bong으로 알려진 커다란 피톤을 독자적으로 개발했으며, 이본 취나드는 '우표 크기'만 한 아주 작은 피톤(러프RURP)을 만들었다. 이 혁신적인 장비들은 이전에 엄두도 내지 못한 크랙등반을 가능하게 했다. 그리고 로열 로빈스는 거벽등반에 적합한 새롭고도 훌륭한 홀링hauling 기술을 고안했다. 마지막으로, 황금기 말기에 취나드와 프로스트는 1960년대 중반 영국에서 들어온 마법 같은 장비인 너트Nut를 큰 사이즈로 개발했다. 이 너트로 인해 피톤으로 홈집이 난 요세미티 크랙들은 더 큰 손상을 피할 수 있게 되었다.

이 25년간의 시기는 숨이 턱 막힐 정도의 엄청난 등반 위업과 급진적인 장비 혁신이 이뤄진, 미국 등반 역사상 가장 중요한 시기였다. 당시 이야기의 일부는 잘 알려져 있지만 그 시대에 대해서는 거의 기록되지 않았다. 그래서 이 시기 전체를 다루기로 결심했다. 이 책은 초기 요세미티 등반의 역사와 개인적인 경험에 관한 기록이다. 1950년대 중반 10대 소년 시절에 캘리포니아주 버클리에서 등반을 처음 시작했을 때, 나는 여러 선배를 만나는 행운을 누렸다. 그들이 많은 것을 가르쳐주고, 안전한 등반기술을 각인시켜준 덕분에 향후 수십여 번에 걸친 위기에서 목숨을 구했던 것 같다. 이후 나는 황금기를 빛낸 거의 모든 등반가들을 만나 함께 등반했고, 운 좋게도 재능 있고 흥미로운 많은 사람들과 어울릴 수 있었다. 데이브 브라워Dave Brower에게 로프하강을, 척 프랫에게 크랙재밍을, 로열 로빈스에게 크랙등반 기술을 배웠다고 말할 수 있는 사람은 많지 않을 것이다.

1960년대는 세계적으로 유명한 요세미티 등반의 형성기이므로 이 시기를 집중적으로 다룰 예정이다. 그 짧은 기간 동안 캠프4는 엄청난 변화를 겪었다. 등반을 모르는 일반인들에게 경멸 받던 6명 정도의 '등반 부랑자들'의 터전이었던 이 캠프사이트는 1970년 방문자가 열 배나 증가했다. 그리고 암벽등반은, 점점 늘어나는 요세미티 방문자들이 돈을 지불하고 해야 하는, 고상한 활동으로 변모했다.

1933년부터 1971년까지 요세미티 계곡에서 이뤄진 모든 등반에 대한 상세 설명을 기대한 독자들은 실망할 수도 있다. 이 기간 동안 수백 명의 등반가들이 507개의 루트(자유등반에 의한 초등 포함)를 개척했지만, 대부분은 요세미티 등반의 발전에 영향을 끼치지 못했다. 따라서 이 책은 오늘날까지도 대담하고 혁신적이라고 여겨지는 획기적인 등반 루트에만 집중할 것이다. 마이너리그 선수들도 메이저리그 스타 못지않게 등반을 즐겼을 테지만, 이들에게 많은 시간을 할애하진 않을 것이다. 극소수의 남성들(여성들은 큰 족적을 남기지 못했다)만이 가능성의 한계를 뛰어넘었고, 이 책은 그들의 이야기이다.

나는 아주 중요한 등반, 가장 탁월한 비전을 지닌 선구적 등반가, 지대한 영향을 가져온 장비의 발전, 최고로 주목받은 논쟁과 매우 흥미로운 일화에 초점을 맞췄다. 물론 나의 선택은 주관적이다. 중요한 등반은 — 항상 그런 것은 아니지만 — 거벽 초등이나, 엄청난 재밍이 필요한 크랙 초등을 의미한다. 다시 말하자면, 매우 대담한 등반으로 기대치를 높인 업적을 일컫는다. 선견지명이 있는 등반가란 고정로프나 볼트를 거의 설치하지 않고 보다 효율적인 스타일이나 새로운 장비를 활용해 거벽을 오를 수 있다는 것을 내다본 사람을 뜻한다. 선견지명이 있는 등반가는 소수에 불과했지만, 이들은 암벽등반에 대해 오랫동안 진지하게 고민했고, 그 아이디어를 실행에 옮겼다. 이 책이 다양한 이슈와 논쟁을 설명하고 등반가들의 대응방식을 보여줌으로써, 등반에 대한 담론이 부차적이던 시기에 이뤄진 뜨거운 시대정신을 보여줄 수 있으면 좋겠다. 나는 등반과 관련되지 않은 일화들을 통해 사뭇 매력적인 사람들의 성격을 드러내고 싶었다. 하지만, 요세미티 등반이라는 주제에 초점을 맞추기 위해 주요 인물들의 등반 외적인 삶은 다소 감칠맛 나는 일부 내용만 포함시켰다. 삶의 대부분이 등반활동을 중심으로 돌아갔지만 우리가 요세미티에서 등반만 하는 사람들은 아니었다. 우리는 겨울철에 임시직에 종사했고, 여자친구나 아내가 있었으며, 등반을 하지 않는 친구들과도 어울렸다. 콘서트와 스포츠 경기를 보러 다녔고, 히치하이킹이나 화물열차를 이용해 남서부의 장엄한 사암 타워들도 방문했으며, 티톤국립공원에 있는 높은 봉들도 올라갔다. 또 스키를 타고, 하이시에라High Sierra를 트레킹하기도 했다.

당연히 이런 삶의 패턴이 계속 유지될 수는 없었다. 1970년대 초반 캠프4의 가장 유명한 등반가들(척 프랫, 이본 취나드, 톰 프로스트, 로열 로빈스)은 거벽등반을 포기하고 활동 영역을 다른 곳으로 옮겼다. 나는 요세미티 등반이 격변을 겪고 있던 1971년을 끝으로 이야기를 마무리지었다. 1970년 엘캡에서 돈월Dawn Wall이 초등되고, 몇 달 후 이 루트에 부분적인 볼트 '제거' 작업이 이뤄지면서 등반가들 사이에 좋지 않은 감정이 표출되었다. 일반 루트를 오르기 위해 일렬로 줄 서는 일도 그다지 재미있어 보이지 않았다. 등반이 주류 활동이 되고 있었기 때문이다. 다소나마 고독한 공간이었던 캠프4는 '서니사이드Sunnyside'라는 복잡한 곳으로 변질됐다. 따라서 내가 보기에 1970년대 초반의 요세미티 등반은 황금기의 종말을 알리는 신호였다.

물론 이후에도 등반가들은 뛰어난 업적을 남겼으며, 이 부분은 에필로그에서 일부 언급했다. 거벽은 자유등반과 속도등반의 무대가 되었다. 척 프랫과 프랭크 사슈러가 개발한 크랙등반 기술은 바위천장 아래까지 이어진 크랙을 재밍해 올라갈 수 있을 정도로 정교했다. 1970년대와 1980년대에 서니사이드 캠프사이트에 체류하던 등반가들 이야기는 반드시 다뤄져야 하며, 곧 나올 것으로 확신한다.

1960년대 요세미티 등반은 강렬한 경험이라서 캠프4에 오래 머무는 등반가는 거의 없었다. 나를 비롯한 몇 명만 요세미티 계곡에서 10번 정도의 봄과 여름과 가을을 보냈을 뿐 대다수는 몇 년 정도만 보낸 후 떠났다. 이는 등반 역사가에게, 심지어 거기에 있었던 사람에게도 골치 아픈 문제다. 어느 상황에서 특정 등반가들을 회고하는 것이 때로는 불가능하기 때문이다. 이 책에 나온 표현 가운데 '우리'는 캠프4를 다녀간 등반가 무리를 가리킨다.

하지만 기록적인 등반과 기억에 남는 논쟁거리를 다룰 때는 직접 책임이 있는 당사자들의 이름을 언급해 그 책임을 부여하려고 한다. 일부 주제를 다룰 때 캠프4 등반가들은 정반대의 견해를 보이기도 했지만, 이 책의 주요 주제는 거벽등반 방식에 관한 것이다. 나는 워런 하딩Warren

Harding이 고정로프와 볼트의 확산을 억제하기 위해 일련의 윤리를 부과하려는 사람들을 일컫던 '계곡의 도덕군자들Valley Christians' 편에 당당하게 섰다. 일부는 워런 하딩처럼 등반가가 그런 '규칙'을 따라야 할 필요가 없다고 생각했다. 나머지는 로열 로빈스처럼 등반가가 숙련된 기술과 내면의 힘에 더 많이 의존해야 한다고 생각했다. 로빈스는 우리가 기술로 거벽을 정복한다면 모험심 넘치는 등반 정신을 잃을 거라고 느꼈다. 물론 하딩과 로빈스는 요세미티 등반에서 별과 같은 존재여서 우리는 이 두 사람이 모두 필요했다. 하딩은 거벽등반이 가능하다는 것을 처음 보여줬고, 로빈스는 거벽을 얼마나 잘 등반할 수 있는지 보여줬다.

나는 1960년대에 20대 초반의 별난 젊은이들이 어떻게 그렇게 많은 시간을 요세미티 계곡에서 보내게 되었는지 종종 의문이 들었다. 일단, 우리 모두는 야외활동과 어려운 도전을 좋아했다. 등반가가 느끼는 강렬한 육체적·정신적 즐거움을 일반인들에게 설명하는 것은 쉽지 않다. 근육이 잘 작동할 때, 위험한 등반 문제가 차분하고 사려 깊은 방식으로 해결될 때, 햇빛이 비치는 좁은 바위 턱에서 느긋하게 점심을 먹을 때, 등반이 와이키키 해변에 누워 있는 것보다 훨씬 더 좋게 느껴질 때, 그때 우리는 열반Nirvana에 이른다. 등반은 대단히 즐겁다. 이 책에서 나는 이 부분을 많이 강조하진 않을 것이다. 더 진지하고 두려움이 느껴지며 웃음기가 사라진 등반을 다룰 것이기 때문이다. 우리는 미지를 두려워하면서도 — 때로는 다른 곳, 어쩌면 와이키키 해변에 있었으면 좋겠다고 바라면서도 — 등반의 어려움을 통해 순수한 운동감각의 즐거움을 제공해주는 수십 개의 작은 루트를 완성했다.

그런데도 우리는 왜 그렇게 많은 시간을 요세미티 계곡에서 보냈을까?

이를 설명해주는 키워드는 '반항'일 것이다. 우리들 다수는 1950년대와 1960년대를 세계가 — 특히 우리나라가 — 방향을 잃었던 시기로 여겼다. 우리는 아이젠하워 시대의 물질주의와 안일주의(만족)를 목도했다. 젊은이들에게 희망을 준 케네디 대통령이 댈러스에서 암살당하면서 우리는 절망에 빠졌다. 베트남이라는 전초기지가 내키지 않는 민족정신을 강요했다. 미국이라는 나라를 자랑스럽게 여기는 것이 힘든 시기였다. 우리는 주류사회에 편입되고 싶지 않았기 때문에 절벽 가까이에 머물렀던 것 같다. 1960년대의 요세미티 등반가들은 대개 대학 중퇴자들이었다. 캠프사이트에는 지성인들만큼이나 많은 가짜 지성인들도 공존했다. 우리는 점잖은 사람들이었으나 조용히 단호했고, 때로는 떠들썩하기도 했다.

우리 그룹 중에는 신경증에 걸린 환자라고 할 수 있는 사람은 거의 없었지만, 사회성이 부족한 사람들이었다는 것은 분명하다. "여기, 춤을 춰본 적이 있는 사람?" 모닥불 앞에서 누군가 이런 질문을 던진 적이 있었다. 체격이 좋고 특별히 못생기지도 않은, 주로 숫총각들이었던 10여 명은 그 질문에 고심했다. 마침내 한 명이 대담하게 답변했다. "고등학교 때 무도회에 한 번 간 적은 있는데 춤은 추지 않았어." 하지만 반항적인 그 괴짜들은 세상에서 가장 재능 있는 등반가들이었다. 이런 그들의 영혼과 그들의 시대를 제대로 회고할 수 있었으면 좋겠다.

깊은 심연

과거를 돌이켜보면 우리는, 적절한 등반기술을 적용하면, 극도
로 어려운 암벽도 안전하게 등반할 수 있음을 적어도 우리 자신
에게 보여줬다는 데서 가장 큰 만족감을 찾았다. 동료가 추락해
부상을 당해도, 경미한 상처와 타박상 정도에 그쳤다.

베스터 로빈슨Bestor Robinson
1934년의 하이어캐시드럴 등반을 회상하며

백인들이 들어오면서 요세미티 계곡에 대한 찬사가 쏟아지기 시작했다. 1859년 자신의 유명한 조언을 몸소 실천하며 서부로 향한 호레이스 그릴리Horace Greeley(19세기 유명 미국 언론인)는 요세미티 계곡을 보고서 '깊은 심연'이라 부르며, "요세미티 계곡보다 우월하다고 주장할 수 있는 자연의 경이로움은 지구상에 단 한 곳도 없다."라고 단언했다. 나중에 존 뮤어John Muir는 이 계곡을 "지상의 모든 거처 중에서 가장 거룩하고 신성한 곳"이라고 불렀다. 랄프 왈도 에머슨Ralph Waldo Emerson(미국의 시인이자 사상가)은 "요세미티는 자랑할 만한 유일한 곳"이라며 더 큰 찬사를 보냈다.

요세미티 계곡은 쉽게 설명할 수 없는 공간이다. "어느 한 특성을 이해하려는 모든 시도는 다른 특성들의 압도적인 영향력 때문에 타격을 받는다." 존 뮤어는 이렇게 말했다. 캘리포니아 시에라네바다산맥의 서쪽 사면에 위치한 요세미티 계곡은 가장 쉽게 설명하자면, 지구 표면에 있는 깊은 화강암 구멍이다. 길이 12킬로미터에 깊이가 900미터 정도 되는 넓고 깊은 이 U 자형 계곡을 둘러싸고 있는 화강암 벽은 거대하고 하얗고 매우 깨끗하고 가파르다. 폭포가 바위 가장자리에서 흘러내리고, 웅장한 숲과 광활한 초원이 해발 1,200미터 높이에 늘어서 있다. 아주 조용한 머세드 강Merced River이 이곳 낙원을 힘차게 휘감아 흐르지만, 계곡 바닥이 평평해서 거의 잔물결이 일지 않는다. 이 작은 샹그릴라는 지구상에서 가장 아름다운 곳 중 하나로, 험준한 산과 외딴 협곡이 있는 황무지인 3,000평방킬로미터의 요세미티 국립공원에서 가장 눈에 띄는 곳이다.

1911년 영국인 여행가 J. 스미튼 체이스Smeaton Chase는 요세미티 계곡을 다음과 같이 묘사했다. "비유하자면, 아주 깊이 갈라진 대단히 넓은 틈은 화가 난 거인이 80킬로미터 떨어진 곳에서 만든 작품이다. 엄청나게 큰 거인이 머리 위로 두 손바닥을 모은 다음 그대로 땅에 내리쳐서 깊이가 거의 1.6킬로미터에 이르는 틈이 생겼을 것이다." 이 묘사가 무척 생생하긴 하지만 요세미티 계곡이 만들어진 실제 과정도 그 못지않게 극적이다. 물론 과정 자체는 더 천천히 일어났다. 시에라네바다산맥이 신생대 3기에 수백만 년 동안 융기하면서 강이 도랑을 뚫기 시작해 결국 커다란 U 자형 협곡이 형성되었다. 가장 큰 융기가 시작된 시기는 2백만 년 전이며, 포효하는 강물에 약한 암석지대가 깎이면서 협곡이 더 깊어졌다. 그리고 백만 년 전에, 오늘날 우리가 보는 현재 요세미티 계곡의 모습을 형성한 주체가 된, 여러 빙하기 중 첫 번째가 시작되었다. 그리하여 계곡은 커다란 빙하에 완전히 파묻혔다. 그때는 하프돔 정상 200미터와 엘캐피탄 정상 몇백 미터만 빙하 위에 있었다. 그리고 수세기 동안 장차 캠프4 사이트가 될 공간은 빙하 아래에 꽁꽁 얼어 있었다. 계곡의 암벽들은 빙하의 거침없는 움직임 때문에 매끄럽고 광택이 났으며, 마지막 빙하는 약 1만 년 전에 후퇴했다. 가장 가까운 빙하의 잔해물은 동쪽으로 약 30여 킬로미터 떨어진 고산지대에 있다.

이곳을 찾는 대다수는 계곡 바닥에 퍼져 있는 상업주의보다는 매끈한 거벽과 빙하기 때 형성된 바위에 더 많은 관심을 기울이며 아름다운 지질학적 경이로움의 모든 면을 음미한다. 그러나 현재 이곳을 찾는 다른 이들은 요세미티 계곡이 완전히 파괴되고 신성함이 영원히 사라졌다고 안타까워한다. 원주민들이 남아 있다면 의심할 여지없이 이 말에 동의할 것이다. 그리고 암벽등반가들은 존 뮤어의 말에 동의할 것이다. "암벽과 폭포가 존재감을 드러내는 가운데 수많은 인파가 호텔과 술집 소용돌이에서 쌓이는 무해한 쓰레기처럼 계곡 밑바닥에 천천히 떠다닐 것이다." 뮤어는 1870년에 쓴 글에서 이 신성한 공간의 미래에 의문을 품으며 다음과 같이 한탄했다. "현재 계곡에 50여 명이나 되는 방문객이 있다."

존 뮤어는 예언자였다. 지금의 요세미티는 엄청난 방문객(연평균 4백만 명)이 찾지만, 빙하기 이후부터 요세미티 벽은 본질적으로 변하지 않았으며, 여전히 절벽에서 폭포가 쏟아져 내리고 있다. 극히 일부만이 계곡의 조용한 지역을 탐험했고, 등반가들은 한걸음 더 깊이 들어갔다. 그들은 군중을 피해 바위벽을 만져보고 높은 벽에서 풍경을 바라보면서 매일같이 바위의 아름다움을 찾으려 했다. 등반가들은 좋은 날씨, 거의 완벽한 바위 그리고 크고 작은 문제를 요구하는 요세미티 계곡의 특성에 이끌려 60년 동안 이곳으로 몰려들었다. 이곳은 암벽등반가들의 메카이다. 현재는 수백 명의 사람들이 봄과 여름 시즌마다 떼를 지어 도전한다. 그러나 항상 이렇게 붐볐던 것은 아니다.

존 뮤어는 알다시피 최초의 요세미티 암벽등반가였다. 1869년 그는 요세미티의 고지대인 투올러미메도우스Tuolumne Meadows 남쪽에 위치한, 우

서쪽에서 바라본 요세미티 계곡. 왼쪽에 엘캐피탄이 솟아 있다. 가운데의 가늘고 기다란 나무를 중심으로 오른쪽에 센티넬록Sentinel Rock과 그 뒤쪽 멀리 하프돔이 보인다. (사진: 글렌 데니)

아하게 조각된 뿔처럼 생긴 캐시드럴피크Cathedral Peak 정상에 올랐다. 지금의 난이도로는 4급(확보를 받으며 로프만 이용하면 오를 수 있는 곳)에 해당되는 등반이었다. 31세의 이 스코틀랜드인은 로프 없이 단독으로 정상까지 올랐다. 기록은 거의 남기지 않았지만, 요세미티에 위치한 제재소에서 일하면서 시간 날 때마다 레지ledge(암벽의 일부가 선반처럼 튀어나온 것)와 협곡을 등반했다.

요세미티 계곡 최초의 등반가로 기록된 사람은 스코틀랜드 출신의 선원이자 목수였던 조지 앤더슨George Anderson으로 하프돔Half Dome — 미국에서 가장 멋진 바위 조각 작품 — 을 초등했다. 그는 1875년 일주일 동안 고리볼트용 구멍을 뚫어, 계곡 밑에서 보이지 않는 45도의 동쪽 경사면에 고정로프를 설치했다. 하프돔의 경사면은 아주 가파르진 않지만 미끄럽고 홀드가 없어 겁이 나는 곳이기에 앤더슨은 요세미티 최초의 기술 등반가라는 명성을 얻을 자격이 충분하다. 앤더슨이 설치한 피톤과 로프(강철 케이블은 나중에 설치되었다)의 도움을 받지 않고 하프돔을 오른 사람은 1931년까지 아무도 없었다.

앤더슨이 하프돔을 오른 이후 수십 년 동안 어떤 초등도 이뤄지지 않았다. 1920년대에 들어서면서, 이 지역에 살던 여러 명이 요세미티의 외진 곳을 탐험하기 시작했다. 숙련된 목공예가였던 윌리엄 캣William Kat은 4급의 바위와 노출이 심한 여러 곳을 올랐고, 오늘날 그의 이름을 딴 바윗길 두 곳이 있다. 요세미티의 우체국장인 찰스 마이클Charles Michael과 그의 부인 에니드Enid는 당시 유명한 리지등반가로 손꼽혔다. 특히 에니드는 뛰어난 조류 관찰자이자 최초의 여성 등반가였다.

이런 초기 개척자들의 등반성과가 훌륭하긴 했지만, 의미 있는 등반으로 여길 만한 수준은 아니었다. 앤더슨을 제외한 대다수는 노출된 바위

위를 살금살금 걸어 다녔을 뿐이었고, 앤더슨도 필요 이상으로 많은 장비를 사용해 등반했다. 만일 그가 정상까지 가벼운 줄을 끌면서 경사면을 기어오를 젊고 대담한 파트너를 찾았더라면, 드릴 작업을 하는 수고로움을 많이 덜 수 있었을 것이다.

1850년대 이후 유럽에서는 어려운 등반을 할 때 특수한 장비와 기술을 사용했다. 1930년 전까지 이런 장비와 기술은 캘리포니아에 알려지지 않았다. 그런데 그해 큰 변화의 바람이 불었다. 1930년 여름, 산악환경단체인 시에라클럽의 회보로 샌프란시스코 지역에서 호평 받은 『시에라클럽 소식지Sierra Club Bulletin』─ 샌프란시스코 등반계 및 환경보전단체로부터 존경받은 저널 ─ 의 편집자 프랜시스 파커Francis Farquhar가 하버드 동급생들과 함께 브리티시컬럼비아British Columbia에서 등반했다. 하버드에서 수학을 가르치던 로버트 언더힐Robert Underhill 교수도 등반에 합류했는데, 흥미로운 이야기를 들려줬다. 그는 지난 몇 년간의 여름 동안 알프스에서 등반한 터라 북미에서 들어본 적이 없는 로프등반에 대해 자세한 정보를 갖고 있었다. 언더힐은 티톤Teton에서 이 새로운 지식을 테스트 해보면서, 미국 안에서 가장 도전적인 암벽등반을 시작했다. 이에 흥미를 느낀 프랜시스 파커는 언더힐에게 글을 요청했다. 그리하여 20페이지 분량의 "등반 중 로프의 사용과 운용에 관하여"라는 기사가 1931년 2월호에 실렸다. 이것은 당시 샌프란시스코에서 유능한 산악인들이었던 시에라클럽 회원들과 다른 이들의 관심을 불러일으켰다. (로프등반은 빙하가 만든 미끄러운 벽들과 울퉁불퉁한 그 정상들까지 오를 수 있다는 의미였다. 그들은 산악지형을 이용해 오르는 데 능숙했으나, 여전히 높고 노출된 절벽에서만 로프등반을 하는 사람들이었기에 암벽등반가라고 부를 수는 없었다.)

1931년 파커는 캘리포니아 등반가들과의 만남을 주선하기 위해 언더힐 교수를 초청했으나, 개인 사정 때문에 8월 말까지 서부로 올 수 없었다. 기다리다 인내심을 잃은 파커는 캐나다에서 배운 단순한 확보와 하강기법을 투올러미메도우스 위쪽에 위치한 유니콘피크Unicorn Peak에서 몇 사람에게 가르쳤다. 7월 12일 이뤄진 유니콘피크 북벽 등반은 네바다산맥에서 이뤄진 최초의 산악회 단위 로프등반이라는 점에서 곧 전설이 되었다.

그로부터 몇 주 후인 8월에 도착한 언더힐은 전도유망한 10대 등반가 줄스 아이호른Jules Eichorn과 글렌 도슨Geln Dawson, 그리고 시에라클럽의 노장 노먼 클라이드Norman Clyde(46세)와 함께 팀을 이뤄 원정등반에 나섰다. 네 사람은 5일 동안 쉴 새 없이 이어진 등반여행에서 다른 팀과 함께 등반하기도 하면서 마운트휘트니Mount Whitney(미국 본토에서 가장 높은 산으로 높이 4,421m) 동쪽 사면을 포함해 새로운 기술등반 루트 세 곳을 올랐다.

언더힐은 미국 동부로 돌아간 이후 캘리포니아주에서 등반하지 않았고, 클라이드도 네바다산맥 동쪽에 있는 집으로 돌아갔다. 하지만 글렌 도슨과 줄스 아이호른은 등반을 이어갔으며, 친구들에게 새로운 지식을 전파하기 시작했다. UCLA에 다니던 글렌 도슨은 로스앤젤레스를 좀처럼 벗어나지 않았지만, 몇 차례 마운트휘트니에서 뛰어난 등반을 하며 명성을 얻었다. 샌프란시스코에서 안셀 애덤스Ansel Adams(미국의 유명 산악 사진작가)와 함께 피아노를 수학한 19세의 줄스 아이호른은 자신의 새로운 지식을 사용하여 앞으로 몇 년 동안 요세미티 계곡에서 타의 추종을 불허하는 첫 등정을 여러 번 하게 된다.

1931~32년 겨울 시즌, 아이호른은 법대생 딕 레너드Dick Leonard, 변호사 베스터 로빈슨Bestor Robinson 등 소수와 함께 버클리 암장에 있는 연습바위 세 곳에서 로프등반을 시험하기 시작했다. 1932년 3월 13일, 이

작은 등반 모임은 버클리 암장 중 하나의 이름을 따서 크레그몬트클라이밍클럽Cragmont Climbing Club(CCC)을 결성했다. 하지만 이 비공식 클럽은 11월 시에라클럽의 새로운 등반팀(RCS)에 흡수되었는데, 일부는 이 합병을 탐탁지 않게 생각했다. 그들은 시에라클럽에 가입하지 않은 CCC 창립자들을 위해 '크레그몬트클라이머스Cragmont Climbers'라는 특별한 카테고리가 있어야 한다고 생각했다. 그러나 RCS 지도부가 다른 파벌을 용납하지 않아 이 아이디어는 무산되었다.

모두가 안전을 최우선으로 했기 때문에 52명에 달하는 시에라클럽 RCS 회원들은 1932년과 1933년에 올바른 확보와 로프하강을 배우는 데 많은 시간을 할애했다. 그들은 유럽의 어깨 확보법과 겨드랑이 확보법이 적합하지 않다는 것을 재빨리 깨달았다. 이 방식은 조잡한 데다 심지어 위험하기까지 한 확보기술이었다. 그래서 엉덩이 확보법을 고안했는데, 이 방식은 로프를 아래쪽 허리에 감기 때문에 무게 중심이 더 안정적이었다. 확보자는 선등자의 추락을 멈추게 하기 위해 허리춤에서 로프를 약간씩 풀어주는 실험을 했다. 이 '동적' 확보는 선등자와 확보자, 그리고 장비의 연결 부분 중 약한 고리인 로프 자체의 부담을 덜어줬다. 몇 시간 동안 초보자들은 안전한 앵커와 확보자의 확보를 받으며 바위에서 추락하는 연습을 반복했다. 이것은 재미있고 유익한 실험이었다.

캘리포니아 산악인들은 요세미티의 거벽을 보고서 이곳이 크레그몬트 암장보다 열 배는 더 높다는 사실을 알았다. 1933년까지 이 산악회를 이끈 딕 레너드(캘리포니아 암벽등반의 아버지)는 적절한 기술을 습득하기 전까지는 어느 누구도 요세미티 계곡에서 등반을 하면 안 된다고 주장했다. 요세미티 등반을 시작하는 데 몇 년이나 걸렸다는 것이 이상하게 보일 수도 있지만, 그들은 대부분 학생이거나 젊은 직장인이었다. 어느 등반팀도 특히 대공황이 절정을 이루던 시기에 등반을 자주 할 만큼 시간이나 돈이 없었다. 사실 그들은 1년에 여덟 차례 지역 암장으로 등반하러 가고, 네바다 산맥을 한 번 정도 오르는 데 만족했다.

1933년 노동절 연휴를 앞두고, 일곱 대의 차량이 네바다산맥 기슭의 구불 구불한 도로를 따라 엔진을 부르릉거리며 달렸다. 금요일 밤이었지만 차량이 거의 없었다. 미국에서 가장 혹독하게 훈련받은 암벽등반가들이 포함된 이 원정대는 요세미티 계곡의 화강암 밑에 도착했다. 이곳에서 로프 등반을 해본 사람은 아무도 없었으나 이들 17명은 새로운 역사를 쓰고 싶어 했다.

당시 요세미티 계곡은 1851년 마리포사Mariposa 대대의 군인들이 처음 들어갔을 때만큼 자연 그대로의 상태는 아니었다. 아래쪽 산기슭에 사는 백인 정착민들을 괴롭히던 인디언들을 뒤쫓던 병사들이 낙원을 발견했으나, 그 상태는 오래 지속되지 않았다. 백인들은 발 빠르게 움직여 '문명'을 들여왔다. 그리하여 소박한 호텔이 등장했고, 1913년에는 자동차가 계곡으로 들어왔으며, 더불어 인파가 몰려들기 시작했다.

그러나 요세미티 계곡은 1933년 9월까지만 하더라도 그렇게 많이 훼손되지는 않았다. 몇 개의 로지가 숲과 아름답게 어우러진 채, 머세드강이나 조용한 개울 근처에 들어서 있었을 뿐이다. 작은 가게는 콩 통조림과 그 밖의 소소한 물건들을 팔았다. 레인저들은 총을 들고 다니지 않았으며, 실제로 지나가는 방문객들에게 손을 흔들어줬다. 요세미티 '감옥' — 우체국에 마련된 방 — 은 1년에 술주정뱅이 셋 정도가 갇히는 꼴이었다. 길은 포장도로가 아니라 오솔길이었다.

샌프란시스코 베이 지역에서 요세미티까지는 차로 6시간 정도 걸렸다. 금요일 밤 늦게 잠을 설치며 출발한 등반가들은 새벽에 도착해 여섯 군데의 캠프사이트 중 하나인 캠프9에 텐트를 쳤다. 로열아치스Royal Arches의 거대한 곡선 바로 밑에 위치한 이 쾌적한 숲 지대는 단체용 캠프사이트로 1930년대 시에라클럽 암벽등반팀의 본거지였다.

1933년 9월 2일은 진정한 의미의 로프등반이 시작된 날이었다. 토요일에 RCS의 대다수 회원들은 근처의 산이나 쉬운 협곡 등지로 등반을 하러 흩어졌다. 이들은 엄격한 로프등반 훈련을 받기는 했지만, 맨몸으로 바위를 기어오르려는 기질이 강해서, 곤경에 처하거나 필요할 때만 로프를 사용했다.

하지만 결연한 의지를 가진 네 남성은 요세미티에서 첫 로프등반을 시도했다. 레너드, 아이히른, 로빈슨은 화학자 허비 보즈Hervey Voge와 팀을 이뤄 거대한 하프돔 바윗덩어리와 대각선 지점에 있는 워싱턴칼럼 Washington Column의 돌출된 오버행 바위에 도전했다.(어떤 각도에서 보면 미국 초대 대통령을 닮아 1865년경 이런 이름을 갖게 됐으나 아주 비슷한 형상은 아니다.) 그런데 왜 벽이라 부르지 않고 '기둥column'이라는 이름을 붙였을까? 이유는 나무 때문이었다. 요세미티의 벽 대부분은 나무가 없고 가팔라서 두려운 곳이었다. 하지만 기둥처럼 가파른 이 벽에는 나무들이 있어 안전하게 확보할 수 있었고, 탈출할 때 하강용 앵커로도 이용할 수 있었다.

네 사람은 아침부터 워싱턴칼럼을 올랐지만 오후 3~4시까지는 로프를 이용해 등반하지 않았다. 그러나 곧 조금 갈라지고 부서진 바위 구간이 나오자 로프를 묶고, 3시간 만에 효율적으로 등반했고, 나중에 런치레지 Lunch Ledge로 알려진 곳에 올라섰다. 눈에 잘 띄지 않는 런치레지는 워싱턴칼럼 중간 300미터 지점에 있다. 시간이 지체된 데다 남아 있는 등반 구간이 너무 힘들어 보였다. 서둘러 오르기에는 어려워 보였고, 안전하게 오르기에는 너무 가팔랐다. 실제로 모든 사람이 안전을 염두에 뒀는데, 특히 아이호른은 안전을 최우선으로 여겼다. 불과 나흘 전에 네바다산맥의 한 봉우리를 단독으로 등반하다 추락한 산악인 월터 스타Walter Starr의 처참한 시신을 직접 묻어줬기 때문이다.

그들은 새로 배운 방식, 즉 몸에 로프를 감고 내려가는 독일식 하강기술인 뒬퍼Dülfer 방식으로 대마 로프를 타고 내려갔다. 몸을 이용하는 이 하강은 적절한 패드를 사용하지 않으면 고통스러울 수 있지만, 제대로만 하면 신나는 모험이었다. "암벽등반에서 가장 큰 재미는 허공을 가르면서 긴 로프하강을 하며, 중력의 가속으로 자유롭게 낙하하고, 제동을 걸면서 부드럽게 착지하는 것"이라고 레너드는 말했다.

월요일에 네 사람은 루트를 끝내고자 하는 의도를 갖고 런치레지로 다시 올라갔다. 하지만 그들은 가파르고 부식된 침니에 막혀 15미터밖에 오르지 못하고 또다시 철수했다. 그리하여 이번에는 재도전을 포기하고 자동차에 올라 장거리 이동을 시작했다. 휴일이 끝난 것이다. 그들은 런치레지밖에 오르지 못했지만 크레그몬트 암장보다는 훨씬 더 높은 지점까지 등반한 것이었다.

오늘날 워싱턴칼럼을 올려다보면, 뚜렷한 특징이 없는 런치레지의 위치를 찾느라 곤혹스러울 것이다. 나는 1957년 이 루트를 오를 때, 이곳을 보고 완전히 실망했던 기억이 난다. "그런데 런치레지는 어디에 있죠?" 하강 로프를 설치하고 있던 경험 많은 선배에게 묻자 "이런 멍청이 같으니라고. 네가 서 있는 바로 그곳이야."라고 했다.

당시 건방졌던 열여섯의 나는 최초의 요세미티 등반의 의미에 대해선 생각하지 않았다. 다만, 난이도와 정상과 명예를 추구했다. 나중에 과거 세대들에 대해 더 많이 읽게 되었을 때, 이따금 12밀리미터 직경 대마 로프와 크레이프(견직물)를 이용하고 고무 밑창이 달린 테니스화를 신고 오르면서, 그들이 느꼈을 감정을 상상해봤다. 8밀리미터 대마 로프를 이용해 몸으로 하강하는 모습을 떠올리자, 내 몸이 반으로 잘릴 것 같은 그 뻣뻣한 질감이 느껴졌다.

―――――――――――― ■ ――――――――――――

런치레지Lunch Ledge는 워밍업 정도의 단순한 탐험에 불과했다. RCS 회원들은 더 큰 도전이 여기저기에 널려 있다는 것을 잘 알고 있었다. RCS의 새로운 활동에 대해 들어본 사람들은 이렇게 묻기 시작했다. "언제쯤 캐시드럴 봉우리들Cathedral Spires을 오를 겁니까?" 1862년에 이름이 붙여진 두 개의 캐시드럴스파이어는 엘캐피탄 반대편 남쪽 숲 경사면 위로 우뚝 솟아 있었다. 그 두 봉우리는 캘리포니아의 봉우리들 가운데 가장 거대해서 관광객과 등반가 모두에게 깊은 감명을 줬다. 둘 다 난공불락의 요새여서 어려운 곳이었지만, 1930년대 등반가들은 더 높고 위압적인 하이어캐시드럴을 등반하고 싶어 했다. 계곡에서 올려다 보이는 300미터 높이의 북서벽은 등반 '불가능' 구역이었기에 시도할 엄두조차 내지 못해 첫 도전은 26년 후에야 이뤄졌다. 그러나 가파른 능선과 연결되어 있는 하이어캐시드럴의 남벽은 높이가 120미터에 불과했다. 숨겨진 이 남벽에 과연 루트가 있었을까?

1933년의 역사적인 노동절 연휴 일요일에 아이호른과 로빈슨과 레너드는 하이어캐시드럴 남벽 밑까지 걸어 올라갔다. (요세미티 등반가들은 '캐시드럴'을 생략하고 그냥 하이어Higher 또는 로어Lower라고 불렀다.) 레너드는 캐시드럴을 처음 본 인상을 이렇게 남겼다. "남서벽까지 4시간 동안 별 소득 없이 올라갔다가 남동쪽으로 방향을 틀어, 동쪽으로 3시간을 더 이동해 남벽을 만났지만, 벽이 가파르고 험악해 오를 수 없다는 판단을 하고 돌아섰다." 그들이 실패한 것은 당연했다. 정찰을 위해 챙겨간 것이 25센티미터 길이의 일반 못밖에 없었기 때문이다.

11월 5일, 세 사람은 뮌헨의 대형 스포츠용품점 슈스터Schuster에서 우편으로 배달받은 피톤과 카라비너로 무장한 후 하이어캐시드럴 남벽으로 돌아갔다. 두 피치를 올랐으나, 날이 저물어 벽에서 철수했다. 레너드는 이렇게 기록했다. "우리는 피톤에 매달려 홀드가 없는 3미터 정도의 수직 벽 두 곳을 오를 수 있었다." 이것은 역사적인 시도였다. 요세미티에서 처음으로 인공등반을 시도했기 때문이다. 물론 미국을 통틀어도 최초의 인공등반이었다. 강력한 확보물인 피톤을 붙잡고 일어서거나, 밟고 일어서거나, 슬링을 걸려고(즉, 고도를 높이기 위해 사용하려고) 이용하는 기술은 알프스에서 흔히 사용하는 등반방식이었다. 유럽에서 등반교육을 받은 언더힐은 이 인공등반을 접해봤을 테지만 이를 단호히 반대했다. "모든 피치는 인위적인 도움을 받지 않고 스스로의 힘으로 올라야 한다." 그는 이렇게 주장했다. 요세미티 초기 개척자들은, 물론 언더힐을 존경하긴 했지만, 매끄러운 수직의 바위를 직접 마주하고서 '인위적인' 등반기술을 사용하지 않으면 오를 수 없다는 사실을 깨달았다. 그들은 가능한 한 직접적인 도움을 이용하지 않는 것이 등반 요령이라고 봤다. 중요한 것은 기술이 아니라 등반이었기 때문이다. 이 모험적인 자세는 앞으로 몇 년 동안 미래의 더 출중한 대부분의 등반가들이 모방할 태도였다.

세 등반가는 하이어캐시드럴 프로젝트를 아주 진지하게 접근했다. 1933~34년 겨울 시즌에는 현미경과 각도기를 갖고 캐시드럴 정상 사진

존 에번스가 하이어캐시드럴의 힘든 첫 피치를 선등하는 모습 (사진: 글렌 데니)

을 검토하며 경사가 가장 완만한 지점을 찾아내고자 했다. 대부분 75도가 넘는 가파른 암벽이었기에 이들 세 명은 피톤을 추가로 주문한 후(피톤 수가 55개로 늘었다) 눈이 녹자마자 등반에 나섰다.

1934년 4월 15일, 요세미티 계곡 최초로 관광객들이 레너드와 아이호른과 로빈슨을 따라 하이어캐시드럴 밑까지 동행했는데, 등반 권위자

두 명도 역사의 현장을 직접 보기 위해 합류했다. 한 명은 시에라클럽 회장을 맡은 프랜시스 파커였고, 다른 한 명은 요세미티공원의 자연연구원 버트 하월Bert Harwell이었다. 몇 시간 만에 등반팀은 이전에 올랐던 바위 턱에 도달했다. 그곳은 바위가 침식되어 로튼침니Rotten Chimney로 불리는 가파른 오렌지색 바위 협곡 밑에 있는 레지였다. 그곳에서부터 아이호른과 레너드는 교대로 커다란 못을 두드려 박고, 못에 의지해 위로 조금씩 올라갔다. 석양이 요세미티 계곡을 황금빛으로 물들일 즈음 그들 셋은 마지막 피치를 올라 널찍한 정상에 선 후 성조기를 꽂았다. 요세미티에서 단 한 번밖에 이뤄지지 않은 국기게양 의식이었다.

하이어캐시드럴 바로 앞 퇴석지대 아래에 위치한 로어캐시드럴은 완벽한 첨탑 모양은 아니었지만 그 위풍당당함은 결코 뒤지지 않았다. 1933년 11월 4일, 레너드와 아이호른과 로빈슨은 이곳을 시도했다가 가파른 벽에 막혀 중간에 포기했다. 두 번째 시도마저 실패했지만 하이어캐시드럴 등정 성공으로 의기양양했던 세 사람은 1934년 8월 25일 마침내 로어캐시드럴도 오르는 데 성공했다. 전체적으로, 등반은 하이어캐시드럴보다 수월했지만, 한 피치를 돌파하는 일이 어려웠다. 큰 바위 턱에서 정상까지 이르는 중간 부분은 홀드가 거의 없는 85도의 매끈한 벽이었는데 이곳에서 가로막혀 더 이상 전진하지 못했다. 목마를 타고, 피톤을 박고, 선등을 여섯 번이나 교대한 끝에 멋진 화강암 조각으로 이뤄진 플레이크Flake에 도달했다. 레너드는 이 플레이크를 다음과 같이 묘사했다. "벽에서 25센티미터 벌어진, 길이 9미터에 폭 6미터의 아주 얇은 화강암 바위 조각이 있었다. 바깥쪽 바윗날 두께가 6~7밀리미터에 불과해 보였다." 이 구간을 접근하기 위해 선등자는 먼저 올가미를 거는 방식으로 로프를 사용했지만 쉽게 걸리지 않았다. 플레이크가 너무 약해 전통적인 레이백layback 기술로 오를 수 없자 새로운 방식을 시도했다. 선등 차례가 된 레너드는 피톤을 박는 해머를 사용해 벽에 몇 개의 '흠집'을 냈다. 그는 인공으로 만든 스탠스를 이용해 플레이크에 많은 힘을 주지 않고 6미터 정도를 오를 수 있었다. 레너드는 얼마 후 이 구간을 통과한 뒤 동료들에게 손을 흔들어 신호를 보냈고, 몇 시간 후 그들은 정상에 올라섰다.

세 사람은 필요에 따라 바위를 함부로 바꾸거나 훼손할 생각은 없었다. '안전제일'이 그들의 모토였다. 따라서 플레이크를 잡고 등반하지 않았다고 비난할 사람은 없을 것이다. 그들은 다만 절실했기 때문에 인위적인 홀드를 만들었다. 이런 기술은 바위 형태를 바꾸는 것이 논란이 된 수십 년 동안 — 극소수 사례만 제외하면 — 다행히도 모방되지 않았다.

전반적으로 1934년의 두 차례 캐시드럴 등반은 미래의 등반가들에게 멋진 기준을 제시했다. 이들은 알게 모르게 당시의 등반윤리를 발전시켰는데, 이 등반윤리는 세 사람의 성격에 대해 많은 것을 시사하고 있는 듯하다. 즉, 등반을 위해 운동을 열심히 하고 어떤 위험에 처했는지 알아야 한다. 대담해야 하지만 적절한 안전조치를 해야 하고, 중도에 포기하고 내려오는 것을 두려워하지 말아야 한다. 무엇보다 인위적인 변형을 통해서 바위를 정복하면 안 된다. 정교한 장비를 사용하되 현명하게 활용해야 한다. 아무튼 이들 셋은 로어캐시드럴에서 바위를 깎아 인공 홀드를 만든 것을 제외하면 눈부신 업적을 일궈냈다. 그들은 요세미티 최초의 현대 등반의 영웅들이다.

1930년대 중반부터 후반까지, 샌프란시스코 베이 지역 등반가들은 요세미티 절벽에 여러 루트를 만들었다. 하지만 이들은 대체로 가장 가파른 구

간을 피해가며, 벽 측면의 걸리gully와 램프ramp와 코너corner를 등반했다. 예를 들어, 글래시어포인트Glacier Point는 중앙벽에서 멀리 떨어진 측벽의 눈에 띄지 않는 침니를 이용해 올랐고, 애로헤드스파이어Arrowhead Spire, 처치타워Church Tower 같은 작은 피너클pinnacle(뾰족한 바위나 봉우리)을 등반했다.

이 시기에 가장 왕성하게 활동한 사람은 1934년 스물두 살에 버클리 암장에서 등반을 시작한 데이브 브라워Dave Brower였다. 그는 장신에 비쩍 말랐지만 동작이 우아했다. RCS 기술등반위원회는 몇 개월 전 등반을 시작한 브라워의 '등반 기술력'을 15점 가운데 14점으로 평가했다. 최고점을 받은 사람은 레너드와 아이호른밖에 없었다. 다른 사람들은 수준이 한참 떨어졌다. 그 자료에서 초보자 브라워는 '경험' 평가 항목에서 10점 가운데 2점을 받았고, '판단' 항목에서 30점 만점에 16점을 받았다.

브라워는 섬세한 등반의 대가였고, 1930년대 등반가들은 경사가 완만한 벽을 찾아다니며 힘든 재밍크랙을 피했기 때문에 요세미티는 그에게 완벽한 곳이었다. 이곳은 완력이 강한 사람에게 유리한 점이 없었다. 힘보다는 섬세함과 기교가 훨씬 더 중요했기 때문이다. 사실 이 시기의 등반가들 사진을 보면, 체격이 얼마나 왜소한지 놀라울 지경이다. 그들은 울퉁불퉁한 근육질이거나 몸집이 큰 편이 아니었다. 브라워와 함께 등반한 브루스 메이어Bruce Meyer는 그를 이렇게 묘사했다. "항상 빠르고 효율적으로 우아하게 등반했다. 마치 산양처럼 벽 아래 바위지대를 껑충껑충 뛰어오르곤 했다. 그와 함께 등반하면서 감정적으로 많은 것을 느끼고 경험했다. 그가 환경 문제에 대한 열정 그리고 도전에 대한 열의를 어디서 얻었는지 쉽게 알 수 있었다."

브라워는 1930년대 중반 왕성하게 활동한 유일한 등반가는 아니었다. 그는 다른 일 때문에 1930년대 최고의 모험 등반으로 꼽히는 로열아치스 초등에 합류하지 못했다. 거대한 아치 모양이 겹겹이 쌓인 이 바위는 워싱턴칼럼 왼쪽에서 불쑥 솟아나 상향곡선을 그리다 계곡 끝으로 떨어지는 형상을 하고 있었다. 눈에 확 띄는 양파껍질 같은 형태의 이 바위를 보고 인디언들은 몇 개의 이름으로 불렀다. 아치형의 아기용 바구니 같다고 해서 '스초코니Sho-ko-ni' 또는 사람의 눈을 닮았다고 해서 '훈토Hunto'라고 불렀다. 로열아치스는 버클리에 있는 캘리포니아대학 동물학과 3학년 모건 해리스Morgan Harris가 점지해둔 영역이었다. 그는 때마침 완공된 아와니호텔Ahwahnee Hotel 아래 초원에서 몇 시간을 돌아다니며, 망원경으로 절벽을 자세히 살펴봤다. 로열아치스 중앙벽은 너무나 위협적이어서 오를 수 없다는 사실을 알았다. 하지만 오버행이 아닌 좌벽에는 나무와 크랙이 있어 시도해볼 만하다고 판단했다. 그는 무더운 날씨에 이곳을 오르다 실패한 후, 결국 일사병에 걸려 UC 버클리병원에 일주일간 입원했다. 그러나 해리스는 1936년 10월 9일 켄 애덤스Ken Adams, 케네스 데이비스Kenneth Davis와 함께 시에라클럽 가을 정기등반 당시 재도전해 초등에 성공했다.

등반은 그리 힘들지 않았으나 루트 파인딩과 로프를 다루는 기술이 문제였다. 그들은 해리스가 '흔들거리는 로프로 건너가기'라고 부른 새로운 조작 기술로 등반이 불가능한 구간을 넘어설 수 있었다.(이후 이 기술은 '펜듈럼 트래버스' 또는 '펜듈럼'이라고 불렀다.) 해리스는 왼쪽 6미터 타워에 있는 좁은 바위 턱에 닿기 위해 잡을 것이 하나도 없는 슬랩을 건너고 싶어 피톤 하나를 설치하고 그곳에 로프를 고정시킨 다음 내려왔다. 그러고서 좁은 바위 턱에 닿기 위해 로프를 붙잡고 벽을 가로질러 내달리다시피 해 결국 안착에 성공했다.

로열아치스 전경. 1936년 루트는 눈에 가장 띄는 아치의 왼쪽 나무가 있는 구간이다.
(사진: 스티브 로퍼)

그들은 이후 또 한 번의 펜듈럼을 한 다음 '로튼로그Rotten Log'라는 이름으로 유명한 '고사목기둥'에 도달했다. 높이 7미터에 지름 30센티미터의 고사목기둥은 바위틈을 연결하고 있어서 다른 바위로 건너갈 수 있었다. 해리스는 초원에서 황금색의 이 나무기둥을 보고 자신의 체중을 지탱할 만큼 튼튼하기를 바랐다. 다행히 튼튼하긴 했지만 이곳을 건너가는 동안 나무기둥이 몹시 흔들거렸다.(이후 수많은 등반가들이 몇십 년간 비스듬히 선 채 흔들거리는 이 나무기둥을 따라 건넜는데, 1984년 봄 안타깝게도 부러지고 말았다.) 세 사람은 몇 시간 후 로열아치스 꼭대기에 도달했다. 하이어&로어캐시드럴 등반 이후 가장 복잡한 루트 개척에 성공한 것이다.

모건 해리스는 로열아치스 초등의 여세를 몰아 다음 날인 10월 10일, 북벽을 통해 센티넬록Sentinel Rock 정상까지 공략했으나 고배를 마셨다. 그리고 11일에, 오랫동안 큰 성공을 거둔 등반 파트너 브라워와 팀을 이뤄 하이어캐시드럴과 미들캐시드럴 사이에 있는 거대한 침니 초등에 성공했다. 다음 날에는 버널폭포Vernal Fall 너머에 솟아 있는 진회색 벽인 파노라마클리프Panorama Cliff 초등도 해냈다. 해리스는 나흘 동안 큰 봉우리를 무려 세 곳을 초등하고, 한 곳을 시도하는 기염을 토했다.

브라워와 해리스는 1930년대 중후반 요세미티 등반계를 완전히 장악했다. 그들은 함께 아홉 곳을 초등했는데, 요세미티포인트쿨르와르Yosemite Point Couloir와 센티넬에 있는 서큘러스테어케이스Circular Staircase 같은 길고 복잡한 등반도 포함되어 있다. 요세미티 계곡에서 해리스와 브라워는 각각 14개와 16개의 초등 루트를 만들었는데, 이 기록은 1957년까지도 깨지지 않았다.

1930년대 후반까지 23개 루트가 개척되었다. 왜 이리 적었을까? 몇 가지 이유가 있었다. 첫째는 1930년대는 암벽등반이 특별히 인기 있는 활동이 아니었기 때문이다. 스스로를 등반가가 아닌 산악인으로 여긴 시에라클럽의 회원 대다수는 캘리포니아를 벗어나 높은 고산지대에서 여름휴가를 보내곤 했다. 가령 레너드, 아이호른, 브라워, 로빈슨 일행은 1935년 브리티시컬럼비아에 있는 무시무시한 마운트와딩턴Mount Waddington 정상 부근까지 오르기도 했다. 둘째, RCS 회원들이 초보자들을 데리고 등반을 즐기면서 기존 루트를 오르는 것에 만족했기 때문이다. 아직은 어느 누구도 요세미티 암벽등반에 집착하지 않았다. 마지막으로 셋째 이유는 경제 대공황 시절 극소수의 사람만이 장비를 살 수 있었고, 캘리포니아로 여행할 수 있었기 때문이다. 시에라클럽은 매년 두 차례, 5월의 전몰자 추도기념일Memorial Day 주말과 10월 중순에만 등반여행을 떠났다.

1930년대에도 극소수의 등반가들이 매년 꾸준하게 요세미티를 찾기는 했다. 당시 가장 인기 있는 등반코스는 워싱턴칼럼 런치레지에서 피톤트래버스Piton Traverse를 거쳐 정상에 오르는 것이었다. 별 특징이 없는 이 루트는 레너드와 해리스, 잭 리에겔후트Jack Riegelhuth가 1935년에 개척한 것으로, 워싱턴칼럼을 밑에서부터 정상까지 오른 첫 등반이었다. 1939년까지 워싱턴칼럼은 열네 차례, 캐시드럴스파이어는 아홉 차례나 등반되었다.

시에라클럽 원정등반은 — 참가자들에 따르면 — 항상 기억에 남는 사건이었다. 1939년 정기 원정등반이 5월의 화창한 전몰자 추도기념일 Memorial Day 주말에 이뤄졌다. RCS 소속 37명의 회원이 참가했는데 대부분이 쉬운 당일 루트로 등반에 나섰다. 예를 들면, 그리즐리피크Grizzly Peak, 건사이트걸리Gunsight Gully, 마운트스타킹Mount Starr King 같은 곳이었다. 몇몇 등반팀은 런치레지Lunch Ledge를 올랐고, 수월한 리닝타워

Leaning Tower 북벽을 오르기도 했다.

애로헤드스파이어Arrowhead Spire를 네 번째로 오른 팀도 있었고, 처치타워Church Tower 재등에 성공한 팀도 있었다. 브라워와 레너드, 신참인 라피 베다얀Raffi Bedayan은 글래시어포인트Glacier Point를 밑에서 정상까지 올라 초등을 기록했다. 하지만 그 주말 최고의 성과는 요세미티 계곡 서쪽 맨 끝에 있는 첨봉 펄핏록Pulpit Rock에서 이뤄졌다. 이전에도 몇 차례 시도가 되긴 했으나, 정상을 허락하지 않았던 이곳은 월요일에 라피 베다얀과 칼 젠센Carl Jensen, 란돌프 메이Randolph May에게 결국 항복했다.

여성들도 시에라클럽의 원정등반에 동행했으나, 주요 루트 등반을 회피하는 선례를 만들었고, 이것은 1960년대 후반까지 이어졌다. 산악인 G.R. 번G.R. Bunn은 적당한 수준의 시에라 봉우리를 오르는 것은 "아무리 훌륭한 산악인이라 할지라도 숙녀들이 하기에는 너무 위험하다."라는 우스꽝스런 논리를 주장했다. 라피 베다얀은 등반 하루 전 내린 여성들의 힘든 결정에 대해서 "(남성들은) 여성들이 쉬도록 놔둬야 한다는 것에 진심으로 동의했다……"라고 썼다. 이런 시각에도 불구하고, 여성들은 요세미티에서 뛰어난 등반을 해냈다. 첫 번째 가장 큰 성과를 올린 여성 등반가는 샌프란시스코 출신의 혈기왕성한 마저리 브리지Marjory Bridge였다. 1933년 그녀는 미국에서 가장 강인한 체력을 요구하는 고산 루트 중 하나인 마운트휘트니 동쪽 사면을 올랐다. 그녀가 요세미티 계곡에서 처음으로 오른 루트는 일리루엣 폭포Illilouette Fall 서벽으로 엄청난 등반은 아니었지만, 요세미티에서 여성 최초의 로프등반이었기에 의미심장한 기록이었다. 1934년 10월 브리지는 두 명의 남성과 하이어캐시드럴을 오르면서 등반경력이 최고조에 달했다. 레너드는 그녀를 '미국 여성 최고의 등반가'로 꼽았다. 하지만 마저리 브리지는 두 달 후 프랜시스 피커와 결혼하면서 등반계를 떠나 전통적인 삶의 방식에 순종했다. 요세미티에서 그녀가 차지했던 자리는 곧 에텔 메이 힐Ethel Mae Hill, 버지니아 그리버Virginia Greever, 올리브 다이어Olive Dyer 같은 여성들로 대체되었다. 이 세 여성은 모두 규모가 작은 루트를 초등했다.

1930년 이전에 태어난 사람들은 진주만 기습 소식을 들었을 때 어디에 있었는지 모두 기억한다. 요세미티 신참인 프리츠 리프먼Fritz Lippmann은 처음에 그 소식을 빨리 듣지 못했다. 폭탄들이 투하되고 있을 때, 이 스무 살의 학생(그는 나중에 B-17 파일럿이 되었다)은 다른 일로 분주했기 때문이다. 사실, 그는 미국이 전쟁을 선포하기 전 요세미티 계곡에서 마지막 등반을 하고 있었는데, 그때까지 이뤄진 등반 가운데 가장 참혹한 등반이었다. 리프먼과 라피 베다얀의 친형인 토컴 베다얀Torcom Bedayan은 애로헤드스파이어 왼쪽에 위협적으로 갈라진 웨스트애로헤드침니를 시도하기로 했다. 리프먼은 이곳을 두 번이나 시도했다가 실패한 바 있었다. 방크기만 한 커다란 바위가 틈을 막고 있어서 이루 말할 수 없는 문제를 야기했기 때문이다. 리프먼은 1941년 12월 7일의 조용하고 쌀쌀한 일요일에 매우 커다란 바위 밑에서, 나중에 자신이 '자살 루트'라고 부르게 될 곳을 작업하기 시작했다. '허접한 피톤'을 사용해 '탈출이 불가능한 공포의 피치'에 달라붙은 그는 고생 끝에 그 커다란 바위 위로 올라섰다.

리프먼이 『시에라클럽 소식지』에 보낸 등반기는 기존 등반가들을 분노케 했다. 그의 전략이 너무나 위험하고 무책임하게 보였기 때문이다. 당시 소식지의 편집위원이었던 데이브 브라워는 리프먼의 등반기에 메모 하나를 덧붙였다. 그는 두 사람의 대담성과 모험성을 칭찬하면서도, "우리 중 나이가 든 등반가들(서른 안팎의 사람들)은 리처드 M. 레너드Richard M. Leonard만큼의 안전의식과 태도를 갖기를 바란다."라는 내용을 추가했다. 캘리포니아공대에서 화학을 전공하던 대학원생이자 경험 많은 요세미티 등반가 빌 쉔드Bill Shand는 웨스트애로헤드침니 등반은 알프스에서 독일인과 오스트리아인이 제2차 세계대전 이전에 베터슈타인Wetterstein과 카이저게비르게Kaisergebirge에서 시도했던 자살 등반에 가까웠다고 1944년 기록했다.

차후에 이어질 신세대의 등반 스타일은 웨스트애로헤드침니 등반을 피크닉 정도로 보이게 만들 터이겠지만, 리프먼과 베다얀이 등반을 끝내고 돌아오는 길에 들은 진주만 기습과 이후의 소란스러운 상황으로 인해 요세미티 등반은 4년이란 긴 시간 동안 완전히 중단되다시피 했다. 1942년부터 1946년까지는 단 세 번의 작은 루트를 초등한 기록만 있었을 뿐이다. 시에라클럽의 정기 등반도 중단되면서 요세미티 계곡에는 정적이 흘렀다.

시에라클럽 회원들 중 1,000명 가까운 인원이 제2차 세계대전에 참전했는데, 이는 전체 회원의 4분의 1에 해당하는 엄청난 수치였다. 시에라클럽 소속의 암벽등반가 다수는 유명한 제10산악부대에서 교관으로 복무했고, 이 부대는 이탈리아 북부에서 상당히 많은 전투를 치렀다. (등반 실력이 필요한 전투는 아니었다.) 시에라클럽 회원 15명은 영원히 돌아오지 못했지만 위에서 이름이 언급된 등반가들은 모두 무사히 살아서 귀환했다.

나는 요세미티의 캠프4에서 여러 해를 지내면서, 1930년대 등반가들도 등반하러 오면 이곳에서 지냈을 것이라고 생각했다. 하지만 최근에 이것이 착각이라는 것을 알게 되었다. 1930년대에는 캠프4가 존재하지 않았다. 적어도 이곳은 공식적인 캠프사이트가 아니었다. 당시 이 장소는 스키를 타러 온 시에라클럽 회원들이 1930년부터 비공식적으로 사용한 동계 캠프사이트였다. 1939년 공원 안내책자에는 이곳이 피크닉 장소라고 나와 있는데, 1941년 판에는 캠프4라는 이름으로 소개되었다.(몇백 미터 떨어진 곳에 있던 같은 이름의 캠프사이트가 제1차 세계대전 때 철거되었기 때문에 붙여진 이름이었다.)

넓고 커다란 삼형제바위(쓰리브라더스Three Brothers) 아래의 요세미티 폭포 하단 서쪽 400미터 지점에 위치한 캠프4는 1940년대 후반에 완만한 숲 지대에 대략 8,000평방킬로미터에 걸쳐 40~50개의 테이블이 놓인 공간이었다. 캠프사이트 아래쪽 평평한 부지는 상당히 잘 꾸며졌었는데, 넉넉한 간격으로 테이블이 놓여 있었고, 비포장도로와 연결되어 있었다. 하지만 위쪽은 경사지대로 공식적인 도로가 없어 숲길을 따라서만 올라갈 수 있었다. 테이블은 바닥에 고정되어 있지 않아 몇 개를 붙여 사용하기도 했다. 그리고 캠프사이트는 지정 번호가 없어서 차를 몰고 온 뒤 숲속 공터 아무데나 침낭을 던져 놓기만 하면 끝이었다.

이곳에는 거대한 삼나무가 압도적으로 많았지만 참나무와 폰데로사 소나무도 자라고 있었다. 캠프4 뒤쪽에 큰 바윗덩어리가 여럿 흩어져 있어서 등반가들은 주로 이곳에 머물렀다. 그중 일부는 규모가 상당히 커서 등반 훈련을 하기에 좋았다.

곧 유명해질 이 캠프사이트로 제2차 세계대전 이후의 등반가들이 몰려들었고, 특히 시에라클럽의 소규모 그룹이 이곳을 자주 찾았다. 시에라클럽이 대규모로 움직일 때는 캠프9을 이용했다. 캠프4는 주말에도 거의 텅 빈 상태였다. 전쟁 후 여행 산업이 주춤한 데다 등반 인구는 여전히 제한적이었다. 사실, 사람들이 정상적인 삶으로 다시 돌아가는 동안 등반활동은 아주 천천히 재개되었다. 대다수 나이 든 등반가들은 가족과 직장에 정착했다. 예를 들면, 레너드와 브라워와 해리스는 요세미티 계곡에서 다시는 초등에 나서지 않았다. 그들은 샌프란시스코 베이 지역 근처의 암장에서 신입생 등반교육을 돕는 데 만족했다.

캠프4의 신세대(이들 중에는 잭 아놀드Jack Arnold, 로빈 한센Robin Hansen, 딕 휴스턴Dick Houston, 프리츠 리프먼Fritz Lippmann이 있었다)는 선배들보다 바깥세상 소식에 더 밝았다. 전쟁이 끝난 후, 알프스에서의 영웅담과 새로운 등반기술로 가득한 외국 신문과 잡지를 구할 수 있었기 때문이다. 제2차 세계대전 이전부터 유럽인들이 거대한 돌로미테 벽에서 여러 날 등반했고, 미국보다 더 대담한 등반이 이뤄졌다는 사실을 캘리포니아 등반가들도 알았다. (이것은 많은 전문가들의 생각대로 나치가 한 '자살' 등반이 아니었다. 그곳의 훌륭한 루트들은 일류 등반가들이 개척한 것이었다.)

기이하게도, 이 무렵 고국인 스위스에서는 바위를 단 한 번도 접해본 적이 없는 유럽 출신의 등반가가 요세미티의 등반 수준을 끌어올리기 시작했다. 존 살라테는 프리츠 리프먼처럼 어린 신출내기가 아니었다. 그는 마흔여섯에 등반을 시작했다. 그렇다고 해서 데이브 브라워 같은 부류에 속하지도 않았다. 자유등반 실력이 부족했기 때문이다. 그는 비록 자유등반 피치에서 빛을 발하지 못했으나, 그가 해낸 단 한 번의 자유등반은 캘리포니아 등반가들 사이에 전설로 남아 있다. 1947년 2월, 그는 딕 휴스턴, 로빈 한센과 함께 캘리포니아 중서부 화산지대인 피너클스내셔널모뉴먼트Pinnacles National Monument에 있는 무섭고 어려운 핸드Hand를 초등했다. 살라테는 바위가 위태롭고 노출이 심한 이 피치에 무용지물에 불과한 세 개의 확보용 피톤을 박았는데, 파트너들을 너무 겁먹게 만들어 후등 자들은 번갈아가면서 선등자 확보에 집중해야 했다. 나이 든 동료가 추락 했을 때 확보자로 기록되지 않기를 바라면서 말이다.

살라테는 브라워처럼 초등기록을 노리며 등반하는 사람은 아니었다. 그는 요세미티에서 6년 동안 등반하면서 단 일곱 차례 초등했다. 살라테 는 초등이 아닌 다른 것들, 즉 피톤과 집요함, 별난 기질, 그리고 무엇보다 거벽을 바라보는 미래지향적 관점으로 기억되는 등반가이다.

살라테는 1899년 6월 14일 스위스 바젤에서 남동쪽으로 20킬로미 터 떨어진 작은 마을 니데르숀탈Niederschontal에서 태어났다. 그는 대 장장이가 되기 위해 20대 초반에 집을 떠나 견습공 생활을 했으며, 스물 세 살에 미국으로 건너와 대서양에서 선원으로 4년간 일했다. 이후 캐나 다 몬트리올에 정착해 1929년 결혼을 하고선 미국으로 건너왔다. 그리고 1932년 샌프란시스코에서 30킬로미터 남쪽에 있는 쾌적한 도시 산마테 오San Mateo의 하이웨이 101(엘 카미오El Camio라 불리는 옛 도로)에 로트아이언 웍스Wrought Iron Works라는 철공소를 열었다.

살라테는 샌프란시스코 베이 지역에 거주하는 부유한 고객들을 위해 13년간 철문과 장식용 벽난로 가리개를 만들던 중 병이 들었고, 그의 삶이 근본적으로 바뀌게 되는 사건을 경험했다. 나는 그 사건을 1963년 6월 브 라이들베일크릭Bridalveil Creek 캠프사이트에서 살라테에게 직접 들었다. 1945년 어느 날 아침 그는 비참한 기분으로 자신의 철공소 뒤쪽 창문 밖 을 바라보다가 한가롭게 풀을 뜯는 어미 소와 송아지를 보게 되었다고 한 다. 그때 어떤 목소리가 들려왔다. "존, 건강한 이 동물들을 봐요. 고기가 아니라 풀을 먹잖아요. 당신은 고기를 먹어서 항상 아픈 거예요." 이 '천사' 와 잠시 대화를 나눈 살라테는 갑자기 환한 빛줄기를 보았다. 그리하여 그는 평생 채식주의자가 되었을 뿐만 아니라 천사들과 많은 교감을 나눴다고 한다.

살라테는 시에라의 신선한 공기가 도움이 될 것이라는 의사의 말을 듣고 투올러미메도우스로 갔다. 그리고 아주 우연히 시에라클럽 산장을 지나쳤는데, 산장지기가 시에라클럽의 활동에 대한 이야기를 들려줬다. 살라테는 그 이야기를 주의 깊게 들었다. 샌프란시스코 베이 지역으로 돌아온 그는 1945년 가을 어느 날, 시에라클럽 등반 모임에 맞춰 바예호Vallejo 근처 45미터 높이의 암장 헌터스 힐Hunter's Hill에 나타났다. 로빈 한센이 아찔하고 복잡한 피치를 선등하던 중 코너를 돌아 숨겨진 레지 위로 올라섰다. 그는 후등자 확보 준비를 마친 후, 살라테에게 "자유등반으로 올라오세요."라고 소리쳤다. 한센은 로프나 피톤을 잡지 말고 올라오라고 소리쳤다면서 당시를 이렇게 회상했다. "2~3분 동안 로프가 꿈쩍도 하지 않았는데 갑자기 존이 로프를 매지 않은 채 코너를 넘어 나타나지 뭔가? 로프를 사용하지 말라는 소리로 이해했다더군!"

새로 시작한 운동 덕분인지, 식단 조절 또는 천사들의 배려 덕분인지, 그것도 아니라면 단순히 시간 덕분인지 몰라도 살라테는 건강을 회복했다. 적어도 육체적인 건강은 좋아진 것 같았다. 그러나 이후 정신적인 문제가 생기면서 망상에 사로잡히곤 하다가, 결국 종교적인 모든 것이 생각을 지배하는 환상의 세계에 빠져들었다.

살라테는 적지 않은 나이에 암벽등반의 기초를 익혔으나, 순발력과 민첩성이 떨어졌다. 그는 이 사실을 깨닫고, 특히 상대적으로 새로운 개념인 인공등반 기술에 집착하게 되었다. 1930년대 등반가들도 물론 인공등반 기술을 사용했으나, 홀드가 너무 먼 경우에만 제한적으로 사용했다. 이전 세대는 인공등반 자체를 아무도 즐기지 않았다. 가령 레너드는 1936년

1963년 요세미티에서 열변을 토하고 있는 존 살라테 (사진: 앨런 스텍)

자신의 팀이 거벽 루트에서 후퇴한 이유에 대해 이렇게 썼다. "인공 보조
장치로 피톤을 과도하게 사용하지 않으면 오를 수 없었다. 직접적인 인공
등반 장비 사용의 정당성과 비정당성을 놓고 정의되지 않은 경계선을 넘
어야 했다."

　살라테는 그런 철학적 세부내용에 대해 걱정하지 않았고, 인공등반
기술이 장차 요세미티 등반을 지배할 것이라는 사실을 간파했다. 하지만

당시 피톤은 유럽에 주문해 수입하거나 군수품 가게에서 구입해야 했는데 요세미티 등반에는 적합하지 않았다. 쉽게 구부러지는 성질의 연질 피톤은 크랙에 잘 맞았으나 그 안에서 힘을 받으면 쉽사리 변형되었다. 크랙이 점점 좁아지면 피톤은 제대로 박히지 않고 찌그러진 채 들어갔다. 연질 피톤은 크랙에 넣고 해머질할 때 대개 이런 상태가 되고 만다. 얇은 크랙에 피톤을 박을 경우 들어가지 않고 대부분 튀어나왔다. 굴곡이 심한 크랙에 피톤을 박을 때는 휘어지기 십상이었다. 그리고 적당히 변형된 크랙에 피톤을 억지로 박으면, 잘 들어가긴 해도 빼내기가 힘들었다. 또 피톤을 너무 세게 두드리면 다음에 사용할 수 없었다. 피톤은 스무 번 이상 재사용이 불가능했다. 물론 피톤이 얇으면 얇을수록 변형 가능성도 높았다.

살라테는 더 견고한 피톤을 만들어야 할 필요성을 느꼈다. 얇으면서도 반복해서 사용할 수 있고, 크랙 안으로 더 깊숙이 박을 수 있고, 뒤틀린 크랙 안에 휘어지지 않은 채 때려 박을 수 있는 그런 피톤을 만들고 싶었다. 피톤이 화강암에 지배당하는 것이 아니라 피톤이 화강암을 지배하기를 바랐다. 그는 자신만의 독특한 피톤을 만들기로 결심했는데, 자세히 알려진 내용이 없어서 이 제작과정은 영원한 전설로 남아 있다. 소문에 의하면, 살라테는 튼튼한 재료를 찾으려고 철공소 주위를 헤매다 오래된 포드 자동차 차축을 보게 되었다고 한다. 그는 강한 차축을 재료로 토치와 망치와 집게를 사용해 몇 개의 조악한 피톤을 만들었다. 이 이야기의 출처는 1948년『시에라클럽 소식지』에 안톤(액스) 넬슨Anton(Ax) Nelson이 쓴 글인 것 같다. 그는 모델-A 포드 차축을 만들 때 쓰인 특수강 재료인 40/60 바나듐이 들어간 카본스틸로 피톤을 만들었다. 차축은 다루기가 어려워 살라테는 그냥 40/60 합금 봉을 사용하는 것이 더 낫겠다고 생각했다. 그것이 싸면서도 쉽게 구할 수 있는 재료였기 때문이다. 여하튼 손수 열을 가해 만든, 표준형 수평 피톤은 당시 유럽의 것보다 훨씬 더 튼튼했다. 제대로 잘 만들어진 완성품에는 다이아몬드 문양 안에 작은 글씨로 'P'(페닌슐라로트아이언웍스Peninsula Wrought Iron Works)라는 로고를 새겨 넣었다.

살라테는 손수 제작한 피톤을 나눠주고 일부 판매도 했으나, 샌프란시스코 베이 지역의 등반가 대부분은 복제품이 나오기 전까지 10년간 견고하지 않은 구식 연질 피톤에 만족해야 했다. 다행히도 새로운 스타일의 상업용 피톤 몇 종류가 1940년대 중반부터 보급되기 시작했다. 작고 부드러운 날을 가진 '링웨이퍼Ring Wafer'와 두 종류의 앵글피톤 모두 군대에서 만들어진 장비로 군용품을 판매하는 가게에서 구할 수 있었다. 전쟁 기간 만들어진 또 다른 장비인 알루미늄 카라비너는 이전에 사용하던 철제 카라비너에 비해 무게가 45퍼센트 수준밖에 되지 않았다. 사소한 차이같이 보이지만, 초창기에 엘캐피탄 노즈를 등반한 팀의 경우 철제 대신 알루미늄 카라비너를 사용하면 선등자의 장비 무게가 4.5킬로그램 줄었을 정도로 엄청난 혁신이었다.

또 다른 엄청난 장비의 발전이 전후에 일어났다. 1930년 듀퐁사 연구원들에 의해 발명된(1938년까지 제품은 출시되지 않았다) 나일론(합성섬유)은 '기적'의 소재였다. 전쟁 기간 동안 (워싱턴 D.C에서 병참장교로 근무한) 레너드와 동료들은 이 소재를 이용해 산악부대용 나일론 로프를 개발했다. 총 600,000미터에 달하는 로프가 제조되었고, 대부분은 군수품 가게에서 판매되었다. 내구성과 탄력성을 지닌 견고한 나일론 로프는 산악활동에 안성맞춤이었다. 등반가들은 한때 엄청 두려워했던 추락이 이제 별것 아니라는 사실을 재빨리 깨닫기 시작했다. 나일론 로프는 잘 끊어지지 않았다. 어떤 조건만 맞으면(예를 들어, 날카로운 바위 모서리에 걸려도 로프는 끊어지지 않았다) 60미터를 추락해도 살아날 수 있었다. 대마 혹은 마닐라 로프는 곧 사라질 운명에 처하게 되지만, 두께가 좀 더 얇은 마닐라 로프는 1957년까지도 하강용 로프로 사용되었다.

●

제2차 세계대전 이후 최초로 개척된 루트는 차세대가 나아가야 할 방향을 제시했다. 즉, 차세대는 인공등반 기술을 터득해야만 했다. 살라테의 피톤은 그가 로스트애로 정상 부근까지 오르는 데 도움을 줬지만, 그게 전부는 아니었다. 살라테는 자유등반으로 오를 수 없는 크랙에 슬링을 걸고, 몇 시간 동안 인공등반을 한 요세미티 최초의 등반가였다.

바위로 만들어진 건축 작품 로스트애로 첨봉Lost Arrow Spire은 요세미티 계곡 북쪽 가장자리에 붙어 있는 매끄러운 손가락 모양의 화강암으로, 어퍼요세미티폴Upper Yosemite Fall 동쪽으로 백여 미터 떨어진 곳에 있었다. 이곳은 빼어난 경관 덕분에 인디언과 초기 개척자들의 시선을 끌었고, 1930년대 등반가들의 마음까지 사로잡았다. 로스트애로(애로팁Arrow Tip 또는 라스트에러Last Error라고도 불린다)는 절벽과 분리된 돌무더기로 가득 찬 틈새인 애로노치Arrow Notch(V자 모양의 작은 바윗골) 위로 60미터 솟아 있어 등반이 불가능해 보였다. 애로노치 위로 솟아오른 로스트애로의 높이는 하이어캐시드럴의 절반도 되지 않아 크게 문제되지 않았다. 등반가들을 단념시킨 것은 높이가 아니라 매끈한 표면과 아찔한 고도감이었다. 1935년 벽의 가장자리에서 로스트애로 첨봉을 정찰한 딕 레너드는 "우린 만장일치로 이곳을 절대 시도하지 않기로 결정했다."라고 말했다. 같은 해 데이브 브라워 등반팀은 아래에서 애로노치까지 이어진 360미터의 불길한 침니를 살펴봤지만, 더 이상 접근하진 못했다. 2년 후 본격적으로 나선 브라워와 레너드 역시 바닥에서 100미터 지점까지 오르는 데 그쳤다. "아래에서 애로노치까지 등반이 가능해 보였으나 경사가 너무 셌다. 아주 긴 침니를 오를 수 있는 전문가라야 가능할 것 같았다." 레너드 는 말했다.

실리주의자인 살라테는 1946년 8월 애로노치까지 하강해서 첨봉 바 깥쪽이 어떤지 살펴보기로 했다. 그는 완벽한 크랙이 정상까지 이어져 있 을 것으로 예상했다. 브라워가 등반을 한 번 시도해본 적은 있었지만, 놀 랍게도 그때까지 절벽에서 애로노치까지 하강을 시도해본 사람은 아무도 없었다. 살라테는 다른 두 명의 등반가와 합류하기로 했으나 그들은 나타 나지 않았다. 물론 나중에 더 뛰어난 균형감각을 가진 사람이 등장하겠지 만 살라테는 보통사람이 아니었다. 그는 60미터의 수직 화강암 벽을 따라 홀로 애로노치까지 내려갔다. 인간의 손길이 한 번도 닿지 않은 어둡고 고 독한 곳으로 내려가면서, 그는 현명하게 탈출용 로프 두 동을 걸어놓았다.

애로노치에서 살펴보니, 로스트애로 첨봉 쪽으로 협소한 레지Ledge가 하나 연결돼 있었는데, 점점 좁아지고 아래는 살이 떨릴 정도로 고도감이 심한 급경사였다. 살라테는 레지를 살펴볼 수 있으리라 판단하고 대충 안 전장치를 해놓은 다음 살금살금 올라갔다. 바위 턱 끝부분에서 그는 12미 터 위에 있는 널찍한 레지를 쳐다봤다. 올라갈 수 있을까? 짧은 크랙을 발 견한 그는 특수 제작한 피톤을 꺼냈다. 처음에는 3센티미터 정도밖에 들 어가지 않았지만 강하게 내려치자 단단히 박혔다. 연질의 피톤이라면 찌 그러졌겠지만 단단한 철로 만든 피톤은 찌그러지지 않고 단단하게 고정될 정도로 잘 들어갔다. 얼마 후 아찔한 상황에 처한 살라테는 한 등반가에 게 당시 상황을 이렇게 설명했다. "주변을 둘러봤지만 피톤을 박을 크랙이 보이지 않더라고. 한 번 더 살펴봐도 없었지. 내려가려던 찰나에 다시 둘러보니 가는 실크랙이 눈에 띄더군. 그래서 얇은 피톤을 박은 다음 양손을 이용해 확장볼트를 박을 수 있었다네."

살라테는 요세미티 계곡에서 몇 개의 루트를 초등했는데 로스트애로도 그중 하나이다. 그는 등반을 위해 볼트를 사용한 최초의 등반가였다. 등반용 볼트는 1920년경 유럽에서 최초로 발명되었으나 미국에서 처음 사용된 곳은 1939년 뉴멕시코주의 십록Shiprock이었다. 하지만 그 네 개의 볼트는 인공등반용이 아니라 안전을 위해 확보용으로 설치한 것이었다. 이런 확보용 볼트가 요세미티에 등장한 것은 1940년 무렵 하이어캐시드럴 등반에서였다. 아마도 이때가 요세미티에서 최초로 볼트가 사용된 때로 추정된다.

살라테는 볼트를 설치하는 시간도 오래 걸렸지만, 혼자 등반하면서 로프를 처리하는 일 역시 시간이 많이 필요했다. 오후 한나절, 두 번째 피치를 끝낸 후 대장장이는 로스트애로 바깥쪽의 아찔한 바위턱인 살라테레지Salathé Ledge까지 올라갔다. 그러나 20미터 정도를 올라갔을 때 그날은 가망이 없다는 사실을 깨닫고 애로노치로 하강했다.

하지만 애로노치에서 어떻게 절벽 위로 올라갈 수 있었을까? 로프가 수직에 가까운 60미터 벽에 걸려 있어 두 손으로 붙잡고 올라가는 것은 불가능했다. 살라테는 조금도 걱정하지 않았다. 그는 시에라클럽의 모든 회원들이 익힌 푸르지크 매듭을 이용해 오를 작정이었다. 이 방식은 빙벽이나 구조등반에서 특별히 사용되긴 했으나 요세미티 등반에서 사용된 적은 없었다. 그러나 살라테 이후부터는 거벽등반에서 일상적으로 사용되기 시작했다. 살라테의 긴 푸르지크 등반은 요세미티 등반사의 또 다른 최초 기록이었다. 푸르지크 매듭을 이용한 등반기술은 이론상 간단하다. 1920년대에 오스트리아인 카를 푸르지크Karl Prusik가 고안한 간단한 히치 매듭(푸르지크 매듭 세 개)을 고정로프에 감아서 밀어 올리며 오르는 것이다. 위쪽 하나는 가슴에 연결된 확보줄에 걸고, 아래쪽 두 개는 발로 딛을 슬링에 건다. 매듭은 약간의 힘만 쓰면 고정로프 위로 올라가지만 체중이 실리면 매듭이 조여져서 로프에 단단히 고정된다. 따라서 체중이 실리지 않은 매듭을 번갈아 움직이면서, 한쪽 발에만 체중을 실은 채 천천히 위로 올라갈 수 있다. 그러나 살라테의 푸르지크 매듭은 쉽지 않았다. 매끈하지 않은 8밀리미터 마닐라 로프의 경우, 체중이 실리면 매듭이 꽉 조여져서 위로 밀어 올리기 위해서는 매번 다시 느슨하게 풀어야 했다. 그리고 매듭이 철사가 얽힌 것처럼 꼬여 다시 풀어야 했다. 이 문제를 침착하게 해결한 살라테는 1시간 30분 동안의 사투 끝에 절벽 위로 올라갔다. 그러고 나서 미래지향적이고 용감한 이 남성은 캠프4로 향하는 길을 터벅터벅 걸어서 내려갔다.

살라테는 끊겨 있긴 하지만 정상 부근으로 향하는 크랙이 몇 개 있는 것을 보고, 그다음 주에 샌프란시스코 베이 지역에서 만난 새로운 등반 파트너 존 튠John Thune에게 이렇게 말했다. "한 번도 오른 적이 없는 바위를 요세미티에서 발견했어. 쉬운 곳이야." 이 말에 깜빡 속아 넘어간 튠은 그로부터 며칠 후인 8월 말에 애로노치로 내려가서 등반을 시작했다. 등반 경험이 별로 없는 튠에게 확보를 맡긴 채 살라테는 자신의 등반기술을 시험했지만 피톤이 빠지면서 추락하고 말았다. 튠은 그 장면을 이렇게 회상했다. "존은 애로노치로 천천히 다시 올라와서 '자, 다시 시작하세.'라며 웃으며 말하더군. 그는 고소공포증이 거의 없었다네. 나는 살라테 때문에 무서워 부들부들 떨었지."

세 번째 피치에서 살라테는 85도의 가파른 벽을 올랐다. 그는 말 그대로 몇 센티미터씩 인내심 있게 피톤을 박으며 위로 전진했다. 하지만 크랙은 아래쪽에 비해 양호했지만 25미터쯤 위에서 아예 사라졌다. 몇 달 후 액스 넬슨은 이 장면을 이렇게 묘사했다. "하루가 저물어갈 무렵 살라테는 로스트애로의 둥근 정상을 올려다봤다. 10미터 정도의 매끈한 바위를 오르고 나서야 정상에 다다를 수 있었다. 그곳은 인위적인 도움 없이는 불가능해 보였다. 물러서야 할 때였다. 그래서 그들은 도로 내려왔다."

넬슨과 리프먼, 아놀드, 한센은 이 엄청난 도전 소식을 듣고 감동했다. 살라테는 그토록 원하던 로스트애로 정상에 곧 올라설 것 같았다. 넬슨은 그들도 등반에 나서기로 했다며 "경쟁은 스포츠의 필수요소이다. 사고思考를 자극한다는 점을 인정해야 한다."라고 기록을 남겼다. 다음에 전개될 로스트애로 초등 과정은 흥미롭기는 하지만, 새로운 시대의 등반정신에는 맞지 않을 것이다. 로스트애로는 '등반'된 것이 아니라 '정복'되었기 때문이다. 이곳은 1946년 살라테와 튠이 등반을 시도하고 며칠 후의 노동절 날 등반역사상 가장 훌륭한 로프 묘기를 부린 책략가들의 수중에 떨어졌다.

1930년대에 한 등반기술 전문가가 로스트애로 정상에 올가미를 걸면 오를 수 있을 것이라고 장담했지만, 그는 한 번 시도해본 후 어리석은 짓이라고 생각했다. 정상은 반대편 절벽에서 25미터 떨어져 있었고 둥글었다. 만약 정상으로 던진 로프가 고정된다면, 살라테 루트를 반복한 등반가들은 넬슨이 '티끌 하나 없이 단단한 바위라고 부른 정상 부근을 우회할 수 있을 터였다. 그래서 네 사람은 토요일 내내 번갈아가며 정상을 향해 로프를 던졌다. 결국 한센이 성공을 거둬 로프가 팽팽하게 걸리면서 살라테레지에 닿을 수 있었다.

일요일, 넬슨과 아놀드는 로스트애로의 애로노치까지 로프 하강한 다음 등반을 시작했다. 살라테가 만든 피톤이 없었던 두 사람은 고통스럽게 전진해, 그날 하루 종일 살라테 혼자 오른 높이의 절반에 해당하는 12미터를 오르는 데 그쳤다. "우리가 크랙을 훼손하면 다른 이들이 로스트애로를 오르지 못할까 봐 걱정했다네." 넬슨은 나중에 이렇게 말했다. 그들은 창피스럽게도 12미터를 하강해 애로노치에서 비박에 들어갔다.

월요일, 넬슨 팀은 또다시 영악하게 로프를 조작했다. 그들은 8미터쯤 위에 있는 플레이크에 올가미로 로프를 고정시킨 후 푸르지크 매듭을 이용해 살라테레지Salathé Ledge까지 올라갔다. 시간이 지날수록 스위스 출신의 중년에 대한 존경심이 커졌지만, 넬슨은 "살라테와 튠은 좋지 않은 크랙을 통해 마지막 구간을 오른 것 같다."라고 말했다. 하지만 크랙의 상태에 대한 그의 판단은 완전히 오판이었다. 수많은 등반가들이 그 크랙을 이용했으니 말이다.

한센이 정상을 향해 던진 로프가 마침내 동그랗게 말렸다. 고통은 끝난 것 같았다. 과연 그랬을까? 두 사람은 묵직한 로프 두 동을 끌어올린 후 살라테레지와 정상 사이를 로프로 팽팽하게 고정시켰다. 물론 둥근 정상에서 로프가 벗겨질지 모른다는 두려움이 들었다. 선등자는 위와 아래에서 확보가 된 상태였지만 로프가 빠지면 그 결과는 참혹할 터였다. 덩치가 큰 넬슨은 친구 아놀드에게 몸을 돌려 위를 가리켰다.(예전에는 가장 가벼운 사람이 먼저 올라야 한다는 엄격한 규정이 있었다.) 그래서 덩치가 가장 작은 잭 아놀드가 로스트애로 정상을 공략할 사람으로 낙점되었다. 그는 담배 세 개비를 재빨리 피운 후 푸르지크 매듭을 이용해 위로 올라갔다. 모든 것이 순조로웠다. 1946년 9월 2일 오후 4시 30분, 아놀드는 로스트애로 정상을 향해 조심조심 다가갔다. 1940년 로스트애로를 처음 시도한 이후, 독일의 전쟁포로 수용소에서 몇 년을 보내는 동안 이곳을 종종 떠올렸던 아놀드는 마침내 그 정상에 섰다.

성공적인 등반에 대한 반응은 즉각적이었지만 모두가 호의적이진 않았다. 넬슨이 출판하지 않은 원고에 따르면, 살라테는 "이 등반을 '로프 속 임수'라며 경멸스럽게 일축했다." 훨씬 후에 살라테는 나에게 심각한 말투로 그 팀은 악마의 도움을 받았다고 말했다. 『시에라클럽 소식지』 편집자였던 브라워는 1946년 12월호에 짤막한 글을 남겼다. "인공등반을 위해 이따금 한두 개의 피톤을 사용했던 우리는 이미 '기계화된' 등반의 황금기에 대해 이야기하고 있다." 농담이었지만 그의 말은 예언이 되었다. 로스트애로 등반은 혁신적인 장비와 대담한 인공등반이 큰 역할을 할 새로운 시대의 시작을 알렸다. 곧 황금기가 시작되려던 참이었다.

로스트애로스파이어 정상 부근의 두 등반가 (사진: 글렌 데니)

2

기술등반 시대

1947~1957

대다수의 등반가들이 피톤의 사용, 로프의 장력을 이용한 트래버스, 확장볼트의 사용을 개탄하며 이런 종류의 성공에 의문을 제기하긴 했지만, 기록은 그 자체로서 분명한 의미가 있다. 바야흐로 기술의 시대이다. 미래에도 등반가들은 계속해서 새로운 루트를 찾을 것이다. 개척자가 되는 것보다 만족스러운 일은 없다.

앨런 스텍
1950년 센티넬 북벽 초등의 정당성을 옹호하며

로스트애로를 초등한 액스 넬슨조차 '로프 속임수'를 깊이 뉘우치며, 등반이 불가능했기 때문에 이 방법을 사용할 수밖에 없었다고 변명했다. 모두가 알고 있듯이 크랙이 없는 마지막 구간은 볼트를 설치하면 오를 수 있었다. '로프 속임수'가 꼭 필요한 것은 아니었다. 그리고 무엇보다도 주류 등반가들은 로스트애로침니를 통해 정상에 오르는 것이 진정한 도전과제라는 것을 알고 있었다. 360미터 길이의 로스트애로침니는 제2차 세계대전 이전에 딕 레너드와 데이브 브라워가 시도한 적이 있었다. 살라테와 넬슨은 로스트애로침니의 등반 가능성에 대해 이야기를 나눴지만 다른 곳이 더 매력적으로 다가왔다. 바로 하프돔의 둥그스름한 남서벽이었다.

존 뮤어는 하프돔의 '거대한 크기'에 주목하며 수직의 북서벽만이 감상할 만한 가치가 있는 건 아니라고 했다. 그의 말이 옳았다. 하프돔은 어느 방향에서 봐도 장관이었다. 딕 레너드와 베스터 로빈슨, 헨리 비어스Henry Beers는 1933년 6월 일찍이 거대한 남서벽(글래시어포인트Glacier Point에서 보는 게 최고다)을 눈여겨봤다. 남서벽은 경사가 심하지 않아

리지등반이 가능할 것이라 생각했다. 장비를 제대로 갖추지도 않고 시도할 정도로 남서벽을 과소평가한 세 사람은 쉬운 슬랩을 걸어 올라갔지만, 훨씬 가파른 구간에 이르자 후퇴했다. 2년 후 레너드와 아이호른은 자신들을 도와줄 '슬랩 등반의 대가' 브라워와 함께 재도전에 나섰다. 이번에는 피톤 같은 확보장비를 많이 챙겨갔지만 20미터도 전진하지 못했다. 몇 개월 후 레너드와 브라워, 로빈슨이 다시 시도했지만 어프로치를 하는 동안 등반 프로젝트를 전면 재고했다. 인공등반 구간이 너무 많을 것으로 생각한 세 사람은 로프를 묶을 생각도 하지 않고 뒤돌아섰다.

하지만 다음 도전자인 살라테와 넬슨은 하프돔 남서벽을 오를 때 미리 겁먹지 않았다. 1946년 10월 그들은 며칠간 지낼 충분한 장비를 짊어지고 벽에 접근했다. 시에라클럽의 등반가 네 명도 그곳에 있었으나, 살라테와 넬슨이 먼저 출발했다. 곧 넬슨이 '더크랙The Crack'이라는 미지의 영역을 개척했다. 외따로 떨어진 더크랙은 수십 미터 위로 이어져 있었다. 여기서 길을 벗어날 가능성은 없었다. 심하게 벌어진 크랙이었기 때문이다. 하지만 살라테의 장비와 고집은 또다시 기적을 만들어냈다. 그는 급경사 구간을 인공등반으로 올라가면서, 확보할 만한 레지가 거의 없었기에, 발 디딜 곳이 없는 곳에서는 로프에 매달렸다.

아래에 있던 네 명은 겁을 집어먹고 위에 있는 사람들과 합류한다는 계획을 포기했다. 현명한 생각이었다. 여섯 명이 있을 공간도 없는 데다 10월은 낮이 짧아서 벽에 매달린 상태로 해가 저물 수 있었기 때문이다. 그리하여 살라테와 넬슨은 등반을 멈추고 작은 스탠스에서 비박에 들어갔다. 요세미티에서 등반 중 첫 번째로 이뤄진 비박이었다.

다음 날 아침 일찍 등반을 끝낸 그들이 로프를 타고 내려오자 밑에서 기다리던 동료들이 반겨줬다. 150개의 피톤 설치는 그때까지 중 최고 기록이었다. 그 다음해까지 하프돔 남서벽은 요세미티에서 가장 힘든 곳으로 여겨졌다. 사실, 이곳은 가파르지도 특별히 높지도 않았다. 로프를 사용한 등반 길이는 270미터밖에 되지 않았다. 그래도 인공등반이 아주 어렵고 지구력을 요하는 곳이어서 힘든 루트였다. 그럼에도 불구하고 하프돔 남서벽 루트는 결코 전설의 영역에 들어가지 못했다. 로스트애로침니 등반에 너무 빨리 빛이 가려졌기 때문이다.

하프돔처럼 로스트애로침니도 루트 파인딩에는 큰 어려움이 없었다. 레너드와 브라워는 1937년 "등반선이 끔찍할 정도로 분명한" 루트라고 말했다. 그러나 침니루트가 가파르고 연속적이라는 것은 특별한 인공등반 기술과 지구력이 필요하다는 것을 의미했다. 여러 날 동안 등반해야 하는 곳이어서 물자수송 문제도 해결해야 했다. 등반가는 얼마나 많은 무게를 끌어올릴 수 있을까?

살라테와 넬슨이 이 의문을 심사숙고하는 동안 경쟁자들이 몰려들었다. 제2차 세계대전 이전까지만 하더라도 요세미티 등반은 캘리포니아 북부 출신이 거의 다 장악했으나, 1944년 로스앤젤레스 출신의 척 윌츠Chuck Wilts와 스펜서 오스틴Spencer Austin의 등장으로 북부와 남부 출신 사이에 균형의 변화가 생겼다. 두 사람은 1944년에 하이어캐시드럴을 자유 초등하면서 훌륭한 등반가로서의 면모를 입증해 보였고, 1946년 10월에는 로스트애로침니에 도전해서 레너드와 브라워가 1937년에 올라간 곳보다 30미터를 더 올라갔다. 살라테-넬슨 팀은 이 '성공'에 자극받아 1947년 여름 두 차례의 본격적인 도전에 나섰다. 그리하여 두 팀 사이에 미묘한 경쟁이 벌어졌다. 8월에 시간이 촉박하다는 것을 알게 된 윌츠-오스틴 팀은 전력을 쏟아부어 이틀 반에 걸친 등반 끝에 몇십 미터 위로 더 올라갔다. 하지만 그들은 푸석하고 가파른 헤드월을 만나 곤란에 빠지면서 애로노치까지 120미터를 남겨두고 돌아서야 했다. 경쟁은 계속 이어졌다. 남부인 아니면 북부인 중 누군가가 곧 해낼 것 같은 분위기였다.

거대하고 가파른 벽에서 인공등반을 포함해 며칠간 등반한다는 '거벽등반Big-Wall Climbing' 개념은 1947년 바로 이 로스트애로침니를 개척하는 동안 정립되었다. 하지만 우리는 실패가 아닌 성공만 기록한다. 따라서 1947년 9월 액스 넬슨과 존 살라테의 5일에 걸친 로스트애로침니 모험 등반은 미국에서 행해진 최초의 거벽등반이라는 이정표를 세웠다. 그리고 이 등반은 의심할 여지없이 요세미티 등반의 황금기를 알리는 신호탄이 되었다.

두 사람은 로스트애로침니를 등반하면서 최소한의 장비만 챙겨갔다. 얇은 수평피톤부터 2.5센티미터에 이르는 앵글피톤까지 총 18개의 피톤과 12개의 카라비너를 장비걸이에 걸었다. 그리고 18개의 확장볼트와 함께 몇 개의 초경합금으로 된 드릴과 휴대용 공구함을 가져갔다. 그런 수많은 볼트 장비 세트는 처음이었으나 나중에 넬슨은 이렇게 말했다. "피톤이나 홀드를 다시 사용할 수 있는 곳으로 향할 때, 볼트를 사용하는 것은 정당한 것 같아." 길이 2.5센티미터, 지름 9.5밀리미터의 스타드라이빙Star Dryvin 볼트를 설치하는 데 최소 45분이 소요됐다. 한 번씩 내려치면서 돌려 박는 볼트는 아주 깊이 박힐 때까지 수없이 작업을 해야 했다. 그리고 고리가 달린 볼트가 들어갈 때 쐐기를 함께 집어넣어 구멍 안에서 꽉 조여지도록 했다.

그들은 등반용으로 35미터짜리 나일론 로프 하나만 갖고 올라갔다. 당시 로프의 가격은 22달러로 비싼 편이었다. 홀링과 다른 용도로 사용할 마닐라 로프 2동(45미터와 90미터)을 비롯해 긴 인공등반 피치를 위해 특별히 고안한 슬링과 함께 발을 편히 디딜 수 있게 할 몇 개의 알루미늄 '발판'도 가져갔다.

살라테와 넬슨은 무게를 줄이기 위해 물은 아주 조금 가져갔다. 총 6리터였다.(나는 등반을 하는 동안 목이 자주 말라서 물을 많이 마시는 편이라 이 생각을 할 때마다 몸서리가 쳐졌다.) 즉, 침니를 통해 애로노치까지 오르는 3일 동안 1인당 하루 1리터로 버텨야 했다. 그곳에는 친구들이 가져다놓은 물이 있었다. 두 사람은 먹을 것도 최소한으로 준비했다. "우리는 등반을 하면서 체중이 엄청 빠질 것으로 생각했다." 넬슨은 말했다. 아마도 살라테가 넬슨에게 채식주의의 이점을 설파했던 것 같다. 4킬로그램의 식량 가운데 고기는 포함되지 않았다. 대신 넬슨이 '이상적인 식량'이라고 한 건포도와 마른 대추, 호두, 젤라틴 캔디를 챙겨갔다.

월츠와 오스틴을 패퇴시킨 헤드월은 크럭스 구간이었다. 살라테는 45미터를 오르면서 볼트 3개를 설치하고 피톤 작업을 하는 데 8시간을 꼬박 쏟아부었다. 월츠와 오스틴이 가져갔던 같은 종류의 연질 피톤은 사실상 쓸모가 없었지만 살라테의 튼튼한 피톤은 마법을 일으켰다. 크랙이 얇고 썩었기 때문이었다. 그는 끝까지 들어가도록 피톤을 인정사정없이 박아 넣었다. 넬슨에 의하면, 이 구간의 바위가 부서져 있어 살라테가 구멍을 내기 위해서는 화강암에서 떨어져 나온 커다란 바위 조각을 들어내야만 했다고 한다.

5일째 되는 날 이른 아침 살라테와 넬슨은 쇠로 내리치면 불꽃이 일어나는 부싯돌처럼 단단한 정상 구간에 볼트를 박기 시작했다. 그 작업은 로프 속임수 없이 꼭대기까지 오르는 유일한 방법이었다. 크랙이 전혀 없는 구간에 9개의 볼트를 박느라 많은 시간을 보낸 두 사람은 마침내 요들

송을 부르며 좁은 정상에 올라섰다. 규모로 치자면, 로스트애로침니는 미국에서 가장 어려운 등반 루트였다. 그럼 세계에서도 가장 어려운 등반이었을까? 돌로미테의 거벽 루트가 같은 규모이지만, 소요 시간과 난이도로 보면 — 물론 아닐 수도 있겠지만 — 그때까지 돌로미테에서 가장 길게 이뤄진 초등은 단 3일에 불과했다.

액스 넬슨이 1948년『시에라클럽 소식지』에 실은 "로스트애로에서 보낸 5일간의 밤낮"이라는 긴 등반기는 분수령이 되는 작품, 즉 등반문학이 환영하는 글이었다. 미국의 바위를 등반한 경험을 담은 긴 등반기는 이 시기에 극히 드물었다. 등반기술과 관련된 기사는 많았고 개인 등반을 기록한 일기도 흔했지만, 초창기 등반가들은 등반기록을 쓰지 않았다. 그리고 대부분의 등반기는『시에라클럽 소식지』를 만든 레너드와 브라워가 취재해서 작성한 것이었다.

액스 넬슨은 인간이 왜 등반하는지를 사색하며 글을 쓴 최초의 미국인이었다. "동기가 충분하지 않으면 등반을 할 수 없다. 보통의 삶에서 일어나는 정도를 넘어서는 위험에 맞닥뜨려야 한다. 사실 위험에 익숙해져야 한다. 그것이 등반하는 이유 중 하나이다. 도전에 응하기 위해 인간은 최선을 다해야 한다." 그는 이렇게 썼다. 넬슨은 또한 '활기찬 준비운동'과 '물을 마시지 않고 오랫동안 행군하기'라는 체력단련과 훈련요법에 대해서도 썼다. 그가 쓴 글을 보면, 등반가는 군인처럼 항상 훈련하고 특별한 자제력을 습득하면, 언제나 승리할 수 있다는 메시지가 담겨 있다. 광신도에 가까운 이 엄격한 어조는 미국 등반기에서도 처음이었다.

◾

1940년대 요세미티에는 26개의 루트가 새로 생겨났지만, 살라테와 넬슨의 하프돔 등반 모험과 로스트애로에서 일어난 서사를 따라잡은 수 있는 개척 기록은 없었다. 하지만 이 루트를 오를 수 있는 실력을 갖춘 등반가들은 많았다. 1930년대나 1940년대 출신이 아닌 차세대 등반가들은 도전할 준비가 되어 있었다. 물론 그전에 먼저 중년의 스위스 대장장이가 해야 할 유명한 등반이 하나 더 남아 있었다. 일찍이 천사로부터 요세미티를 둘러보라는 계시를 받은 살라테는 세 곳의 멋진 등반 대상지인 하프돔과 로스트애로, 센티넬 북벽을 점지해뒀다. 그중 두 곳을 끝낸 그는 이제 센티넬에 시선을 고정했다.

센티넬은 캠프4 맞은편에 계곡에서부터 900미터 높이로 솟아 있는 바위벽이다. 극도로 반반하고 약간 기울어진 북벽은 수백 개의 플레이크와 크랙, 작지만 기다란 바위천장으로 이뤄져 있다. 여행 작가 J. 스미튼 체이스는 1911년 이곳을 완벽하게 묘사했다. "센티넬은 요세미티에서 눈에 띄는 봉우리 가운데 표현상 변수가 가장 적은 곳이다. 이곳은 해가 저물기 전까지는 엘캡의 높은 벽 뒤로 소리를 죽인 채 완강히 버티고 서 있다. 그리고 바위벽은 화성암 지대를 따라 반짝이며 철제 금속처럼 강하고 엄숙하다."

센티넬은 좌벽이 330미터, 우벽이 490미터 높이로 아주 가파른 데다, 큰 레지가 거의 없다. 특히 우벽에는 플라잉버트레스Flying Buttress와 그위로 그레이트침니Great Chimney가 있어 독특하다. 고딕 건축물 마니아가 이름 지은 플라잉버트레스는 벽 중간에 뻗어 있고, 그 상단에는 북벽에서 가장 큰 레지가 있다. 그레이트침니는 플라잉버트레스 끝과 직접적으로 연결되어 있지는 않고, 버트레스에서 45미터 위 왼쪽에서 시작되는데, 그 사이에 있는 거무스름한 구간이 헤드월이다.

센티넬이 세상에 알려지지 않은 미지의 벽은 아니었다. 1930년대와

센티넬록 전경. 북벽의 일부가 그늘져 있고, 매끈한 오른쪽 서벽이 햇빛에 반짝인다.

(사진: 스티브 로퍼)

1940년대 등반가들은 쉬운 루트만 골라서 올랐으나 RCS 회원들은 칭찬받아 마땅한 개성을 갖고 있었다. 그들은 탐험을 사랑했고, 이런 산악활동의 유산은 강력했다. 그들은 하프돔의 거대한 벽을 가까이서 관찰하고, 로스트애로를 위아래로 정찰하고, 센티넬 등반을 현실적인 관점에서 생각했다. 1936년 모건 해리스, 빌 호스폴Bill Horsfall, 올리브 다이어Olive Dyer는 센티넬 하단, 즉 플라잉버트레스 오른쪽 아래 모래가 덮인 경사면인 트리레지Tree Ledge까지 램프를 통해 올랐다. 그러나 레지에서부터 솟아오른 북벽은 정말 오르기 힘든 곳이었다.

제2차 세계대전 후의 등반가들은 더욱 대담해졌다. 기술적인 측면에서 새로운 나일론 로프를 사용했고 등반장비도 더 개선되고 다양해졌다. 또한 새로운 분위기가 조성되었다. '한 번 해보자'라는 정신자세가 지배적이었다. 엘캐피탄 같은 거벽은 엄두조차 못내는 그 당시 상황에서 센티넬 북벽은 로스트애로침니 이후의 대과제였다. 로빈 한센, 프리츠 리프먼, 잭 아놀드가 제일 먼저 센티넬 북벽을 시도했으나 30미터를 오르는 데 그쳤다. 그다음 도전자는 UC 버클리대 물리학 대학원생이자 요세미티 등반 초보자였던 짐 윌슨Jim Wilson과 필 베틀러Phil Bettler였다. 그러나 1948년 그들의 도전은 한 피치를 더 오르는 데 그쳤다.

그로부터 1년 후 윌슨과 베틀러는 당시 실력이 가장 출중한 등반가였던 앨런 스텍과 빌 롱Bill Long을 데리고 돌아왔다. 아울러 며칠간 벽에서 지낼 생필품도 함께 갖고 왔다. 첫째 날 네 사람은 120미터나 쭉 벌어진 침니 구간인 '윌슨오버행Wilson Overhang' 아래쪽에서 불편한 비박에 들어갔다. 침니 밑부분에 있는 기울어진 촉스톤은 한 사람이 겨우 움츠리고 잘 만한 장소였다. 그러나 움직일 때마다 촉스톤이 삐걱거려 잠을 제대로 잘 수 없었다. 베틀러는 윌슨이 가져온 허리 통증용 진통제 하나를 그대로 삼키고 밤새 코를 골며 잤다.

롱과 윌슨은 어색한 동작을 요구하는 침니를 아침부터 피톤을 설치하며 번갈아 올랐으나 속도가 너무 느려서 정상까지는 불가능해 보였다. 네 사람은 490미터 가운데 140미터밖에 오르지 못했지만 신기하게도 크럭스 구간인 플라잉버트레스를 통과하는 데 성공했다. 롱과 베틀러는 1950년 5월에 다시 돌아와서 낡은 피톤 위 10미터 구간을 쉽게 오른 후, 이튿날 늦은 오후 버트레스 꼭대기까지 올랐다. 그 위로는 크랙이 없는 가파른 헤드월이 버티고 있었다. 그들은 다시 포기하고 내려갔다.

이 시도를 대단한 관심을 갖고 지켜본 앨런 스텍은 결과를 안타깝게 생각했다. "나는 버클리에서 여러 날 한밤중에 깨어나 버트레스 위의 북벽이 어떻게 생겼을까 상상하면서 거의 강박적인 수준으로 집착했어." 그는 당시의 심경을 이렇게 털어놓았다. 스텍은 어려운 등반에 익숙했다. 그는 많은 유소년들처럼 시에라네바다산맥에서 등산을 배우기 시작했다. 그는 트레일을 따라 걷고 바위봉우리를 기어올랐다. 이후 해군에서 복무하면서 전쟁이 끝나갈 무렵 몇 달 동안 호위구축함을 타고 남태평양 이곳저곳을 종횡무진 누볐다. 전역을 한 스텍은 UC 버클리대에 다니면서 1948년 여름 요세미티 레인저로 일하기 시작했다. 그리고 그다음 해 알프스를 자전거를 타고 돌아다니며 눈에 보이는 모든 곳을 올라갔다. 그는 카를 루크마이어Karl Lugmayer와 함께 돌로미테의 치마그란데Cima Grande 북벽을 등반하면서 전설적인 '알프스 6대 북벽' 가운데 한 곳을 오른 최초의 미국인이 되었다.

앨런 스텍의 미국 내 등반기록은 명확하지 않다. 1949년 말 요세미티에서 수많은 일반 루트를 등반했고 하이어캐시드럴에서 신루트를 개척했는데, 그게 전부였다. 하지만 1950년은 그의 해였다. 5월 세쿼이아국립공

1953년 요세미티에서 듈퍼 방식으로 하강 중인 앨런 스텍 (사진: 앨런 스텍)

원Sequoia National Park의 캐슬록스파이어Castle Rock Spire 초등을 성공적으로 마치고 나자, 스물네 살의 스텍은 자신의 시대가 다가오고 있다는 것을 알았다. 그러나 대부분 버클리대학 친구들과 함께 한 등반이 성공적이진 않았다. 윌슨이나 베틀러는 활달하고 뛰어난 동료들이었으나 그와는 실력 차이가 많이 났다. 그는 알프스에서 시간을 보낸 터라 그들보다는 훨씬 뛰어났다.

하지만 우정을 중요하게 생각한 스텍은 6월에 센티넬을 시도하기 위해 윌슨과 팀을 꾸렸다. 등반을 앞둔 상황에서의 컨디션은 최상이었다. '버클리 텐션클라이머스러닝클럽Berkeley Tension Climbers' Running Club'을 창립하고, 버클리힐에서 체력을 열심히 단련했기 때문이다. 두 사람은 온 힘을 다해 시도했지만 시작하자마자 낙석에 로프가 끊어지는 바람에 후퇴해야 했다. (1949년 10월 23일 플라잉버트레스 위쪽에서 시작해 오른쪽으로 쏟아진 엄청난 낙석사태로 세 번째 피치 구간이 강타당하면서, 하얀 화강암 조각이 모든 레지 위로 쏟아진 것 같았다.)

이때 존 살라테는 어디에 있었을까? 1948년 넬슨과 함께 북벽을 정찰한 바 있었지만 천사가 무슨 계시라도 내렸는지 당장 오르는 데는 관심을 두지 않았다. 그러던 1950년 6월 말에 천사가 옆구리를 슬쩍 찌른 모양이었다. 스텍이 그곳을 오르자고 제안하자 바로 승낙했다. 그는 버클리 암장에서 살라테와 등반한 것 외에는 함께한 적이 없었으나, 그의 능력을 대단히 높게 평가했다. 살라테의 로스트애로침니 등반은 이미 전설로 회자되고 있었다. 대부분의 RCS 회원들이 7월 4일 독립기념일에 시에라네바다산맥으로 향하자 스텍은 불안하고 초조해했다. 누군가가 곧 센티넬을 등반할 것이었기 때문이다. 자신이라고 안 될 일이 있을까?

그해 6월 29일 목요일 스텍은 살라테의 구형 포드 T모델 자동차를 타고 요세미티 계곡에 들어온 뒤 금요일 아침 로프를 매고 토요일 오후에 플라잉버트레스에 도착했다. 앞에는 미지의 영역인 헤드월이 버티고 있었다. 살라테는 정상으로 향하는 관문인 이 피치에서 10시간 이상 사투를 벌이며 볼트 6개와 여러 개의 피톤을 박고, 마침내 슬랩을 지나 그레이트 침니Great Chimney로 접근할 수 있었다. 하지만 무시무시한 이 구멍의 하단은 불쾌할 정도로 넓게 벌어져 있었고, 상단은 폐쇄공포증을 느끼게 할 만큼 좁아서 등반이 쉽지 않아 보였다.

또한 두 사람은 조금 더 사나운 적수라 할 수 있는 뜨거운 열기를 상대해야 했다. 등반가들 사이에 요세미티의 여름은 무덥기로 유명해지지만, 1950년 이전까지 무더위를 언급한 사람은 아무도 없었다. 당일 등반의 경우 더운 날씨는 그리 큰 문제가 아니었다. 잠시 고통스럽긴 해도 캠프4로 돌아와 시원한 맥주를 마실 수 있었기 때문이다. 그러나 여러 날 등반하는 경우는 더위가 에너지를 고갈시킬 수 있다. 센티넬 등반이 그랬다. 땀으로 배출된 수분을 다시 채울 만큼 충분한 물을 가져갈 수 없어서 피로와 근육 경련이 생겼다. 1인당 하루 1리터의 물은 더 서늘하고 짧은 등반에 적합한 양이었다. 그러나 요세미티의 기온이 40도 넘게 올랐고, 사흘 동안 두 사람은 루트의 절반도 오르지 못한 상태였다.

벽은 용광로처럼 펄펄 끓었다. 늘 불어오던 오후의 산들바람도 없었다. 벽은 바람 한 점 없는 불지옥이 되었다. 마치 이것으로는 충분치 않은 듯 스텍은 750미터 아래의 머세드강에서 피서객들이 물장난 치는 것을 고통스럽게 바라봐야 했다. "저 사람들이 물장난 치는 행동을 멈춰줬으면 좋으련만!" 그는 이렇게 기록했다. 51세의 살라테는 갈증과 더위를 참고 견뎠으나, 그 역시 고통스러워하고 있다는 사실을 알았다. 스텍에 따르면 "슬링에 몸을 의지하고 별 모양의 드릴을 박기 위해 해머를 든 채 존(살라테)은 머리를 돌려 '앨런, 오렌지주스를 조금만 마실 수 있으면 얼마나 좋을까!'라고 말하곤 했다고 한다.

두 사람은 물을 조심스럽게 배급했는데, 이는 음식이 입에 맞지 않았다는 걸 뜻했다. 스텍은 '어림짐작'으로 등반 내내 각자 230그램 정도만의 음식을 먹었을 것으로 추산했다. 살라테는 자신이 가장 좋아하는 대추 통조림을 7.5리터나 갖고 왔지만 절반 정도는 그레이트침니 밑에 버렸다. 나중에 이곳을 등반한 사람들은 어두운 곳에서 녹슬어가는 캔을 볼 수 있었다고 한다.

등반 4일째인 월요일 아침, 스텍은 벌어진 침니의 아래쪽만 통과하면 우회할 수 있는 루트가 있다는 것을 발견하고, 30미터 정도의 침니를 꿈틀거리며 올라갔다. 어둡고 고독한 사투였다.(이후의 등반가들은 거의 아무도 이렇게 올라가지 않았다. 아찔하게 노출된 침니 밖이 차라리 더 나았기 때문이다.) 살라테는 다음 피치를 선등했는데 그 역시 오르기 힘든 등반선을 선택했다. 촉스톤 위로 완벽하게 등과 발로 올라야 하는 침니가 3미터 정도 이어지다가 천장 근처에서 갑자기 좁아졌다. 굴뚝처럼 어둡고 비좁은 구멍이 눈에 잘 띄지 않게 위로 나 있었다. 인공등반 전문가인 살라테는 훗날 '내로스Narrows'로 불린 이 구간이 너무나 무서워 오르고 싶어 하지 않았다.

큰 난제를 해결하자 그들은 침니와 커다란 레지가 연달아 이어져 있는 급경사 구간도 편하게 오를 수 있었다. 이제 그들이 극복해야 할 크럭스는 더위였다. 스텍은 이끼 낀 틈새에서 물이 조금 흘러내리는 것을 발견했다. 그는 당시를 이렇게 회상했다. "입술을 적시고 입을 축일 수 있을 정도였지만 경이로운 느낌이었어." 정상에 가까워질수록 두 사람의 입이 너무 바짝 말라 말을 할 수가 없었다. 스텍은 등반 5일째 되던 새벽에 살라테가 의치를 시에라컵에 넣은 후 마지막 남은 물로 목을 축이려는 광경을 차마 볼 수 없었다. 비박을 할 때 살라테는 스텍에게 "앨런, 로스트애로침니를 등반해봐. 그게 진짜야."라고 말했는데, 지친 그에게는 결코 달갑게 들리지 않았다. 7월 4일 정오 그들은 정상에 올라선 후 골짜기를 따라 비틀거리며 개울가로 내려왔다. 스텍은 옷을 입은 채 물속으로 풍덩 뛰어들었다.

"이 모든 행위의 이유와 유인, 동기는 과연 무엇인가?" 앨런 스텍은『시에라클럽 소식지』에 게재한 "피톤의 시련"이라는 제목의 훌륭한 센티넬 등반기에서 이런 질문을 던지며 "뭐라고 딱히 꼬집어 말할 수 없는 이 도발적 개념은 독자 여러분의 몫으로 남겨놓겠다."라고 썼다. 그가 암벽등반이라는 독특한 스포츠에 대한 이론적 근거를 조명하는 일을 회피한 유일무이한 등반가는 아니었다. 하지만 이 훌륭한 글 속에 그가 쓰지 않았으면 하고 후회하는 문구가 있었다고 한다. "두 번째 등반은 더 잘해내야 할 것이다. 만일 그런 기회가 주어진다면 말이다." 하지만, 그는 이후 44년 동안 네 번이나 더 센티넬 북벽을 올랐다.

센티넬 북벽은 살라테의 마지막 거벽등반이었다. 기행과 광기 사이를 넘나들던 그의 삶은 1953년 또 한 번 극적인 반전이 있었다. 어느 날 저녁 살라테는 버클리에 있는 딕 레너드Dick Leonard 집에 자두 두 자루를 갖고 나타나서 소리쳤다. "그년이 코브라 독을 묻혀 놨어. 그 망할 년이 날 죽일 거야. 내가 먼저 그년을 잡다 족치고 말 거야." 레너드는 바로 옆집에

사는 정신과 의사를 불렀는데 살라테가 떠난 후 단호하게 말했다고 한다. "저 사람 위험해. 감금해야 해." 레너드는 살라테 부인에게 전화를 걸었고, 부인은 그날 밤 이웃집으로 피신했다.

그 후 살라테는 가정을 팽개치고 유럽으로 돌아가, 스위스 남부 마조레Maggiore 호수 근처 고지대에 석조로 지은 산장 단칸방에서 몇 년을 지냈다. 그리고 기독교 신흥 종파(Spiritual Lodge Zurich)에 빠져 남은 생의 전부를 부활을 믿는 교리에 맞춰 살았다.

1958년 8월 살라테는 마터호른을 올랐는데 이것이 그의 마지막 산악 모험활동이었다. 그는 체르마트로 내려온 후 함께 등정한 YMCA 학생들에게 자신의 장비를 다 나눠줬다. 그리고 1961년부터 종파 본부가 있는 취리히 남쪽 추크Zug에 거주했다. 1963년경 미국으로 돌아온 살라테는 이후 20년간 캘리포니아의 산과 사막을 돌아다니면서 기분이 내키면 언제 어디서든 오토캠핑을 하며 지냈다. 이 시기에 그는 눈에 띄게 자급자족하는 삶을 살았다. 스위스 정부로부터 받는 약간의 보조금(1974년에 연간 약 400달러)으로 살면서 가스와 주식主食을 제외하곤 직접 재배해서 먹는 자급자족 생활을 이어갔다. 그리고 식용 풀과 허브를 찾는 전문가가 되었고, 보리와 쌀과 강낭콩을 섞은 후 파슬리와 마늘로 양념한 샐러드를 주식으로 삼았다.

앨런 스텍과 존 튠, 액스 넬슨, 라피 베다얀 등 살라테의 오랜 지인들은 가끔 그를 만나러 갔는데, 운이 좋게도, 나도 세 차례나 만날 수 있는 기회가 있었다. 그의 말투는 독일 억양이 강해 거의 알아들을 수 없었으나 매력적으로 들렸다. 그러나 곧 두서없이 떠드는 이야기의 주제를 포착해 낼 수 있었다. 천사(성령)와 영접, 베아트리체(그의 종파의 계시자), 가톨릭의 악마에 대한 이야기였다. 가끔은 예전 등반 시절에 대한 이야기도 들을 수 있었다. 그는 센티넬이 3시간 만에 등반되었다는 사실을 믿으려 하지 않으면서 "오, 볼트가 박혀 있으니 3시간이 아니라 3일이면 가능하겠군." 하고 웃어 넘겼다.

단순하고 솔직한 살라테는 수년간 자연과 완벽한 조화 속에 살았다. 그러나 1983년 유랑자의 삶을 마친 그는 캘리포니아 남부의 여러 요양원을 전전하다 1992년 8월 31일 세상을 떠났다.

요세미티 등반역사를 다루다 보니 한 시대를 풍미하다가 갑자기 사라져버린 등반가들에 대해 의문이 생길 때가 많다. 물론 제2차 세계대전으로 인해 잠시 중단되었지만 전쟁 전에 활동했던 이들도 전쟁 후에는 등반을 많이 하지 않았다. 마찬가지로 전후 세대들도 1951년경 요세미티에서 사라졌다. 아놀드와 한센, 리프먼, 넬슨, 살라테는 예전만큼 왕성하게 등반하지 않았다. 주된 이유는 대부분 가정을 꾸리고 직장을 다녔기 때문이다. 더 긴 루트를 오르는 데 필요한 시간이나 노력과 병행할 수 없었던 것이다. 등반을 완전히 중단하진 않았지만 자녀들과 산에 가거나, 1년에 한 번 클래식 루트를 오르는 데 만족했다. 그 후에도 이런 종류의 집단 엑소더스가 몇 차례 일어났는데, 바로 1970년경 황금기가 끝날 때쯤이었다.

살라테를 잇는 차세대 등반가들은 UC 버클리대 과학도들과 RCS 회원들이었다. 이들 중 가장 활발하게 등반한 사람들은 빌 던마이어Bill Dunmire, 딕 휴스턴Dick Houston, 딕 어빈Dick Irvin, 빌 롱Bill Long, 딕 롱 Dick Long, 윌 시리Will Siri, 앨런 스텍Allen Steck, 밥 스위프트Bob Swift, 윌리 언솔드Willi Unsoeld, 짐 윌슨Jim Wilson이었다. 동시에 스탠포드대학 교산악회(SAC: 앨 백스터Al Baxter, 프리츠 리프먼Fritz Lippmann, 래리 테일러Larry Taylor

가 1946년에 창립) 출신의 등반가들이 주로 활동한 가운데 닉 클린치Nick Clinch, 존 할린John Harlin, 데이브 하라Dave Harrah, 서먼 레만Sherman Lehman, 존 린드버그Jon Lindberg(비행사 린드버그의 아들), 존 모왓John Mowat, 데이비드 숄스David Sowles, 잭 위커Jack Weicker 같은 등반가들도 개척등반은 거의 하지 않았지만 해마다 몇 차례씩 요세미티를 찾아 기존 루트들을 올랐다. 훗날 닉 클린치는 이 시기의 등반가들을 다음과 같이 묘사했다. "내향적인 지성인들이었다. 이들이 유일하게 찬동한 세계는 동료들이었다. 나머지 세계는 미쳤다고 생각했다. 이들의 운동능력이 천부적으로 뛰어난 것은 아니었다."

닉 클린치는 자신의 유명세가 갑작스레 높아진 두 가지 사건에 대해 들려줬다. "난 자동차를 갖고 있었고, SAC가 인정하는 리더 목록에 올라 있었어." 이는 요세미티 레인저가 ― 자격증이 없는 사람에게 하듯 ― SAC가 인증하는 등반가와 팀에 대해서는 등반 실력을 의심하는 질문을 하지 않는다는 뜻이다. 자격증이 있는 리더는 요세미티의 어떤 등반에도 서명할 수 있는 권한이 있었다. 1948년경 레인저들은 안전을 이유로 필수 결재 서명 제도를 제정했다. 내 기억으론 이 제도가 1965년경까지 지속되었다.

자격증이 있는 리더는 초보자를 데리고 등반했지만, 1930년대의 유능한 바위꾼들 사이에서 등반 실패는 성공만큼 흔했다. 따라서 거의 대부분이 등반하다 후퇴한 경험과 난처한 일을 당한 모험담을 갖고 있었다. 대부분의 이야기는 루트를 벗어나 하강하거나, 느린 속도로 인해 비박을 강행한 내용이었다. 이 시기의 전설 가운데 밤새 하강한 존 살라테의 이야기는 유명하다. 그는 워싱턴칼럼에 도전했다 실패한 후 하강하다 길을 잃었다. 오버행 아래 로프에 매달린 동안 로프가 모자라자 하강용 로프 일부를 잘라서, 백업을 위해 푸르지크 매듭을 만드느라 오랜 시간이 걸렸다. 살라테와 함께 등반한 필 베틀러Phil Bettler는 청력이 좋지 않아 소통에 문제가 생기면서 아주 우스꽝스러운 장면이 연출되었다고 한다.

닉 클린치는 당시 철수할 때 상황을 이렇게 묘사했다. "비합리적이긴 하지만 좋은 장비를 남겨둬선 안 된다는 게 등반가로서 최상의 규율이었다네. 하강지점에는 아주 싸고 변변치 않은 피톤과 슬링을 썼지. 비싼 장비의 사용은 부의 과시로 여겨 비겁한 행위로 치부하거나, 아니면 용납할 수 없는 나쁜 전략으로 간주했다니까."

대다수 UC 버클리와 스탠포드 대학생들은 등반을 그만두거나, 졸업 직후 등반 횟수가 자연스레 줄어들었다. 당대를 풍미한 뛰어난 등반가 앨런 스텍도 이 패턴에 따라 직업과 아내와 아이들을 위한 삶에 안착했다. 그러나 그는 1950년부터 1953년까지 암벽등반 전문가와 산악인으로서 독보적인 존재감을 뽐냈다. 예를 들면, 센티넬 초등 후 곧장 물웅덩이에서 더위를 식힌 지 17일 만에 브리티시컬럼비아의 와딩턴Waddington을 어려운 신루트로 올라 네 번째 등정을 기록하기도 했다.

앨런 스텍은 1950년대에 특별히 뛰어난 등반가는 아니었지만, 강한 의지력을 갖고 있다는 것이 큰 강점이었다. 그는 후퇴하는 법이 없었다. 그렇다고 무턱대고 밀어붙이는 무모한 사람도 아니었다. 그저 침착함을 유지하며, "조금 더 올라가서 뭐가 있는지 봐야겠어."라고 혼잣말하는 뛰어난 능력을 지니고 있었다. 일이라는 것은 이처럼 지속하다 보면 성공하게 되는 법이다.

센티넬 초등은 앨런 스텍이 요세미티에서 거둔 가장 큰 성과로, 센티넬은 옛날이나 지금이나 로스트애로침니에 버금가는 곳으로 평가된다. (1955년까지 두 루트를 유일하게 모두 오른 살라테는 어느 곳이 더 어려운지 결정하지 못했다.) 비록 그는 센티넬 꼭대기 근처에서 다음에는 휠체어를 탄 채 관광 산책을 할 거라고 살라테에게 불평했지만, 이후에도 몇 차례에 걸쳐 훌륭한 등반을 해냈다.

앨런 스텍은 1952년 3월 UC 버클리대학원에서 중세 독일어 연구를 중단하고, 엘캡 동남벽 120미터 지점에 자라는 24미터의 소나무 '엘캡트리El Cap Tree'까지 힘든 인공등반 루트를 개척했다. 등반가들은 거대한 벽에서 홀로 자라는 나무를 오랫동안 눈여겨 봐왔고, 1930년대 중반에 베스터 로빈슨이 처음으로 커다란 첫 번째 오버행을 오를 계획을 품었다. 그는 기다란 나무기둥을 피톤으로 고정시키면, 나무를 타고 올라가서 오버행을 우회할 수 있을 것으로 생각했다. 데이브 브라워는 이 같은 등반계획에 대해 언급하면서 "그런 나무기둥을 피톤으로 고정시켜 지렛대로 사용한다는 생각은 이론적인 접근 단계에서 포기했다."라고 말했다.

요세미티국립공원의 동식물학자들은 1950년경 '엘캡트리'가 폰데로사ponderosa인지, 아니면 그것과 유사한 제프리jeffrey인지 확인하려고 인공등반용 피톤과 볼트 몇 개를 설치하며 오르다 중도에 포기했다. 앨런 스텍과 윌 시리, 빌 던마이어, 밥 스위프트는 이틀간의 등반을 통해 더 많은 피톤과 볼트를 설치한 후 레지를 따라 올라가서 그 나무가 폰데로사라는 것을 확인했다. 앨런 스텍은 엘캡의 바위천장과 나무 위의 가파른 화강암벽을 올려다보면서 등반에 대해 이런 기록을 남겼다. "나무를 오르는 일은 흥미로워 보인다. 미래의 암벽 기술자에게 기회가 올 것이다." 하지만 26년 동안 엘캡 상단 벽을 공략한 사람은 아무도 없었다.

앨런 스텍은 로스트애로 동쪽 가장자리에 길게 휘어진 아름다운 요세미티포인트버트레스(YPB)Yosemite Point Buttress도 개척했다. 스텍과 스위프트는 1952년 3월 첫 등반에서 페데스탈Pedestal이라는 돌출 바위 턱까지 도달했지만 벽이 매끄럽고 가파른 데다 물까지 흘러내려 3미터를 오르다 후퇴했다. 두 달 후 다시 도전에 나선 스텍은 빌 롱과 그의 동생 딕 롱, 오스카 쿡Oscar Cook과 힘을 합쳤으나 30미터 지점에서 무시무시한 벽에 막히자 온몸이 굳은 채 철수했다.

늘 용맹스러운 스텍은 몇 주 후 스위프트를 설득해 YPB(당시 등반가들은 이렇게 줄여서 불렀다)를 또다시 도전해 성공을 거뒀다. 가랑비가 내렸지만 정상에 오른 그는 당시를 이렇게 회상했다. "안개가 나무 사이를 흐르듯 우리의 생각도 평화롭게 떠다녔다네." 이 등반은 로스트애로침니와 센티넬과 같은 등급은 아니었지만, YPB 같은 버트레스가 계곡 전역에 있었기 때문에 버트레스 등반의 시초가 되었다.

그리고 말할 것도 없이, 스텍은 이런 버트레스를 향해 곧장 시선을 돌리기 시작했다. 그중 하나가 엘캐피탄 동쪽 끝에 있는 아름다운 블랙앤드골드Black and Gold버트레스였다. 장차 미국에서 가장 유명한 바위가 될 이 거대한 돌기둥은 너무 거대하고 가팔라서 어느 누구도 진지하게 등반 가능성을 타진하지 않던 곳이었다. 그러나 엘캡의 주벽이 아닌 동쪽 버트레스 하단부는 수많은 크랙과 침니로 이뤄져 있었고, 상단부는 페이스 구간이었지만, 부서진 곳이 있어 등반이 가능해 보였다. 1952년 10월 말 앨런 스텍은 오랜 친구인 던마이어와 빌 롱, 딕 롱 형제와 함께 팀을 꾸렸다. 그들은 세 번째 피치까지 잘 올랐으나 던마이어가 스텍의 확보를 받으며 크랙 구간을 인공등반으로 오르던 중 7~8미터 위에서 피톤을 잡고 오르다 추락했다. 경악스럽게도 아래쪽에 설치한 피톤들이 하나둘씩 빠지기 시작했다. 요세미티 역사상 최초의 '지퍼효과 추락'이었다. 하지만 가장 아래에 박힌 피톤이 버텨준 덕분에 던마이어는 목숨을 구했다. 몸이 거꾸로 뒤집힌 채 떨어졌으나 튀어나온 바위에 부딪치기 전 아슬아슬하게 멈춘 것이

1952년 엘캡 동쪽 버트레스를 오르는 앨런 스텍.
뒤로 미들캐시드럴이 보인다.
(사진: 앨런 스텍 컬렉션)

1955년 시에라클럽의 전형적인 모임 사진. 오른쪽에 서 있는 사람이 허비 보즈Hervey Voge, 앉아 있는 사람이 저자의 아버지인 에드 로퍼Ed Roper (사진: 스티브 로퍼 컬렉션)

다. 추락할 때 바위에 스치며 피범벅이 된 상태로 의식을 잃은 그는 몇 분 후에 의식을 되찾자 횡설수설 말을 쏟아냈다. 아주 나중에 그는 자신이 한 말은 "계속해서 등반하자는 것으로, 멍한 상태의 친구들을 꾸짖은 헛소리였다네."라고 털어놨다. 그는 곧 친구들의 도움을 받으며 하강해 요세미티 병원에서 밤을 보냈는데 다행히 심한 뇌진탕 증세만 보였다. 내가 사고 때문에 기세가 꺾였는지 묻자 그는 활기차게 대답했다. "그럼, 당연하지! 다신 기분 내키는 대로 혹은 자만심을 갖고 등반하지 않았어. 비록 여러 번 등반에 나서긴 했지만 말이야."

당연히 던마이어는 엘캡의 동쪽 버트레스를 더 이상 시도하고 싶어 하지 않았다. 따라서 그 다음해 스텍은 모두 이름이 똑같은 윌리엄 롱, 윌리엄 시리, 윌리엄 언솔드와 함께 다시 시도에 나섰다. 그리고 1953년 6월 1일, 두 차례 비박을 하고 많은 인공등반 장비를 사용해 — 하지만 볼트는 사용하지 않고 — 네 사람은 아무런 사고 없이 정상에 올라섰다. 그들이 계곡으로 돌아오자 에베레스트 초등 소식이 들려왔다.

스텍의 전성기는 이 개척등반과 함께 끝이 났고, 세 명의 윌리엄도 요세미티 개척등반에 도전하지 않았지만 등반을 멈추지는 않았다. 그들은 리프먼, 던마이어, 휴스턴 등과 함께 다음해 히말라야로 가서 세계 제5위의 고봉인 마칼루에 최초로 도전했고, 윌리엄(윌리) 언솔드는 1963년 에베레스트를 서릉으로 초등하는 큰 업적을 남겼다.

던마이어의 사고는 이례적이었다. 안전을 강조한 시에라클럽의 RCS 회원들은 그전 20년 동안은 모범적이었기 때문이다. 던마이어의 사고는 두 번째로 심각한 것이었다. (최초는 1947년 SAC를 창립한 앨 백스터가 하이어스파이어에서 20미터를 추락해 양 발목이 으스러진 것이었다.) 닉 클린치에 따르면, 1955년 시에라클럽의 임원들은 던마이어의 경우를 포함해 일부 사고를 걱정한 나머지 이 문제를 토론하기 위해 당시 유명한 등반가들을 소집했다고 한다. 그들이 등반은 본래 위험하다고 주장하자 클럽을 대표하는 사람들은 이미지가 손상될까 봐 걱정했다. 이를 참지 못한 살라테는 사투리가 심한 독일 말투로 "그럼 우린 등반 못 해!"라고 계속 중얼거렸다. 밥 스위프트는 자정 무렵 이렇게 선언했다. "말도 안 되는 이런 짓 그만두고 집으로 돌아갑시다!"

시대나 시기를 구분해 이름붙이는 게 매력적이어서, 나는 요세미티 초기 등반의 역사를 레너드-브라워 시대, 살라테 시대, 스텍 시대로 구분하기로 했다. 이런 구분은 1930년대, 1940년대 전쟁 후, 1950년대 초반을 거의 완벽하게 압축해서 보여준다. 하지만 그 이후부터는 시대를 구분해 이름붙이는 일이 복잡해진다. 왜냐하면 많은 등반가들이 요세미티 계곡으로 몰려들면서 단 한 사람 또는 시에라클럽이 등반을 주도하지 않았기 때문이다. 가령 1950년대 초중반에는 세 명의 거물이 등장한다. 따라서 이름이 그리 어색하지 않다면, 로빈스-하딩-파월 시대라고 부를 수 있다. 또한 1950년대 초중반은 요세미티 계곡에서 캘리포니아 북부 출신 등반가들의 지배가 끝난 시대이기도 하다. 이들 세 사람 모두 다른 지역 출신이었다.

　로열 로빈스Royal Robbins는 요세미티가 낳은 진정한 스타 중 하나이다. 그는 20년간 모험적인 등반 스타일이라는 새 분야를 개척했다. 앞으로 등장할 여러 등반가들처럼, 그도 불우한 가정 출신으로 자동차 휠캡을 훔치는 등 어린 시절 반항기를 거쳤다. 젊은 에너지의 분출구로 창설된 보이스카우트는 그의 삶에 중요한 역할을 했다. 1949년 그는 대원들과 함께 캘리포니아 남부의 험준한 산들을 정기적으로 찾아다녔다. 그리고 바로 대자연과의 이 만남이 그의 삶을 송두리째 변화시켰다. 1951년 열여섯에 고등학교를 중퇴한 뒤에는 산과 더 가까워지기 위해 노력했다. 그는 스키 리조트에서 마음껏 스키도 타고 일도 하면서 돈을 모았고, 로스앤젤레스 동쪽의 마운트샌재신톤Mount San Jacinton 근처 우뚝 솟은 화강암 바위 타키츠록Tahquitz Rock으로 등반하러 다녔다. 그곳에서 로열 로빈스는 로스트애로침니 등반으로 명성이 자자한 척 윌츠를 만났다. 그는 어린 로빈슨의 재능을 알아보고 친절하게 조언을 해줬다. 1952년 어느 날, 로빈슨은 유명한 인공등반 루트 오픈북Open Book을 자유등반으로 올라 그 지역 사람들을 놀라게 했다. 이것은 그 당시 미국에서 행해진 가장 어려운 자유등반이었다.

로빈스는 뛰어난 등반가였을 뿐만 아니라 등반을 지적으로 사유하는 사람이었다. 그는 10대의 나이에도 불구하고, 당시의 난이도 체계가 무용지물이라는 사실을 깨달았다. 1937년 시에라클럽 등반가들은 1920년대의 독일 등반가 빌로 벨첸바흐Willo Welzenbach가 고안한 유럽 난이도 체계를 사용했다. 로프를 이용한 모든 등반은 4급, 5급, 6급으로 구분되었다.(1~3급은 능선을 힘들게 걷는 수준의 난이도였다.) 4급은 피톤이 필요치 않은 쉬운 등반을 의미했고, 6급은 피톤이 필요한 인공등반을 의미했다. 5급은 피톤으로 안전이 담보되는 모든 자유등반을 대표하며 1950년대 초반까지 범주가 넓고 다양했다. 따라서 쉬운 자유등반이 오픈북과 같은 어려운 등반과 똑같은 5급으로 분류되었다.

분명, 새로운 타키츠 난이도 체계가 필요했다. 로빈스는 등반 파트너 돈 윌슨Don Wilson과 함께 5급을 다시 5.0부터 5.9까지 10개의 세부 영역으로 재분류했다. 5.0은 피톤을 아주 쉽게 설치할 수 있는 등반을 뜻했다.

1967년 캠프4 인근의 볼더에서 등반 동작을 알려주고 있는 로열 로빈스 (사진: 스티브 로퍼)

5.5는 중간, 5.9는 가장 어려운 등반을 뜻했는데 오픈북이 대표적이었다. 인공등반도 난이도를 6.0에서 6.9까지 똑같이 세분화했다. 숫자가 높을수록 장비 설치가 더 어려운 곳을 뜻했다. 이 십진법 난이도 체계는 곧 캘리포니아를 넘어 미국 곳곳으로 퍼져나갔고, 1956년에는 요세미티 계곡에도 전해졌다. 훨씬 나중에 이 체계는 요세미티 십진법 체계(YDS)로 알려지게 되었다.

로빈스는 요세미티에서 빠르게 명성을 얻었다. 1952년경 하이어스 파이어의 어려운 첫 피치를 등반하면서 루트를 벗어났는데, 난이도 5.9의 힘들고 무서운 변형 루트는 나중에 로빈스베리에이션Robbins Variation으로 불리게 됐다. 자신감을 얻은 로빈스는 캘리포니아 남부 출신인 돈 월슨, 제리 갤워스Jerry Gallwas와 함께 1953년 센티넬 북벽에 있는 스텍-살라테 루트에 도전해 두 번째로 오르는 데 성공했다. 그해 어느 날 패기만만한 돈 월슨은 캠프4에서 지나가던 스텍을 붙잡고 등반에 대한 세부내용을 물었다. 스텍은 잘 알지도 못하는 데다 그저 애송이에 불과한 그가 루트를 진짜로 오를 것이라곤 꿈에도 생각지 못한 채 대충 설명해줬다. 그러나 세 사람은 테니스화를 신고서 이틀 만에 완등을 해냈고, 그레이트침니에 새로운 피치까지 만들었다. 그들은 침니 바깥쪽 벽을 이용해 오른 다음, 1950년 살라테가 우회했던, 폐쇄공포증을 일으키는 터널 같은 '내로스'를 꿈틀거리며 등반했다. 1956년(1954년이라는 기록도 있지만 1956년이 정확하다) 로빈스는 캘리포니아 남부 출신의 재능이 뛰어난 등반가 마이크 쉐릭Mike Sherrick과 함께 센티넬 북벽에 또다시 도전해 1박 2일 만에 오르면서 제3등을 기록했다. 이로써 로빈스는 멀티데이 루트를 반복해서 오른 최초의 요세미티 등반가가 되었다.

1959년 내가 로빈스를 처음 만났을 때, 그는 이미 캘리포니아에서 경외심을 갖고 우러러보는 존재였다. 냉담해 보이는 로빈스는 완벽한 태도와 신중한 말투를 가지고 있었다. 그리고 이런 특징 때문에 웃고, 소리치고, 술을 마시고, 방귀를 뀌는 버클리 출신 등반가 무리와 확연히 구별됐다.

워런 하딩Warren Harding은 이 시기에 전설을 쓴 두 번째 등반가다. 그는 10대 시절부터 암벽등반을 시작한 이들과는 다르게 뒤늦게 바위를 접했다. 캘리포니아 대공황 시절에 요세미티에서 멀지 않은 곳에서 자랐지만 주로 낚시와 하이킹에 관심을 가졌다. "공으로 하는 스포츠는 잘하지 못했소. 멍청한 짓거리만 잘했지." 그는 기자에게 이렇게 털어놓은 적이 있었다. 제2차 세계대전이 일어났을 때 그는 심장 문제로 군복무를 면제받아 민간항공기 정비사로 일했다. 그리고 1940년대 후반 캘리포니아 도로공사의 측량기사로 취직했고, 몇 차례 휴직을 했지만 수십 년간 한 직장에서 근무했다. 1952년 동료의 권유로 암벽등반을 접하게 된 이후 곧바로 이 세계에 매료됐다. "내가 잘할 수 있었던 유일한 운동이었지." 그는 말했다. 그의 첫 등반 중 하나는 그랜드티튼Grand Teton에서 이뤄졌다. 가이드 등반팀과 함께 올랐는데, 그가 가장 약한 멤버였다고 한다. 나중에 엄청난 인내력을 지닌 '철인'으로 명성을 떨치게 된 것을 감안하면 아이러니하다. 그는 1953년 6월 말, 타호 호수Lake Tahoe 근처에 있는 슈거로프록Sugarloaf Rock 서벽에서 존 오렌샬John Ohrenschall과 함께 처음으로 루트를 만들었다.

워런 하딩은 1953년 요세미티에서 처음으로 루트를 개척했다. 그리고 두 시즌 만에 뛰어난 등반가로서의 명성을 쌓기 시작했다. 그가 요세미티에서 등반한 최초의 주요 루트는 엘캡 맞은편의 인상적이지만 너무 거대해 엄두도 내지 못한 미들캐시드럴 북벽 버트레스였다. 열여덟 살의 샌프란시스코 베이 지역 출신 등반가 프랭크 타버Frank Tarver는 1953년 이곳을 두 차례 시도했지만 추락해 후퇴했다. 그럼에도 풀이 꺾이지 않은 타버는 능력이 출중한 신예 등반가 워런 하딩을 만나보라는 충고를 듣고, 1954년 5월 말 어느 아침에 캠프4를 찾았다. 그는 몸집이 작은 검은 머리의 한 남성이 캠프 밖에서 비틀거리는 것을 목격했는데, 술이 덜 깬 듯한 모습이었다. "안녕하세요? 워런 하딩이죠? 전 프랭크 타버라고 합니다. 함께 등반하러 가고 싶은데요." 놀랍게도 그날 오후 이 둘은 북쪽 버트레스를 향해 출발했다. 이들이 벽 밑에 도착했을 때 산호세 출신의 크레이그 홀든Craig Holden과 존 휘트머John Whitmer가 몇백 미터 정도 위에서 등반 중이었다. 나중에 타버는 이렇게 털어놨다. "이상하게도, 재빨리 뒤따라 올라가 두 사람과 합류하는 게 좋은 아이디어 같았지." 그래서 몇 피치 만에 앞 팀을 따라잡으면서, 함께 등반하게 된 네 사람은 사흘간 목마른 날을 보내며 600미터 길이의 등반을 해냈다. 그렇게 어려운 난이도의 등반은 아니었지만 등반선을 찾기가 만만치 않았다. 그럼에도 등반선이 계속 이어지면서 그들은 전례 없이 긴 루트를 등반하는 데 성공했다.

1954년 7월 중순 하딩은 프랭크 타버, 밥 스위프트와 함께 로스트애로침니를 나흘 만에 올라 제2등을 기록했다. 하딩은 인공등반 루트를 많이 선등하진 않았지만 루트 절반을 차지하는 좁은 침니를 아주 깔끔하게 올랐다. 타버는 당시를 이렇게 회상했다. "워런이 세이프티밸브Safety Valve 피치를 오를 때 깜짝 놀랐다니까. 살라테와 넬슨이 설치한 볼트를 보지 못하고 그냥 지나쳤거든. 그는 볼트의 존재 자체를 의식하지 못한 채바로 올라선 다음, 재밍크랙과 침니만을 이용해 올라갔지." 등반 3일째 애로노치에 도착했지만 계속 오를 시간이 부족했다. 그래서 그들은 그곳에 앉아 750미터 아래의 요세미티 계곡을 물끄러미 내려다봤다. "우린 그곳 풍경을 넋이 나간 채 내려다봤어. 불도저와 증기롤러, 그레이더가 초원에 새 도로를 만들고 있었고, 토목기술을 활용해 계곡의 전 도로를 포장하고 있었지. 도로에는 곧 흰색 선이 칠해질 예정이었어." 스위프트는 당시를 이렇게 회상했다.

하딩은 등반 에너지를 마음껏 발산했다. 1954년 노동절 주말에는 스위프트, 휘트머와 팀을 이뤄 아름답지만 미등으로 남은 미들캐시드럴 동쪽 버트레스를 시도하러 갔다. 북쪽 버트레스의 절반밖에 되지 않았지만 난이도가 높아 집중력이 요구되는 루트였다. 지상 몇백 미터 위에서 개미가 온통 달라붙은 나무를 지난 그들은 홀드가 하나도 없는 약 10미터 높이의 벽 앞에 도달했다. 볼트 장비를 꺼냈지만 해가 이미 기울어져서 비박하기로 결정했다. 그들은 새벽에 일어나 등반을 시작했고, 몇 피치를 등반하고 나서 기진맥진한 상태로 하강했다.

그로부터 9개월이 지난 후 하딩은 미들캐시드럴 동쪽 버트레스로 다시 돌아왔다. 그 시기에는 루트 초등을 놓고 경쟁 같은 것을 하지 않았기 때문에 벽이 온전히 남아 있을 것이라고 생각했다. 1955년 전몰자 추도기념일 주말에 스위프트와 신참인 잭 데이비스Jack Davis와 함께 전에 올랐던 곳까지 재빨리 오른 후 정상까지 등반하는 데 성공하고 그곳에서 비박에 들어갔다. 훗날 미들캐시드럴 동쪽 버트레스는 인기 있는 등반 루트가 되었다. 그들이 초등한 주말 나는 RCS 그룹과 요세미티 계곡을 처음으로 돌아다니고 있었기 때문에 미들캐시드럴 등반의 성공에 대해 어렴풋이 알게 되었다. 4년 후 누군가 나에게 그 루트를 오르자고 했을 때 나는 코웃음을 쳤다. 그런 거대한 벽은 등반이 불가능해 보였기 때문이다.

1950년대 중반 요세미티에서 맹활약한 세 번째 등반가는 마크 파월Mark Powell이었다. 그는 1954년 초에 공군을 제대한 후 암벽등반이 자신이 하고 싶어 하는 활동 분야라고 결론 내렸다. 산에서 가능하면 가까이 있고 싶어 프레스노Fresno에서 항공교통관제사로 취직했다. 그는 부활절에 요세미티 첫 등반에 나섰지만, 새로 발견한 사랑을 억눌러야 했다. 뚱뚱했던 그는 미친 듯이 담배를 피워대며 제리 갤워스Jerry Gallwas가 로프를 당겨준 덕분에 간신히 미들캐시드럴 정상에 올랐다. 이 경험으로 겸손해진 그는 체중을 18킬로그램이나 뺐다. 등반 실력이 향상되던 1955년 7

월에는 요세미티포인트버트레스(YPB)의 난이도 5.8 페데스탈을 인공등반 장비 없이 선등했다. 파월은 속도가 빠른 등반가였다. 그는 프레스노 출신의 조지 세션스George Sessions와 함께 YPB의 페데스탈을 단 하루 만에 재등하기도 했다.

파월이 처음 만든 신루트는 가파르고 험악한 로어캐시드럴의 동벽이었다. 1956년 6월 그는 갤워스, 윌슨과 함께 이곳을 단 하루 만에 올라 주목을 받았다. 아주 오르기 힘든 등반 루트가 단 하루 만에 완성된 것은 처음이었다. 그와는 대조적으로 살라테와 하딩은 많은 짐과 나무늘보같이 느린 속도로 오르면서, 여러 날이 걸리는 등반에서 명성을 쌓았다. 그러나 파월 일행은 비박이라는 개념을 좋아하지 않았다. 나중에 돈 윌슨은 자신의 등반팀 철학을 다음과 같이 설명했다. "준비 과정에선 의견이 달라 충돌하기도 했지. 비박장비를 가져가야 하나? 아니면 아주 빨리 등반해야 하나? 불편한 밤을 지새워야 한다는 위험은 있지만 가벼운 상태로 가는 것이 나을까?" 그 도박은 성공했다. 등반을 시작한 지 거의 14시간 만에 태양이 넘어가기 직전 정상에 올랐기 때문이다.

로빈스처럼, 파월 역시 시대에 뒤떨어진 1~5급 체계 적용이 적절하지 않다고 생각했다. 그는 1955년 로스앤젤레스로 거처를 옮긴 이후 타키츠 난이도와 새로 등장한 십진법 체계에 익숙해졌다. 나중에 그는 요세미티에서 이 난이도 체계 사용을 옹호하면서, 큰 힘을 실어주었다. 1956년 파월은 진정한 요세미티 스타였기 때문에 아이디어를 제시하면 모두가 귀를 기울였다. 큰 키와 사각형 얼굴에 금발 그리고 반짝이는 파란 눈을 가진 파월은 카리스마와 열정을 발산했다. 그가 등반 파트너를 찾으러 왔을 때 거절할 수 있는 사람은 거의 없었다.

파월은 또 다른 방식으로 등반 난이도 체계를 제안하기도 했다. 그는 난이도 5.8의 1피치 루트와 5.8의 10피치 루트를 동일하게 취급하는 것을 못마땅하게 생각했다. 그리하여 1950년대 후반에 로마숫자 방식의 난이도가 탄생했다.(파월의 초기 난이도 버전은 가끔 +가 표시된 아라비아 숫자였지만, '클래스class'와 대조되는 '그레이드grade'가 난이도의 중심축이었다.) 그레이드 I은 아주 짧은 루트로 몇 시간 만에 끝낼 수 있는 곳을 말했다. 즉 아주 힘든 루트일 수도 있으나 오래 걸리지 않는 루트를 뜻했다. 다음 단계인 그레이드 II와 III은 더 길고 힘든 등반을 의미했다. 그레이드 III의 경우 하루가 꼬박 걸리는 로열아치 등반이 대표적이었다. 더 어렵거나 하루 반나절이 걸리는 루트는 그레이드 IV로 분류된다.(훨씬 더 힘든 센티넬 루트는 그레이드 V로 분류했다. 우리는 '그레이드'를 거의 언급하지 않았다. 말로 할 때는 대부분 숫자만 사용했다. 예를 들어, 센티넬 5라고 불렀다.) 루트는 5.8이라고 쓸 수 있으나, I과 5.8과 IV와 5.8의 차이를 모두 이해했다. 예를 들면, 그레이드 IV 루트는 새벽에 출발해야 한다고 하면 차이가 분명해진다! 1961년까지 모두가 파월의 체계를 사용했고, 오늘날에도 여전히 사용하고 있다.

1956년 파월은 더 힘든 루트를 몇 개 더 만들었지만, 아마도 최고의 등반은 YPB 오른쪽의 가파른 흰색 등뼈 같은 바위 애로헤드아레트 Arrowhead Arrête였다. 그해 10월 그는 샌프란시스코주의 소도시 머세드의 센트럴밸리타운 근처 공군부대에서 근무하던 빌 퓨어러Bill Feurer와 함께 이 험악한 루트를 올랐다. 빌 퓨어러는 상대적으로 느리고 등반이 서툴러서 '돌트Dolt(멍청이)'라는 별명을 얻었다. 그는 이 별명을 좋아해서 나중에 자신이 만든 고품질 등반장비의 상표명으로 사용하기도 했다.

애로헤드아레트는 시에라클럽의 1957년 연보에 실린 파월의 등반기 때문에 캠프4 등반가들에게는 힘든 곳이라는 이미지가 무의식 속에 각인

되었다. "미세한 홀드를 잡고 올라야 하는 페이스 등반이라 엄청난 손과 발의 힘을 가져야 하고, 뛰어난 균형감각과 노출에 잘 견딜 수 있는 능력이 요구되는 루트이다. 뛰어난 등반가에게도 이 등반은 아주 힘든 과제이며, 다른 이들에게는 악몽과도 같은 곳이다. 이곳은 미국 내에서 가장 지속적으로 어려운 5급 등반이 될 것이다."

1950년대 중반 가장 큰 주목을 받은 등반가는 하딩이나 파월이 아닌 로빈스였다. 닷새 만에 하프돔의 거대한 북서벽을 초등했고, 이것이 미국 내에서 최초의 그레이드 VI 등반이었기 때문이다. 600미터 높이에 평균 85도의 가파른 벽은 말 그대로 위협적이었다. 여행 작가 J. 스미튼 체이스는 1911년 이 벽을 "무시무시한 절단면"이라고 묘사했는데, 세계적으로 유명한 이 하프돔은 1954년이 되어서야 등반가들을 끌어들였다. 그해 처음 등반을 시도한 딕 롱과 짐 윌슨, 조지 맨더토리George Mandatory는 대담하지만 애처로운 사투를 벌이면서 겨우 50미터를 오른 후 철수했다. 하지만 그들이 출발지점을 발견한 공로는 높이 사야 한다. 그들은 커다란 페이스와 만나는 왼쪽의 바위가 조금 더 깨진 곳에서 출발했다. 1955년에는 훨씬 강한 팀(로빈스, 하딩, 갤워스, 윌슨)이 도전장을 내밀었다. 이 팀은 3일 동안 나무늘보처럼 움직였고, 크럭스로 보이는 곳보다 훨씬 아랫부분인 4분의 1 지점까지 오르는 데 그쳤다. 이상하게도 하단은 어렵지 않았다. 요세미티 등반은 대개가 그렇다. 그렇다면 왜 가장 뛰어난 등반가들이 별 진척도 보지 못하고 그렇게 오랜 시간을 허비했을까? 하프돔의 거대한 벽 아래 서본 사람이라면 그 이유를 알 것이다. 벽의 상단을 올려다보면 압도당한다. 인간이 그런 일반적 기술로 거대한 벽을 오르는 것이 불가능해 보일

정도다. 네 사람은 그냥 빠르게 움직이고 싶지 않았기 때문에 천천히 움직였다. 하딩과 로빈스는 계속 오르고 싶었으나, 팀원들은 그다지 오르고 싶어 하지 않았기에, 다시 시도할 생각으로 후퇴했다. 하지만 2년이 지나도록 어느 누구도 손을 대지 못했다.

로빈스와 갤워스는 하프돔 북서벽을 잊지 않았다. 사실 등반을 꿈꾸면서 1957년에 최선을 다할 계획을 세웠다. 정교한 장비가 필요하다는 것을 알았기에 갤워스는 단단한 크롬몰리브덴 재료로 수평형 피톤(살라테 이후 처음으로 수공 제작한 장비)을 만들었다. 넓은 크랙들이 있다는 게 밑에서도 보였기에 6.3센티미터의 가장 큰 앵글피톤을 만들었는데, 무거웠지만 결과적으로 유용했다. 또한 몇 년 전 척 월츠가 디자인한 '나이프블레이드' 피톤도 챙겨갔다. 우표 크기만 한 이 강철 블레이드는 이전에는 무시했던 아주 작은 크랙에 설치할 장비였다.

6월 24일, 로빈스와 갤워스 그리고 마이크 쉐릭은 5일치 장비를 갖고 바위에 붙었다. 루트를 이미 알고 있어서 세 사람은 이전의 최고지점까지 쉽게 올라갔다. 이번에는 꾸물거리지 않았다. 등반 이틀 째 정오가 지난 무렵 홀드가 없는 밋밋한 벽에 도착했다. 이곳은 밑에서 올려다봤을 때 크럭스처럼 보였던 구간이었다. 다행히 위로 오르다 오른쪽으로 빠지면 거대한 침니 쪽으로 등반할 수 있어 보였다. 하지만 어떻게 접근할까? 로빈스는 어려운 피치를 선등해 확보가 가능한 작은 레지까지 올라간 후 갤워스와 함께 벽에 볼트를 설치하기 시작했다. 오후 늦게 로빈스는 7개의 볼트 사다리 위로 몇 개의 피톤을 박고 잠시 쉬었다. 그 위로는 완전히 매끈한 벽이 솟아 있었다. 볼트를 10개는 더 박아야 할 것 같았다. 그런데 아래쪽에 오른쪽 침니로 연결된 작은 레지가 보였다. '로빈스트래버스Robbins Traverse'라고 불리게 된 이곳은 바로 하프돔 등반의 핵심 열쇠였다.

수직에 가까운 600미터의 하프돔 북서벽. 1957년 루트는 정상까지 거의 똑바로 이어진다.
(사진: 스티브 로퍼)

쉐릭이 가장 높이 설치한 피톤 아래로 로빈스를 15미터 정도 내려주자 그는 몸을 좌우로 움직여 그네타기 동작을 시도했다. 그는 몸을 흔들어 노출된 벽을 가로 질렀고, 마침내 네 번째 도전 만에 레지 근처의 홀드를 잡을 수 있었다. 이렇게 해서 요세미티에서 가장 격렬한 펜듈럼이 완성되었다. 이곳을 넘어선 세 사람은 레지로 하강해 두 번째 비박에 들어갔다.

그들은 향후 등반가들을 매혹시키고 두려움에 떨게 만든 '언더클링 Undercling' 구간을 만나 3일 동안 루트 작업을 했다. 어려운 등반에 뛰어나다고 정평이 난 로빈스는 침니에서 튀어나온 이 바위 구간을 '걸어서' 올라갔다. 즉 다리를 바위에 디딘 상태로 바윗덩어리 밑의 크랙을 손으로 잡고 올라갔다. 이윽고 그들은 '사이키플레이크Psyche Flake'라고 불리게 될 12미터 길이의 화강암 바위를 등지고 침니 등반을 했다. 이 피치는 수월했으나 침니 안쪽에서 돌들이 덜컹거리는 소리가 났다. 바윗덩어리가 움직인다는 징후였다.(부석거리던 이 바위 조각은 1966~67년 겨울 시즌에 떨어져나갔다.) 등반 4일째 되던 날, 로빈스의 체력이 떨어지자 갤워스가 '지그재그Zig-Zag' 피치를 모두 선등했다. 로프 세 동 길이에 해당되는 이곳은 아주 힘든 인공등반 구간이었다. 이곳을 넘어서자 왼쪽으로 아주 평평한 레지가 보였지만 불안할 정도로 비좁았다. 레지는 홀드가 없는 반반한 수직의 벽 밑에서 왼쪽 방향으로 이어져 있었다. 세 사람은 15미터 정도의 이 레지를 따라 꿈틀꿈틀 움직임으로써, 홀드 없는 수직벽을 우회할 수 있었다. 이곳이 바로 '생크갓레지Thank God Ledge'로 현재 요세미티에서 가장 유명한 피치 가운데 하나로 꼽힌다.

다음 날 정상까지 이어지는 구간은 더 수월하게 움직였다. 등반 5일째가 되는 1957년 6월 28일 해질녘 갈증에 시달리고 체력이 바닥난 세 사람은 마지막 구간을 넘어 하프돔의 넓은 정상에 올라섰다. 그러자 뒤쪽에서 걸어 올라와 정상에서 기다리던 하딩이 반갑게 맞아줬다. 하딩은 파월, 돌트와 함께 이 루트를 시도할 계획이었지만 늦게 도착했다. 이미 로빈스 팀이 벽의 중간쯤에 붙어 있었던 것이다. 그러나 그는 분노를 품지 않았다. 적어도 눈에 보이는 분노는. "나의 마음속 야심으로 가득한 자아가 나를 괴롭혔다네." 나중에 하딩은 이렇게 인정했다.

마이크 쉐릭은 이 등반을 설명하면서 "세 사람은 엄청난 돌풍을 몰고 올 만한 이 성취에 대한 매스컴의 관심을 피해" 무사히 귀가했다고 기술했다. 아이러니컬하게도 『시에라클럽 소식지』에 하프돔 북서벽 등반기가 실린 것은 1958년 11월이었다. 같은 달, 매스컴의 관심은 엘캐피탄의 노즈 Nose 초등에 집중되었다. 그 프로젝트는 하딩이 하프돔을 등반하고 나서 며칠 후에 이뤄낸 성과였다.

3

세공된 다이아몬드 속으로

1957~1958

산들의 군주를 인간의 기준으로 평가하는 것은 신성모독이다.
엘캡의 엄청난 거대함, 그 누구에게도 거슬리지 않는 인상적인
개성을 단순한 말과 그림으로 전달하려고 시도하는 것은 가장
어리석은 일이다.

허버트 윌슨Herbert Wilson
1926년 엘캐피탄에 대해

데날리와 레이니어, 그랜드캐니언이 각각 국립공원을 대표하고 규정하듯, 엘캐피탄은 요세미티 입구에 불쑥 나타나 우뚝 솟은 모습으로 계곡을 지배하고, 빛을 가려 그림자를 드리운 채 위세를 부리고 겁을 주면서 압도한다. 이 바윗덩어리가 등반가와 관광객에게 미치는 효과를 제대로 표현해 줄 언어는 충분치 않다.

오래전 누군가가 큰 소리로 엘캡이 "지구상에서 가장 크게 노출된 화강암 벽이다."라고 말하는 소리를 들었다. 하지만 이 표현은 마치 요세미티 홍보담당자가 1,500미터에 달하는 거벽들로 둘러싸인 알래스카의 러스 글래시어Ruth Glacier의 그레이트 고지Great Gorge나 발토로 빙하를 내려다보는 곳에 위치한 험준한 트랑고 타워Trango Tower를 모른 상태에서 작성한 것 같다.

하지만 엘캡은 그냥 커다란 벽이 아니라 거대하고 아름다운 벽이다. 너무나 거대해서 그 규모를 가늠하기조차 어려울 정도이다. 1851년 요세미티 계곡에 들어온 한 군인은 엘캡을 실제보다 7배나 낮은 120미터 높이로 생각했다. 엘캡은 높이도 높이지만 가장 차별되는 특징은 끝없이 이어지는 수직의 절벽과 색감이다. 약 900미터의 벽은 대부분 아주 깔끔한 황갈색과 흰색 화강암으로 이뤄져 있다. 벽의 표면은, 마치 신이 매일 씻어주는 것처럼, 매끈하고 깔끔하다. 지상에서 보면 식물이나 이끼 또는 부서진 바위가 보이지 않는다. 그곳 절벽에는 단 한 그루의 커다란 나무인 24미터의 폰데로사 소나무가 자라고 있을 뿐이다. 이것을 찾으려면 15분 동안 둘러봐야 한다. 90도에 가까운 깎아지른 절벽은 시선을 압도한다. 사실상 이 거대한 돌기둥에는 하나의 전체성을 무너뜨리는 튀어나온 바위가 없다. 그렇다면 명쾌하고 쉽게 "엘캡은 세계에서 가장 깔끔하고 가파른 화강암 벽이다."라고 묘사할 수 있다.

1950년대 후반의 등반가들은 이곳을 그냥 엘캡이라고 불렀다. '캡틴 Captain'은 나중에 인기를 얻게 된 명칭으로 스페인어 뜻 그대로의 해석이 멋지게 들어맞는다. 원래 인디언들은 이곳을 '토토콘우라To-to-kon-oo-lah'라고 불렀지만, 백인들은 이 명칭을 사용하지 않았다. 1851년 3월, 요세미티의 테나야Tenaya 인디언 추장은 자신을 억류한 군인들에게 인간의 형상처럼 보이는 이곳을 '토토콘우라' 즉, 바위의 대장이라고 설명했다. 당시 스페인어 통역을 맡은 한 군인이 엘캐피탄이라고 줄여서 전달하자, 장교들은 그 말을 바로 이해하면서 수용했다고 한다. 이후 잠시 크레인마운틴 Crane Mountain, 자이언츠타워Giant's Tower라고 불리기도 했지만 엘캐피탄이라는 이름이 널리 사용되기 시작했다.

엘캡의 또 다른 이름이 존재하긴 했으나 등반가들은 이 이름을 선호했다. 일찍이 초기 요세미티에 관해 글을 쓴 갤런 클라크Galen Clark는 "토토콘우라는 '자벌레'를 뜻하는 인디언 말"이라고 설명했다. 자벌레는 벽 위의 두 젊은이를 구하러 올라간 영웅이었다. 그럼 이 전설에서 '엘캐피탄'이라는 이름은 어떻게 받아들여야 할까? 묻지 말라. 다만, 최초의 요세미티 등반가가 벌레이자 구조자였을 가능성을 생각해 보라.

이 외로운 무척추동물을 제외하고는 1950년 이전의 인간은 엘캐피탄을 오르는 것에 대해 한 순간도 생각조차 하지 않았다고 해도 무방하다. 말 그대로 등반이 불가능한 이곳은 그냥 우뚝 서 있었을 뿐이다. 등반가들은 이곳을 오를 꿈조차 꿀 수 없었기에 이곳을 두려워하지 않았다. 등반이 가능한 루트가 없었기에 아무도 이 큰 벽에 루트를 그려보거나 간절히 쳐다보지 않았다. 달만큼이나 머나 먼 엘캡은 등반 범주 밖에 머물렀고, 단순히 유명한 관광 대상지로 남아 있었다. 세계에서 가장 깨끗하게 노출된 화강암 벽으로.

워런 하딩의 이름은 엘캐피탄과 함께 영원히 기록될 것이다. 그가 최초로 올랐고, 따라서 자동적으로 전설적인 인물이 되었기 때문이다. 1957년 33세의 워런 하딩은 등반 5년차에 접어들고 있었다. 집요하면서도 선견지명이 있었던 그는 처음부터 우상 파괴자였다. 1950년대 중반, 대담한 등반가 마크 파월과 월리 리드Wally Reed가 자유등반 수준을 거의 모든 등반 영역까지 끌어올렸으나, 하딩은 종종 거창한 '엔지니어링'에 대해 생각했다. 파월과 리드가 도깨비처럼 신출귀몰하며 빨리 등반하는 동안 하딩은 벽에서 며칠간 보내는 것을 좋아했다. 파월과 리드가 숙련된 등반가들과 어울렸다면 하딩은 확보만 볼 줄 알면 아무하고나 등반했다. 심지어는 확보조차 제대로 보지 못한 사람도 있었다. 이러한 그의 특성들은 나중에 훨씬 더 두드러졌지만, 1950년대 중반 내가 그를 처음 만났을 때, 그는 이미 '독특한 사람'으로 알려져 있었다.

내 아버지는 화학기술자로 쉘 개발회사Shell Development에서 일했는데, 상사 허비 보즈Hervey Voge를 통해 런치레지Lunch Ledge를 오른 등반 모험담을 들었다. 1954년 허비 보즈는 우리 부자를 데리고 버클리 암장으로 갔는데, 이것이 계기가 되어 나는 몇 년 후 시에라클럽 모임에 참석해 피너클록Pinnacle Rock 정상에 올랐다. 그때 재규어 한 대가 요란한 소리를 내며 주차하는 모습이 눈에 들어왔다. "워런 하딩이야." 누군가 수군댔다. 잘 생기고 악마 같은 모습을 한 친구가 젊은 여성을 팔에 끼고 자동차에서 내렸다. 그는 작지만 특유의 강단 있는 자태와 의미심장한 눈빛을 띠고 우리 쪽으로 걸어왔다. 이 시기의 하딩은 2년 전에 악명 높은 로스트애로침니를 재등해 이미 유명해진 인물이었다. 그래서 나는 그 사내를 평가하기 위해 자세히 관찰했다. 우리가 오르고 있던 바위를 등반할 걸로 기대했으나, 그는 앉아서 싸구려 포도주를 들이키며 수다를 떨기 시작했다. 사교성 있는 사람이라고는 생각하고 있었지만 등반을 왜 안 할까 하는 의문이 들기 시작했다. 그는 우리처럼 군대의 전투복 차림이었으나 검은색으로 염색한 바지를 입고 있었다. 강렬한 안광과 검은 눈빛, 진한 흑발, 새카만 바지, 관능적인 여성과 와인, 그리고 등반에 대한 무관심을 지켜보면서 나는 그에게 매료당했다. 내가 아는 다른 등반가들은 안경을 쓴 과학자들로, 스포츠카와 와인과 화려한 여성을 데리고 암장까지 오는 모습은 꿈도 꿔본 적이 없는 고루한 사람들이었기 때문이다.

등반이 끝나고 나서 우리는 관례대로 그날 저녁 누군가의 집에 모여 스파게티를 먹었다. 마운틴 레드Mountain Red 와인 1갤런이 바닥나자 하딩은 점점 느슨해졌다. 이야기가 넘쳐흐르는 가운데 그가 대화를 주도했다. 내용은 흥미로웠지만 그가 작은 암장에서 등반하지 않은 것에 약간 화가 났다. 그 당시 나는 전문가가 등반하는 모습을 거의 보지 못한 터라 기대가 컸다.

그 후 몇 년간 나는 그 사람의 자세한 등반 경력뿐만 아니라 사생활에

1969년경의 워런 하딩 (사진: 글렌 데니)

대해 더 많이 알게 되었다. 하딩이 사귀던 여성(하딩은 그녀가 1953년도 '미스 푸에르토리코'였다고 최근 말해줬다)의 요구대로 보라색의 재규어와 관련된 일화는 단골 소재였다. 고속도로에서 재규어를 타고 시속 160 킬로미터가 넘는 속도로 캐딜락을 추월하려다 경찰에게 제지당하자 하딩은 거만한 태도로 말했다. "내가 그와 속도 경쟁을 했을 것이라고 생각하진 마시오. 그랬다면 훨씬 더 빨리 갈 수도 있었을 테니까." 이 이야기는 존 쉰르John Shonle에게 직접 들은 것이다. 그는 버클리대학원에 다니던 학생이었는데, 토드홀Toad Hall이라고 이름 지은 커다란 2층 집을 얻어 등반과 스키를 즐기는 6명과 함께 살았다. 토드홀은 당시 하딩이 살던 새크라멘토에서 샌프란시스코 베이 지역으로 갈 때 자주 들른 장소였다. 쉰르역시 자동차의 속도감을 좋아해서 한번은 하딩과 스포츠카 경주에 참가했다. 하지만 재규어가 과열되면서 하딩은 경주에서 중도 이탈했다. 나중에 쉰르는 당시를 떠올리며 말했다. "워런 하딩은 체계화된 자동차 경주를 견디지 못한다는 느낌이 들었어." 습관에 구애받지 않은 하딩은 나중에 인터뷰에서 그와 친구들에 대해 이렇게 털어놨다. "소리를 지르고 타이어를 마모시키면서 나파밸리의 와이너리로 가는 것을 좋아했지."

쉰르의 표현대로라면, 등반이 자동차 경주보다 덜 체계적이라서 모든 삶에 유별나게 접근한 하딩에게 훨씬 더 매력적으로 보였던 것 같다. 1954년 하딩은 몇 개의 중요한 등반을 해냈지만, 결국은 엘캡 덕분에 누구나 아는 유명인사 반열에 올랐다. 마치 '아라비아의 로렌스'처럼 '엘캡의 하딩'이 되었다. 그는 과연 시대를 앞선 선견지명이 있는 사람이었을까? 하딩은 앞을 내다볼 줄 아는 능력을 지닌 사람이라고 해야 온당할 것 같다. 다만 그가 시대를 조금 앞섰을 뿐, 엘캡이 오랫동안 미등으로 남아 있을 가능성은 거의 없었다.

1957년의 하프돔 북서벽 초등은 거대하고 가파르고 나무가 없는 벽도 등반될 수 있다는 것을 증명해 보였다. 로빈스와 갤위스, 쉐릭을 정상에서 반갑게 맞았던 하딩은 겉으로는 축하를 보냈지만 속으로는 아주 심기가 불편했다. 하딩은 차를 몰고 다니며 엘캡을 쳐다볼 때마다 다음 등반

대상지로 생각했다. 그곳은 명실공히 요세미티 '최후의 대과제'였기 때문이다. 약 40만 평에 달하는 면적 대부분이 반질반질한 수직의 화강암 벽으로 이뤄진 엘캡에서 등반이 가능한 루트는 어디일까? 바위에서 등반이 가능한 루트를 찾아내는 것이 생각만큼 쉽지는 않았다. 바위의 특징이 눈에 두드러지긴 했지만, 이것들을 하나의 등반선으로 연결하는 게 관건이었다. 대부분의 요세미티 거벽처럼 엘캡은 수백 미터나 하늘로 치솟은 수많은 크랙들이 산재해 있었다. 일부는 등반이 가능한 크랙이었고, 일부는 더 넓은 크랙이었다. 문제는 모두 거벽의 곳곳에 흩어져 있는 데다 맨 아래에서 정상까지 계속 이어지는 크랙이 없다는 것이었다.

1957년 6월 말, 머세드강 근처의 따가운 초원에서 등을 대고 누운 채 하딩과 마크 파월, 빌 '돌트' 퓨어러는 망원경으로 하루 종일 벽을 살펴봤다. 그해 임시 레인저로 일을 하고 있던 짧은 머리의 웨인 메리Wayne Merry가 잠시 들러 중앙 왼쪽에 있는 엄청난 급경사 구간이 '살라테월Salathé Wall'이라고 알려줬다. 하지만 그들은 정상까지 이어지는 직등 루트에 더 집중했다.

엘캡은 두 개의 거대한 벽(남서벽과 남동벽)으로 이뤄져 있다. 하지만 편리한 이 방향 용어는 다소 혼란을 불러일으킬 수 있다. 두 벽이 직각으로 확연히 구별되는 것이 아니라 60도를 기준으로 나눠지기 때문이다. 두 벽이 서로 얽혀 있어 엘캡 바로 밑 도로에서 올려다보면 이 각도는 모호하다. 오직 옆에서 바라봐야만 900미터 정도의 가파르고 뱃머리처럼 아름답게 치솟은 분리선을 뚜렷이 감상할 수 있다. 셋은 흐릿한 뱃머리 모양과 버트레스, 노즈를 축으로 삼아 레지와 크랙, 그리고 전에 확인하지 못한 부서진 크랙이 있는지 조사했다. 만일 등반선이 서로 연결된다면 상단부로 진출할 수 있을 터였다. 상단부는 엄청난 수직벽 아니면, 똑바로 뻗은 벽

엘캐피탄 노즈. 왼쪽에 살라테월이, 그림자 진 곳에 있는 노스아메리카월North America Wall의
일부가 보인다. (사진: 글렌 데니)

처럼 보였다.

머잖아 전 세계적으로 유명해질, 그들이 선택한 루트(몇 년간은 노즈라는 명칭으로 불리지 않았다)는 하단의 600미터를 많이 돌아가는 분명하지 않은 등반선이었다. 개별적인 등반 구간은 훌륭해 보이진 않았지만, 하단 표면의 곡선 모양 커브와 상단의 끝없이 이어지는 거대한 300미터의 다이히드럴은 특색 있는 구간이었다. 한 마디로 위치가 매우 훌륭했다. "바위의 실제적인 지형뿐만 아니라 미학적인 측면 때문에 노즈를 선택했다고 해도 과언이 아니다." 나중에 하딩은 이렇게 밝혔다.

그날 하딩과 친구들은 루트 파인딩을 멋지게 해냈다. 그들은 하단 크랙을 연결하기 위해 해야 할 힘든 펜듈럼을 마음속으로 그려봤다. 그리고 1캠프에서 6캠프까지 이동할 때 머물 6개의 레지를 찾아냈다. 그러나 하딩은 작은 실수를 하나 범했다. 그는 '루프피치Roof Pitch'라고 부르게 되는 멋진 루프(나중에 '그레이트루프Great Roof'라고 불렀다)에서 오른쪽 크랙으로 넘어갈 수 있을 것으로 생각했다. 하지만 크랙으로 착각한 곳은 물줄기 자국이어서 그곳에서는 곧장 위로 올라가야 했다. 그날 하딩과 친구들은 해볼 만하다는 결론을 내렸다. 시간이 많이 걸리고, 전례 없이 많은 볼트를 챙겨가야 하겠지만 불가능하진 않을 거라고 판단했다.

하딩은 장비를 모으고 계획을 짜면서 일주일을 보냈다. 놀랍게도 일사천리로 진행된 일은 무모한 모험에 함께 따라나설 동료를 찾는 일이었다. 엘캡을 함께 살펴본 파월과 돌트는 처음에 회의적이었으나 강한 자신감을 갖고 도전에 응했다. 그 당시 하딩의 욕심과 열정은 대단했다. 세 사람은 원푸시one push 개척등반은 불가능하고 어리석으며 생각조차 할 수 없다는 것을 즉시 깨달았다. 이 등반은 며칠간의 짧은 모험으로 이뤄질 수 있는 성질의 것이 아니었다. 하딩이 벽에 붙어 가장 오래 등반한 기간은 4

일이었고, 나머지 두 사람은 더 짧았다. 미국에서 물자 지원 없이 바위에 가장 오래 머문 기록은 5일로, 센티넬의 스텍-살라테 루트였다. 그보다 더 오랫동안 물과 식량을 가지고 가는 것은 불가능해 보였다.

이런 이유로 미국의 바위에서 소위 포위전술 등반이 탄생했다. 워런 하딩이 반복적으로 지적했듯이 그 등반은 새로운 철학을 요구했다. 바로 '원정등반 마인드'였다. 한 번에 짧은 구간을 올라 로프를 설치하고 다시 내려오면 물자를 계속해서 올릴 수 있었다. 그러면 더 넓은 레지에 잘 갖춰진 캠프를 세울 수 있고, 고정로프 ─ 그리고 더 많은 물자 ─ 를 위로 올릴 수 있었다. 이 전술은 히말라야 원정등반에서 사용되는 것이었다. 그럼 노즈에서도 작동될 수 있을까? 등반가들은 셰르파처럼 움직여야 했지만, 큰 날씨 변수가 없는 데다 서두를 필요가 없어 아주 쉽게 후퇴할 수 있기 때문에 이는 극복 가능한 문제였다. (하강은 몇 시간이 걸려도 할 만했다. 하강 후에 10분 정도 걸은 후 10분만 차로 이동하면, 거벽 중간에서 요세미티 로지의 술집까지 바로 갈 수 있었다.)

1957년 7월 4일 셋은 벽에 붙었다. 첫 번째 목표는 시클레지Sickle Ledge로, 출발지점에서 170미터 지점에 있는, 편안한 곡선 모양의 테라스였다. 예상대로 루트는 곧바로 인공등반 해야 하는 구간이 나왔다. 이 벽이 특별히 가파르진 않았지만(70° 정도의 경사) 매끄러운 데다 홀드가 없었다. 이어 제법 좋은 크랙이 위로 이어졌고, 필요할 때마다 확보할 수 있는 레지도 나타났다. 그들은 나쁘지 않다고 생각했으나, 목표지점에 거의 이르렀을 때 크랙이 점차 사라져 두 차례의 펜듈럼 끝에 시클레지에 도착했다.

이 첫 구간에서 그들은 3일 동안 선등을 번갈아 했고, 매일 밤 하강해 계곡에서 편안한 밤을 보냈다. 등반 4일째 되던 날 그들은 히말라야 원정대처럼 제1캠프를 설치했다. 시클레지는 곧 로프, 물통, 옷, 식량으로 가득 찼고, 나흘간 아지트로 이용되었다.

시클레지 위로는 벽이 눈에 띌 정도로 가팔라졌는데, 크랙이 끊어진 데다 아찔할 정도로 노출이 심한 구간이었다. 그들은 가파른 벽을 가로질러 되는 대로 펜듈럼을 한 후 크랙에 슬링을 설치했다. 그다음은 넓은 크랙이 이어지다 끊어져 있었다. 장비에 관심 많은 기술자였던 돌트는 5센티미터 너비의 와이드앵글피톤을 제작했는데, 무거운 이 장비는 어려운 구간에서 요긴하게 사용되었다. 하지만 그들은 선등을 하다 네 차례나 피톤이 빠지는 바람에 추락했다. 하딩은 로프에 손을 심하게 데였고 갈비뼈 곳곳에 타박상을 입었다.

등반 7일째 되던 날 그들은 스토브레그 크랙Stoveleg Crack을 만났다. 이곳은 80도 경사의 벽에 5~7센티미터 정도 벌어진 틈이 있는 90미터 길이의 구간이었다. 다행히 하딩은 아래에서 이런 특징을 발견하고 새로 고안한 피톤 몇 개를 가져갔는데, 이상한 방법으로 얻은 것들이었다. 1954년 하딩과 함께 등반한 젊은 프랭크 타버Frank Tarver는 1956년 가을 동안 넓은 앵글피톤을 만들기 위해 철제품을 버린 재활용품 수거장을 뒤져보기로 결심했다. 그는 오래된 침대 스프링과 녹슨 가전제품을 헤치다가 낡은 스토브에서 떨어져 나온 에나멜이 코팅된 다리 4개를 발견했다. 그는 이것을 헐값으로 구매했고, 친구와 함께 U 자형 모양의 다리 한쪽 끝을 절단한 다음, 평평한 부분에 납으로 땜질을 하고, 구멍을 뚫어 고리를 연결했다. 이렇게 해서 제법 큰 피톤이 탄생했다. 이것은 후에 갤워스가 하프돔을 위해 만든 것보다 훨씬 더 컸고, 돌트가 노즈 등반을 위해 만든 것보다도 컸다. 길이가 27센티미터에 이르는 이 피톤은 5~7센티미터 너비의 크랙에 적합했다. 무게는 420그램 정도였다. 이 도구의 금속가공 품질은 당연히 의심쩍을 수밖에 없었으나 분명 효과가 있을 것 같았는데, 중요한 점은 바로 그것이었다.

1957년 봄 프랭크 타버가 알래스카로 떠나면서, 하딩이 다가오는 시즌에 대담한 계획을 갖고 있다는 것을 알고 건네준 이 4개의 피톤은 전설적인 장비가 되었다. 오랜 시간이 지난 후 타버는 이렇게 말했다. "수년간 내가 만든 장비들 가운데 이것만 유명해졌는데, 이 악명 높은 장비를 정작 난 한 번도 사용한 적이 없다네. 그게 참 아이러니해."

하지만 이 큼지막한 피톤은 90미터의 까다로운 크랙을 오를 수 있게 해줬다. 피톤의 개수는 적고 크랙은 일정한 너비로 길게 이어져 있어서, 피톤을 회수해서 다시 설치하며 올라야 했다. 따라서 아찔한 상황이 연출되곤 했다. 하딩이 확보자 20미터 위에서 우스꽝스러운 스토브 부품에 달린 슬링을 밟고 서서 바로 아래 크랙에 박힌 장비를 내려다보는 장면을 상상해보라. 바위 아래로는 로프가 바람에 제멋대로 날리고 있었을 것이다. 위로 오를 때 다시 쓰기 위해 아래에 설치한 피톤과 스토브 다리 등 많은 장비를 회수했기 때문이다.

완벽한 크랙이었지만 안전을 위해 확보용 볼트를 설치해야 할 시간이었다. 위험이 너무 커지고 있었다. 등반장비가 발전되지 않았던 이런 암흑기의 등반가들은 대부분 지름이 9.5밀리미터인 볼트를 사용했고, 수작업으로 구멍을 깊이 뚫어야 했는데, 시간이 오래 걸리고 고된 작업이었다. 그러나 하딩은 장비를 아끼는 등반가가 아니었다. 그와 동료들은 한 달간 무려 125개의 볼트를 박았다. 안전이 위험보다 우선이었다.

스토브레그 피톤이 마모되고 뒤틀리면서 사용한 지 며칠 만에 에나멜이 벗겨지기 시작하자 세 명은 7월 11일 지상으로 내려오면서 '돌트타워 Dolt Tower(퓨어러의 이름을 딴 레지로 2캠프로 사용되는 곳)'에서 아래로

320미터 정도의 로프를 고정시켰다. 워런 하딩과 마크 파월, 돌트 퓨어러는 7일 동안 하루 평균 45미터를 올랐다. 무척 느리게 보일지 모르지만 당시의 장비 상태와 고된 설치 작업도 고려해야 한다. 그리고 홀링 작업까지도. 공포심도 느린 전진에 한몫했다. 왜냐하면 앵커를 위해 볼트 2개와 여러 개의 피톤을 백업으로 설치했기 때문이다. 이런 신중한 확보기술은 레지가 없는 상태에서 슬링에 매달린 채 — 또는 허공에 매달린 채 — 확보를 봐야 하는 공간에서 사용되었다.

세 사람이 등반을 끝내고 돌아오자 등반 외적인 문제가 불거졌다. 하딩은 말했다. "우리 등반은 꽤 멋진 구경거리였기 때문에 수많은 관중을 끌어들였지. 엘캡 근처 도로 교차로에 교통체증이 생길 정도였으니까." 이런 상황을 좋지 않게 생각한 공원 관계자들은 관리소장과의 회의 끝에 노동절 연휴가 끝날 때까지 등반을 미루라고 통지했다. 그 무렵이 되면 관광시즌이 끝나기 때문이었다.

하지만 워런 하딩이 노즈 등반을 다시 시작한 것은 추수감사절 연휴 때였다. 날짜가 이렇게 늦춰진 이유는 비통한 사고 때문이었다. 마크 파월이 9월 20일 왼쪽 발목을 심하게 다친 것이다. 그는 한 여성과 함께 YPB 근처에 있는 쉬운 애로헤드스파이어Arrowhead Spire로 등반을 하러 갔다. 등반보다는 '앞으로의 관계'에 더 신경 쓰며 재빨리 오르던 중 바위를 부주의하게 잡다가 10미터 아래로 추락하고 말았다. 그 여성은 초보자여서 혼자 힘으로 내려와 구조를 요청할 수 없었다. 바람소리 때문에 구조를 요청하는 목소리가 아래로 향하지 못하고 사방으로 흩어졌다. 해질 무렵 누군가 고함소리를 들었고, 구조대원들이 한밤중에 도착했다. 그때까지 마크 파월은 발목이 복합 골절된 상태로 거의 12시간 동안 먼지와 화강암 가루에 범벅이 된 채 방치되어 있었다. 내가 나중에 이 부상과 성행위의 관련성을 솔직하게 물어보자 그는 함박웃음을 지으며 말했다. "그랬다면 좋았을 텐데 말이야."

그는 하루가 지나서야 의사의 치료를 받을 수 있었고, 그로 인해 상태가 악화되었다. 부상 부위가 이미 감염된 것이었다. 그는 고름 냄새와 악취가 나는 피멍 든 다리가 절단되기를 기다리며, 시골 병원에서 며칠을 보냈다. 결국 다리 절단은 피했으나 평생 절름발이 신세를 면치 못했다.

이렇게 해서 마크 파월이 엘캡의 노즈 등반에서 제외되자 하딩은 대체할 파트너를 찾아다녔다. 그는 로열 로빈스에게 엽서를 보내 제안했다. "우리 팀에 합류하지 않을래?" 그러나 로빈스는 거절했다. 그는 그 이유를 인터뷰에서 이렇게 밝혔다. "노즈는 하딩의 영역이었고, 고정로프로 오르는 방식으론 등반하고 싶지 않았어."

하딩은 대학에 다니고 있는 월리 리드Wally Reed에게 의사를 타진했다. 방학이나 휴학 중에 요세미티 로지에서 일하는, 겸손하고 등반에 소질이 있던 그는 제안을 받아들였다. 앨런 스텍도 하딩의 비상호출을 받고 합류했는데, 현재 그는 이 사건을 자신의 등반경력에서 기묘한 막간희극 정도로 기억하고 있다. 센티넬을 초등한 이 베테랑 등반가는 버클리에서 직장에 다니며 자식 둘을 키워야 하는 가장으로 몇 년간 등반을 중단한 상태였다. 하지만 그는 요세미티에서 가장 무시무시한 벽을 올라가자는 요청을 수락했다. 파월은 당시를 회상하며 나에게 다음과 같이 털어났다. "하딩이 걱정하지 말라고 하더라고. 선등은 모두 자신이 한다고. 확보를 봐주는 사람이 필요하다면서. 난 재미있을 거로 생각했는데 그게 아니었어."

이렇게 두 명이 교체되면서, 두 번째 노즈 등반팀이 짜여졌다. 이들은

엘캐피탄 노즈에서 스토브레그 크랙으로 펜듈럼 하는 등반가 (사진: 글렌 데니)

나흘간 소풍을 즐겼는데 가장 좋았던 시간은 하딩의 어머니가 준비해준 칠면조 요리를 먹을 때였다. 네 사람은 시클레지까지 모든 장비와 식량을 끌어올리는 작업을 하느라 너무나 많은 시간을 소비했다. 홀링 작업은 기계식 장비가 나오기 전까진 힘든 노동이었다. 수직의 벽이 아닌 곳을 푸르지크 매듭으로 오르는 동안 손등이 계속 바위에 쓸렸다. 루트 하단에 흔히 설치되는 대각선 고정로프의 경우 이상한 힘과 회전력이 작용해 애를 써도 어색하고 힘이 들었다. 등반은 전혀 즐겁지 않았다. 특히 허리에 매단 18킬로그램의 홀링백 때문에 고된 작업이었다.

등반로프는 물론 나일론 소재였지만 고정로프는 훨씬 더 저렴한 마닐라 로프였다. 그곳에 남겨둔 마닐라 로프는 몇 달간 풍파에 노출되었다. 월리 리드는 로프가 장기간의 마모로 인해 손상되었다는 것을 알아챘다. 그는 레지에서 고정로프를 푸르지크 매듭으로 오르기 시작하자마자 추락했다. 로프가 끊어진 것이었다. 다행히 바위 턱이 꽤 넓어 더 이상 굴러 떨어지진 않았다. 하딩은 나중에 이렇게 기록했다. "그 후에 고정로프를 모두 나일론으로 바꿔야 했다. 젠장, 그놈의 경비가 문제였다."

이전에 오른 지점(돌트타워)까지 도달하는 데 하루 반나절이 걸렸다. 등반 2일째에 워런 하딩은 고작 18미터를 오르는 데 그쳤다. 그날 밤 그들은 요세미티 등반에서 최초로 슬링을 연결한 비박을 감행했다. 네 사람은 위치를 정한 다음 슬링에 매달리거나 혹은 임시로 만든 엉덩이 벨트에 걸터앉았다. 그렇게 어둠 속에서 보낸 12시간은 잊을 수 없는 밤이었다.

스텍은 끔찍한 시간을 보내면서 아찔한 고도와 노출에 경악했다. 그날 밤 무언가 덜그럭거리는 소리와 함께 욕설이 들렸다. 스텍보다 4~5미터 위에 있던 하딩은 비박 장소로 건설장비회사에서 만든 커다란 T 자형 피톤에 몸을 의지한 채 매달려 있었다. 하딩은 대형 해머로 무게 900그램 너비 7.6센티미터의 피톤을 넓은 크랙 속에 때려 박아 넣었지만 얼마 후 빠져나왔다. 그는 그냥 웃어넘겼으나 그날 숙면이 물 건너갔다는 것은 불 보듯 뻔한 일이었다.

다음 날 스텍의 하루는 하딩의 오줌 세례와 함께 엉망진창으로 시작되었다. 거벽에서는 소변을 어떻게 볼까? 바로 중력의 법칙에 따르면 된다. 그러나 태양이 아름다운 하얀 벽을 비추고 바위 결정체들이 하나둘 드러나기 시작하자 오줌 사건은 바로 잊혔다.

하딩은 최고의 비박 장소인 돌트타워 정상까지 27미터 거리에 볼트를 설치했다. 그는 도중에 아찔한 사고를 당할 뻔했는데 내막은 이렇다. 하딩은 밟고 있던 슬링에서 발을 빼서 자유등반 하기 위해 넓은 틈 사이에 단단히 박힌 커다란 바윗덩어리를 잡았다. 그런데 그 바윗덩어리가 밖으로 움직이기 시작했다. 하딩은 마지막 피톤 근처까지 추락하면서 신에게 기도했다. 다행히 바윗덩어리는 떨어지지 않았다. 하딩은 숨을 헐떡이며 조심스레 우회해서 재빨리 볼트를 설치한 후 10분간 바윗덩어리를 힘껏 흔들어 떨어뜨렸다.

네 사람은 30시간 연속 슬링에 의지한 채 등반을 하다 평탄한 공간이 나오자 기뻐했다. 밤을 훨씬 더 편하게 지낼 수 있기 때문이었다. 4일째 되는 날 등반팀은 위로 조금 더 올라갔다가 하강했다. 직장과 집으로 돌아갈 시간이었기 때문이다. 앨런 스텍의 입장에선 적절한 타이밍에 이뤄진 철수였다. 그는 등반 내내 정말 불편했다. 앵커를 걱정하지 않고 장비도 회수하지 않은 채 몇 시간 만에 360미터를 하강해서 내려가는 일은 엄청난 스릴이었다. 하지만 로프를 갈아타야 할 때나 사선으로 설치된 로프를 타고 하강하는 일은 겁이 났다. 그리고 마닐라 로프를 이용할 때는 자신감이 생기지 않았다.

겨울이 다가왔고, 마닐라 로프는 바람에 계속 날리며 마모되었다. 그리하여 1958년 3월 하딩은 돌트와 함께 고정로프를 약 11밀리미터의 나일론 로프로 교체했다. 그들과 함께 등반할 파트너를 설득하기 위해 필요한 선행조치였다. 그런데 마크 파월이 합류 의사를 내비쳤다. 발목 상처가 아직 곪아 있고 부은 상태였지만, 인공등반 위주라 슬링에 선 채 주변을 둘러볼 수 있을 것으로 생각했다. 그리하여 4월 중순 세 사람은 다시 한번 엘캡으로 향했다. 이번에는 '돌트' 퓨어러가 만든, 바퀴 두 개가 달린 수레 '돌트카트Dolt Cart'를 갖고 이동했다. 그러나 이 기묘한 기계는 곧 버려야 했다. 하딩에 따르면 이 수레를 끌어 올리려면 네 사람과 수백 미터의 로프가 필요했다고 한다. 그들은 포위전술 등반의 현실과 한계를 절감했다. 모든 노력을 그다음 캠프로 물자를 끌어올리는 데 소진하여, 새로운 곳을 탐험할 시간이 너무 적었다. 그 주말의 등반은 더욱 더 그랬다. 그들은 새로운 벽을 단 18미터 오르는 데 그쳤다.

그 무렵 나는 시에라클럽의 소규모 등반팀과 함께 요세미티 계곡을 찾았다. 우리는 엘캡 등반에 대해 잘 알지 못한 상태에서, 토요일 등반을 마치고 몇몇이 10분 거리에 있는 엘캡 밑으로 소풍 삼아 하이킹을 갔다. 고정로프 하나가 눈부신 허공에 걸려 있는 모습이 보였다. 외계에서 온 우주선마냥 신기하고 이상한 그 광경을 보고 사진을 찍었다. 수십 년 만에 처음으로 그 슬라이드 필름을 보고 아주 평범한 모습에 놀라고 말았다. 엘캡의 측면에 설치된 로프? 그런 이미지를 너무나 많이 본 나에게는 벽을 휘감고 있는 로프 이미지가 벽의 일부처럼 자연스러워 보였다. 하지만 나는 분명 1958년 4월에는 그 광경을 보고 몸이 얼어붙었었다. 그것은 요세미티에서의 포위전술 등반을 위해 최초로 설치된 로프였기 때문이다.

우리는 30분 동안 조용히 앉아 있다가 그곳으로 가서 로프를 직접 만져도 보고, 심지어 잡아당겨도 보았다. 가까이 다가가서 보니 벽이 너무나 위압적이어서 나는 이 프로젝트는 미친 짓이라고 생각했다. 우리는 자연스레 그런 감정을 숨기기 위해 다음과 같은 말들을 내뱉었다. "하딩은 이

프로젝트를 결코 끝내지 못할 몽상가야. 그는 교착상태에 빠져 있어. 지금까지 9개월을 등반했다고? 이것은 등반이 아니라 기술로 일궈낸 위업이야. 서커스지." 로어브라더Lower Brother에 있는 쉬운 루트를 약 200번째로 등반한 우리 '전문가들'은 의기양양한 상태로 엘캡 아래에 모여서 미친 사람이 끝내는 실패할 웅대한 계획을 목격하고 있다고 생각했다. 하지만 이 의견들은 공개적으로 내놓은 표현일 뿐이었다. 개인적으로는 이탈자 워런 하딩의 비전과 용기를 갖기 위해서라면 손가락 한두 개 정도는 바칠 의향도 있었다. 1년 후 하딩의 또 다른 개척루트에서 고정로프를 오르며 셰르파 역할을 할 것이라는 사실을 전혀 생각하지 못한 채 말이다.

1958년 5월 하딩 일행은 좀 더 수월한 벽을 오르면서 더 나은 진전을 보였다. 430미터 지점에 있는 테라스 엘캡타워El Cap Tower를 3캠프로 삼았는데, 그곳은 물과 수많은 장비 등이 넘쳐났다. 그들은 바로 위에 텍사스주를 닮은 바위 조각 텍사스플레이크Texas Flake까지 재빨리 오른 다음 전체 루트 가운데 등반이 가장 수월한 히든침니Hidden Chimney를 넘어섰다. 하지만 그 위로 홀드가 없는 매끈한 벽을 만나면서, 사선으로 볼트 사다리를 만드느라 하루를 소진했다. 히든침니를 통과하자 슬랩 피치인 부트플레이크Boot Flake가 나타났다. 15미터 길이의 이 플레이크 오른쪽 끝을 이용해 오르던 하딩은 플레이크가 벌어지는 것을 깨닫고 천천히 그리고 조심스럽게, 확보용 볼트를 설치하지 않은 채 그 피치를 선등했다. 넓은 크랙에 설치한 피톤이 빠지면 길게 추락할 가능성이 높았으나 하딩은 이 피치를 무난히 선등함으로써 숙련되고 대담한 인공등반 전문가라는 명성을 얻었다.

5월 25일 이런 특별한 노력 끝에 그는 부트플레이크 위에 볼트를 박고 고정로프를 설치했다. 팀의 느린 속도에 레인저들은 다시 한번 분노했다. 여름철이 다가오면서 관광객들이 몰려들었기 때문이다. 따라서 그들은 두 번째로 여름 시즌 등반금지를 명령했다. 강제적인 지연과 느린 진척 때문에 사기가 저하된 하딩 일행은 로프를 풀기 시작했다. 하딩에 따르면, 돌트는 "칼로 흥한 자는 칼로 망한다."라는 불길한 성서 구절을 읊기 시작했다고 한다. 돌트는 도중에 하차했고, 파월은 회복이 느린 부상 때문에 대담성을 잃고 말았다.

이 시기의 하딩은 바위에 걸린 로프들과 명성, 위태로운 에너지, 그리고 다음에 어떻게 해야 할지 모른다는 사실 때문에 고독하고 절망스러운 상태였을 것으로 쉽게 상상할 수 있다. 그는 도중에 포기할 수도 없었다. 그렇다고 혼자서 오를 수도 없었다. 그럼 어떻게 하지? 놀랍게도 그는 또 다른 벽을 포위전술로 공략하기 시작했다.

워싱턴칼럼 동벽은 엘캡이 아니었다. 요세미티 계곡의 안쪽 끝에 위치한 330미터 높이의 워싱턴칼럼은 등반가와 관광객 모두에게 관심 받지 못한 그냥 하나의 엄청 가파른 벽에 불과했다. 하딩은 오버행 구간이 많은 루트를 이미 등반 대상지로 혼자 점찍어놓은 상태였다. 정상까지 곧바로 쭉 뻗은 크랙과 중간에 몇 개의 레지가 있는 루트였다. 크랙은 넓고 오버행 구간이 불쑥 나타나고 엘캡처럼 레지가 거의 없는 그야말로 수직벽이었다.

1958년 6월 하딩은 프레스노 출신의 리치 콜더우드Rich Calderwood와 조지 휘트모어George Whitmore에게 워싱턴칼럼을 시도해보자고 제안했다. 콜더우드는 초보자였고, 휘트모어는 노련한 산악인이었다. 두 사람은 그토록 위협적인 벽을 오르겠다는 야망을 가져본 적이 없는 사람들이었다. 1,000미터의 로프와 100여 개의 피톤으로 무장한 등반팀은 이틀 만에 오버나이트레지Overnight Ledge로 알려진 1미터 너비의 레지에 도달했다. 이 레지까지 오르는 마지막 45미터 구간이 하이라이트였다. 오픈북 모양의 벽을 등지고 올라야 하는 크랙 루트였는데, 가장 넓은 곳이 4센티미터 정도였다. 하딩은 2센티미터 앵글피톤을 함께 끼워 넣어야 했고, 돌트가 만든 앵글피톤도 사용해야 했다. 타버의 스토브레그피톤을 모방해서 콜더우드가 만든 3개의 새로운 피톤을 포함해 수중에 모두 7개가 있어서 넓은 크랙에서 연속해서 사용할 수 있었다.

오버나이트레지는 높이 330미터 루트에서 유일하게 휴식할 수 있는 테라스로 퇴석지대 위 150미터 지점에 있었는데, 300미터까지 이보다 더 좋은 휴식처는 없었다. 이곳은 향후 등반 작업을 위한 캠프가 되었다. 콜더우드와 하딩은 '하딩슬롯Harding Slot'이라는 악명 높은 공포의 좁은 오버행 침니 밑까지 올라갔지만, 결국 210미터에 고정로프를 설치하고 후퇴했다. 여름 시즌이 끝나가고 있었고 엘캡이 손짓하고 있었다. 워싱턴칼럼은 다음을 기약하며 기다려야 했다.

하딩은 두 개의 큰 벽을 등반장비로 도배하다시피 했다. 1958년 가을 노즈Nose로 돌아갈 시간이 되었을 때 7개의 스토브레그피톤이 워싱턴칼럼 위 슬링에 매달려 있었다. 하딩과 콜더우드는 이 피톤들과 다른 장비의 회수를 위해 푸르지크 매듭으로 올라갔으나, 스토브레그가 감쪽같이 사라지고 없었다. 그들은 퇴석지대로 내려가 2시간 동안 주변을 샅샅이 뒤졌으나 찾을 수가 없어 포기하려는 찰나 바위 틈 사이에 있는 피톤들을 발견했다. 슬링이 닳아 끊어진 것을 보고 이유를 알아차렸다. 설치류 동물이 슬링을 갉아먹은 것이다.(쥐와 같은 아주 작은 생명체들이 요세미티 거벽 안에 살고 있다니 놀라운 일이었다.)

포위전술 등반을 생각하면 등반가들에게 반듯한 직장이나 있을까 하는 의문이 떠오르겠지만, 다들 멀쩡한 직업이 있었다. 하딩은 캘리포니아 고속도로 사업부 관측기사로 일했고, 휘트모어는 약사였으며, 콜더우드는 학생이었다. 세 사람 모두 시간을 자유롭게 사용할 수 있었으나 대부분 주말에 등반했다. 워싱턴칼럼에서 나무늘보처럼 천천히 오른 이유도 그런 까닭이었다. 주말은 레지까지 물자를 끌어올리느라 '허비했고', 루트 개척 중 드릴이 부서지거나 무뎌져서 후퇴할 수밖에 없었다. 날씨도 문제였다. 태풍이 아니면 무더위가 괴롭혔다. 파트너가 도착하지 않을 때도 있었다. 산 아래 여자 친구들이 시간을 함께 보내자고 간청했기 때문이다.

———————————————◾———————————————

1958년 노동절 연휴가 끝난 토요일, 노즈를 끝내기 위한 엄청난 노력이 시작되었다. 파월이 월리 리드, 콜더우드와 함께 모습을 드러냈다. 새로운 멤버 두 명도 합세했다. 산호세주립대학 학생으로 여름에 레인저로 일하는 웨인 메리와 4년 전 하딩과 함께 미들캐시드럴 북벽을 등반한 산호세 출신의 존 휘트머John Whitmer(워싱턴칼럼을 함께 등반한 조지 휘트모어와 혼동하지 마시길)가 그들이었다. 하딩은 이제 노즈를 끝내고 싶어 했다. 나중에 그는 다음과 같이 기록했다. "나는 다소 터무니없는 이 모험을 지속할 만한 실력이 있는 등반가들과 함께 등반을 이어갔다."

　등반을 시작한 지 9일이 지났고, 지루하고 반복적인 행위 속에 공포의 순간도 종종 있었다. 홀링, 홀링, 홀링, 드릴링, 드릴링, 드릴링. 이틀간 태풍이 몰아치자 그들은 조악한 플라스틱 가림막으로 몸을 덮고 웅크렸다. 이 특별한 노력의 가장 큰 스릴은 부트플레이크 위에서 행해진 극적인 펜듈럼이었다. 부트플레이크 꼭대기는 바람의 통로였지만 40센티미터 너비에 탁자처럼 평평한 레지가 있어 이상적인 확보지점이었다. 1년 전에 아래에서 올려다보면서 하딩은 이곳에서 급진적인 행위가 이뤄져야 한다는 것을 알았다. 다시 말해 왼쪽으로 트래버스 해야 할 것 같았다. 그리하여 킹스윙King Swing이 탄생했다.

"부트플레이크에 거의 다다랐을 때 너무나 아찔해 겁이 났다. 이곳은 지상까지 곧장 내려다보이는 수직의 낭떠러지였다." 웨인 메리는 당시를 이렇게 회상했다. 선등을 이어받은 하딩은 어렵게 오른 곳에서 15미터 정도를 다시 내려가는 이상한 등반을 해야 했다. 메리는 부트플레이크 하단과 같은 위치에 이를 때까지 하딩을 내려줬다. 그러자 하딩은 활 모양을 그리며 좌우로 뛰기 시작했다. 그는 잡기 힘든 코너, 왼쪽 밖에 있는 어떤 것이라도 잡기 위해 펜듈럼 하면서 가끔 로프를 더 풀어달라고 요구했다. 마침내 다섯 번째 시도 끝에 그는 얕은 크랙 안에 손가락을 집어넣고 재빨리 피톤을 박았다.

그러고서 하딩은 위를 올려다봤다. 크랙은 길이가 얼마 되지 않았다. 이제 어떻게 하지? 왼쪽으로 바위가 깨진 구간이 있었지만 그곳으로 가려면 매끈한 6미터 구간을 통과해야 했다. 그는 또다시 펜듈럼을 해야 해서 로프를 좀 더 느슨하게 풀어달라고 요구했다. 이번에는 두 사람이 서로의 모습을 볼 수 없었다. 외치는 소리도 어렴풋이 들릴 뿐이었다. 먼 훗날 웨인 메리는 이런 '대화'가 오갔다고 말했다.

"어떻게 돼가고 있어요?" 메리가 소리쳤다.

"더 내려줘." 하딩이 비명을 질렀다. "더 천천히, 젠장!"

"안 들려요!" 메리가 큰 소리로 외쳤다.

"더 천천히. 이런 바보 같은 놈. 그만!" 하딩이 더 크게 소리 질렀다.

등반 중 가장 외롭고 의지하고 싶다는 느낌이 들 때는 확보자가 보이지 않는 곳에서 거칠고 아찔한 펜듈럼을 할 때다. 이 펜듈럼은 그때까지 중 가장 어렵고 거친 것이었다. 피톤 아래 6미터 지점, 그리고 이제는 부트 플레이크 꼭대기에서 20미터 떨어진 아래에서 하딩은 또다시 몸을 흔들기 시작했다. 첫 번째보다는 수월해서 하딩은 곧 펜듈럼을 끝내고 순조롭게 위로 올라간 후 앵커를 설치했다.

벽의 상단으로 향하는 루트를 발견하긴 했지만 그것으로 문제가 끝난 것이 아니었다. 펜듈럼 못지않게 선등 자체가 외롭고 공포에 가까운 등반이었고, 로프를 다루는 일, 특히 로프를 고정시키기 위해 로프를 처리하는 작업이 훨씬 더 고됐다. 웨인 메리가 몇 시간 후에 합류했다. 둘이서 수십 번의 매듭과 로프 처리를 깔끔하게 했다는 점은 높이 평가할 만했다. 앵커 지점에는 곧 로프와 볼트가 넘쳐났다. 엘캡타워El Cap Tower에서 부트플레이크 꼭대기까지 연결하는 데 하루가 소요되었다. 고정로프는 곧 텍사스플레이크 부근의 가파른 벽에 사선으로 설치되었다.

이런 맹렬한 행위에도 불구하고, 그들은 530미터 지점에 있던 4캠프보다 100여 미터를 더 올랐을 뿐이었다. 위를 쳐다보자 노즈에서 가장 두드러진 구간인 그레이트루프Great Roof가 어렴풋이 보였다. 그 장애물 정복을 다음으로 미루고 여섯 명은 일단 후퇴하기로 했다. 이것은 리드와 휘트모어, 그리고 발목이 여전히 좋지 않은 파월에게 마지막 등반여행이었다.

10월에 하딩은 두 차례나 더 노즈에 붙었지만 모두 결실 없이 끝났다. 더 위로 올라가지 못했기 때문이다. 이전처럼, 대부분의 시간은 로프를 다시 설치하고, 폭풍에 몸을 웅크리고, 위쪽 캠프로 물자를 수송하는 데 소비되었다. 레인저들은 다시 한번 불안해졌다. 이번에는 교통체증이 아니라 단순히 끝없는 지연 때문이었다. 하딩은 마감 날짜를 통보받았다. 추수감사절까지는 등반을 끝내라는 것이었다. "왜 이렇게 강제로 밀어붙이는지

엘캐피탄 노즈의 그레이트루프 피치를 등반하는 모습 (사진: 글렌 데니)

결코 이해할 수 없었다." 하딩은 이렇게 기록했다.

11월 1일 토요일 콜더우드, 웨인 메리, 조지 휘트모어(노즈 등반에 처음으로 합류했다)와 함께 하딩은 마지막 총공세를 시작했다. 그들은 580미터를 푸르지크 매듭을 이용해 바로 당일 어둑해질 무렵 4캠프에 도착했다. 이제 그들은 330미터만 더 올라가면 정상까지 탯줄을 매달 수 있었다. 하딩과 메리는 루트를 개척하며 항상 선등하고, 콜더우드와 휘트모어는 매일 홀링 작업을 하는 셰르파 역할을 담당했다.

하딩은 다음과 같이 기록했다. "그 후 7일간은 지루하고 고된 나날의 연속이었다. 지상 760미터 수직의 벽 위에서의 생활은 단조로울 수밖에 없었다." 그 7일 동안 그들은 그레이트루프 등반을 걱정했다. 멀리서도 눈에 들어오는 인상적인 그레이트루프는 멋있긴 하지만 완벽한 크랙을 오른 뒤 수평으로 이동해야 하는 어려운 코스였다. 하지만 하딩은 삽시간에 끝냈다. 미묘한 커브와 우아한 수평 크랙으로 급작스레 이어지는 루프는 전체 루트 중 가장 아름다운 구간이었다.

11월 4일 등반팀은 몇 피치를 지나 넓은 레지에 5캠프를 설치했다. 한 피치 이후 아주 편한 바위구멍이 나오자 하딩은 이곳을 글로어링스팟Glowering Spot이라 불렀다. 메리가 앝은 이 구멍에 다다랐을 때, 덥수룩한 수염, 땟국물이 줄줄 흐르는 얼굴에 뚱한 표정을 지은 채 쭈그려 앉아 있는 하딩의 모습이 보였다. 그는 해머가 부러져 기분이 좋지 않았다. 웨인 메리는 당시를 이렇게 회상했다. "하딩은 그곳을 오르자마자 글로어링스팟(어둡고 위협적인 곳)이라고 이름 지었어. 그곳이 자신의 기괴한 기질과 잘 어울렸기 때문이지." 다른 사람이라면 아마도 그곳을 선라이즈니치Sunrise Niche, 또는 생크갓홀Thank God Hole, 아니면 크리스털레지Crystal Ledge라고 불렀을지 모른다. 그러나 하딩은 창조적이지도 상상력이 풍부하지도 않았다.

그들은 며칠 후 6캠프를 구축했는데, 이곳은 730미터에 위치한 바위 기단으로 인간의 발길을 처음 허용했다. 휘트모어와 하딩은 긴 홀링이 이뤄지는 동안 아이처럼 소중하게 다뤘던 포트와인 10분의 1을 나눠 마시며 자축했다.

노즈의 상단 3분의 1 구간은 요세미티에서 영혼이 가장 고양되는 공간이다. 대리석처럼 매끄러운 화강암 페이스가 무한정 펼쳐지고, 다양한

다이히드럴 벽은 완전 수직인 데다 넓고 각진 바위가 광범위하게 퍼져 있어, 마법 같은 이 공간을 통과해 오르는 행위는 마치 정교하게 세공된 다이아몬드 속을 탐험하는 것과 같다.

수십 미터를 한 번에 오른 하딩은 등반작업을 할 때 다른 생각은 하지 않았다. 그가 매번 하는 동작은 단순했다. 인공등반용 슬링을 밟고 서서 잠시 1미터 위의 크랙을 응시하다, 장비걸이에서 2.5센티미터 앵글피톤을 빼서 15~20회 정도 해머로 두드린 후 서둘러 '때려 박는다.' 그런 다음 카라비너를 걸고 슬링 위로 움직인다. 이 연속동작은 더 위쪽의 사선 크랙에서 수십 번 반복되었다.

11월의 첫 주가 빨리 지나갔다. 이 쉬운 피톤 설치 구간을 오르는 데 왜 그토록 시간이 오래 걸렸을까? 몇 가지 이유가 있었다. 첫째, 벽이 무서울 정도로 가팔라 피톤을 세게 두들겨 박아야 했다. 또한 크랙이 흙먼지와 잡초로 가득해 이것을 청소하느라 지체되었다. 그런데다 낮은 짧고 밤은 길었다. 매일 가장 높은 지점까지 푸르지크 매듭으로 올라야 했는데, 때때로 90미터가 넘는, 끝이 없어 보이는 긴 거리를 올라야 했다. 다양한 로프와 확보물 때문에 로프를 처리하는 것은 악몽이었다. 슬링 확보를 설치하는 데 시간이 많이 걸렸고, 선등과 후등의 역할을 교대하는 데 30분이 걸렸다. 선등자 하딩과 메리는 안전을 이유로 완벽한 크랙 옆에 규칙적으로 볼트를 설치했다. 앵커는 보통 볼트 2개로 만들었는데, 하나를 설치하는 데 최소 45분이 걸렸다. 드릴 작업은 지루했다. 선등자는 욕설을 내뱉으며 바위에 구멍을 뚫었다. 이런 수많은 이유로 인해 하루 30미터의 전진이 이상한 일이 아니었다.

등반 속도가 느려진 데에는 장비 부족도 한몫했다. 특히 볼트와 드릴이 부족했다. 콜더우드는 출발지점까지 하강해, 버클리에 전화를 걸어 장비를 주문한 후, 다음 날 급히 배송된 귀중한 물건을 챙겨서 푸르지크 매듭으로 올라왔다. 그러나 이런 일을 하느라 스물한 살의 젊은 콜더우드도 체력이 떨어졌고, 등반 8일째가 되던 토요일 도망쳐버렸다. 나중에 그는 어느 기자에게 당시의 심정을 털어놨다. "심리적 압박이 너무 컸어요." 그가 입 밖에 내지는 않았지만 다른 일도 있었다. 그는 바위에 확보하지 않은 채 널찍한 6캠프에서 조심하지 않고 아무렇게나 돌아다니다 벽 아래로 떨어질 뻔한 일을 겪었다. 그래서 고정로프를 타고 바로 하강했다. 웨인 메리는 그 이유를 이렇게 짐작했다. "콜더우드는 등반 도중 갑자기 마구 흐느껴 울었는데, 자신도 이유를 모르겠다고 하더군. 아마도 일과 수업, 임신한 아내가 그리운 것 이상의 어떤 이유가 있었던 듯해." 콜더우드는 이렇게 해서 엘캡의 기세에 눌려 항복하고 수치스럽게 패퇴한 첫 도망자가 되었지만, 그가 마지막은 아니었다. 10년 동안 용감한 등반가, 또는 그리 용감하지 않은 등반가들이 등반 도중 꽁무니를 빼고 달아났다. 먼 훗날 콜더우드는 자신을 괴롭힌 것은 아찔한 노출에 대한 두려움이 아니라 공부를 하고 일을 해야 하는 동안 벽에서 한없이 놀고 있다는 생각 때문이었다고 털어놨다. 그리고 이렇게 덧붙였다. "나의 직업 윤리관 때문에 괴로웠어요. 집중력이 생기지 않더군요."

그리하여 등반 인원이 셋으로 줄어들었다. 침착하고 숫기가 없어 혼자 있기를 좋아하는 조지 휘트모어는 홀링에 만족했다. 그는 아래 캠프에서 지내는 동안 하딩과 메리의 얼굴을 보지 못하고 며칠 연속 지내기도 했다. 그는 돌트타워에서 세찬 비바람과 태풍이 부는 동안 기나긴 어둠 속에서 혼자 밤을 보냈다. 산에서 보낸 가장 비참한 밤이었다.

능력이 뛰어나고 꾸준한 등반가인 웨인 메리는 당시 산호세주립대학에서 환경보존/교육을 전공하고 있었다. 그는 학업을 등한시한 채(그 학기에 물리학 낙제를 간신히 면했다) 하딩이 추가 인원이 필요하다는 것을 알고 등반팀 합류를 선택했다. 상대적으로 경험은 미숙했지만 하딩처럼 침착하고 아주 유쾌한 성격을 갖고 있었다. 메리는 상단에서 자신의 몫인 선등을 해야 했다.

루트 상단에서 가파른 벽에 가려 엘캡의 정상은 보이지 않았다. 하지만 하딩과 메리는 정상에 거의 다 다다랐다는 것을 알았다. 10월 10일 월요일, 폭풍이 불어와 진눈깨비를 뿌려대는 바람에 그들은 한 발자국도 나아갈 수 없었다. 화요일 새벽 그들은 볼트가 두 개밖에 없었지만 큰 희망에 부푼 채 6캠프를 출발했다. 하딩과 메리가 정상 36미터 밑의 작은 암부에 올라서자 환호성이 들려왔다. 엘캡 뒤쪽으로 걸어 올라온 친구들의 격려와 응원이 빗발쳤다.

14시간의 사투는 이제 전설이 되었다. 이것은 요세미티의 빛나는 등반역사에서 가장 유명한 단독등반으로 기록되어 있다. 휘트모어는 오후 6시 새로 받은 볼트를 챙겨서 하딩과 메리를 따라잡았고, 해질 무렵 하딩은 헤드램프를 켜고 출발했다. 무시무시한 고도감이 느껴지는 벽이 오버행 너머로 겹겹이 이어져 있었다. 크랙이 하나 나타났으나 길게 이어지지 않고 반반한 벽으로 사라졌다. 홀드가 없는 벽은 거대했으나 정상이 보이지 않았다. 하딩은 바위에 구멍을 열심히 뚫었다. 이런 행위는 27번이나 반복되었다. 철인 하딩은 많은 볼트를 급히 설치했는데, 셋 중 하나만 제대로 들어갔다. 이렇게 해서 귀중한 시간을 아낄 수 있었고, 그리 위험하지도 않았다. 그러나 나중에 등반한 팀은 어설프게 삐져나온 볼트를 보고 불안해했다. (모든 볼트는 33년쯤 후에 재설치 되었다. 회수된 것 중 하나는 비밀리에 돌아다니다 경매에서 800달러에 팔렸다.)

메리는 잊기 힘든 그날 밤에 대해 나에게 이렇게 털어놨다. "정말 비참한 밤이었어. 아주 작은 바위 턱에 서서 고생했지. 하지만 밤새 오버행 아래에 매달려 있는 하딩을 보면 욕을 할 수가 없었어. 난 선 채로 꾸벅꾸벅 졸았고, 추위에 떨면서 몸이 아래로 쏠려 내려가자 앵커가 잡아줬지. 조지(휘트모어)는 날카로운 바위 위에서 밤을 보냈으니 내가 가장 편했던 것 같아. 바람 소리를 들은 기억이 나고, 그 위에서 댕그랑거리는 소리가 들렸고, 헤드램프로 아래에서 까만 새끼거미가 매달려 있는 걸 본 기억이 나."

몹시 추운 밤에도 하딩은 등반 작업을 계속 이어갔고, 동이 트자마자 슬링을 풀고 정상 근처의 완만한 슬랩 구간을 기어올랐다. 1958년 11월 12일 아침 6시였다. 친구들과 구경꾼들과 기자들 그리고 하딩의 여자친구 엘렌 서비Ellen Sherby 등 수십 명이 정상에서 기다리고 있었다. "욕구가 너무 억눌린 터라 그날 밤 그녀를 내 여자로 만들었다오." 나중에 하딩은 한 기자에게 그날 밤의 비밀을 털어놨다.

요세미티의 암벽등반은 이제 변할 수밖에 없는 형국이었다. 첫째 '불가능'의 벽이 정복되었고 등반가들은 그 과정을 지켜봤다. 아직 등반이 되지 않은 거대한 '불가능'의 벽이 사방에 널려 있었다. 아찔한 수직의 벽에서 12일을 지낼 수 있다는 것도 증명되었다. 아울러 하딩의 등반에 대한 엄청난 홍보 덕분에 대중은 곧 이 신종 스포츠를 알게 되었다. 엘캡 등반 뉴스가 새로운 등반가들의 갑작스러운 유입 효과를 견인했다고 단정하긴 어렵지만, 몇 년 사이 캠프4는 족적을 남기고 싶고, 등반을 외부 세계에 알리고 싶어 하는 사람들로 넘쳐났다. 그렇다고 엘캡 모험이 소비주의를 부추겼다고 비웃으며, '우리가 암벽에 자주 다녔다고 우기는 것도 어리석은 일이

었다. 이후 우리가 굴복하지 않았다고 주장하는 것도 마찬가지였다. 사실 그 사건은 진화의 또 다른 단계에 불과했다. 스포츠는 오랫동안 그 상태로 머물 수 없다. 그래서 변화한다. 변화가 '좋다' 또는 '나쁘다'라고는 종종 단언하기 어렵다. 특히 처음에는. 그러나 호의적/비호의적 홍보는 항상 참가자를 늘리고, 이후 혼잡스러움과 분개를 낳고, '예전의 좋은 시절'에 대한 갈망을 만들어낸다. 그리고 차츰 스포츠의 격과 위상이 높아진다.

11월 12일 오후, 전쟁이 발발했을 때만큼 큼지막하게 "요세미티 등반가들 마침내 성공하다"라는 헤드라인으로 장식된 신문이 샌프란시스코 전역에 배포되면서 등반 소식은 급속히 퍼져나갔다. 『콜블러틴Call Bulletin』 신문에 "엘캡 정복되다"라는 제목의 기사와 함께 거리의 부랑자처럼 보이는 하딩이 벽 정상에 올라서는 모습이 대문짝만 하게 실렸다. 이 신문은 비교적 정확한 기사와 함께 많은 부수적 내용을 보도했다.

또 다른 신문인 『뉴스News』는 논평을 통해 등반가들과 그들이 추구하는 이상에 찬사를 보냈다. 그리고 세계 평화를 기원하는 다음과 같은 글을 덧붙였다. "만일 인류가 (산에서 혹은 폭탄으로) 자멸하지 않는다면, 신의 계획대로 지상에서 사는 법을 알게 될지도 모른다."

『오리건저널Oregon Journal』도 비슷한 논조를 반복했다. "이 세 사람은 적어도 우리 시대가 정력과 용기와 결단력을 가지고 있음을 증명해 보였다." 하지만 기자는 또 이렇게 경고했다. "그들의 성공이 특별한 경험이 없는 사람이 등반을 시도하도록 고무하지 않길 바란다."

우리는 노즈 등반이 미디어에 크게 노출되자 화들짝 놀랐지만 기사 내용 자체는 그리 놀랍지 않았다. 1957년 7월 노즈를 처음 시도했을 때에도 센트럴밸리Central Valley의 작은 신문사에 등반기가 실렸기 때문이다. 9월에는 월리 리드가 찍은 사진과 함께 9일간의 노즈 등반기가 『오클랜드

트리뷴Oakland Tribune』에 소개되었다. 이것은 1934년 하이어캐시드럴 등반이 1면에 실린 이후 첫 번째 요세미티 기사였다.

1958년 11월 하순에 노즈 등반기가 『샌프란시스코크로니클San Francisco Chronicle』에 8일에 걸쳐 소개되었다. 이처럼 기사가 많이 실린 것이 홍보 냄새를 잘 맡는 사냥개 같은 하딩의 부추김 때문이었을까? 아마 꼭 그렇지만은 않았을 것이다. 하지만 여자친구 또는 다른 동료가 벽에서 일어나는 진행사항을 추적해 기자에게 알려준 것만은 확실하다. 등반 홍보(매스컴의 관심)는 본질적으로 유쾌한 일은 아니다. 등반을 '순수한' 스포츠로 여기는 우리들 입장에서 홍보는 피해야 한다. 외부인들은 우리의 동기를 이해하지 못하기 때문에 우리는 스스로를 위해 혼자의 힘으로 등반하고, 홀로 바위를 상대한다. 우리는 스타일과 행동에 대해 스스로에게 대답해야 한다고 생각한다. 물론 같은 동료에게 인정받기를 원하지만 그렇다고 친한 집단의 범주를 벗어나려고 하지 않는다. 생각이 달랐던 워런 하딩은 우리가 매스컴 홍보와 기타 문제에 대해 고결한 신앙 같은 믿음이 있다면서, 우리를 일컬어 "계곡의 도덕군자들"이라고 비난했다.

하딩은 매스컴을 활용해 노즈 초등을 적극 홍보했다. 그는 요세미티 계곡으로 돌아온 직후 『라이프Life』 잡지사로부터 사진을 제공해주면 그 대가로 몇천 달러를 주겠다는 내용의 전화를 받았다. 그러나 2주 전 요한 23세의 교황 선출로 등반기사가 빠지면서 실리지 못했다. (하지만 메리는 그 돈으로 결혼할 수 있었다. 6캠프에서 추위에 떨던 밤, "그래, 신디Cindy와 결혼하는 게 어때?"라는 하딩의 말을 듣고 마음을 굳혔다고 한다.) 메리와 하딩은 남성잡지 『아고시Argosy』에 등반기를 보냈고, 다음해 4월호에 실렸다.

요세미티국립공원 관리소장 콘래드 워스Conrad Wirth는 "자신들이 이룬 성과로 돈을 벌려는 희망을 품고 행하는 묘기와 대담한 속임수 등반을 그만 멈추기 바란다."라는 입장을 기자에게 털어놓기도 했다. 대부분의 암벽등반가들이 공유하는 이런 태도와 입장 때문에 등반 전문매체는 노즈 초등을 다루는 데 잠잠했던 것 같다. 오랫동안 캘리포니아 등반을 다뤄온 『시에라클럽 소식지』는 노즈 초등을 언급하지 않았다. 당시 등반과 하이킹을 전문적으로 다룬 유일한 월간지 『서미트Summit』 역시 이 사건을 다루지 않았다. 세상에서 가장 어려운 등반을 다룬 첫 산악매체는 1959년도 『아메리칸 알파인저널American Alpine Journal』이었는데, 하딩이 4페이지에 걸쳐 쓴 "엘캐피탄"이라는 제목의 간략한 등반기는 주목을 거의 끌지 못했다. 기본적으로 동부 중심으로 발행되는 연감이라 발행 부수가 한정적이었다. 그러나 하딩의 글은 권위가 있는 저널에 실린 최초의 현대 요세미티 관련 기사라는 점에서 차별성이 있었다. 그리고 그로부터 머지않아 수십 개의 관련 기사가 쏟아지기 시작했다.

4

체류형 등반가들

1957~1959

(외부인들은) 요세미티 등반가들을 600미터의 (오버행) 버트레스 밑으로 가서, 저 멀리 시선이 미치는 곳까지 쭉 뻗어 있는 크랙에 피톤을 두들겨 박으며 오른다고 상상하는 것 같다! 이런 비판자들이 미처 깨닫지 못하는 것은 어느 곳에서나 볼 수 있는 훌륭한 4급과 5급 버트레스 등반지가 널려 있다는 것이다.

조지 세션스George Sessions, 1958년

물론 1957년과 1958년, 등반가의 모든 관심이 엘캐피탄에만 쏠린 것은 아니었다. 대다수는 노즈의 파란만장한 이야기를 부수적인 곁가지로 치부하면서 평소대로 등반을 이어갔다. 하지만 2년 사이에 미묘한 변화가 일어났다. 이전까지는 등반가들이 캠프4를 주말에만 찾았다. 연휴나 휴가 때 다른 곳(티톤, 캐나다, 노스웨스트 지역)으로 원정등반을 갔기 때문이다. 암벽등반을 여전히 산악활동의 일부분으로 여겼기 때문에 봄 시즌 주말에는 요세미티에서 훈련하고, 여름에는 다른 지역의 산을 올랐다. 물론 예외도 있기는 했지만 요세미티에 상주하는 등반가들은 드물었다.

1957년 마크 파월은 돈을 조금 모은 후, 몇 달간 캠프4에서 지내기 시작했다. 그는 요세미티에서 상주한 최초의 등반가였다. 그해 파월은 일정한 직업이 없는 데다 독신이었고, 따분해서 몸이 근질거렸다. 그는 조금 힘든 노동만 해도 먹고살 수 있어서 정규 직업이 필요하지 않다는 것을 깨달았다. 요세미티에서 지내는 데 드는 생활비는 저렴했다. 캠프사이트 사용료도 없었다. 그럴듯한 텐트만 있으면 집도 필요하지 않았다. 정장과 넥

타이도 필요 없었다. 자동차나 보험증서도, 심지어는 돈을 주고 머리를 깎을 필요도 없었다. 근처 요세미티 로지Yosemite Lodge에서 햄버거를 사먹는 대신 캠프사이트에서 해 먹으면 하루 1달러로 충분했다. 그리고 겨울에 일해서 몇백 달러만 모으면 6개월간 놀고먹을 수 있었다. 파월이 장기 체류하면서 일찌감치 깨달은 최고 장점은 일주일에 네다섯 차례 등반하면서 최적의 몸 상태를 만들 수 있다는 점이었다. 이것은 주말에만 등반하러 오는 이들에게는 불가능했다. 돌이켜보면, 체류형 등반가들의 출현과 함께 등반 수준이 향상되었다는 것을 알 수 있다.

1957년 파월은 무언가 성과를 낼 수 있는 마지막 여름이라는 것을 알고 있는 듯 수도승처럼 여기저기 바위를 열심히 올랐다. 하딩과 돌트와 함께 노즈 등반을 1차 시도하고 내려와서 일주일이 지난 7월 18일 월리 리드와 함께 펄핏록Pulpit Rock에 신루트를 개척했다. 임프로버블트래버스Improbable Traverse는 등반역사에서 중대 사건은 아니었지만 요세미티 등반이 나아갈 길을 제시했다. 등반가들은 펄핏록에서 17년 동안 인공 확보물을 설치해가며 두 개의 노멀루트를 오르곤 했는데, 파월은 이곳에서 피너클 구간을 발견하고 자유등반이 가능한 곳을 따라 대담하게 올랐다. 다른 사람을 뒤따라 오른 것에 만족하지 못한 그는 미지의 바위를 실험하면서 한계를 밀어붙였다. 다른 사람의 지원 없이 말 그대로 목숨을 건 등반을 한 것이다. 미래의 최고 등반가들은 그의 이런 등반 태도를 모방했다.

펄핏록 등반 이틀 후 파월과 리드는 좀 더 험난한 미들캐시드럴 북동벽을 선택했다. 앞서 말한 대로 하딩은 몇 년 전에 이 넓은 벽면의 두 버트레스에 관한 정보를 모았었다. 하지만 파월은 아름다운 데다, 해질 무렵 사선으로 비치는 빛 속에서만 보이는 수백 개의 작은 레지와 플레이크가 있는 벽을 오르고 싶었다. 가능성을 확신한 그는 이틀 후 리드와 함께

1965년의 마크 파월 (사진: 글렌 데니)

등반을 해냈다. 파월은 이때를 이렇게 회고했다. "센티넬 북벽에 비견되는 등반이었어."

파월과 리드는 사탕가게에 들어간 아이들처럼 행동했다. 다음 등반 목표는 자주 시도했던 뾰족한 암봉 로어왓킨스피너클Lower Watkins Pinnacle이었다. 일주일 후, 바쁜 일이 있었는지 리드가 빠지자, 파월은 돌트와 팀을 이뤄 로어캐시드럴 북벽을 올랐다. 이곳은 가파르고 아찔하고 지저분했다. 특색 있고 멋진 구간은 아니었지만 300미터를 오르는 데 이틀이나 걸렸다. 어려운 인공등반 구간도 있었고, 쉬운 인공등반 구간도 있었다. 피톤을 다루는 데 능숙한 파월은 거의 허공에 뜬 자세로 등반하기도 했다. 나중에 돌트는 이렇게 말했다. "멋진 크랙 덕분에 마크는 20미터 오버행 구간을 15분 만에 끝내버리더군."

2주 후 리드가 다시 합류하자, 이들 3인조는 진정한 클래식 루트가 된 곳을 올랐다. 바로 노스돔North Dome의 남벽이었다. 어려운 등반 루트 마지막 구간에서 레이백 자세를 취해야 하는 아찔한 곳으로, 이곳을 오른 사람들에겐 잊을 수 없는 추억을 안겨줬다.

5일 후, 파월은 요세미티의 수많은 폭포 가운데 가장 우아한 자태를 지닌 브라이들베일Bridalveil 폭포 동벽을 등반했다. 파월은 이 등반을 위해 하딩을 붙잡았다. 그들은 180미터 높이에 가파른 데다 물기로 인해 반질반질한 벽에 단 4개의 인공등반용 피톤을 박고 올랐다. 그리하여 파월은 다시 한번 자유등반의 고수임을 입증해 보였다. 나중에 그는 이 등반에 관한 글을 하나 남겼는데, 요세미티 등반이 나아가는 대담한 방향성을 상징하는 것처럼 나에게 다가왔다. "확보물도 없이 두 손으로 매달린 채 비틀린 나무까지 20미터의 오버행을 올라갔다."

1957년 노동절 주말은 아주 재미있는 상황이 연출되었다. 로열 로빈스와 조 피첸Jeo Fitschen이 이틀 만에 로스트애로침니를 제4등으로 오르는 데 성공한 것이다. 1950년대 후반, 로빈스의 등반 파트너였던 LA 출신의 눈이 푸른 스무 살 대학생 조 피첸은 당시 대부분의 등반가처럼 키가 작았다. 그는 조용한 동작으로, 끙끙 앓는 소리나 신음을 내지 않고, 올랐고 항상 자신을 통제했다. 그는 매우 지적인 등반가였다. 주요 활동 무대가 타키츠록이었지만, 요세미티에서도 로빈스와 훌륭한 루트를 개척했다. 피첸은 6월의 하프돔 북서벽 개척등반에 합류할 예정이었으나 막판에 사

1965년의 조 피첸 (사진: 글렌 데니)

정이 생겨, 마이크 쉐릭이 그를 대신해 참가했었다.

　곧 입대를 해야 한다는 것을 알고 있던 로빈스와 피첸은 그전에 대형 프로젝트의 등반을 하고 싶어 했다. 그리하여 두 사람의 경험과 열정에 힘입어 노동절 주말에 로스트애로침니를 그렇게 빨리 오른 것이다. 하지만 로빈스는 나중에 다음과 같이 말했다. "비현실적인 피너클의 아찔한 모양을 생각하니 공포감으로 현기증이 날 정도였어." 이렇게 해서 로스트애로침니 등반은 각각 5일과 4일과 2일이 걸린 셈이다. 로빈스는 등반팀이 소요시간에서 하루 단위로 단축시킨 전통은 다음 팀에 부담을 준다고 냉담하게 지적했다. 하지만 그는 이 말을 하고 6개월 뒤에 비박 없이 하루 만에 등반을 끝냈다.

파월과 리드는 이스트애로헤드버트레스East Arrowhead Buttress에 신루트를 만들었으나 그 휴일 동안의 최고 화제는 월요일에 행해진 워스트에러Worst Error 등반이었다. 여기서 하딩의 이름이 좀 색다른 모습으로 등장한다. 하딩은 크랙등반가보다는 '아이언맨'으로 더 잘 알려졌는데 타당한 이유가 있었다. 크랙등반 경력이 거벽등반 경력보다 짧았기 때문이다. 하딩은 5.8이 자신의 한계라고 항상 주장했고, 이는 사실이었다. 그는 오픈북 형태의 바위가 어렵게 보일 때마다 인공등반용 피톤을 때려 박는 경향이 있었다. 하지만 크랙과 침니는 달랐다. 침니 등반에 뛰어난 그는 노동절 연휴 기간에 엘리펀트록Elephant Rock에서 이를 증명해 보였다. 요세미티 계곡 경계선에 위치해 있으며, 머세드강이 내려다보이는 이곳은 거의 알려지지 않았다. 하딩은 차를 운전하고 가다 대략 150미터에 이르는 슬랩을 봤는데, 거대한 손가락 같은 형상을 한 곳이었다. 그렇게 벗겨진 슬랩이 있는 경우 중심 벽에서 분리된 크랙이 항상 있기 마련이었다. 하딩과 웨인 메리는 벽을 정찰하러 나섰다.

하딩이 워스트에러Worst Error(최악의 실수)라고 이름붙인 세 번째 피치는 50센티미터 정도의 구멍이 35미터 위로 이어지며 확보가 불가능한 구간이었다. "폐쇄공포증이 생겨 추락을 걱정할 틈도 없었어." 나중에 그는 이렇게 말했다. 이곳은 침니 전문가에게는 그리 어렵지 않았다. 하지만 오늘날에도 엄청 겁을 주는 피치로 유명하다.(1961년 신진대사가 요동치는 상태에서 나는 이 침니를 선등한 적이 있다. 침니 아래에서 처음이자 마지막으로 속을 진정시키기 위해 담배를 몇 대 피웠고, 병에 든 꿀 절반을 먹어치웠다. 이것은 초인간적인 힘을 얻기 위함이었다. 나의 파트너 모트 헴펠Mort Hempel은 이 어리석은 의식을 입을 벌린 채 공포에 질린 눈으로 쳐다봤다.)

하지만 불길한 이 구간은 앞에 놓인 장애물에 비하면 아무것도 아니었다. 하딩이 코너로 사라진 후 웨인 메리는 로프가 움직이지 않는다는 것을 깨달았다. 그런데 이내 로프가 위아래로 몇 차례 움직이더니 15센티미터 정도 더 풀렸다. "추락에 대비해야 한다는 걸 깨닫고 몇 차례나 앵커를 확인했어." 메리는 이렇게 당시를 회상했다. 그러고 나자 해머질 하는 소리가 들렸다. 끝도 없는 무시무시한 구멍 밑에서 하딩은 피톤을 설치하려고 애쓰는 중이었다. 그는 마침내 볼트를 박은 뒤 그것을 밟고 밴텀급 정도 되는 가벼운 몸을 위쪽 구멍 속으로 밀어 넣고 꼭대기까지 꿈틀거리며 올라갔다. 몇 개의 인공등반용 피톤을 박기는 했지만 아주 멋진 시도였다. 확실히 하딩이 대담한 크랙 전문가라는 사실을 보여준 것이다. 그는 엘리펀트록 상단 피치가 자신이 여태까지 해본 것 중 가장 어려운 구간이었다고 말했다.

한편, 왕성한 등반을 이어가던 마크 파월의 경력은 몇 주 후, 애로헤드 스파이어에서 추락하면서 제동이 걸리고 말았다. 그러나 열정적인 15개월 동안 그는 4개의 클래식 루트(미들캐시드럴 북동벽, 애로헤드아레트, 노스돔 남벽, 브라이들베일 동벽)를 포함해 신루트 15곳을 개척했다. 특히 미들캐시드럴 북동벽을 제외한 나머지 루트에서 총 8개의 인공등반용 피톤만 사용하며 탁월한 등반 능력을 발휘했다. 파월은 요세미티에서 스물한 차례 초등과 두 차례 자유등반 초등을 해냈다. 그는 1966년 말까지 여전히 초등을 하긴 했지만, 그 이전이 그의 황금기였다.

사실, 이 시기의 모든 요세미티 등반이 그리 모험적인 것은 아니었다. 암벽등반가들은 더 낮은 바위에서 등반을 한다든지, 친구들을 데리고 쉬운 루트를 오른다든지, 오후에 일반적인 루트를 오르며 '휴식'을 즐긴다든지 하는 식으로 언제나 즐겁게 놀았다. 가끔, 주목할 만한 등반 또는 시시한 등반 사건이 일어나면 등반가들은 몇 개월간 그 이야기를 했다. 1957년 가장 많이 입에 오르내린 사건은 유명한 — 혹은 곧 유명해질 — 등반가에 대한 것이었다. ABC 방송국의 와일드월드오브스포츠Wild World of Sports 프로그램이 3월 하순 '미국의 봄'이라는 코너를 위해 짧지만 생생한 요세미티 등반을 촬영하고 싶어 했다. 그들은 시에라클럽을 통해 밥 스위프트에게 연락했다. 그는 몇 시간 등반만 하면 로프를 공짜로 준다는 말에 재빨리 차를 몰아 계곡으로 왔다. ABC 감독은 그가 맨 처음으로 도착했으니 선등을 하게 될 것이라고 알려줬다. 다른 사람들 역시 그 소식을 듣고 달려왔다. 스탠포드에서 달려온 존 할린John Harlin을 보고 — 스위프트의 기억에 의하면 — 제작진은 "선등할 만큼은 아니지만 실력이 있어 보인다."라고 판단했다고 한다. 이어서 하이어캐시드럴 등반으로 유명한 줄스 아이호른이 등장했는데 그에 대한 평은 이러했다. "처음 본 얼굴이고 등반이 서툴러 보였다." 추락하는 장면을 잡아야 했기 때문에 그는 말 그대로 추락하는 역할을 할 것이라는 통보를 받았다. 우연히 요세미티에 들른 수줍음 많고 얼굴이 긴 프랑스인 가스통 레뷔파Gaston Rebuffat(그는 때마침 미국 전역을 돌며 순회강연 중이었고 나는 전날 밤 그의 버클리 강연에 참석했다)는 촬영장면을 모두 지켜봤다. 하지만 세계에서 가장 유명한 이 산악인은 촬영 합류를 권유받지 못했다. 제작진은 요세미티 폭포 하단 근처 암벽을 촬영지로 선택한 후 여러 차례 리허설을 했다. 아이호른은 각본대로 추락했고, 무의미한 모험을 본 시청자들은 다시 한번 등반이 미친 짓이라고 생각했다.

촬영이 끝나고(공짜 로프는 받지 못했다) 스위프트, 할린, 아이호른은 요세미티를 처음이자 마지막으로 방문한 레뷔파에게 거대한 화강암 벽을 보여주기 위해 워싱턴칼럼 쪽으로 터벅터벅 올라갔다. 스위프트는 당시를 이렇게 회상했다. "할린과 가스통이 런치레지까지 선등했지. 가스통은 등반을 즐기는 것 같았어. 하지만 존 할린이 안전을 위해 꿈틀거리며 올랐던 나무에 다다르자, 가스통이 로프를 풀어버리고 나뭇가지를 오른 다음 로프를 다시 묶는 모습이 인상적이었지."

■

파월은 부상으로 캠프4를 떠나고, 로빈스와 피첸은 입대하고, 하딩과 동료들은 엘캡 등반에만 몰두해서 1958년은 대단한 초등도 이뤄지지 않았다. 앞에서 언급한 엘캡에서의 등반 쇼를 제외하면 말이다. 그러나 지루한 해는 아니었다. 가끔 다른 지역 출신의 등반가들이 찾아왔고, 일부 새로운 얼굴도 등장했는데, 이들은 앞으로 10여 년간 익숙해질 얼굴들이었다.

다른 지역에서 온 대다수 등반가들은 요세미티 등반을 기피했다. 동부인들은 이곳에 대해 전혀 듣지 못했고, 태평양 북서부 산악인들에게는 하루에 갈 수 있는 산과 바위가 수두룩했다. 당시 등반가들은 많이 돌아다니지 못했다. 그럼에도 요세미티를 찾는 사람이 적었던 이유 가운데 하나는 요세미티 등반과 전통에 대한 일반적인 오해 때문이었다. 예를 들어, 콜로라도 출신의 괴짜 등반가 하비 T. 카터Harvey T. Carter는 1957년 봄 요세미티를 방문했을 당시 자신만만했다. 그는 정상의 기록명부(내 기억으로는 로어캐시드럴)에 "연구를 위해 가져감"이라는 내용의 종이쪽지를 남기면서 요세미티 등반가들과 사이가 틀어졌다. 그는 이 자료를 이후 제자리에 돌려놓지 않았는데, 콜로라도에서 여전히 연구 중인 모양이다. 며칠 후 카터는 엘캡의 동쪽 버트레스에 있는 스텍 루트를 몇 피치 오르다 내려와선 꽁무니를 빼고 집으로 돌아갔다. 현지의 등반가들은 이를 보고 무척 고소하게 생각했다. 분명 그는 고정 피톤이 박혀 있는 루트를 기대했던 것 같다. 그는 『서미트』에 이상한 불만을 털어났다. "요세미티에선 등반이 많이 이뤄지지 않았고 개척된 루트도 적어서 상당히 놀랐다." 또 자신의 보잘 것 없는 위치를 깨닫고 엄청난 실언을 했다. "나는 현대식 고난이도 등반을 교육하고 있지만, 고난이도 기술등반 방식에 대한 지식이 없는 사람과 논쟁하는 것을 좋아하지 않는다."

외지인들이 곧 요세미티로 몰려들지만 아직은 아니었다. 캘리포니아에 본거지를 둔 등반가들은 몇 년간 요세미티 과실을 따먹는 즐거움을 누렸다. 그리고 1958년 외지에서 한 등반가가 등장했다. 20세기 중반 가장 뛰어난 등반가이자 캠프4에 상주한 '한량Bum(일하는 것보다 재미있는 일을 하는 사람)의 원조이며, 48개의 초등을 기록한 초등의 대가 척 프랫Chuck Pratt이 바로 그 주인공이다. 당시 열아홉 살이었던 그는 UC 버클리에서 물리학을 전공하는 학생이었다. 그는 제도와 규율을 끔찍하게 싫어했지만 간신히 적응하고서 몇 년간 학업을 이어가는 한편, 주말과 여름에 등반을 하러 다녔다.

프랫은 전통적인 방식으로 등반했다. 솔트레이크시티에서 어린 시절을 보내는 동안 도서관에서 산악서적을 탐독했고, 인근의 암장에서 빨랫줄과 나무 나사lag screw를 이용해 등반 훈련을 했다. 그러자 그의 부모는 뜻밖의 결정을 내렸다. 샌프란시스코 베이 지역으로 이사를 한 것이다. 그는 오클랜드에서 고등학교에 다닐 때 자신을 내세우지 않는 겸손한 친구 찰리 레이몬드Charlie Raymond를 만났다. 그 역시 등반에 대한 환상과 꿈을 지닌 친구였다. 그들은 함께 주변의 여러 산을 올랐고, 함께 UC 버클리에 입학한 후, 그곳에서 UC 하이킹클럽 본부인 에슐먼홀Eshleman Hall의 눅눅한 지하 벙커에서 비슷한 취미를 가진 이들을 만났다.

프랫은 불가사의한 운동과 중력 이론을 연구하던 중 요세미티를 방문했다. 그는 유망한 재원이었기에 물리학계로서는 큰 손실이었을 것이다. 하지만 그는 일찌감치 함정이 있음을 감지했다. 물리학 분야에서의 탁월한 능력은 정규 직업으로 이어지고, 결국 자유를 잃을 것으로 생각한 것이다. 진정한 낭만주의자인 그는 부모가 아메리칸드림을 위해 노력하는 것을 지켜보며 자랐다. 그는 제한된 성공과 작은 행복, 불완전한 존재를 보았다. 서서히 그는 돈과 지식과 주택담보 대출 상환금에 대한 개념에 의문을 품기 시작했다. 그 혼자만이 이런 감정을 느낀 것은 아니었다. 아이젠하워 대통령은 재임 기간 반발을 피하기 위해 수많은 미국인을 물리적 부유함에 안주시켰기 때문이다.

프랫은 진리를 깨닫는 순간을 고대하며 등반했다. 그는 캐시드럴 첨봉 근처의 어려운 크랙 팬텀피너클Phantom Pinnacle을 자유등반하며 즉각 재능을 발산했다. 그리고 1958년 7월 15일 첫 번째 초등을 기록했다.(프랫은 총 48개의 루트를 초등했다.) 그가 최초로 오른 로어캐시드럴 북동벽 신루트는 등반계를 뒤흔들지는 못했지만, 그곳이 나의 첫 등반 대상지여서 기억하고 있다.

그 전해 겨울 나는 버클리 암장에서 프랫을 몇 차례 만났다. 우리는 학기가 끝나면 요세미티 계곡에서 등반하기로 약속했다. 당시 나는 고등학생 신분이었다. 7월 초에 버클리 출신 몇몇이 캠프4로 이동했다. 우리

봄철 주중의 조용한 캠프4 (사진: 글렌 데니)

는 꽤 실력 있는 등반가였고, 그중 특히 프랫의 실력은 출중했지만, 거대한 벽에 겁을 집어먹은 채 대부분 기존 루트만 올랐다.

우리는 자연스레 다른 등반가들도 만났다. 예를 들면, 1958년 여름 요세미티 로지에서 일하던 월리 리드를 만났는데, 엘캡을 오른 사람과 이야기도 나누고 함께 등반도 하자 어린 마음에 으쓱한 기분이 들었다. 월리 리드는 요세미티 거벽만큼이나 요세미티공원의 오지에 있는 암벽을 높이 평가하면서 투올러미메도우스에서 등반 가능성을 찾은 최초의 인물이었다. 그는 7월 18일 프랫과 함께 투올러미메도우스에서 가장 큰 암벽으로 꼽히는 페어뷰돔Fairview Dome 북벽을 시도하다 실패했으나, 8월에 다시 돌아가 등반을 깔끔하게 마무리 지었다.

UC 하이킹클럽의 다른 회원들도 요세미티 계곡을 방문했는데, 일부는 몇 주 동안 머물렀다. 수학을 전공하는 대학원생이면서 프렌치호른 연주자였던 크레 리터Krehe Ritter는 나의 등반 파트너가 되었다.(봄 시즌 우리는 짐을 가득 실은 람브레타Lambretta 오토바이를 타고 여러 번 요세미티 계곡으로 향했다. 총 7시간이 걸렸는데 자동차보다 두 배나 느렸다.) 7월에는 두려움과 설렘을 갖고 클래식 루트 여러 개를 올랐다.

그해 여름을 빛낸 사람은 멋진 등반을 한 프랫이었다. 우리는 그의 등반실력에 감탄했다. 조용하고, 작은 키에 가슴근육이 발달한 그는 우리가 만난 사람들 가운데 가장 천부적인 소질을 가진 등반가였다. 큰 힘을 쓰지 않고도 재밍크랙을 매끄럽게 오르는 것을 지켜보면서 나는 안도했고, 루트가 어렵지 않을 것으로 짐작했다. 그리고 내가 오를 차례가 되었을 때 그가 선등한 크랙을 향해 자신 있게 발을 디딘 채 손을 집어넣고 나서 다시 발을 올렸다가 멈춰선 기억이 있다. 나는 동작을 바꿔 시도했다. 이번에는 반대방향으로 몸을 돌렸다. 그리고 소리쳤다. "프랫, 대체 어디로 올라간 거예요?"

"왼쪽으로. 하지만 양쪽 다 가능해." 프랫이 재치 있게 외쳤다.

"제기랄, 좀 도와줘요. 불룩한 바위를 지나면 좀 쉬워져요?"

"아닐걸."

"좋아, 해볼게요. 로프 좀 팽팽하게 당겨줘요!"

실망감이 커지면서 나는 울고 싶었다. 아니면, 소리를 치거나 밑으로 내려가서 태아처럼 웅크려 있고 싶었다. 나는 결국 몸부림을 치면서 크랙을 간신히 올라갔다. 손에서 피가 나고 경련이 일기 시작했다. 결국 힘없이 매달린 상태로 프랫이 있는 쪽으로 다가갔다. 그는 자신 역시 힘들었다며 로프를 당겨줬다.

이 크랙 천재의 도착과 함께, 요세미티 등반의 진화는 또 하나의 전환점에 도달했다. 처음 등반지는 멋진 피너클 구간이었고, 다음은 나무와 레지가 있는 벽이었다. 그리고 멋진 크랙이 발달된 거벽으로 옮겨갔다. 뾰족한 봉우리나 작은 암벽 등반은 점점 줄어들었다. 1958년은 숨어 있는 짧은 크랙등반이 등장한 해로, 이런 크랙들은 작은 박리 슬랩이나 요세미티 계곡 외곽에 있었다.

9월, 척 프랫은 엘리펀트록 건너편에서 이러한 크랙 루트 두 개(쿠키Cookie와 클레프트Cleft)를 발견하고 올랐다. 이 짧은 크랙 루트는 다른 구간과 연결되지도 않고 꼭대기도 없었다. 크랙을 따라 레지까지 힘들게 오른 다음 그냥 하강하는 루트였다. 어려움 그 자체를 등반했던 것이다. 나는 이것을 새롭게 부상한 등반 경향이 아니라 그저 '연습' 등반으로 여겼던 기억이 난다. 프랫과 새로운 그룹은 그 후 10년간 수십 개의 이런 루트를 만들었고, 이런 활동은 자유등반의 수준을 직접적으로 향상시켰다. 크랙 등반의 최고 난이도는 수년간 5.9에 머물렀다. 그 이유는 수학적으로 불합리한 5.10으로 올리기 싫었기 때문이다. 이전에는 보기 드물었던 이런 난이도 등반을 프랫과 리터 같은 등반가들은 식은 죽 먹듯 해냈다.

엘캡 등반의 성공은 1959년 초반에 우리 마음에서 가장 중요한 자리를 차지했다. 거벽등반이 갑자기 가능해졌기 때문이다. 이 무렵, 나는 오리곤 주립대학 신입생으로 힘든 나날을 보내고 있었는데, 친구들이 신문 1면에 톱으로 나온 수많은 노즈 기사를 보내줬다. 다음 시즌의 계획을 개략적으로 설명하는 편지들이 코밸리스Corvallis와 버클리 사이를 분주하게 오갔다.(물론 다른 사람과 다른 장소에서도 편지가 오갔다.) 우리는 등반의 미래에 대한 기대로 들떠 있었다. 이전 해에 경험한 작은 성취와 엘캡의 노즈 등반 때문이었다. 우리에게는 풍부한 아이디어와 계획이 있었다.

그해 4월 나는 미적분학, 버클리에 있는 여자친구, 요세미티에서 들려오는 사이렌의 노래siren call, 이 삼중고를 감당할 수 없다는 사실을 깨달았다. 그리하여 어느 날 아침, 불룩한 가방을 들고 기숙사를 나와 남쪽으로 향하는 차를 향해 손을 흔들었다. 히스테리와 가난 때문에 나는 농장에서 일하는 임시 이주 노동자가 되기로 결심했다. 며칠 후 고용사무소 근처 새크라멘토의 빈민호텔로 갔다. 4월 7일이었던 그날 밤 화재가 발생했고, 검시관이 새까맣게 탄 시체를 수레에 실어 내다버리는 동안 나는 싸구려 여인숙 근처에서 온몸을 떨며 현장을 지켜봤다. 내 옆에 있던 엽기적인 인종차별주의자가 숨을 헐떡이며 말했다. "저 시체가 바로 깜둥이야." 그 순간 나는 농장을 포기하고 좀 더 즐거운 공간으로 가기로 결심했다.

그로부터 3일 후 내 미래를 생각하면서 요세미티 입구에 쓸쓸하게 도착했다. 다행히 금요일 밤이어서, 몇 시간 후에 크레 리터Krehe Ritter와 척 프랫Chuck Pratt이 람브레타를 끌고 주말 등반을 하러 들어왔다. 우리는 재회의 기쁨을 멋지게 나눴지만, 토요일과 일요일은 너무나 빨리 지나갔고, 홀로 남겨졌다. 알고 보니, 나는 그해 봄 유일한 대학 중퇴자였다.

4월 13일 월요일에 나는 다음과 같은 내용의 편지를 아버지에게 보냈다. "캠프4를 혼자서 독차지하고 있어요. 오늘은 11시까지 잤어요. 내일은 엘캡을 올라갈 생각입니다." 다시 3일 후에는 이렇게 편지를 썼다. "혼자서는 할 일이 아무것도 없어요. 어제는 엘캡트리 아랫부분까지 올라가서 떨어진 장비를 찾았는데, 아무것도 없더라고요. 다음 주 월요일에 집으로 돌아갈 것 같아요."

동료들이 없는 요세미티 생활은 암울했다. 열여덟 살의 나는 자기중심적이었고 자연에 무감각했다. 그래서 곧 버클리로 돌아가, 못미더워하면서도 나를 믿어준 부모와 화해하고, 못미더워하는 여자친구와 다투고, 허드렛일을 견디며 주말마다 등반하러 다녔고, 돈을 빌린 후 여름 시즌이 오기만을 기다렸다. 나는 빈둥거렸으나 끔찍한 미적분학과 무덥고 더운 아몬드 농장으로부터 가까스로 탈출한 것을 생각했을 때, 샌프란시스코 베이 지역에서 잔디를 깎는 것이 더 낫다는 것을 알았다.

등반가들 사이에는 항상 위계질서가 존재했는데, 1959년 봄과 초여름은 이것이 좋은 효과를 거뒀다. 주말이 되자 샌프란시스코 베이 지역에 사는 시에라클럽 회원들이 도착했고, UC 버클리와 스탠포드 학생들도 들어왔다. 등반을 순수한 여가활동으로 여긴 사람들은 클래식 루트를 등반했는데, 나는 그 전해 여름 그런 곳을 등반한 것에 만족했다. 로어브라더 남서벽 아레트, 워싱턴칼럼, 캐시드럴, 로열아치, 로어캐시드럴의 오버행바이

패스Overhang Bypass 루트는 사람들로 혼잡했다. 이곳들은 모두 뛰어난 등반 루트였지만, 특별히 어렵지는 않았다. 그래서 다수의 주말 등반가들은 이 정도 수준의 등반을 원했다. 이 시기에 나는 시에라클럽 암벽등반위원회에서 자격을 인증 받은 선등자였다. 이 위원회의 고참들은 내가 초보자들을 데리고 등반할 만큼 성숙하지 않다고 여겼지만 마지못해 명예 자격을 발급해줬다.(사실 그들의 말이 옳았다. 당시의 태연함을 생각하면 지금 몸이 떨린다.) 1959년 전형적인 봄철 주말에 나는 토요일에는 서너 명의 시에라클럽 회원들을 데리고 로열아치스를 올랐고, 일요일에는 처치타워나 펄핏록을 올랐다. 대단히 즐거운 일이었고, 나의 몸도 점점 단련되었다.

가이드 서비스 — 이렇게 명확하게 부르지 않았지만 — 를 선호하는 주말 등반가들보다 한 단계 수준 높은 실력을 지닌 등반가들은 로스트애로스파이어, 요세미티포인트버트레스 같은 좀 더 어려운 전통적인 루트들을 추구했다. 이들은 최고의 등반 스타일로 오르진 못했지만, 종종 신루트를 개척하기도 했다. 그중 하나가 아와니호텔 뒤로 솟아오른 성운 모양 암벽 아와니버트레스Ahawhnee Buttress의 1959년 초등이었다. 프레스노 출신의 등반팀은 고정로프를 설치한 후 천천히 등반하면서 몇 달에 걸쳐 수많은 시간을 이 루트 개척에 투자해 5월에 끝냈다. 등반팀의 일원이었던 조지 세션스는 아와니버트레스 등반에 대해 이야기하면서 다음과 같은 문장으로 마무리 지었다. "이 버트레스 등반이 이틀 내에 마무리되는 건 상상하기 힘들다." 이곳은 더 뛰어난 등반가들에게 하나의 도전으로 여겨졌으나, 두 번째로 시도한 팀은 놀랍게도 단 8시간 만에 등반을 끝냈다. 세션스 등반팀은 뛰어나고 안전하게 등반하긴 했지만 달팽이처럼 움직였다. 이것이 중간 그룹과 그 수준을 뛰어넘은 상위 그룹과의 차별점이었다.

새로운 등반가들은 기술뿐만 아니라 열정이 넘쳤다. 나는 프랫, 레이먼드, 리터, 존 피스크John Fiske, 헤르브 스베들룬트Herb Swedlund 등과 요세미티에 머물면서 거의 매일같이 등반했다. 우리는 캠프사이트 볼더에서 인공등반 연습을 하면서 몇 주 만에 최상의 몸 상태를 만들었다. 멋진 몸을 만든 사람은 마음가짐이 분명해진다. 여전히 거대한 벽을 두려워했지만 더 낮은 벽들은 우리의 놀이터였다. 우리는 선배들과 다르게 빠르고 효율적으로 등반했다. 때로는 캐시드럴 봉우리 두 개를 당일치기로 등반하고, 내려오는 길에 처치타워Church Tower를 오를 만큼 힘이 넘쳐났다. 그해 여름 우리는 슈퍼맨이었고, 주말 등반가를 경멸했다는 말을 하고자 하는 게 아니다. 단순하게 표현하자면, 우리는 자신만만했고 체력이 좋았다. 좀 더 신중한 대다수 주말 등반가들에게는 이 두 가지 속성이 없었다.

하지만 그런 자만심에 대한 대가를 치러야 하는 사건이 발생했다. 첫 번째 사건은 글래시어포인트에이프런Glacier Point Apron에서 몇 개의 혁신적인 초등을 해낸 UC 버클리 대학원생 돈 굿리치Don Goodrich에게 일어났다. 1959년 6월 12일 그는 리터를 비롯해 다른 두 친구와 함께 요세미티 오지에 있는 반짝이는 하얀 벽, 마운트코네스Mount Conness 남서벽을 오르고 있었다. 굿리치가 선등으로 출발하면서 큰 바윗덩어리를 잡아당겼는데, 그것이 그만 굴러내리기 시작했다. 당시는 헬멧을 착용하기 전이라서 그는 두개골이 뭉개진 채 즉사했다.

이 비극적인 소식에 우리는 흐느껴 울었다. 젊은 친구의 죽음을 처음 겪은 거라서, 모두들 요세미티를 떠나 버클리에서 며칠간 조용히 지냈다. 그리고 굿리치의 거주공간이면서 등반가들의 모임 장소였던 '리터의 집Ritter's Pad'에서 그의 장비를 나눠가졌다. 나의 어머니는 다루기 힘든 아들이 등반을 하면서 마음의 안정을 찾게 도와준 굿리치를 좋아했기에 오랫동안 슬퍼했고, 이 사고의 여파로 아들이 등반을 그만둘 수 있을 것으로 기대했다.

하지만 젊은이들의 회복력은 빨랐고, 우리는 모두 요세미티로 돌아와 한 달간 머물렀다. 리터가 악몽 같은 사고를 잊으려 안간힘을 쓰면서 등반을 좋아하는 척했던 것이 기억난다. 당시 캠프4를 찾은 등반가는 리터와 프랫 그리고 나밖에 없었는데, 캘리포니아 남부 출신들이 곧 우리 '영역'을 침범할 것이라는 소식이 들려왔다. 묘하게도 그간 이 두 그룹이 요세미티에서 부딪친 적은 사실상 없었다. 로빈스 그룹은 우리들, 즉 샌프란시스코 베이 지역 등반가들이 도착하기 약 1년 전에 주요 루트를 등반하고 사라졌기 때문이다. 우리 북부인들은 남부의 어린놈들이 로스앤젤레스 동쪽에 있는 화강암 봉우리 타키츠록에서 무서운 루트를 휩쓸고 다닌다는 소문을 들었기 때문에 당연히 흥분했다.

7월 20일경 남부인 몇 명이 도착해 우리는 바위지대에 모여 서로 인사를 나눴다. 그 가운데 TM 허버트Herbert는 첫눈에 나를 사로잡았다. 이름이 TM이라니 믿기 어려웠기 때문이다. "너, 진짜 이름이 뭐야?" 우리는 끈질기게 물었다. "자, 어서 말해봐." "터프마더Tough Mother!" 곧 허버트는 캠프4에 머무는 재담꾼으로 소문났다. 그는 부산하지만 열정적으로 등반했고, 과거 힘들었던 등반 경험을 이야기할 때는 이상한 표정과 제스처를 동원했다. 특히 악명 높을 정도로 미끄러운 크랙을 어떻게 오를지에 대한 계획을 익살맞게 설명했는데, 우리는 그 모습을 보고 배꼽을 잡고 웃었다. "그 크랙들은 이제 다 죽었어. 내가 찢어버리고, 내동댕이치고, 고통으로 비명을 지르게 만들 테니까." 그는 이렇게 외쳤다. 우리는 부풀어 오르는 그의 근육들과 이두박근을 멍하니 바라보면서, 그가 미끄럽기 짝이 없는 악마 같은 크랙들을 길들일 수 있을 것으로 생각했다.

1967년경의 TM 허버트 (사진: 스티브 로퍼)

거의 미친 듯이 행동하고 기묘한 표정을 짓는 허버트와 달리, 데이
브 리어릭Dave Rearick은 영화배우같이 잘생긴 미남이었고, 밥 캠스Bob
Kamps는 단단하고 강단 있는 얼굴이었다. 이 두 사람은 뛰어난 자유등반
가로 알려져 있었으며, 둘 다 조용하고 수줍음을 많이 탔다. 센티넬 북벽
을 제5등으로 오른 주인공들이었기에 우리는 두 사람에 대해 알고 있었
다. 그들은 그 등반으로 전설이 되었다. 루트에 대해 잘 알지도 못하고, 다
른 사람에게 물어보지도 않은 채, 두 사람은 로프를 본격적으로 묶어야 하
는 트리레지Tree Ledge까지 230미터를 기어오르기 시작했다. 북벽 하단

은 지저분하고 별 특징이 없는 곳이었다. 하지만 꽤 가팔라 등반이 되지 않았었다. 리어릭과 캠스는 함부로 따라할 수 없을 만큼 엄청나게 힘든 시도를 했지만, 긴 하루가 끝났을 때 실수를 깨닫고 후퇴했다. 그리고 얼마 후 트리레지까지 제대로 어프로치를 한 다음 멋진 스타일로 스텍-살라테 루트를 끝냈다.

하루는 리어릭이 등반 이야기를 하다가 이본 취나드Yvon Chouinard라는 사람이 며칠 후 로스트애로침니를 등반하러 올 것이라고 말했다. 나는 그 이름을 '이본느Yvonne'로 잘못 알아듣고 반색하며 기쁜 마음으로 물었다. "그 여자 지금 어디에 있는데?"

취나드가 나타났지만 여성이 아니었다. 하지만 그가 자동차 트렁크를 열고 보석을 보여준 순간 나는 그를 용서했다. 그것은 그가 이본느라는 여자일 것이라고 추정했을 때 느낀 감정보다도 소중한 것이었다. 겨울 시즌에 그는, 살라테가 10년 전에 만든 투박한 피톤을 모델 삼아, 몇 개의 훌륭한 피톤을 만들었다. 우리는 몰리브덴 합금으로 된 피톤을 수차례 만져도 보고 여러 각도에서 살펴도 봤다. 취나드는 여러 번 재사용이 가능하다면서 캠프4 볼더에서 직접 설치해 보여줬다. 그는 우리에게 세게 두드리라고 했다. "힘껏 쳐봐!" 우리가 매우 조심스럽게 때려 박는 것을 보고 확신에 찬 목소리로 외쳤다. 우리는 서로 번갈아가며 이 피톤을 뒤틀리고 불안정한 크랙에 엄청 세게 때려서 박기도 하고, 빼내기도 했다. 취나드의 말이 옳았다. 망가진 것은 크랙이지 피톤이 아니었다. 무르고 쉽사리 구부러지는 피톤은 그날부터 쓸모없는 장비가 되었다. 다만 우리의 새 친구에게는 판매용 피톤이 하나도 없다는 것이 문제였다.

다음 주가 되자 우리 북부 지역인들은 취나드를 아주 잘 알게 되었다. 1938년 말 메인주의 루이스턴Lewiston 부근에서 태어난 그는 프랑스계

1968년경의 이본 취나드 (사진: 글렌 데니)

캐나다인의 후손으로 제2차 세계대전 직후 가족들과 LA로 이주했다. 10대 시절 그는 매를 찾아 근처의 산들을 헤집고 다녔다. 이 취미는 등반으로 이어졌고, 1950년대 중반 가장 유명한 산악활동 중심지였던 티톤에 매료당해, 그곳에서 많은 클래식 루트를 등반했다. 요세미티에서 아주 많은 등반을 한 것은 아니었지만, 취나드는 스무 살의 나이에 우리 가운데 가장 쉽게 돈을 벌어 성공한 등반가의 반열에 올랐다. 체구가 조그맣고 상냥하고 호기심이 많고 다재다능한 그는 짧은 시간 안에 우리 모두와 친구가 되었다.

　며칠 만에 우리는 모두 함께 열심히 등반했다. 전체가 부분의 합보다

크다는 이론은 사실인 것 같았다. 아이디어를 교환하고, 장비와 다른 기술을 이야기하고…. 이 모든 것들은 새로운 심리적 기틀을 만들었다. 갑자기 요세미티가 그렇게 커 보이지 않았다.

6월 말 취나드와 허버트는 로스트애로침니를 올랐다. 그곳은 얇고 부실한 크랙이라서 취나드가 만든 피톤이 마법처럼 잘 맞는 장소였다. 그러나 내게 중요했던 건 두 사람이 일찍 출발하기 위해 바위 밑에서 비박했다는 사실이다. 그들은 비박장비를 360미터 지점 위에 두고 올라갔는데, 그곳으로 다시 갈 엄두가 나지 않았다. 취나드는 나에게 비박장비 회수를 부탁했다. 그는 보답으로 직접 만든 피톤 세 개를 줬는데, 나는 여름 내내 엄청 소중하게 다루며 부적처럼 갖고 다녔다.

새로운 장비와 새로운 등반 파트너들 그리고 새로운 자유. 요세미티 등반의 황금기가 급성장할 무대가 마련되었다.

요세미티 등반 그래프를 살펴보면 등반 횟수가 뚜렷이 증가한 1959년은 등반이 큰 인기를 누리기 시작한 연도이다. 예를 들어, 로스트애로침니는 살라테와 넬슨의 초등 이후 10년간 단 세 차례 등반되었으나, 1959년 한 해에만 네 번이나 이뤄졌다. 센티넬 북벽 등반도 비슷하다. 그 이전까지 모두 네 번 재등되었지만 1959년 한 해에만 네 팀이 올랐다. 엘캡트리와 요세미티포인트버트레스처럼 1950년대 초반에 개척된 루트도 엄청난 등반이 이뤄졌다.

우리는 확신이 서지 않아 미적거렸던 예전의 클래식 루트를 찾아 열심히 등반하기 시작했다. 1959년은 개척등반이 많이 이뤄진 해는 아니었다. 초등은 단 세 차례 있었다. 우리는 기술을 좀 더 연마하고 난 다음에 그에 걸맞은 계획을 세워야 할 것 같았다. 예를 들어, 취나드와 허버트는 목표를 갖고 있었다. 프랫과 레이먼드 역시 마찬가지였다. 두 팀은 2년간 꿈꿔왔던 로스트애로침니와 센티넬을 끝냈다. 나를 포함한 다른 그룹은 더 낮은 목표, 즉 파월이 개척한 두 개의 클래식 루트인 애로아레트와 브라이들베일 동벽을 목표로 잡았다. 대부분의 주말 등반가들이 기피하는 이 루트를 우리는 때때로 두려움에 떨며 올랐다. 어떤 루트는 아우라가 너무 강력해서 오르지 않고 몇 달 혹은 몇 년을 보내기도 했다.

예를 들어, 애로아레트는 1956년에 개척된 후 1959년 여름까지 단 두 번 등반되었다. 우리는 초등자 파월이 『시에라클럽 소식지』에 쓴 글에 영향을 받았다. 실력이 떨어지는 사람에게 악몽이라고? 손가락과 발가락에 엄청난 힘이 필요하다고? 사실 이 말들이 자극적이라서 누군가 이 등반을 하자고 제안할까 봐 두려웠다. 내가 그런 루트를 할 수 있을까? 하지만 7월 16일 프랫이 캠프4에서 올려다 보이는 가파른 흰색 벽을 느긋하게 가리키며 "가서 해보자!"라고 말했을 때 나는 바로 승낙했다. 그러나 얼마 후 웨스트애로헤드침니West Arrowhead Chimney 안쪽 깊은 곳에 확보를 하면서, 그로테스크한 급경사와 어두움 그리고 미스터리하면서도 폐쇄공포증을 느끼게 하는 침니를 보고, 나는 이렇게 저항하지 않을 수 없었다. "우린 죽을 거야! 여기에 왜 온 거지?" 내 말은 꽉 막힌 침니의 벽에 부딪혀 메아리쳤다. 그러는 사이 프랫은 장비를 조용히 분류한 뒤, 멀리 발아래에 있는 요세미티 계곡을 앉아서 내려다보며, 조용히 참고 있다가 소리쳤다. "젠장, 할 말 다 했냐?"

우리는 침니를 등반하기 시작했는데, 깔끔하게 잘 올랐다. 바위에 손을 대자마자 원초적인 공포심은 사라지고 아주 강한 경계심이 그 자리를 대신했다. 강한 공포감이 들기는 했지만 통제가 가능했다. 난 이날의 교훈을 즉시 배웠어야 했으나, 그러지 못했다. 요세미티 등반 경력이 끝날 때까지 어려운 등반을 앞두고 잠을 설치거나 몸을 떨었다. 나 혼자만 이러는 줄 알았으나 수년간 다른 이들과 이야기를 나눠보니, 결코 아니었다.

━━━━━━━━━━ ■ ━━━━━━━━━━

1959년에 중요한 초등 세 개가 이뤄졌는데, 첫 번째 초등은 '외지'에서 온 팀이 해낸 것이었다. 1950년대 후반에 주말 등반가들은 거벽등반을 거의 하지 않았고, '새로운' 거벽등반도 전혀 하지 않았지만 6월 초에 예외적인 사건이 발생했다. 주말에 우리가 자리를 비운 사이 딕 롱, 테리 타버Terry Tarver(스토브레그 피톤을 만든 프랭크 타버의 동생), 레이 다시Ray D'Arcy가 하이어캐시드럴의 험악한 북동벽을 오른 것이다. 300미터 높이의 이 화강암 벽은 산화철 성분 때문에 윤이 나는 곳으로, 나중에 요세미티 클래식 루트로 분류되었다. 딕 롱은 자신이 가장 좋아하는 곳 중 한 곳인 하이어캐시드럴에서 수년 동안 이 벽을 주시했고, 오픈북 형태의 거대한 바위 구간과 합쳐지는 가파른 크랙을 선택해 올랐다. 등반팀은 이곳을 오르는 데 이틀이 걸렸다. 그들은 노출이 심한 구간에서만 인공등반을 했다. 세 사람은 주말 등반가였기 때문에 이 진귀한 초등 소식은 아주 천천히 퍼졌고, 등반 루트의 우수성도 몇 년 뒤에서야 인정받았다.

딕 롱Dick Long은 1959년 당시에는 고등학교 선생이었지만 후에 의대에 진학한 뛰어난 산악인이자 자유등반가였다. 그러나 요세미티는 어쩌다 한 번씩 방문했기에 초등 사실은 몇몇 사람들을 빼고는 외부에 거의 알려지지 않았다. 또한 그는 가끔 피톤을 직접 만들었는데, 괜찮은 수평피톤과 커다란 앵글피톤을 만들었다. 사실, 그는 하이어캐시드럴에서 가장 큰 8센티미터 앵글피톤 시제품을 박으며 올라갔다. 이 피톤을 바위에 박는 소리를 들은 하이어캐시드럴 등반가들은 캠프4로 돌아와, 바위에서 나는 '팅팅'거리는 소리에 대해 언급했다. 그리고 '봉봉Bong Bong'이라는 이름의 이 장비(봉이라고 줄여서 불렀다)는 5센티미터 이상의 큰 피톤을 대표하는 명사가 되었다. 딕 롱은 철로 된 이 장비를 가볍게 만들기 위해 곳곳에 구멍을 뚫었는데 이것도 최초였다. 그 후 이 앵글피톤을 본 취나드는 강한 인상을 받았다. 자신이 만든 가장 큰 피톤이 4센티미터였기 때문이다.

캐시드럴 봉우리 세 곳은 하프돔과 엘캡만큼 위압적이진 않지만, 그 자체로 거대하고 지배적이다. 각각은 저마다의 독특한 특징을 갖고 있는데, 요세미티에서 찾을 수 있는 최고와 최악의 바위를 모두 갖고 있다. 가장 아름다운 색상을 띠는 곳도, 가장 칙칙한 곳도 있다. 각 봉우리는 흉측하고 무서운 루트도, 아름다운 루트도 있다. 북쪽을 향하는 가파른 루트도 있고, 걸어서 오를 수 있는 남쪽 루트도 존재한다. 특정 시간에는 빛이 가득한 양지여서 벽까지 달려 올라가 바로 등반하고 싶은 곳도 있고, 또 어떤 때는 한밤중의 묘지 비석처럼 어둠침침한 바위가 있어 도망치고 싶은 곳도 있다.

1959년 두 번째 주요 초등 역시 캐시드럴에서 이뤄졌다. 프랫과 나는 미들캐시드럴의 거대한 북벽을 멍하니 쳐다보고 있었는데, 밥 캠스Bob Kamps도 이곳을 눈여겨보고 있었다. 빌 던마이어Bill Dunmire는 어두운 이 북벽 등반을 처음 생각한 사람이었다. 1952년에 "며칠 밤낮을 벽에서 보낼 준비가 되어 있지 않다면 분별력 없는 등반가만 시도할 벽"이라고 기록했기 때문이다.

6월 말의 따뜻한 저녁, 캠스는 올라가서 살펴보자고 했다. "아무 문제 없을 거야."라면서. 그래서 우리 셋은 저녁을 후다닥 먹은 후, 캠스의 차를 타고 요세미티 계곡을 따라 내려갔다. 지는 태양이 비스듬한 황금빛 저녁

노을로 벽을 따뜻하고 친근하게 물들이고 있었다. 해질녘 초원에 앉아 등반계획을 짜는 것이 얼마나 즐거웠는지. 비박 레지와 크랙, 확보지점을 찾는 것은 또 얼마나 쉬웠는지 모른다.

"제길, 저긴 건너서 뛰어야 하는 구간이네."

"저 커다란 관목들 오른쪽으로 난 레지 좀 봐. 10명도 거뜬히 잘 수 있겠어."

"이틀이면 될까? 어때? 그런데 3인용 장비를 가져가야 할까?"

우리가 미처 깨닫지 못한 것은 그 북벽에는 해가 거의 들지 않는다는 사실이었다. 태양이 비치지 않는다는 말은 바위가 썩었고, 이물질로 가득한 습한 크랙이나 침니 위로 단두대처럼 흔들리는 바위 구간이 있다는 의미였다.

미들캐시드럴 북벽 루트는 내가 지금까지 경험한 루트 가운데 가장 불쾌한 곳이었다. 바위가 헐거웠고 루트도 아름답지 않았다. 먼지가 가득했고 분위기가 우중충했다. 환호해주는 소리도 오목한 절벽 너머로 메아리치듯 울려 퍼지지 않았다. 등반이 어려워 내 실력에 어울리지 않는다는 느낌이 들었다. 우리는 첫째 날 밤 45센티미터 너비의 좁은 레지에서 비박했는데, 공원 벤치 위에 앉은 세 얼간이들처럼 잠을 잤다. 엉덩이가 아팠고 추워서 죽을 것 같았다. 밑으로는 240미터 정도의 무서운 낭떠러지가 있고, 위로는 지저분한 긴 크랙과 가파르고 썩은 바위가 솟아 있었다. 나는 그래도 조금 편안한 밤을 보냈다.

춥고 흐린 새벽녘 캠스는 몹시 신경에 거슬리는 소리가 나는 인공등반 피치를 선등했다. 프랫과 나는 막연하게나마 그 어려움을 느낄 수 있었다. 피톤이 잘 들어가지 않았다. 대신 쿵 하는 소리, 긁히는 소리, 통통거리는 소리가 들렸다. 캠스가 피톤을 시험해보는 소리가 끊임없이 들렸다. 땅

땅, 쿵, 땅! 돌가루가 비처럼 내렸고, 가벼운 욕설과 경고성 발언도 쏟아졌다. "확보 잘 봐, 이 자식아. 피톤이 움직여!"

"알았어, 아빠!"

그렇게 한두 시간이 흘렀다. 그때 "근데 이게 누구 아이디어였지? 캠스, 개자식, 너 어서 서둘러. 우리 얼어 죽겠어!"라는 말이 나왔다.

"어이, 걱정 마. 10시간 정도 후면 태양이 뜰 테니까."

필사적인 이 인공등반 피치 위에서, 프랫은 확보할 데가 거의 없는 무시무시한 크랙을 선등했다. 난이도 5.9의 엄청 위험한 구간이라는 데 의견이 모두 일치했다. 캠스와 나는 프랫이 1시간이나 사투를 벌이는 동안 아무 말도 하지 못했다. 프랫의 집중력을 방해하고 싶지 않아서였다. (로빈스는 몇 개월 후 피첸과 함께 이곳을 오르면서 큰 인상을 받았는지, 10월에 프랫이 선등한 피치를 가리켜 "미국 등반역사에서 가장 주목할 만한 리딩"이라고 썼다.)

다행히도 크랙 위로는 경사가 완만해졌고 바위 상태도 좋았다. 넓기는 하지만 추운 곳에서 또 한 번 비박을 하고 나서, 등반 3일째 되는 날 정오에 정상에 도착했다. 우리는 이렇게 캐시드럴의 거대한 북벽 가운데 하나를 초등했다.

1959년 3대 초등(하이어캐시드럴 북동벽, 미들캐시드럴 북벽, 워싱턴칼럼 동벽) 가운데 세 번째는 오래 걸리지 않았다. 하딩의 등반팀이 그전 여름 엘캡 등반이 금지된 기간에 착수했던 워싱턴칼럼 동벽에는 고정로프가 1년간 바람에 날리고 있었다. 1959년 봄 하딩과 스탠포드 대학원생 게리 차만스케Gerry Czamanske는 푸르지크 매듭으로 올라간 다음 루트를 완

성하고자 했다. 하딩은 엄청난 오버행 구멍인 하딩슬롯Harding Slot 시작 지점에 앵글피톤을 겹쳐서 설치하기 시작했다. 이것은 살라테가 처음 고안한 피톤 설치 방식으로, 어떤 곳에서는 더 넓은 크랙에 맞게 집어넣기 위해 무더기로, 때로는 한 세트씩 피톤을 박아 넣었다. 5미터쯤 위에 있던 하딩은 자신이 설치한 피톤을 밟고 일어서는 순간 피톤이 빠지면서 6미터 아래로 추락했다. 게리는 그 장면을 생생하게 기억했다. "하딩이 내 몸을 스치며 바위 오른쪽 아래로 쿵 하고 떨어지더라고. 만일 왼쪽으로 떨어졌다면 커다란 장비가 내 얼굴을 후려쳤을지도 몰라." 추락하던 중 하딩의 왼손이 로프에 감겼다. 다친 손에서 피가 흘러나왔다. 아주 적은 양의 출혈이었지만 하딩은 피를 보자마자 "피를 보니 불길한데."라고 말했고, 두 사람은 서둘러 내려갔다.

7월이 되자 하딩은 거의 자포자기 상태가 되었다. 루트를 끝내는 데 시간이 얼마나 걸릴까? 워싱턴칼럼은 다행히 사람들 눈에 띄지 않아 여름 등반금지 구역이 되지는 않았다. 오직 엘캡만 이 조항에 해당되었다. 캠프4에서 순진한 등반가를 물색하던 하딩은 사람 속을 꿰뚫어보는 듯한 까만 눈으로 프랫과 나를 쳐다봤다. 우리는 악마 같은 미들캐시드럴 북벽을 끝내고 휴식을 취하고 있었는데, 캠프4에 남아 있던 유일한 사람들이었다. 몹시 뜨거운 열기가 요세미티 계곡을 강타하자 현명한 사람들은 이곳을 떠나고 없었다. 우리 둘은 다른 데 갈 돈이 없었다. 나른함에 짓눌리고, 열기에 절은 상태로 무언가 신나는 일이 일어나기를 고대하고 있었다. 로지에서 빙고게임이라도 이길 수 있으면 얼마나 좋을까!

항상 사람을 잘 대접하고 잘 구슬릴 줄 아는 하딩은 차에서 와인 두 병을 꺼내왔다. 비교적 서늘한 여름날 저녁에 그는 자신의 계획을 털어놨다. "크랙이 많은데 완벽한 크랙도 있어. 먼지 하나 없는 크랙 말이야. 오버나이트레지는 엄청난 곳이야. 셋이서 머물 수 있는 공간이지." 그는 이렇게 말하고서 트럼프 카드를 만지작거리더니 기분 좋은 목소리로 덧붙였다. "오후 2시가 지나면 그늘이 져서 정말 시원하고 좋아."

다음 날 나는 워싱턴칼럼을 처음으로 자세히 올려다봤다. "맙소사, 하딩! 전체가 다 오버행이네요. 양쪽 모두!" 말 그대로 수직의 벽이었다. 게다가 상단부는 우측 대각선 방향으로 올라야 해서, 선등은 고사하고 푸르지크 매듭으로 뒤따라가기에도 힘들어 보였다. 위대한 계획은 전혀 끌리지가 않았다. 나는 지난밤의 하딩 이야기 가운데 특히 마멋 크기의 쥐가 벽에 걸린 로프를 게걸스럽게 갉아먹어 로프가 닳았다는 부분이 떠올랐다. 그 이야기는 낮에 생각하니 그리 재미있지가 않았다. 의기소침한 상태로 식료품가게로 이동하던 중 나는 말했다. "하딩, 확신이 서지 않네요. 내가 덤비기엔 너무 큰 놈처럼 보여요."

"야!" 하딩이 갑자기 말했다. "내가 맥주랑 치킨 사줄게." 얼마 후 나는 바비큐 치킨 한 마리를 다 먹어치웠고, 그러자 삶이 다시 견딜만해 보였다. 누군가 특별히 잘해줄 때 — 경험에 따르면 — 조심해야 한다.

7월 21일 하딩이 출격을 명령해 우리는 그에게 보조를 맞췄다. 먼저, 우리는 함께 퇴석지대 위 150미터 지점에 있는 오버나이트레지Overnight Ledge까지 물과 장비를 져 날랐다. 그러고서 프랫과 하딩은 등반 최고점 위에 있는 좁은 침니 구간인 하딩슬롯을 등반하면서 위에 있는 바위 상태를 살폈다. 나는 지원조가 되어 두 사람에게 장비를 공급했다.

그날 아침 30분을 힘들게 오르는 동안, 초원 위에서 캠프파이어가 바람에 흔들리지 않고 곧바로 타오르는 모습이 보였다. 새들의 노래 소리 대신, 건조한 날씨에 소나무들이 쩍쩍 갈라지는 소리만 들려왔다. 우리가 오버나이트레지에 도착한 정오 무렵의 기온은 30도였다. 우리는 수통의 물을 아껴 마셨지만, 물이 부족할 것 같았다. 나는 땀과 먼지를 뒤집어쓴 채 물을 가지러 캠프4로 내려갔다. 수통을 몇 개 빌렸으나 더 필요할 것 같았다. 하딩의 것으로 보이는 빈 와인병이 눈에 띄었다. 다른 등반가들이 나를 얼뜨기로 보지 않기를 바라면서 와인병을 대고 수도꼭지를 틀었다. 무거운 유리병을 갖고 등반한다고?

오후 늦게 10리터의 물과 함께 병이 깨지지 않도록 배낭을 싸서 짊어지고 레지에 도착했다. 하딩이 말한 그늘 이야기는 사실이었다. 공기는 여전히 숨이 막혔지만 내뿜는 열기가 사라졌다. 나는 다시 행복해졌다. 저 멀리 위쪽에서 두 사람이 비스듬히 기운 오버행과 넓은 크랙과 싸우면서 슬링에 매달려 있는 것이 보였다. 황혼 무렵 그들은 하딩슬롯을 뒤로 하고, 고정로프를 설치한 다음 오버나이트레지로 내려왔다.

"그래, 구멍은 어땠어? 여기서 보니 엄청 무서워 보이던데?" 내가 물었다.

"저기 위에서도 엄청 무서워 보였어." 프랫이 말했다. "워런이 아주 잘했어. 그곳을 뱀처럼 기어 올라가더라고."

우리는 두 단계로 된 오버나이트레지에서 요세미티를 잠식하는 어둠을 보며 하룻밤을 차분하게 보냈다. 수많은 작은 불빛이 엷은 안개 사이로 천천히 떠올랐다. 우리는 거의 모든 캠프파이어에서 지글거리는 스테이크 냄새를 맡을 수 있었다. 9시 정각에 맞춰, 인간이 만든 요세미티의 장관인 불꽃폭포Firefall가 등장했다. 바위와 요세미티 계곡을 오가는 질문과 대답, 멈춤이라는 성가신 의식을 거친 후, 공원 특허권을 가진 커리컴퍼니Curry Company 직원이 벌건 잉걸불 수백 킬로그램을 계곡 바닥에서 970미터 높

오른쪽 _ 1959년 워런 하딩이 워싱턴칼럼 동벽에서 푸르지크 매듭을 이용해 오버나이트레지로 오르는 모습 (사진: 스티브 로퍼)

이에 있는 글래시어포인트 가장자리 너머로 밀어 넣었다. 그러면 270미터(1949년 공원 관리자가 줄자로 측정한 높이) 아래의 넓은 레지로 붉고 뜨거운 불덩어리들이 폭포처럼 쏟아져 내렸다. 비록 자연환경에 아주 적합한 쇼는 아니지만 잊을 수 없는 저녁 풍경을 선사했다. 이 인공 불꽃폭포 때문에 혼란과 착각도 일어났다. 한번은 어떤 관광객이 레인저에게 이렇게 물었다고 한다. "어떤 폭포가 불꽃폭포로 변하는지 알려주세요."

요세미티 계곡 최고의 명당에서 불꽃폭포 쇼를 감상한 우리는 잠자리에 들었다. 티셔츠를 입은 채 잘 수 있을 만큼 서늘해서 비박은 즐거웠다. 두 가지만 제외하면 완벽한 밤이 될 수도 있었을 것이다. 마멋 크기가 아니라 생쥐만 한 쥐가 땀에 전 로프와 옷을 갉아먹으려고 끊임없이 돌아다녔다. 그리고 마치 외계인이 우리의 소중한 체액을 훔치는 것처럼, 빨대로 무언가를 밤새 빨아마시는 소리가 들렸다. 우리가 수통에 몰래 입을 대고 마시자 물은 놀랄 만큼 빨리 줄었다.

새벽녘에 프랫과 하딩은 시무룩하게 루트 작업을 하러 갔다가, 강한 열기 때문에 포기하고 오버나이트레지로 돌아왔다. 그리하여 우리 모두 먼지투성이가 된 상태로 캠프4로 피신했다.

일주일이 지나자 뜨거운 열기가 사라지고 기온이 주춤해졌다. 7월 27일 월요일 아침 일찍 프랫과 하딩은 다시 한번 로프를 묶었다. 나는 오버나이트레지에서 등반의 최고점까지 가는 것이 아니라 또다시 요세미티 계곡을 오가는 셰르파가 될 것이 뻔했다. 두 사람은 잠자기 위해 편안한 오버나이트레지로 내려왔고, 이곳이 물과 음식으로 가득 차 있기를 원했다.

"도움이 필요할 거야. 요세미티 로지에 푸르지크를 이용해 오를 수 있는 직원 몇 명이 있어. 가능하면 그들을 활용해. 아마 하루 정도는 시간을 내줄 수 있을 거야." 하딩이 이렇게 조언해줬다. 그래서 나는 글렌 데니

Glen Denny를 만나게 되었다. 190센티미터 장신에 생각을 잘 표현할 줄 아는 빨간 머리의 사내는 그 후 몇 년 동안 요세미티 등반역사에서 두각을 나타냈다. 요세미티 로지에서 식탁을 치우고 접시 닦는 일을 하던 25세의 데니는 하루 휴가를 낼 수 없었지만 동료 롭 맥나이트Rob McKnight와 함께 점심 근무시간 전에 워싱턴칼럼을 오르겠다고 자청했다. 이것이 요세미티 거벽을 대하는 너무 가벼운 방식처럼 보인다면, 음 정말 그랬다. 두 사람은 푸르지크 매듭을 이용한 등반과 하강을 능숙하게 할 줄 안다고 주장했는데 그것으로 충분했다. 만약 무슨 일이 일어나면 어땠을까 생각하면 몸서리가 처진다. 하지만 그 당시 우리는 스스로를 불멸의 존재라 여겼고, 하강은 위험한 것이 아니라 무척 즐거운 스릴이라고 생각했다.

그리하여 화요일 새벽 데니와 맥나이트는 귀중한 물을 잔뜩 지고, 수직에 가까운 150미터를 푸르지크 등반으로 오버나이트레지까지 올라갔다. 데니는 자신이 매우 영리하다고 생각하면서 카페테리아에서 10리터짜리 우유 통을 빌려 물을 채웠다. 다루기 힘든 이 통의 뚜껑이 느슨해져 물이 벽을 타고 흘러내렸다. 나중에 똑바로 세워보니 겨우 2리터밖에 남아 있지 않았다. 데니는 내려온 뒤 순진한 표정으로 그 이야기를 들려주며 덧붙였다. "물을 더 가져다 보충해주고 싶지만 일하러 가야 해."

해가 넘어가고 열기가 조금 진정되자 나는 10리터의 물과 과일주스를 갖고 재빨리 올라갔다. 하딩과 프랫은 긴 루트 작업을 끝내고 내려왔다. 그들은 오버행 바위를 꾸준히 올라 정상까지 80미터가 남은 상태였다. 나는 레지에 있고 싶었지만 하딩은 내려가라고 명령했다. 이번에는 물 심부름 때문이 아니었다. 그는 나에게 필름 몇 통을 건네주면서 말했다. "아침이 되면 우선 이것들을 갖고 우체국으로 가. 그리고 『오클랜드 트리뷴Oakland Tribune』에 특급우편으로 부쳐. 그런 다음 그들에게 전화해서 우리 등반 상황을 알려줘."

나는 소장용으로 좋을 것 같아 하딩의 카메라로 등반 장면을 열심히 촬영했다. 하딩이 우리의 등반을 미디어에 알린다는 사실을 알고 프랫과 나는 기겁했다. 사진은 내가 다 찍은 것이라고 농담을 하자, 하딩은 "사진 팔리면 그 돈 네가 다 써." 하고 말했다.

나는 로프를 타고 다시 내려왔다. 귀중한 필름을 갖고 특별한 임무를 맡은 통신원 같은 느낌이 들었다. 로지로 돌아가자 흥분한 데니가 접시와 잔을 급하게 내려놓는 것이 보였다. "사장님에게 며칠 휴가를 달라고 했더니 허락해줬어. 테이블을 다 치우고 나서 몇 시간 안에 올라갈게." 그가 말했다.

"오늘 밤에? 미쳤어?"

"그들에겐 물이 더 필요해. 그리고 내일이면 꼭대기까지 오를 거야. 함께 오를 수 있을 것 같아."

셰르파 책임자로서 이런 말을 듣자 짜증이 조금 나서 나는 잠시 말을 멈췄다. 하지만 아주 잠시였다. 별로 중요하지도 않고 고되기만 한 푸르지크 등반 때문에 기쁨이 차츰 사라지고 있었다. 나는 필름 발송 업무를 수행해야 했기에 데니에게 행운을 빌어줬다.

7월 29일 새벽 2시, 하딩과 프랫은 물과 식량을 가득 채운 큰 배낭을 메고 오버나이트레지 가장자리에서 끙끙거리는 거대한 유령 같은 형체를 보고 깊은 잠에서 깨어났다. 워싱턴칼럼 위는 곧 파티 분위기가 연출되었다. 세 사람은 사방이 트인 레지에 앉아 별똥별을 바라보면서, 새벽이 다 가도록 캔디와 과일주스를 먹어치웠다.

등반에 진력나고 피로가 누적된 하딩과 프랫은 아침 일찍부터 로프 작업을 시작했다. 데니는 더 높은 곳에서 일어나는 일을 지켜보기 위해 오버나이트레지에서 기다렸다. 가장 높이 설치된 로프에서 정상까지는 80미터 거리였으나, 거대한 다이히드럴 크랙이 너무 넓어서 쉽게 오를 수 없었다. '볼트 설치의 대가' 하딩은 아찔하게 노출된 이 힘든 구간에 15개의 볼트를 박았다. 그는 T 자형 알루미늄 바를 이용해 큰 피톤을 몇 개 만들었는데 그것을 연달아 사용했다. 그때 유명한 스토브레그피톤도 마지막으로 사용되었다. 마지막이 된 까닭은 아주 넓은 앵글피톤이 얼마 후 출시되었기 때문이다. 어둑해질 무렵 두 사람은 꼭대기 아래 경사진 테라스에 도착했다. 데니는 고정로프를 이용해 합류했다. 세 사람은 끔찍한 밤을 보냈으나 성공을 목전에 둔 상태라 안도했다.

목요일 새벽 힘든 인공 피치를 오르니, 모래가 깔린 둥근 바위가 나왔다. 그들은 쉬운 하강 루트로 빠르게 내려왔고, 그로부터 1시간 후에 요세미티 계곡에서 휴식을 취하면서 카메라 앞에 포즈를 취했다. 프랫의 옷은 누더기였고 하딩은 평소보다 훨씬 수척했다. 그의 염색한 군용 검정색 바지는 작아진 엉덩이 아래로 흘러내릴 정도로 헐렁했다. 셰르파 데니는 큰 배낭을 메고 600미터를 48시간 동안 푸르지크로 오른 것치고는 말끔했다.

특급으로 배송된 필름을 받은 『오클랜드 트리뷴』은 그날 오후 신문의 제2섹션에 내가 찍은 사진과 함께 워싱턴칼럼 초등을 대서특필했다. 얼마 후 나는 30달러를 받았는데 등반으로 번 첫 수입이었다. 등반에서의 작은 역할에 자부심을 느낀 나는 『서미트』에 짧은 글을 하나 기고했다. 그 글의 마지막 문장은 이렇게 마무리했다. "워싱턴칼럼 초등은 세계 최고의 등반 가운데 하나다." 몇 달 후 잡지를 받아본 나는 편집부가 요세미티 등반의 르네상스를 인식하지 못한 채 '세계'라는 단어를 빼버린 것을 보고 무척 놀랐다.

5

너바나(열반)

1960~1961

물론 우리의 등반이 엘캐피탄에서의 새로운 성취의 가능성을
차단하진 않을 것이다. 아마도 노즈 등반을 5일 만에 짧게 끝낼
날도 올 것이고, 젊은 세대가 서벽에 새로운 루트를 개척할 날
도 올 것이다.

로열 로빈스Royal Robbins

1960년 노즈를 제2등으로 오르고 나서

1960년 1월 27일 발신 주소도 서명도 없이 로스앤젤레스 소인이 찍힌 편지가 왔다. 편지는 이렇게 시작되었다. "1959년 12월 요세미티 클라이밍 클럽(YCC)이라는 이름의 새 등반 클럽이 창설됩니다. 회원이 되어달라는 뜻에서 초청장을 보냅니다. 클럽은 최고 수준을 위해 소규모로 운영될 것입니다. 뛰어난 등반 실력과 등반 공헌도를 기준으로 17명을 초청했습니다. 올 봄 시즌 요세미티에서 첫 모임을 가질 때까지 클럽은 임원과 운영진, 또는 회칙이나 회비 없이 운영됩니다."

16명은 1950년대 후반 캘리포니아를 대표하는 엘리트 등반가들이었다. 이본 쉬나드, 해리 데일리Harry Daley, 빌 퓨어러, 조 피첸, 톰 프로스트, 워런 하딩, TM 허버트, 밥 캠스, 마크 파월, 척 프랫, 찰리 레이먼드, 데이브 리어릭Dave Rearick, 로열 로빈스, 스티브 로퍼, 헤르브 스베들룬트, 찰스 윌츠Charles Wilts.

이본 쉬나드의 작품이었다. 다만, 문체로 보아하니 그의 서툰 솜씨는 아니었다. 실제 글을 쓴 이는 퓨어러였다. 하지만 쉬나드는 이전에 클럽에 대해 언급한 적이 없었다. 초청장을 받아 우쭐한 기분이 든 나는 무정부주의적인 어투가 마음에 들기는 했지만 선뜻 내키지 않았다. 우리 대부분은 시에라클럽이나 다양한 대학산악회 같은 조직에서 등반을 배웠다. 우리를 가르치고 반항적인 머릿속에 안전 등반을 주입시켜준 조직에 대한 고마움을 갖고 있었다. 하지만 우리는 그런 사람들이 등반보다는 사교 모임을 추구하는 경향이 있다는 것도 깨달았다. 그들은 새로운 모험보다는 현상을 유지하는 것을 대체로 선호했다. 젊은 친구들은 훈련 담당 하사관의 진부한 규칙을 따르기보다는 특공대처럼 새로운 벽을 공략하고 싶어 했다.

신규 클럽 가입이 마음에 썩 내키지 않았지만 나는 취나드에게 편지를 써서 가입하겠다고 말했다. 왜냐하면 그가 추구하는 목표였던 "수준을 향상시키는 데 관심이 있는 헌신적인 등반가들을 한군데로 모으는 것"과 "요세미티 가이드북 제작" 프로젝트를 보고 존경스러웠기 때문이다. 첫 번째 목표는 어느 누가 반대할 수 있을까? 헌신적인 등반가로 평가받는 것은 얼마나 흥분되는 일일까? 새 가이드북 제작의 필요성은 절실히 요구되고 있었다. 당시 우리가 갖고 있던 등반 가이드 정보라곤 1954년 시에라클럽에서 발행한 『하이시에라High Sierra』안에 담긴 35페이지가 전부였다. 그곳에는 75개의 등반 루트만 소개되었다. 그런데 그 책이 출간된 이후 6년 동안 같은 수의 신루트가 개척되었다. 취나드는 만일 잘해낸다면 새 가이드북 제작은 엄청난 과업이 될 것이고, 공동의 노력으로 최고의 결과물을 만들어낼 것이라고 확신했다.

하지만 YCC는 태동도 하지 못하고 사그라졌다. 좀 더 정확히 말하면 사산死産되었다. 한 달도 채 되지 않아 취나드가 직접 작성해 보낸 편지에는 착 가라앉은 열정이 담겨 있었다. 편지는 이렇게 시작되었다. "YCC 문제는 전적으로 나의 책임입니다. 프랫과 로빈스, 피첸은 답변을 주지 않았습니다." 그리고 다음과 같은 말로 끝을 맺었다. "나는 이 편지가 독재적인 유형의 거래처럼 들린다는 것을 알지만 누군가는 일을 시작해야 합니다."

그해 봄 버클리 암장에서 척 프랫을 만난 나는 이렇게 투덜댔다. "다음엔 그가 회비를 요구할 거야."

그러자 프랫도 받아쳤다. "그럼, 등반하기 아주 좋은 날 모임을 소집할지도 모르고, 우린 앉아서 찬반 논쟁이나 벌이겠지."

나는 이렇게 응수했다. "그럼, 넌 총무로 뽑혀 회의록을 작성할 거야. 젠장, 그리고 난 운영진에 들어가겠지!"

우리 같은 반항아들은 권위라든가 이사회 또는 회칙을 싫어했다. 나는 이런 것에서 벗어나고 싶었다. 부모가 정한 규칙을 따라야 했지만 등반에선 그럴 필요가 없었다. 내 기억으로는 이후 모임은 이뤄지지 않았고, 1960년 봄 이후 YCC는 두 번 다시 입에 오르내리지도 않았다. 취나드는 1960~61년도 『아메리칸 알파인저널』 별책부록에서 클럽에 대해 짧게 언급했다. 하지만 인쇄물에 클럽 이름이 언급된 것은 이것이 처음이자 마지막이었다.

비록 YCC는 역사적인 호기심에서 시작되었지만 그 저변에는 선견지명과 비전이 있었다. 취나드는 캘리포니아 남부를 넘어선 커뮤니티와 접촉했다. 따라서 16명 가운데 북부인은 5명이었다. 그들은 이제 우리의 라이벌이 아니라 캘리포니아 지역 등반가들이었다. 그는 또한 요세미티 계곡을 위한 최신형 가이드북의 필요성을 내다봤다. "다음 여름까진 만들어야 해." 그는 두 번째 편지에서 이렇게 촉구했다. 뜻대로 되지는 않았지만 취나드의 아이디어는 대단히 강력해서 프랫과 나는 가이드북을 위해 곧바로 기록을 정리하기 시작했다.

1960년대 초반에 기획자로 나선 취나드는 비록 실패를 하긴 했지만, 몇 달 후 캠프4 무리가 그의 발명품을 극찬하자 자신감을 회복했다. 우리는 그 전해 여름 그가 만든 피톤들을 보고 강한 인상을 받았는데, 그는 이것들을 1.55달러의 비싼 가격에 판매했다. 대부분의 판매용은 — 유럽이나 CCB, 게리, 홀루바Holubar, 클로카Klockar 등 미국의 소형 제조사에서 만든 제품이었는데 — 1달러에 유통되었다. 게다가 취나드가 새로 만든 앵글피톤은 4센티미터로, 전문가용이면서도 아주 실용적이었다. 우리는 물론 이전에 시제품을 본 적이 있던 터라 그리 놀라지는 않았다.

우리를 놀라게 한 것은 요세미티 등반을 바꿔놓은 새 장난감이었다. 취나드의 '러프RURP'는 특별한 장비였다. '궁극의 실재가 실현된 피톤 Realized Ultimate Reality Piton'의 줄임말로 불로 담금질한 강철을 자그맣게 잘라 만든 이 작은 장비는 새로운 가능성에 눈을 뜨게 해줬다. 사실이었다. 우리는 모두 1953년 척 월츠가 만들어 1959년부터 판매되기 시작한 나이프블레이드 피톤Knifeblade Piton에 익숙했다. 그러나 면도날처럼 얇은 이 장비는 구부려 넣거나 크리스털같이 단단한 바위를 만나면 그 순간 아코디언 모양으로 휘어졌다. 깊고 깨끗한 0.15센티미터 크랙에서 이 장비는 완벽하게 작용했다. 하지만 그런 크랙 근처에는 보통의 얇은 피톤이 구부러지며 들어가는 넓은 크랙이 늘 함께 있었다. 척 월츠의 피톤과 복제품은 이론적으로는 뛰어났으나 인공등반에서 혁명을 일으키진 못했다.

취나드의 러프는 말 그대로 혁명이었다. 그는 요세미티 화강암에는 '이제 막 생성됐거나, 벽 아래쪽에 형성된 크랙들'이 너무 많다는 것을 깨달왔다. 화강암 저반底盤은 백악기에 식은 바위로, 요세미티 등반가를 염두에 두고 이들에게 유리한 방향으로 생성된 게 아니다. 멀리서 보이는 뚜렷한 크랙은 대부분 박리작용으로 생성된 것이다. 즉, 해빙기에 바위에 있던 암석덩어리가 부서진 것이다. 종종 완벽한 크랙은 좀 더 뚜렷한 루트를 형성했다. 다른 종류의 크랙은 그러나 자세히 봐야 보인다. 화강암 저반 속에 있다 표면으로 드러난 바위는 얼음이 떨어뜨려내기에는 너무나 작은 바위 층과 겹으로 이뤄져 있었다. 물론 어떤 면에서 보면 이것도 일종의 크랙이었다. 그러나 화강암 구조 속에서 7천만 년을 버티고 있기에는 층이 약했다.

췌나드는 얇은 날의 쐐기 비슷하게 생긴 강철 장비라면 그런 층에 박힐 수 있다고 생각했다. 그리하여 1960년 4월에 그는 요세미티에서 실험해보기 위해 몇 개의 샘플을 갖고 왔다. 췌나드와 캘리포니아 남부 출신의 엔지니어 톰 프로스트는 첫 실험용으로 알맞은 크랙을 찾아냈다. 요세미티에서 몇십 킬로미터 떨어진 캣피너클Kat Pinnacle은 1940년에 초등된 곳으로 우뚝 솟은 사각형 기둥바위였다. 미등의 남서벽은 — 췌나드의 판단으로는 — 적어도 중간까지는 오르기 쉬워 보였다. 오버행에 거의 일직선에 가까운 크랙이 15미터 정도 이어지다 경사가 완만해지면서 점점 좁아졌다. 그리고 그 지점에서 머리카락같이 가늘고 얕은 크랙이 10미터 정도 뻗어 정상 아래의 크고 평평한 레지까지 이어져 있었다. 췌나드는 전에 한 번 루트를 시도했으나, 아주 미세한 균열을 통과하지 못했다. 이제 그는 준비가 되었다.

몹시 힘이 들긴 해도 쉬운 아래쪽을 끝낸 췌나드는 러프 샘플을 꺼냈다. 그는 공업용 쇠톱으로 만든 이 장비를 크랙 안으로 잘 박아 넣은 후 다음 동작을 고민했다. 우표 크기만 한 피톤이 위태롭게 튀어나와 90퍼센트가 보였다. 쓸려서 점차 가늘어진 날(쇠톱이 한때 위협을 받았던 곳) 6밀리미터 정도가 크랙에 들어가 있었다.

취나드는 러프에 매달린 작은 슬링에 카라비너를 걸고 인공등반용 슬링을 연결한 다음 쉽게 올라섰다. 러프 조각이 빠져나올 수도 있고 눈에 부딪칠 수도 있었는데 다행히 버텨줬다. 그는 다른 러프를 설치했다. 그리고 크랙이 약간 벌어진 곳에 나이프블레이드를 박았다. 모두 4개의 러프와 4개의 나이프블레이드로 사다리를 만들었는데 간담이 서늘해질 정도로 간격을 두고 박았다. 추락은 곧 얇은 피톤 중 하나가 빠지는 것을 의미했다. 그러면 1.8미터나 추락할 수 있지만 취나드는 아래쪽 피톤 하나가 잡아줄 것으로 믿었다. 물론 경사가 있어 추락해도 바위에 부딪히며 다치지는 않을 것 같았다. 그는 마지막에 블레이드 피톤을 설치하고 몇 차례 자유등반 동작을 한 후 바위 턱을 손으로 누르고 그 위에 올라섰다.

취나드의 러프 덕분에 이런 등반이 가능했다. 그렇지 않았다면 볼트를 4개는 박아야 가능했을 것이다. 몇 달 간 캣피너클은 요세미티에서, 아니 전 세계에서 가장 어려운 인공등반 루트가 되었다. 난이도가 6.8 아니면 6.9 정도 될까?(요세미티 인공등반 난이도 체계는 6.0에서부터 6.9까지로 1960년대에 통용되던 것이었다. 그러나 1년 만에 이런 체계 대신 A1~A5가 사용되었다.) 취나드가 피톤을 잡아당기지 않고 올랐으니, 난이도를 낮추는 것이 적합해 보였다. 사람들은 정말 끔찍하게 어려운 등반을 위해 최고 난이도는 남겨두기를 원했다. 다른 한편으로는 6.8 루트 몇 개가 이미 존재했기 때문에 캣피너클은 난이도의 진화에서 한걸음 확실하게 나아간 등반이었다. A1~A5 인공등반 난이도 체계가 사용되던 시기에 캣피너클보다 어려운 등반이 흔해서 두 개의 가이드북에 이 루트는 A4로 표기되었다. 그러나 만약 루트 명판이 있다면, 이 전설적인 바위벽 밑에는

1964년의 톰 프로스트 (사진: 글렌 데니)

"1960년 4월 2일 이곳에서 매우 어려운 인공등반이 태동되었다."라고 쓰
이지 않을까?

1960년대 장비 제작자 중 가장 많은 존경을 받은 취나드와 톰 프로스
트는 놀랄 만큼 대단한 창조적 기질을 가진 사람들이었다. 아이디어 제공
자는 취나드였으나 그 아이디어를 실현시킨 기술자는 톰 프로스트였다.
이 재능의 조합은 곧 혁신적인 장비 개발로 이어졌다. 그리고 5년 안에 지구상의 골수 등반가들은 취나드-프로스트 장비를 사용하거나, 탐내거나, 복제했다.

그해 봄 몇 개의 장비가 더 등장했다. 취나드의 알루미늄 카라비너는 우리에게 그다지 환영받지 못했다. 왜냐하면 거의 모두가 비슷한 장비를 갖고 있었기 때문이다. 라피 베데인Raffi Bedayn(이 시기에 베다얀은 이름을 베데인으로 바꿨다)은 10년간 훌륭한 알루미늄 카라비너를 만들었다. 하지만 취나드의 카라비너가 내구성이 더 강했다. 게다가 카라비너에 건 슬링을 딛고 서 있는 동안에도 개폐구를 여닫을 수 있었다. 이것이 인공등반 전문가에게는 상당한 이점이었다. 하지만 기본적으로 카라비너는 카라비너였다.

프로스트는 본인이 사용하려고 6센티미터나 되는 큰 앵글피톤(알루미늄으로 제작한 제품 가운데 최초의 고품질 피톤)을 만들었다. 취나드와 프로스트는 곧바로 판매를 시작했다. 이 봉봉은 즉시 인기를 끌었고, 두려운 재밍크랙에서 안전을 담보해줬다. 1960년대 초반에는 해마다 사이즈가 더 큰 봉봉이 생산되었으나 결국은 10센티미터에서 멈췄다.

1960년은 35미터짜리 로프가 구식으로 밀려난 해이기도 했다. 어떤 이유에서였는지는 잘 알려져 있지 않았지만 35미터 로프는 30년간 표준으로 사용되었었다. 그런데 그해 제조사들이 45미터를 출시해 홍보했고, 우리는 모두 큰 불평불만 없이 이 로프를 받아들였다. 요세미티의 피치들은 보통 35미터보다 조금 길었기 때문에 더 짧은 로프가 없어진 것이 애석하지 않았다. 그로부터 얼마 후 신루트의 피치들은 45미터보다 다소 길어 보였다! 더 긴 로프는 단 두 종류만 구입할 수 있었다. 컬럼비아 로프사 Columbian Rope Company가 만든 흰색 나일론의 표준 로프와 플리머스코디지사Plymouth Cordage Company가 만든 뻣뻣한 합성소재 로프인 골드라인 로프였는데, 이 로프에는 금색 실이 섞여 있었다. 골드라인 로프를 지지하는 마니아층이 존재하기도 했으나 이 로프는 곧 시장에서 사라졌다.

1960년 봄은 혁신적인 등반장비가 출현하기도 했지만, 큰 사건이 발생한 시기이기도 했다. 그때까지 요세미티 계곡에서 등반 사망사고가 기록된 적은 없었다. 즉 실제적으로 등반이라는 행위를 하다 사망한 사람은 없었다. 물론 등산객이 절벽을 기어오르다 사망한 사례는 더러 있었다. 스탠포드 대학생 앤 포팅거Ann Pottinger는 1955년 하이어캐시드럴을 오른 후 저체온증으로 사망했다. 앞서 언급한 바와 같이, 돈 굿리치는 요세미티 오지에서 등반하던 중 불행하게 사망하고 말았다. 그러나 요세미티 계곡에서 로프등반 중 일어난 사망사고는 없었다. 27년 동안 등반이 수천 번이나 이뤄진 것을 감안하면 대단한 기록이었다.

요세미티에서 등반 도중 최초로 사망한 기록은 3월 19일 어빙 스미스 Irving Smith였으며, 이후 30년 동안 55명이 암벽등반 중 사망했다.(네 건을 제외한 모든 사망사고는 황금기가 끝난 1970년 이후에 발생했다.) 프레스노 출신의 짧은 금발머리 소년 스미스는 1년간 열심히 등반했다. 그는 로스트애로 정상까지 올라간 최연소 등반자가 되고 싶어 했다. 사고 발생 두 달 전 어느 날 밤에 그는 요세미티 로지 커피숍에서 나에게 물었다. "몇 살 때 로스트애로를 등반했어요?" "열여덟 살." 내가 대답하자 그는 수줍게 웃으면서 자신은 열일곱 살이며, 이제 곧 프레스노 등반팀과 그곳에 도전할 것이라고 말했다. 나는 루트에 대해 자세히 알려주며 문제없이 해낼 것이라고 격려해줬다.

아이러니컬하게도 그는 로스트애로 봉우리에 발을 내딛지도 못했다.

어프로치 도중 사망했기 때문이다. 등반을 하려면 벽의 가장자리와 봉우리를 갈라놓은 아찔한 통로로 내려가야 하는데, 그곳에 닿으려면 두렵고 긴 로프하강을 두 번 해야 한다. 두 번째 하강에서 좁은 통로에 내려선 스미스는 '하강 완료'라는 말을 외치지 않았다. 물론 어떤 일이 일어났는지 본 사람은 아무도 없었다. 깊숙한 곳에서 울부짖는 짧은 단말마의 비명소리가 끝이었다. 로프 끝까지 내려갔을 수도 있고, 로프에 걸려 떨어진 바위에 맞았을 수도 있다. 혹은 V 자형의 좁은 통로에 도착해 하강 로프를 풀고 바위 벽 틈 사이에서 이동하다 균형을 잃었거나 흔들거리는 바위를 잡았을 수도 있다. 그는 요세미티에서 가장 나쁜 장소로 여겨지는 지대인 로스트애로침니로 추락했다. 마치 선사시대인 양 음침한 그 구멍은 피해야할 곳이었다. 죽기에 좋은 장소는 분명 아니었다. 스미스는 촉스톤 위로 떨어져 즉사한 뒤 150미터의 무시무시한 크랙 속으로 연달아 추락했다.

사실 스미스의 시신은 그의 친구 조지 세션스가 몇 시간 후 발견해냈는데, 레인저가 '접근 불가능한 곳'이라고 한 지점에 걸려 있었다. 그래서 친구들과 그의 아버지는 그곳에 시신을 그냥 놔두기로 결정했다. 아들이 누워 있는 장소를 정당화하기 위해 아버지는 기자들에게 상투적으로 말했다. "어빙이 이것을 바랐을 겁니다." 슬픔에 빠진 아버지가 다른 무엇을 믿겠는가? 그런 결정에 마음이 불편해진 워런 하딩은 자진해서 로프를 타고 내려가 시신을 내리기로 결정했다. 하지만 레인저들은 로스트애로침니 속으로 들어가 시신을 찾자는 그의 제안을 거절하고 1년간 접근을 차단했다. 취나드와 나는 사망사고 후 로스트애로침니를 처음으로 올랐는데 바짝 마른 유해를 발견했다. "젠장, 그의 파카가 내게 안 맞네!" 나는 긴장을 풀기 위해 취나드에게 이렇게 소리쳤다. 시신은 빠른 속도로 분해되고 있어서 몇 년 안에 겨울 폭풍에 휘말려 침니 아래로 휩쓸려 떨어질 것 같았다.

스스로를 불멸의 존재라 여겼던 우리는 스미스의 죽음을 대수롭지 않게 생각하면서 무시했다. "세상에, 하강도 제대로 못 하다니." 내가 이렇게 지껄였던 기억이 난다. 우리는 등반 중 사고사는 확실한 방법으로 피할 수 있다고 믿었다. 만약 매듭과 앵커, 서로의 안전 상태를 확인했다면 모든 것이 문제없었을 것이다. 오직 무능한 자만이 죽는다. 우리는 그런 일이 우리에겐 결코 일어나지 않을 거라고 믿었다.

그리고 5월이 되자 스미스의 사고는 우리 대부분의 머릿속에서 잊혔다. 대신 다가오는 등반 시즌에 대한 흥분과 설렘으로 가득했다. 프랫과 나는 대학을 완전히 중퇴했다. 로빈스와 피첸은 병역 의무를 끝내고 복귀했다.(로빈스는 포트블리스Fort Bliss 군사기지에서 사무관으로 근무했고, 피첸은 샌프란시스코의 포트메이슨Fort Mason에서 기상 나팔수와 밴드 연주자로 근무했다.) 모두 등반을 하고자 하는 욕구가 강해서 캘리포니아 남부의 타키츠록에서 훈련하고 싶어 했다. 거대한 돔(가장 순수한 화강암 덩어리) 형태의 이 암벽은 몇 년 전부터 유명해졌다. 캘리포니아 남부 사람들이 그곳을 자주 등반했고, 우리는 최고의 루트 소식에 귀가 솔깃했다. 그들의 등반 지역을 찾아갈 때가 온 것 같았다. 타키츠록 방문을 늘 권했던 취나드는 이곳의 등반 인기가 시들해진 이후 쓴 글에서 다음과 같이 말했다. "매년 봄 요세미티 등반가들도 타키츠록에서 몸을 만들려고 일주일을 보냈다."

5월 첫째 주 몇 개의 등반가 군단이 남쪽으로 향했다. 취나드, 피첸, 프로스트, 프랫, 로빈스는 모두 타키츠록으로 출발했다. 나는 어떤 이유가 있어 이 엑소더스 행렬에 끼지 않았다. 대신 요세미티에 남아 내 생애에서 가장 멋진 한 달을 보냈다. 너바나(극락)에 가까운 시간이었다. 잘 알려지지 않은 25세 정도의 버클리 출신 등반가 딕 맥크랙컨Dick McCracken과

1965년의 딕 맥크랙컨 (사진: 글렌 데니)

매일같이 등반하기로 맹세했고, 우리는 그 약속을 거의 다 지켰다. 주요 루트를 재등하고 세 차례나 작은 봉우리를 초등했다. 우리는 서로 잘 맞는 등반 파트너였다. 우리는 빠르고 효율적으로 올랐는데, 특히 인공등반 피치를 오를 때 손발이 잘 맞았다. 자유등반은 너무 강하게 밀어붙이지 않았지만 5.7 구간은 뛰다시피 올라갔다.

우리는 더 어려운 기존 루트에도 도전했고, 잘해냈을 때 만족감에 "와!" 하는 소리를 질렀다. 거벽등반의 경우, 며칠에 걸쳐 두려움과 많은 등반 작업과 씨름하며 해내야 했다. 따라서 우리는 실력에 맞는 반나절 루트를 즐겁게 등반하는 것이 보상이 훨씬 더 크다고 생각했다. 바위에서 자유

자재로 움직이면서 이런 도전에 반응하는 근육을 느끼는 것은 인생 최대의 즐거움 중 하나였다. 우리는 양지쪽 바위에 앉아 농담을 나누며 앞으로의 등반을 계획했다. 그해 5월 우리는 이런 방식으로 계속 등반할 수 있을지 의문이 들었다.

캠프4에는 고요한 침묵이 흘렀다. 동료들이 없으니 소박한 즐거움에 방해가 되는 동료들의 압박도 사라졌다. 매일 아침 새로운 세상을 깨달으며 눈을 뜨고, 어떤 등반을 할지 신나고 즐겁게 수다를 떨었다. 주중에는 캠프4에 등반가가 우리밖에 없었다. 우리는 관광객 다섯 팀과 캠프사이트를 나눠서 사용했다. 주말에는 사람들로 북적였다. 등반가 열 명 정도와 관광객 스무 팀 정도가 있었다. 그해 5월 캠프4는 사람들로 가득 찬 적이 한 번도 없었다.

1960년 5월은 중요한 뉴스가 터진 달이기도 했다. 전 세계에서 항의 시위가 벌어지는 가운데, 샌퀜틴 교도소San Quentin Prison에서 연쇄강도 케릴 체스만Caryl Chessman이 복숭아향 연기가 나는 청산가리로 사형 당했다. 나는 그날 오후 센티넬에 있는 슬랩-피너클 구간을 오른 후 이 루트에 범죄자의 이름을 붙였다. 하지만 이곳이 체스의 졸과 비슷하게 생겨, 나중에 사람들은 나를 사형 반대자가 아니라 체스의 광팬 정도로 지레짐작했다. 한편 우리는 첫 피임약 광고와 마케팅에 모두 경악했지만, 이것은 우리 다수에게 미래에 대한 은밀한 희망과 임신 걱정 없는 쾌락을 선사해줬다. 헌법에 대해 한 번도 들어본 적이 없는 것 같은, 국회의원 그룹인 하원 반미활동위원회가 충성 맹세에 서명하라는 서약서를 거절한 교수를 조롱하기 위해 샌프란시스코 시청에 모였다. 폭력적인 경찰은 1960년대의 그런 첫 사건에서 시청 건물 대리석 계단에 모인 평화시위자를 향해 호스로 물을 뿌렸고, 그 이후 수십여 차례 시위가 이어졌다. 나는 평일 밤에 가스실과 소리 지르는 군중으로부터 무한히 멀리 떨어진 천국, 조용한 요세미티 로지 라운지에 앉아 이 모든 헤드라인을 자세히 들여다본 것을 분명히 기억한다.

6월 초 타키츠에서 다시 돌아온 등반가들은 민첩하고 날렵하게 거벽을 공략했다. 그들의 훈련은 효과가 있었다. 그들의 몸 상태는 완벽했다. 이제 짧은 루트에 신물이 난 그들은 거벽등반을 하고 싶어서 몸이 근질거렸다. 일부는 3년 전 초등이 된 이래 재등되지 않은 하프돔 북서벽을 목표로 삼았다. 피첸과 프로스트, 프랫은 6월 중순 위압적인 이 거벽을 단 두 차례 비박만 하고 정상에 섰다. 로빈스는 친구들의 성공을 축하해줬지만 나중에 웃으며 이렇게 말했다. "내가 하프돔을 소유하고 싶었지." 이런 저작권 마인드를 가진 그는 2주 후 데이브 리어릭과 함께 단 한 번의 비박만 하고 하프돔 정상에 다시 올라 3등을 기록했다.

뜨거운 여름 열기 때문에 사람들이 요세미티를 탈출하기 직전, 주요 루트 다섯 개가 개척되었다. 이 중 두 개는 돌풍을 일으킬 만큼 대단한 등반은 아니었지만 거벽 초등이었다. 하이어캐시드럴의 300미터 깎아지른 북벽은 척 프랫과 밥 캠스가 해냈다. 그리고 캠프사이트 뒤의 암벽 형태가 애매한 캠프4테러Camp 4 Terror는 캠스와 리어릭이 해냈다.(두 사람은 곧 콜로라도로 떠나, 그 지역 등반가들이 로키에서 가장 탐내던 롱스피크다이아몬드Longs Peak Diamond를 초등했다.)

나머지 신루트 세 곳은 길고 어려운 루트로 단연 돋보였다. 먼저, 거대하지만 불쾌해 보이는 로어캐시드럴 북벽이 손짓했다. 지난 11월 전역 후 버클리에서 은행에 다니다 한 달 전에 퇴사한 로빈스는 하프돔 이후 처음 개척한 이 등반으로 스타덤에 오르기 시작했다. 그와 프랫과 피첸은 360미터의 벽에서 이틀 반을 보내며 에둘러가는 어려운 등반선을 만들었다.

최고의 절정은 등반 이틀째 날 벽에서 떨어져 나온 바위가 많은 플레이크 구간이었다. 공플레이크Gong Flake라는 이름처럼 겁을 주기 때문에 보통 장애물은 아니었다. 높이가 100여 미터에 너비가 12미터에 달하며, 90센티미터에서 3미터까지 다양한 두께의 거대한 플레이크는 '징'이라는 이름처럼 손으로 두드릴 때마다 진동소리가 났다. 하지만 길은 폐쇄공포증을 일으키는 그 안쪽 침니를 통과해야 했다. 안간힘을 쓰며 이 구멍을 오르다보니 로드킬 장면이 뇌리를 스치고 지나갔다. 만약 이 거대한 바위 조각이 6월 3일 무너져버리기로 결심했다면 그들 셋은 모두 피자처럼 납작해졌을지 모른다. 다행히 그런 일은 일어나지 않았다. 나중에 로빈스는 이렇게 썼다. "피톤이 불안하게 박히는 크랙, 썩고 헐거운 바위, 더럽고 엉망진창인 걸리와 크랙, 위험한 데다 비위마저 거슬리는 아주 불쾌하고 도전적인 등반이었다. 이 때문인지 여태까지 해본 등반 중 가장 힘들게 느껴졌다." 말할 필요도 없이 이 루트는 인기를 끌지 못했다.

몇 주 후 로빈스와 피첸은 두려움을 불러일으키는 아치스다이렉트 Arches Direct를 또다시 초등해냈다. 로열아치스로 불리는 1936년 루트는 사실 잘못 붙여진 것이다. 초등자는 어떤 이유 때문인지는 몰라도 가장 큰 아치 부분을 피해 왼쪽 끝으로 올랐다. 두 사람은 신루트 하단(두 번째 루트는 좀 더 직선이 되어야 한다는 관습에 따라 두 사람은 곧 아치스다이렉트라고 명명했다)이 충분히 직등 될 수 있다고 믿었다. 그들은 아치가 수평곡선을 이루는 가장 깊숙한 직등선을 따라 올라갔다. 하지만 어디에서 어떻게 이 아치를 넘어 남은 곳을 올라갈 수 있을까?

6월 24일 두 사람은 아치를 공략할 수 있는 지점을 조사하기 위해 축축하고 더러운 바위를 230미터 올라갔다. "불쾌하고 끈적거리고 잡초가 자라고, 썩은 크랙과 오버행이 있는 바위 230미터와 마주쳤다." 로빈스는 당시를 이렇게 기록했다. 그는 썩은 크랙에서 진흙과 잡초를 제거하며 5시간 동안 나이프블레이드 피톤과 몇 개의 다른 피톤을 불안하게 박으며 올라갔다. 그리고 마침내 피톤을 아주 튼튼하게 박고 나서 자유등반을 할 수 있을 정도로 쉬워 보이는 바위 턱 위로 올라서기로 결심했다. 등반가들이 늘 직면했고, 앞으로도 직면할 이 독특한 기술은 용기와 담력을 필요로 한다. 피톤을 믿고, 안전한 지대를 벗어나 다음 쉴 곳이 어디 있는지 확신할 수 없는 무방비 상태에서 미지의 영역으로 움직여야 한다. 로빈스는 마지막 피톤을 지나 7~8미터 지점에서 옴짝달싹할 수 없었다. 그는 작은 스탠스를 딛고 플레이크 뒤쪽에 나이프블레이드를 박았다. 그러나 이런 침입자가 반갑지 않은 플레이크는 해코지하고자 파멸을 선택했다. 플레이크가 떨어져나가 로빈스는 공중으로 날았다. 15미터. 여태까지 중 가장 긴 추락 거리였다. 벽이 아주 가팔라서 아래쪽 피톤에 가해진 압력과 마찰도 엄청났다. 훨씬 아래에 있던 피첸은 피톤이 잡아주는 '덜커덩' 소리를 듣지 못했다. 로빈스는 큰 충격을 받았지만 다치지 않았다는 사실에 감탄했다. 당시 관행대로 허리에 로프를 한 번 감았기 때문에 무사했던 것이다.

로빈스는 이 무시무시한 피치를 5시간의 긴 사투와 두 번의 짧은 추락 끝에 이튿날 아침 올라섰다. 총 28개의 피톤을 썼고 10시간이 걸렸다. 두 사람은 요세미티에서 가장 힘든 인공등반 피치를 해냈다는 사실을 깨달았다. 나머지 구간은 조금 쉬웠다. 이들은 '입과 목구멍이 먼지가 가득한 상태'로 3일 만에 바위 끝에 도달했다. 아치스다이렉트 역시 등반가들이 자주 찾지 않았다.(그로부터 5년 후에 재등한 콜로라도 출신의 레이튼 코어Layton Kor는 "다시는 이곳을 등반하지 않을 거야."라고 말했다.) 그리고 1980년대의 가이드북에서도 빠졌다.

1960년의 중요한 세 번째 등반은 이전 두 번의 불쾌한 등반과는 차원이 달랐고, 바로 1960년대에 15차례나 등반될 정도로 소중한 루트가 되었다. 캠프4 등반가들은 센티넬 북벽을 하염없이 바라보곤 했다. 특히 해질녘에 이 암벽을 이루는 수천 개의 특징들이 햇살에 윤곽을 드러낼 때면 그 사랑스러운 모습에 넋을 잃었다. 따라서 이 벽을 오르고자 하는 마음이 커서 그들은 센티넬 왼쪽의 서벽을 무시했다. 490미터의 서벽은 하얀 화강암이 좁은 뱃머리 형상을 하고 있었는데, 그다지 가파르지는 않았다. 경사는 70도 정도였다. 하지만 센티넬 북벽은 아주 반질반질한 특성이 있었다. 레지도 거의 없는 깨끗한 암벽으로, 나무도 덤불도 없는 완전무결한 상태였다. 취나드와 톰 프로스트는 이곳에 루트를 만들 수 있다고 생각했지만, 60미터 길이의 반쯤 위에서 경사가 10도나 기울어진 좁아터진 구멍 도그레그크랙Dogleg Crack을 오르는 것이 두렵고 걱정스러웠다.

센티넬 서벽 루트 개척에 이틀 반나절이 걸렸다.(두 사람은 트리레지까지 230미터의 페이스를 올랐는데, 이곳은 거의 등반되지 않았다.) 이 루트에는 힘든 인공등반과 십여 차례의 슬링 확보 그리고 위험한 자유등반이 포함되어 있었다. 가장 인상적인 등반은 벽 하단에 있는 확장 플레이크 구간이었다. 이곳에서는 플레이크 밑에 피톤을 똑바로 세워서 설치해야 했다. 하나를 박으면 이전에 박은 피톤이 헐거워지는 경향이 있었다. 요령 중 하나는 아주 조심스럽게 박아야 한다는 것이었다. 취나드는 더 위쪽에 있는 도그레그크랙 등반을 설명하면서 말했다. "프로스트가 길이 24미터 너비 20센티미터의 넓은 크랙에 나무 피톤 하나만 박고 멋지게 선등했어." 두 사람은 친밀한 관계를 계속 유지하면서, 이후 10년간 등반과 장비 제조 사업을 함께 했다.

톰 프로스트는 초기 캠프4 체류자 가운데 가장 조용하고 겸손한 사람이었다. 우리는 훨씬 나중에서야 그가 20대 초반에 뛰어난 요트선수였다는 사실을 알게 되었다. 외모나 말투 모두 생기 있고 말끔한 그는 세간의 이목을 받지 않는 쪽을 선호했다. 그는 언쟁을 거의 벌이지 않았고, 자신의 성공을 글로 남기는 법도 없었다. 나중에 로빈스는 프로스트에 대해 다음과 같이 말했다. "톰은, 등반하는 사람이 지닌 품성이, 내가 이 스포츠를 사랑하는 이유 중 하나라는 것을 보여주기 위해 거론한 인물 가운데 하나였다. 그는 뛰어난 등반가이면서도 함께 걸으며 대화를 나누기에 좋은 친구였다. 그는 부정적인 대화로 시간을 낭비하지 않았다."

1960년 한여름까지 최소 3개의 초강력 인공 피치(캣피너클과 아치스 다이렉트 크럭스 오버행, 센티넬 서벽의 확장 플레이크expanding flake)가 만들어졌다. 하지만 자유등반 역시 진가를 발휘했다. 1960년 아홉 개의 자유등반 루트가 완성되었다. 전년도에 비하면 엄청난 증가세였다. 왕성하게 등반하던 우린 처음으로 자유등반을 시도할 의도로 벽을 올랐다. 여기서의 자유등반은 대부분의 자유등반 루트에서 몇 개의 인공등반용 피톤을 제거하는 것을 의미했다. 이전의 등반가들은 5.8 루트에서 인공장비를 사용했었다. 1960년에는 대부분의 5.9 난이도를 자유 등반할 수 있었기 때문에 새로 개척된 자유등반 루트 중 일부는 별 의미가 없었다. 단 하나의 예외가 있었다. 요세미티 최초의 5.10 루트이자 최초의 자유등반 루트. 릭슨스피너클Rixon's Pinnacle 동쪽 침니 첫 피치는 네다섯 개의 인공장비를 설치하고 올라야 했는데, 약간 오버행 코너 구간이 있었다. 벽은 영겁의 세월 동안 흘러내리는 물줄기 때문에 유리 같은 질감이 날 정도로 반짝거렸다. 피톤을 설치하는 것이 이상해 보였지만 9미터 구간은 쉬어갈 곳이 없어서 자유등반을 하기에는 위험해 보였다. 로빈스는 미끄러운 이 오픈북 구간을 레이백 자세로 오르다 추락한 적이 있었다. 확보자가 딸려갈 정도로 긴 추락이었다. 하지만 그는 포기하지 않고 다시 시도해 성공했다.

지금 이곳은 5.10 난이도로 분류된다.

1960년은 장비가 비약적으로 발전하고, 자유등반이 발전하고, 거대한 거벽 루트가 몇몇 탄생했지만, 그해 가장 큰 모험은 등반가와 일반인들에게 잘 알려진 벽, 바로 엘캐피탄에서 감행되었다. 거의 2년간 어느 누구도 하딩의 노즈를 진지하게 도전할 생각을 하지 않았다. 하지만 9월에 피첸과 프로스트, 프랫, 로빈스는 고정로프에 의존하지 않은 채, 한 번에 치고 올라갈 시간이 되었다고 생각했다. (취나드, 캠스, 리어릭도 실력이 충분했지만 그 시점에 다른 일이 있거나, 도시에서 생계에 종사하거나, 가정을 돌보거나, 대학원 수업을 들어야 했다.)

등반가로서 명성을 얻은 로빈스는 고정로프 등반에는 모험이 결여되어 있다고 생각했다. 시간이 충분히 있고 결기와 함께 실력을 갖춘 등반가라면, 밑에서 위까지 늘어져 있는 햇줄을 이용해 오르락내리락할 수 있다고 믿었다. 고정로프 등반은 성실하기만 하면 되지 않을까? 이것은 3년 전 하딩이 엘캠 등반 계획을 세울 때 가졌던 시각과 같은 것으로, 그 후 몇 년간 지대한 영향을 끼쳤다. 고정로프가 좋다는 진영과 불필요하다는 진영 사이에 심각한 언쟁과 마찰이 이어졌다. 몇 년간 이런 대립으로 우정에 금이 가기도 했고, 몇몇 등반가는 환멸을 느끼고 산에서 물러났다. 그리고 캠프4와 다양한 매체에서 수많은 토론이 벌어졌다.

로빈스는 엘캠 등반에 네 사람이 필요하다고 생각했다. 두 사람은 로프 몇 동을 이용해 정해진 기간 내에 등반하고, 나머지 두 명은 무거운 짐을 멘 채 고정로프를 이용해 푸르지크 등반을 하고, 다음 날 순서를 바꿔 오르면서 모두가 선등하는 방안을 계획했다. 로빈스는 또한 이 등반에 10

일이 필요하다고 생각했다. 따라서 등반의 난이도보다는 첫 성공과 물자 수송을 걱정했다. 그들은 10일간의 생존에 필요한 최소한의 양으로 1인당 하루 1.5리터의 물을 가져가기로 했는데, 그 무게만 해도 60킬로그램이 넘었다. 식량과 여분의 로프, 비박장비 등 전체 짐은 90킬로그램에 달했고, 후등자 두 사람이 네 개의 더플백을 날라야 했다. 그렇다면 하나당 22킬로그램에 달하는 배낭을 메고 매일같이 100미터를 오르는 동안 푸르지크 매듭이나 인공 슬링에서 12시간을 매달려야 한다는 의미였다.

등반팀은 9월 중순에 뜨거운 열기를 예상했는데 그대로 적중했다. 태양은 눈부신 흰색 화강암에 햇볕을 인정사정없이 내리쬐었다. 등반 2일째에 로빈스는 그런 햇볕 아래서 강한 체력과 자신감을 유지할 수 있을지 의문이 들었다. 하지만 예상보다 더 많이 올랐기 때문에 매일 더 많은 물을 마실 수 있었다. 빠른 등반이 가져다준 멋진 보상이었다.

다음 날 하늘 위로 구름이 획획 지나갔다. 그러자 날씨 덕분에 하루 1인당 2리터의 물을 마실 수 있었고, 로빈스는 등반의 성공을 자신했다. 등반 4일째 오후 그레이트루프로 접근할 때 잠깐 비가 내렸다. 짐은 더 가벼워졌고, 크랙 안에서 야생화가 보이기 시작했으며, 남쪽 바위 가장자리 너머로 밤하늘에 전갈자리가 보이기 시작했다. 처음으로 웃음소리가 퍼졌다. 로빈스에 따르면 프로스트는 "무표정한 표정으로 재밌는 농담을 해서 배꼽을 잡고 웃게 만들었다." 등반팀의 진척은 아주 순조로웠다. 그들은 실력도 있고 손발도 잘 맞아서 등반이 일상처럼 편안하게 이뤄졌다. 프랫이 앵커에 확보했다고 착각하는 바람에 일촉즉발의 위기에 처했던 상황만 제외하면 말이다. 그는 하마터면 레지에서 떨어져 죽을 뻔했다. 등반 7일째 오후 3시경 성공적인 등반을 바라는 친구들이 이 영웅들에게 샴페인을 터뜨려줬다.

당시의 노즈가 얼마나 넘기 힘든 큰 장벽이었는지 지금은 상상하기 어렵다. 팡파레도 없이, 세계 최고의 등반가들은 엘캡의 노즈를 고정로프 없이 올라가 지구상에서 가장 거칠고 힘든 등반을 해냈다. 이것은 단번에 요세미티 등반을 영구적으로 바꿔놓았다. 이제 다시는 최고 수준의 등반가들이 고정로프에 매달린 채 등반하지 않았다. 이 고정로프 전술은 1930년대 마차를 타거나, 1960년대 홈부르크Homburg 모자를 쓰는 것과 같았다. 언제나 무법자처럼 굴었던 하딩은 잠시 고정로프를 이용했으나, 이후 등반에서는 그 역시 포위전술 등반을 그만두겠다고 선언했다.

1960년대 후반까지만 해도 캘리포니아가 아닌 다른 지역에서 요세미티를 찾는 등반가는 많지 않았다. 산악인 성향의 사람들은 재밍크랙과 반질반질한 슬랩에 된통 당한 후 기가 죽은 채 바로 돌아갔다. 그런 외부인 가운데는 마이크 보르고프Mike Borgoff도 있었다. 그는 비행청소년이었으나 한국전쟁 참전 후 당한 부상으로 훈장까지 받고 시인으로도 활동했다. 보르고프는 몇 년간 요세미티에서 클래식 루트를 오르려고 했으나 대부분 실패했다. 1958년 그가 로어브라더를 오르고 있을 때 처음 봤는데, 그는 큰 등산화를 신고 작은 스탠스에 올라서려고 애쓰고 있었다. 그의 얼굴에는 당혹스러운 표정이 역력했다. 보르고프는 1950년대에 워싱턴과 콜로라도에서 실력을 갈고닦은 강인한 등반가였고, 낙석 위험이 있는 4급의 바위를 로프 없이 자유롭게 등반했다는 사실에 자부심을 갖고 있었다. 그러나 더 매끄럽고 어려운 바위에서는 버둥거렸다. 몇 년 후 그는 자신의 단점을 잘 알고 있다고 털어놨다. "행동보단 말을 항상 앞세우는 나는 무능력자야. 자신감도 균형감각도 없지. 그러니 발전도 없었고." 다행히 보

1965년의 마이크 보르고프 (사진: 글렌 데니)

르고프는 수년간 요세미티에서 몇 차례 행복한 순간을 누렸고, 이곳을 정말로 사랑했다.

　마이크 보르고프가 요세미티와 이곳의 독특한 특징을 이해하려고 노력했기에 우리는 그를 받아들였다. 하지만 우리 대다수는 외지인을 비웃었다. 특히 '태도'에 문제가 있는 사람을 조롱했다. 외지인은 엄청난 등반 계획을 갖고 와서 큰 소리로 떠들고 다녔다. 하지만 거의 대부분은 실패를 맛본 후 요세미티를 말 그대로 몰래 빠져나갔다. 등반을 끝내고 캠프4로 돌아올 때 이죽거리는 우리의 표정을 감당하기가 힘들어 내뺀 것이다. 몇몇에게는 잔인하게 굴었지만 우리는 레이튼 코어가 온다는 소식을 들었을 때, 그는 다르다는 것을 알고 있었다.

스물두 살의 레이튼 코어는 콜로라도 출신으로 키가 큰 등반가이자 벽돌공이었는데, 캘리포니아에서도 이미 유명했다. 사람들은 이구동성으로 그가 로키산맥 출신의 최고 등반가라는 사실을 주저 없이 인정했다. 이미 그는 자신의 집이 있는 볼더Boulder 근처의 멋진 암장 엘도라도스프링 캐니언Eldorado Spring Canyon을 공략해 수십 개의 대담한 루트를 만들었다. 또한 롱스피크의 다이애고널Diagonal이라는 가파른 벽을 초등했다. 만일 캠스와 리어릭이 초등하지 않았다면, 같은 봉우리에 있는 전설적인 다이아몬드도 그가 처음 올랐을지 모른다.

레이튼 코어는 1960년 9월 말 노즈가 재등된 지 2주 후에 요세미티에 도착했다. 그는 바로 취나드와 팀을 이뤄 요세미티에서 가장 뛰어난 슬랩 등반지인 글래시어포인트에이프런을 초등했다. 별 특징이 없는 이 화강암 벽의 360미터 슬랩을 자유 등반하려는 첫 시도는 그로부터 3주 전에 있었다. 빌 앰본Bill Amborn, 조 맥커운Joe McKeown, 리치 콜더우드는 150미터의 아주 미끄러운 슬랩을 오른 후 쿤야드피너클Coonyard Pinnacle이라는 작은 돌출부에 올라섰다. (이 이름은 어느 등반가가 취나드의 이름을 쿤야드로 오해해서 생겨났다.) 1920년대 개척자 윌리엄 캣의 손자인 앰본은 열정이 많은 열일곱 살의 샌프란시스코 출신 소년 제프 푸트Jeff Foott를 데리고 며칠 후 다시 이곳을 방문했다. 그들은 50도 정도의 반반한 슬랩을 올랐고, 그다음 180미터를 더 올랐으나 에이프런 정상의 오아시스까지는 올라가지 못하고 한 피치 아래에서 발길을 돌렸다.

취나드와 레이튼 코어가 며칠 후 글래시어포인트에이프런을 끝냈지만, 오아시스까지 마지막 한 피치만 추가했기에 의미 있는 개척등반으로 여기지 않았다. 하지만 레이튼 코어의 등반 능력에 대한 의구심은 바로 사라졌다. 사람들은 195센티미터의 장신 등반가가 섬세한 등반보다는 빠른 등반을 잘하기 때문에 요세미티에서 가장 미끄러운 슬랩에서는 고전할 것이라고 예상했다. 그러나 예상은 빗나갔고 그는 곧 전설을 써내려갔다.

캠프4에 체류했던 대부분의 등반가들이 10월 초에 떠나자 나는 향후 수십 명이 처하게 될 곤란한 운명에 놓이게 되었다. 열정적인 거구의 사나이가 나를 쳐다보며 함께 등반하러 가자고 졸랐기 때문이다. 당장! 어디든지 오르자! 짐 씨! 레이튼 코어는 저주 아니면 축복받은 넘치는 에너지 때문에 가만히 있지 못했다. 내가 아는 한 그는 책이나 신문을 읽지 않았다. 혹은 사색하는 모습조차 보기 힘들었다. 그는 초초한 표정으로 서성거렸다. 아이처럼 지저분한 농담을 거리낌 없이 했고 여자 꽁무니를 쫓아다녔다. 그는 여성과의 데이트에 성공할 확률이 높았다. 그는 식욕도 왕성했다. 한번은 얇은 마분지에 싸인 햄버거를 꿀꺽 삼켰다. 그는 사람들 옆구리를 계속 찌르며 말했고, 뚝뚝 끊어지는 문장으로 말하고 썼다. 그는 마음이 입이나 펜보다 앞서는 양 주제를 획 뒤집었다. 그에게서 받은 편지에 이런 의식의 흐름이 담겨 있는데, 그대로 옮기면 이런 식이다. "나는 유럽으로 떠날 거야. 4월 첫날. 그러니까 등반을 잘하도록 기도해줘. 다음 여름 계획이 뭐야? 높은 산을 오르겠지? 요세미티 하얀 계곡에서 무슨 일이 있어? 새로운 루트라도 생겼어? 아니면 엄청난 재등? 로열 로빈스는 슈거 볼Sugar Bowl 스키장에 있겠지."

나는 레이튼 코어의 자연스럽고 기인 같은 행동을 좋아했다. 그와 처음 만났을 때부터 바로 합이 맞았다. 등반 열정도 대단해서, 코어와 함께

1965년경의 레이튼 코어 (사진: 글렌 데니)

등반하자마자 안전이 담보되는 듯한 느낌이 들었다. 그는 등반을 위해 태어난 사람 같았다. 함께 어디로 가든 살아서 돌아올 수 있을 것 같았다. 우리는 그해 가을 몇 개의 긴 루트를 했고, 다음해 봄에 요세미티를 박살내자고 다짐했다.

그러나 1961년에 레이튼 코어는 전혀 모습을 드러내지 않았다. 심각한 폐 균류 감염으로 텍사스 병원에 입원했고, 차라리 굶는 것이 가장 효과적이라는 '처방'을 받은 것이다. 돌팔이 의사가 그런 병원을 어떻게 운영할까 생각했지만, 건강을 회복한 레이튼 코어는 여름이 되자 고향에 있는 암벽을 맹렬한 기세로 등반했다. 그를 낫게 한 것이 텍사스 의사의 처방과 식이요법 때문이었는지, 아니면 여름 등반을 놓칠 수 없다는 의지력 때문이었는지 우리는 알 수 없었다.

1960년 말 500달러 정도를 저축한 나는 1961년 대부분을 요세미티에서 보내기로 마음먹었다. 새해 첫날에 도착했고, 마지막 날에도 그곳에 머물렀다. 8월(와이오밍 여행)과 11월(버클리에서 막노동)에만 요세미티를 떠났을 뿐, 계속 머물면서 1961년에 60개 정도의 루트를 올랐다. 복학과 구직활동 같은 좀 더 건설적인 일을 해야만 하나 고민하던 나는 거대한 화강암 틈에서 누군가가 나를 끌어내리기를 기다리는 것처럼, 지옥과 천당 사이에서 흥분했다. 하지만 그렇게 해주는 사람이 아무도 없어서 등반만 하고, 등반만 생각하고, 등반만 꿈꿨다.

　1961년은 온갖 종류의 모험으로 가득 찬 멋진 한 해였다. 오늘까지도 계속 이어지고 있는 논란이 그때 일어났다. 키워드는 '볼트'였다. 볼트를 언제 사용하는 것이 정당한가? 예전에는 대답이 간명했다. 크랙에 맞는 피톤이 없으면 볼트 구멍을 뚫었다. 이제는 러프에서 봉봉까지 크기별로 다양한 피톤이 존재하지만, 일부 새로운 장비를 설치하는 데는 상당한 등반력과 기술이 요구되었기 때문에 의문을 불러일으켰다. 기술이 부족한 사람이 힘들 때마다 볼트를 설치하면 보기 흉하고 불필요한 남발을 불러일으키지 않을까? 하지만 볼트가 필요한지 어떤지를 누가 결정하지?

　그 당시에 가장 사려 깊은 등반가 취나드는 이 주제에 대한 자신의 견해를 밝히기로 결심하고 1961년 3월 『서미트』에 글을 하나 보냈다. "문제는 개인적 취향이 아니다. 오히려 등반 집단이 결정해야 한다. 등반하는 모든 사람이 고수해야 하는 문제이다." 취나드는 이렇게 단도직입적으로 논지를 펼쳤다. 볼트는 단순히 바위의 아름다움을 해칠 뿐 아니라, 이제는 많은 등반가들이 볼트 도구를 소지하지 않으면 '벌거벗은 채 무방비 상태가 된' 느낌이 든다고 주장했다. 전문 등반가는 볼트 사용에 대해 '결코' 변명을 해서는 안 된다. 장비가 없어서 볼트를 설치한다는 변명은 '결코' 해서는 안 된다. 취나드는 노골적인 분노를 표출하면서 열변을 토했다. 그는 로스트애로가 망가진 이유를 설명했다. 그곳에 1950년대 중반의 존 살라테보다 실력이 떨어지는 등반가들이 볼트를 9개나 더 박아놓았기 때문이다. 취나드는 난이도를 초등 때의 수준으로 되돌려놓기 위해 마크 파월이 이 9개의 볼트를 빼낸 것을 언급하며, 간접적으로 반란을 촉구했다.

말할 필요도 없이 『서미트』편집자에게 보내는 편지가 쏟아졌다. 척 월츠는 최고의 등반가들이 종종 확보도 없이 불안정한 상태로 초등을 해냈다며 다음과 같은 질문을 던졌다. "정신머리가 제대로 박힌 등반가에게 그런 등반은 영원히 금지되어야 하는가? 누가 심판이 될 것인가?" 워싱턴 등반가 진 프레이터Gene Prater는 자신만만한 등반가들은 실력이 떨어지는 사람들을 위해 볼트를 남겨두고, '불필요한' 볼트는 그냥 지나칠 수 있다고 주장했다. 로빈스도 이 논쟁에 끼어들었다. "일반적으로 말하면, 볼트 설치는 등반이 아니다. 그것은 지루하게 때려서 돌려 박는 방식으로 등반의 난이도를 제거하는 것이다." 등반가들이 규칙을 좋아하지 않기 때문에 그는 자신이 정한 엄격한 '규칙'이 효용이 없을 것이라는 사실을 알고, '가치의 변화'라는 문구를 세 차례나 사용하며 변화를 요구했다.

이 주제는 그해 봄 캠프4의 테이블에 수차례 오르며 논쟁이 이어졌다. 나는 팔 힘이 강한 사람이 그냥 엘캡 밑까지 걸어가서 꼭대기까지 ― 세상에서 가장 훌륭한 직등 루트에 ― 볼트 사다리를 놓을 수 있다고 가정했다. 그렇다. 시간이 걸리겠지만 그 명성을 생각해보라고 나는 비꼬는 투로 열변을 토했다. 매스컴의 관심을 생각해봐! 돈도! 이런 자기중심주의자들을 어떻게 말릴 수 있겠어?

나는 취나드의 관점에 전적으로 공감했고, 말보다 실천이 중요하다고 믿으며 행동에 나서기로 했다. 요세미티 최고의 재담꾼이자 실력 있는 등반가 헤르브 스베들룬트가 1959년 요세미티 폭포 하단 근처에 신루트를 만들 때 17개의 볼트를 박았다. 나는 열흘간 그의 루트 작업 과정을 지켜봤는데 항상 붉은색이나 노란색 셔츠를 입고 있는 게 눈에 띄었다. 루트가 등산로에서 보여 많은 사람들이 얼빠진 듯 쳐다보는데 그중에는 기가 막히게 아름다운 여성들도 있었다. 잘생긴 영웅은 날짜를 잡고서 볼트를 몇 개 박은 다음, 오후에 고정로프를 타고 자신을 흠모하는 사람들을 향해 춤추듯 재빨리 내려갔다.

"아, 그런 게 통해?" 내가 희망찬 목소리로 물었다.

"100명에게 물어봐." 그가 웃으며 말했다. "그럼, 한 명은 얻을 수 있어."

멋진 크랙 옆에 설치한 볼트 사다리는 성생활을 계속하기 위해 가능한 한 등반을 오래 지연시키려는 스베들룬트의 선택이었다. 1959년, 이런 별난 이유가 독특해 보이긴 했지만, 그의 과도한 볼트 사용은 나를 괴롭혔고, 2년 후에도 여전히 그랬다. 5월에 나는 문제의 피치를 몇 시간 만에 선등으로 올랐는데, 연결이 되지 않고 먼지도 많은 크랙에 적절한 피톤을 박으며, 볼트가 마치 방사성 물질이라도 되는 양 피해서 올랐다. 내 파트너 조 올리거Joe Oliger는 2시간 동안 17개의 볼트를 모두 뽑아냈다. 아주 일부만이 결단력 있는 이 행동에 박수를 보내줬으며, 일부는 나를 개자식으로 생각했다. 대부분은 내가 볼트를 왜 그렇게 거슬려하는지 궁금하게 생각했다. 스베들룬트는 자신이 설치한 볼트를 제거한 사건을 입에 담지 않았다. 볼트 제거는 그 후 몇 년간 인기 있는 활동이 되었지만, 볼트를 설치하며 오르는 등반 역시 그 못지않게 인기를 끌었다. 두 파벌의 세력이 커지면서 이 문제는 결코 쉽게 해결되지 않았다.

1961년 봄에 개척된 훌륭한 루트는 단 한 개였다. 바로 하이어캐시드럴의 수직에 가까운 북서벽으로, 그 전해 9월 로빈스와 피첸이 3분의 2 지점인 300미터까지 올라갔다가 후퇴한 곳이다. 넓고 긴 크랙에 알맞은 피톤이 없었기 때문이다. 로빈스에 따르면 "볼트는 저주였다." 이 등반 직후 조피첸은 보헤미안이 되고자 유럽으로 떠났고, 요세미티에서 영원히 사라졌다. 다음해 5월 로열 로빈스는 톰 프로스트를 붙잡았고, 프로스트가 새로만든 봉봉을 그 넓은 크랙에 박았다. 짧지만 잡을 것이 아무것도 없는 반반한 벽이 나타나자 프로스트는 볼트 장비가 들어 있는 주머니를 손으로뒤졌다. "로열, 볼트가 없어. 홀링용 로프에 달아매줘." 그가 아래로 소리쳤다.

"네가 가지고 있을걸. 다시 찾아봐!" 로빈스가 위로 소리쳤다.

그들은 필수 등반장비인 볼트를 챙기는 것을 깜빡한 첫 번째 등반가들이 아니었다. 그리고 확실히 마지막 등반가들도 아니었다. 그들은 그대로 하강했다.

며칠 후 그들은 다시 올라가 루트를 끝냈다. 한 차례 비박을 하고 1934년의 루트를 이용해 하강했지만 고정로프는 사용하지 않았다. 볼트는 꼭 필요한 곳에서 모두 여섯 개만 사용했다. 1960년에 시도했을 때, 로빈스가 처음 선등한 피치는 악몽이었고 바로 '공포의 침니Chimney of

Horrors'라는 악명을 얻었다. 18미터 정도 길이의 이 틈은 비좁은 데다, 오 버행이었고, 점점 벌어지는 곳이라 확보할 곳이 하나도 없어 이름값을 제 대로 했다. "심리적으로 대단히 큰 충격을 받았다." 로빈스는 『서미트』에 그 광경을 이렇게 묘사했다. 그는 어렵게 올라갔다가 다시 조금 내려와 확 보용 볼트를 설치한 다음 올랐는데, 그렇게 겁먹은 상태에서 계속해서 한 참을 올랐다. "아주 좁은 침니에서 미끄러졌을 때, 침니 안으로 몸을 더 밀 어 넣으면 추락을 멈출 수 있지만 이곳은 그런 곳이 아니었다. 침니 꼭대 기 근처에서 몸을 최대한 뻗어야 했고, 24미터를 추락하지 않기 위해 바위 에 몸을 바짝 붙인 채 올라야 했다." 그는 침니 꼭대기에서 가장 불안한 등 반기술을 사용해야만 했다. 인공등반용 피톤을 마지막 확보지점에서 멀리 설치한 후 매우 조심스럽게 그것을 딛고 일어섰다. 이 선등은 대담한 등반 동작의 표준이라고 할 수 있다. 그날 이후로 로빈스를 요세미티 최고의 등 반가로 여기는 사람은 나뿐만이 아니었다.

로빈스가 다음에 개척할 새 루트는 프랫과 프로스트의 공이라고 동료 들에게 칭찬을 돌렸지만, 자신이 최고의 등반가라는 사실을 다시 한번 입 증해줬다. 두 사람도 뛰어나긴 했지만 로빈스는 '세계 최고의 암벽등반'을 한 번 더 이끈 리더였다.

왼쪽 _ 1965년 하이어캐시드럴 북서벽에 있는 화이트플레이크피치White Flake Pitch를 선등하는 레이튼 코어 (사진: 글렌 데니)

포위전술 논쟁

1961~1962

북미 지역, 그중에서도 북서쪽 지역은 비박을 하거나 좋은 날씨에 등반하려고 고정로프를 설치하는 것이 유행이었다. 이런 고정로프는 등반가가 속한 곳, 상황이 악화되면 재빨리 탈출할 수 있는 곳까지 이어주는 탯줄이었다. 고정로프는 안전을 선호하는 미국인의 성향을 보여주며, 애초에 바위에 머물러서는 안 된다는 것을 보여준다.

이본 취나드Yvon Chouinard, 1963년

노즈를 초등한 워런 하딩은 그곳을 재등한 네 명 중 세 명, 즉 로열 로빈스와 톰 프로스트와 조 피첸이 자신의 역사적 등반에 사용된 방식을 경멸했다고 주장했다. 하지만 이 세 사람은 그런 혐의를 부인하면서 하딩의 업적을 매우 존중한다고 밝혔다. 노즈가 등반되던 시기에 포위전술을 활용한 등반이 유일한 방식이었고, 모두가 이를 인정했다. 하딩이 이런 주장을 하는 이유를 추정해보면, 하딩 이후 고정로프를 사용하는 등반이 아주 심한 비판의 대상이 되었는데, 이것이 그의 기억을 흐리게 한 것 같았다.

1960년대 초반 로빈스 역시 엘캐피탄 같은 위협적인 곳에서 고정로프가 필요한지 아닌지 확신하지 못했다. 하딩을 조롱하던 태도와는 정반대로, 로빈스는 자신이 엘캡에서 처음 개척한 살라테월Salathé Wall 첫 구간부터 이 포위전술을 채택했다. 등반가들은 노즈 왼쪽의 넓은 바위벽을 오랫동안 살펴봤다. 일찍이 웨인 메리는 1957년 그곳에 크랙이 있다는 것을 알아챘다. 척 프랫은 잠재적인 루트를 찾아냈다. 루트를 찾기 위해 요세미티를 끊임없이 돌아다니던 이본 쉬나드는 벽 전체에 자신이 존경하는 영웅 존 살라테의 이름을 붙였다. 1961년 9월 초, 벽을 살피던 로빈스와 프로스트는 대단한 루트가 있다는 흥분되는 결론에 도달했다.

며칠 후 로빈스와 프로스트, 프랫은 등반에 착수했다. 로빈스는 밑에서 위까지 고정로프를 깔아놓는 것은 '미지에 대한 모험'이라는 등반의 본질을 무시하는 것이라는 사실을 깨달았다. 그러나 벽은 거대했고, 한 번에 치고 올라가는 방식으로 공략하기에는 규모가 너무 컸다. 어떻게 해야 할까? 밑에서부터 하트 모양의 거대한 벽 밑에 있는 레지까지 240미터에 로프를 고정시키면, 아래로 내려와 재충전·재정비를 할 수 있고, 필요한 물자를 나른 후 고정로프를 풀고 힘차게 오를 수 있을 것 같았다. "밑에서 위까지 고정로프를 이용한 포위전술을 피하고 싶었기 때문에 이 계획은 가능한 것과 최대한 모험적 프로젝트를 유지하고자 하는 욕망 사이에서 최고의 타협점 같았다. 내가 말하는 모험적이라는 뜻은 본질적으로 불확실성을 의미한다." 훗날 로빈스는 이렇게 설명했다.

대다수 요세미티 등반가들은 아직 꿈도 꾸지 못했던 이 정서가 이제는 고귀하고 계산된 철학의 본보기로 보인다. 하딩은 그냥 '재미'를 추구해 고정로프로 식량과 와인을 끝없이 올렸고, 등반 동료를 돌보지 않고 그들의 실력이 얼마나 되는지 고려하지 않았지만, 로빈스는 거벽을 자유등반으로 오르는 것만이 등반에 영혼을 불어넣는 행위라고 보았다. 그에게 등반은 정신 수양이었다. 포위전술로 바위를 정복하는 것이 아니라 보다 깊이 있는 의미를 찾고 구하려는 구도 행위였다. 만일 미지의 영역에 부딪치면 아마 자신에 대한 무언가를 발견할 것이다. 로빈스는 그런 목표를 의식적으로 추구하지는 않았지만 포위전술로 거벽을 굴복시키는 것은 자기기만 행위로 여겼다. 왜냐하면 충분한 시간만 주어지면 누구나 벽을 포위할 수 있기에 고정로프와 볼트의 남용은 등반에서 느끼는 즐거움을 감소시킨

다고 확신했기 때문이다.

루트의 첫 번째 구간은 계획대로 진행되었다. 등반 3일 반 만에 하트레지Heart Ledge에 도달했고, 세 동의 로프를 고정시키며 아래로 내려왔다. 처음 150미터의 반반한 벽은 총 13개의 볼트가 필요했다.

휴식을 취하고 더 많은 장비를 확보한 세 사람은 3일 후 푸르지크 매듭을 이용해 하트레지까지 올라갔다. 그런 다음 로프 세 동만 갖고 아주 대담한 행위를 했다. 등반팀은 나머지 로프 세 동을 허공으로 던져 내려보냈다. 탯줄이 잘린 것이다.

살라테월은 세계 최고의 등반가들이 개척한 루트라서 초등과 관련해 어떤 구설수에도 오르지 않았다. 스토브레그 피톤도, 레인저의 등반금지 이야기도, 볼트를 밤새 설치하는 행위도 없었다. 수상쩍은 등반가도 없었고, 돌트카트Dolt Cart 같은 이상한 장비수송 기구도 사용되지 않았다. 3명의 전문가는 수직의 벽을 우아하게 올랐다. 선등과 홀링을 분담했고, 매일 5.9와 A4 난이도 구간이 포함된 힘든 등반을 이어갔다. 복잡한 피치는 5시간 정도 걸렸지만 한 번에 끝내고 계속 위로 올라갔다.

하트레지에서 마지막 공격이 이뤄진 9월 18일부터 23일까지 총 6일 동안 세 사람은 남은 600미터를 올랐다. 그들은 재밍크랙과 침니를 통과하고, 펜듈럼과 까다로운 피톤 설치 작업 등을 해야 했다. 하이라이트는 할로우플레이크레지Hollow Flake Ledge까지 이어지는 위압적인 크랙으로 가파르고 긴 펜듈럼을 해야 했다. '펜듈럼의 대가' 로빈스가 이 피치를 선등했다. 이곳은 결국 루트 중단에서 상단으로 가는 길을 푸는 열쇠가 되었다. 다른 곳의 랜드마크는 중앙에 있는 이어Ear였다. 로빈스는 격납고 크기만 한 이 거대한 구멍이 불안감을 주고, '공포를 불러일으키는 형태'였다고 묘사했다. 이곳을 넘어서자 그들은 한 번도 본 적이 없는 가장 아름다

살라테월의 렁레지Lung Ledge 위쪽에서 펜듈럼을 하는 로열 로빈스 (사진: 톰 프로스트)

운 비박 레지에 도착했다. 이곳은 엘캡의 주벽과 1미터 벌어진 바위기둥인 엘캡스파이어El Cap Spire 위에 있는 가로세로 4미터 정도의 평편한 곳이었다.

가장 인상적인 곳은 정상 근처에 서로 연결이 된 두 개의 훌륭한 구간이었다. 즉 그들이 그냥 천장Roof이라고 부른 곳과 그 위의 헤드월Headwall이라고 명명한 오버행 구간이었다. 이곳들은 전형적인 바위벽 형태라 복잡한 이름이 필요하지 않았다. 천장은 층을 이루며 4미터 밖으로 돌출되어 있었고 완벽에 가까운 크랙이 있었다. 프로스트는 이곳을 재빨리 넘어갔다. 그 위로는 45미터 길이의 헤드월이 95도의 경사를 이루고 있었다. 수수한 색상의 벽에는 얕은 크랙들이 발달되어 있었는데 다행히 매달려 위로 올라갈 수 있을 만큼 피톤이 잘 박혔다. 고도감은 이루 말할 수 없었다. 여기서 뭔가를 떨어뜨리면, 20미터를 빙빙 돌아 수직벽에 두세 번 부딪힌 다음 600미터를 날아 숲에 떨어져 산산조각 날 것 같았다.

마지막 클래식 구간은 정상으로 이어지는 피치로 프랫이 선등을 맡았다. 마지막 등반이 끝날 무렵, 세 명은 맞닥뜨리고 싶지 않던, 확보가 불가능한 재밍크랙을 만났다. 이곳을 재빨리 넘어갈 사람으로 '크랙등반의 대가' 프랫보다 더 뛰어난 사람이 있을까? 나중에 로빈스는 프랫이 아니라 자신을 뒤따라오던 프로스트가 고생하며 오른 일화를 털어놨다. "톰이 척(프랫)의 선등 후, 욕하고 저주하면서도 그의 비범한 재능을 칭찬하더라니까." 온순한 톰 프로스트가 욕지거리를 내뱉었다니? 얼마나 어려웠으면 그랬을까?

로빈스가 '지구상에서 가장 훌륭한 등반'이라고 부른 도전은 이렇게 끝이 났다. 등반 기간만 따져도 9일하고도 반나절이 걸렸다. 2주일 동안 두 차례의 공략 끝에 거둔 성공이었다. 고정로프는 단 3일 동안 벽에 걸려

살라테월의 상단에 있는 오버행과 헤드월 (사진: 톰 프로스트)

있었다. 그리고 볼트는 하단에 설치한 13개가 전부였다. 하딩도 이렇게 할 수 있지 않았을까? 당연히 그렇지 않다. 만약 하딩처럼 몇 년 동안 로프를 고정시키고 볼트를 박아가며 오른다면 요세미티가 얼마나 고통스러울까? 너무나 당연한 말이다. 진화가 이루어질 시간이었다. 하딩이 거벽등반이라는 개념을 도입했고, 로빈스가 그 개념을 다듬었다.

살라테월이 등반되고 나서 3주가 지난 후에 하딩이 포위전술을 이용해 리닝타워Leaning Tower 서벽 등반으로 즉시 반격에 나선 것은 분명 좋은 이야깃거리였다. 그러나 이것은 사실 쉴 새 없이 벽을 탐색하던 하딩이 이미 10년 전에 착수했던 프로젝트였다. 리닝타워는 브라이들베일 폭포 옆 계곡 남쪽에 있는 엄청난 오버행 루트로 하단은 평균 경사가 110도에 이르렀고, 상단도 95도였다. 의심할 여지 없이 이곳은 미국 최고의 오버행 바위였다. 벽은 가파른 만큼 잡을 수 있는 홀드도 없었다. 하딩은 볼트작업이 아주 많이 요구되는 이곳을 왜 주목했을까? 그는 말했다. "내가 정말로 해보고 싶은 곳이었어." 이 단순하고 정직한 판단은 등반에 접근하는 하딩의 등반 방식을 전형적으로 보여주었다: 멋진 벽을 찾고, 초보자를 몇 명 포섭한 다음, 많은 로프와 볼트를 운반한다.

1960년 마지막 날에 버클리 출신의 앨 맥도널드Al Macdonald와 레스 윌슨Les Wilson이 하딩의 첫 번째 시도에 동행했다. 그들은 벽에서 3일을 보낼 작정이었다. 요세미티의 '피리 부는 사나이' 하딩이 자신의 이름을 내세워, 240미터의 거대한 벽에 붙을 초보자 둘을 유혹한 것이다. 어떤 초보자가 이런 유혹을 거절할 수 있을까? 그러나 첫 번째 리닝타워 등반 시도는 빨리 끝났다. 첫 피치에서 하딩이 볼트와 피톤 설치 작업을 하던 중 플레이크가 흔들려 떨어지면서 머리를 쳤다.

"목이 부러진 것 같아." 하딩이 신음하며 말했다.

"머리를 움직일 수 있나요?" 맥도널드가 소리쳤다.

"응, 돌아가긴 해. 앞도 아주 잘 보이고, 근데 두 개로 보여."

하딩은 간신히 혼자 힘으로 내려왔고, 등반팀은 20미터 위에 로프를 매달아놓은 채 시도를 포기했다.

거의 6개월이 지나 하딩과 맥도널드는 리닝타워로 다시 돌아왔다. 하딩은, 워싱턴칼럼에서 셰르파로 일하며 많은 것을 배운 글렌 데니와 노즈에서 포터 역할을 묵묵히 해낸 조지 휘트모어의 도움을 받아, 전체 루트의 80퍼센트를 선등하며 일주일간 볼트와 피톤 설치 작업을 했다.

6월이 되자 기온이 급상승했다. 시간도 아주 빠르게 흘러갔다. TV 방송국 촬영팀이 와서 등반 과정을 촬영했다. 브라이들베일 폭포 주차장에서 일하던 맥도널드는 쉬는 날, 벽에서 일어나고 있는 상황에 대해 이야기를 주고받는 관광객들을 보았다. "일부는 우리가 레지 위에서 로프를 위로 던져 바위에 걸리면 로프를 붙잡고 오른다고 믿었다." 그는 이렇게 기록했다.

매일 밤 하딩의 팀은 리닝타워에서 내려와 요세미티 상가 또는 숲 근처의 비박지로 갔다. 진척이 늦어지는 데는 그럴 만한 이유가 있었다. 벽에는 크랙이 거의 없었다. 하딩은 볼트를 계속 설치해야 해서 후등자들에게 볼트와 행어를 회수하라고 명령하곤 했다. 나중을 위해 회수하고자 한 것이다. 로빈스는 미래의 등반가들을 위해 볼트를 설치했지만, 하딩은 때때로 일회성으로 설치하기도 했다. 이는 향후의 등반에서 나타난 명확한 행동 패턴이었다. 40도의 뜨거운 열기에 시달리던 등반팀은 7일째가 되는 날 아와니레지Ahwahnee Ledge까지 오른 후 곧바로 철수했다. 리닝타워에는 많은 볼트와 피톤이 설치되었다. 하딩은 평소와 같이 뛰어난 설치 능력을 발휘했다.

하딩은 루트를 끝낼 작정으로 10월에 데니와 맥도널드와 함께 리닝타워로 다시 돌아왔다. 그때는 살라테윌 개척이 막 완성된 상태였다. 세 사람은 로빈스와 그의 팀원이 자신들과 같은 수준이 아니라는 것을 알고, 이 등반에 감탄했다. 하딩은 자신이 일을 느리게 하는 무능력자라면서 다른 사람들의 실력을 추켜세웠다.

세 명은 벽에서 일주일을 보냈는데, 아와니레지에서 6일 밤을 보냈고, 마지막은 정상 바로 밑에서 비박했다. 그리고 10월 13일 마침내 정상에 도달했다. 루트를 완성하는 데 총 18일이 걸렸고, 111개의 볼트와 고정로프가 전 구간에 설치되었다.

바위 아래에서 지켜보던 등반가들 대다수는 이런 식의 등반을 좋아하지 않았다. 살라테윌은 가능성을 보여줬다. 리닝타워 루트 개척은 구시대적인 접근방식이었다. 반반한 벽을 찾아 1년 동안의 볼트 작업을 통해 오르고 만다? 이것이 미래지향적인 등반인가? 이런 등반 스타일의 주창자인 하딩을 가혹하게 비판했지만, 생각해보니 1961년에는 포위전술 없이 리닝타워를 등반한다는 것은 상상하기 어려웠다. 볼트 설치는 시간이 많이 걸리는 데다, 벽이 너무나 가파른 오버행이라 하강도 불가능했다. 위로 올라갈 때는 물론이고 아래로 내려올 때도 푸르지크 매듭을 활용해야 했다. 팀이 철수할 때마다 모든 로프를 회수하는 것은 터무니없는 행동이며, 볼트 작업으로 인해 한 번에 치고 올라가는 등반을 할 수도 없었다. 루트 절반이 볼트로 도배되다시피 했으니 가능하지 않았을까? 하지만 불가능했을 것이다.

리닝타워는 매력적인 오버행 등반지라서 1960년대 중반에 엄청난 인기를 끌었다. 없어진 볼트와 행어는 로빈스가 재등하면서 다시 설치했다. 리닝타워 등반에 대한 평가는 나중에서야 이뤄졌다. 만일 하딩이 루트를 개척한다면 그렇게 하도록 내버려두자. 너무 애쓰지 않고 아름다운 곳을 즐기는 것이 더 낫다!

하딩이 리닝타워 정상에 올라선 그날, 역사적인 사건이 요세미티 계곡 하류에 위치한 엘리펀트록Elephant Rock에서 벌어지고 있었다. 크랙의 대가 척 프랫은 불길한 13일의 금요일에 발군의 실력을 뽐냈다. 워스트에러Worst Error 우측에는 가파른 크랙 두 개가 있었는데, 프랫은 몇 개월 전 이곳을 발견하고서, 버클리 출신으로 실력이 뛰어난 모트 헴펠Mort Hempel과 함께 크랙을 관찰하면서 사면까지 올라갔다. 그들은 오른쪽보다 더 매력적으로 보이는 왼쪽 크랙을 올랐다. 헴펠이 선등으로 나선 첫 피치는 다소 오버행 구간인 데다 5.9 난이도의 레이백 동작이 필요한 곳이었다. 다음 피치는 오버행의 벌어진 크랙으로 무시무시한 구간이었는데 이곳은 '크랙의 대가' 프랫이 올랐다. 난이도는 5.8이었지만 확보할 곳이 없었다. 시간이 늦어지자 두 사람은 다시 돌아오기로 하고 일단 철수했다.

그리고 두 사람은 10월 31일에 다시 돌아왔다. 이전의 최고점 위로는 길고 어려운 침니 피치와 정상 아래쪽에 짧지만 힘든 크랙이 기다리고 있었다. 프랫은 바로 이 지점에서 고전을 면치 못했다. 얕고 벌어진 크랙은 약간의 오버행에 오톨도톨한 돌기들이 나 있었다. 그는 손을 크랙 속에 집어넣고 크랙 주변을 발로 디디면서 조금씩 꼼지락꼼지락거리며 올랐다. 어떤 장비도 들어맞지 않게 벌어진 이 크랙을 오를 때는 힘과 기교가 모두 요구되었다. 프랫은 헤라클레스만큼 강했지만 아킬레스와 비슷한 약점이 있었다. 가끔 발이 크랙 밖에서 힘을 쓰지 못한 채 버둥거렸다. 때로는 3센티미터를 오르기 위해 두 발을 포개기도 했다. "프랫이 다른 곳에선 아무 말도 하지 않았는데 이번엔 달랐어. 그는 '잘 봐줘! 조심해.'라는 말을 반복했지. 내가 뒤따라 오르면서 확보장비를 회수하며 보니 그냥 건성으로 박혀 있더군. 크랙은 거의 정상까지 이어져 있었고. 난 작은 오버행을 올라서야 했는데, 로프를 잡을 수밖에 없었어. 그대로는 오를 수 없었으니까. 상당히 짜릿한 등반이었어." 헴펠은 당시를 회상하며 이렇게 말했다.

크랙오브둠Crack of Doom으로 알려진 이 등반은 몇 년 동안 요세미티에서 가장 어려운 크랙등반의 대명사가 되었다. 이곳이 요세미티 최초의 5.10 루트는 아니지만(사실 로빈스가 자유 등반한 릭슨스피너클Rixon's Pinnacle의 동쪽 침니가 최초의 5.10 루트이다) 프랫의 온사이트on-sight 리딩보다 더 훌륭한 등반은 여태껏 전무했다. 릭슨스피너클 같은 기존 루트에서 인공등반용 피톤 몇 개를 제거하고 나서 자유 등반하는 것도 어렵기는 하지만, 미지의 영역을 개척한 프랫의 선등은 그 자체로 수준이 높은 등반이었다.

앞서 언급한 세 개의 루트(살라테월, 리닝타워, 크랙오브둠)를 통해 볼 수 있듯이, 1961년에는 다양한 등반 스타일이 존재했다. 나는 가을에 홀로 남겨진 기분이 들었고, 무언가 대단한 등반을 함으로써 나 자신의 권위를 확고히 다지기로 결심했다. 그리하여 방치된 대상지 두 곳을 선택했다. 열렬한 독서광인 나는 헤르만 불이나 가스통 레뷔파 등의 영웅적인 알프스 업적에 강한 영향을 받았다. 암벽등반도 좋지만 맹세코 우리는 새로운 영역을 확장하면서 알피니스트가 되어야 했다. 이것은 재빨리 움직이고 어려운 바위와 얼음지대를 로프 없이 올라가야 하는 것을 의미했다. 내가 탐독한 책은 이런 효율적 등반의 아름다움을 극찬했다. 하지만 인공등반을

혼자서 어떻게 하는지, 또는 얇은 얼음을 어떻게 오르는지 등은 세부묘사가 부족했다. 나는 이런 방법을 배우기로 마음먹었지만 결심은 엿새밖에 지속되지 않았다.

나는 로열아치스 대부분을 로프 없이 1시간 만에 오른 직후 자신감을 얻었다. 나를 위해 길을 비켜주세요, 가스통 레뷔파! 그래서 단독 인공등반에 대해 아무것도 모른 채 로스트애로 쪽으로 목표를 바꿨다. 이곳을 이미 다섯 번이나 등반한 경험이 있어서 어려운 피톤 설치는 걱정하지 않았다. 하지만 아찔하게 노출된 첫 피치에 압도되어 몸을 벌벌 떨면서, 단독 인공등반 기술에 대해 읽은 적이 있는지 애써 떠올려봤다. 아는 것이 하나도 없다는 사실에 온몸이 굳어진 채 후퇴를 할까 고민했지만 캠프4의 동료들이 나를 반기며 비웃는 소리가 들리는 것 같았다. 게다가 로지의 커피숍 매니저이자 여자친구인 제니 딘Janie Dean(로스트애로를 등반한 소수의 여성 중 한 명)이 겁쟁이로 소문난 사람과는 데이트를 하지 않겠다고 거부할 것 같았다. 아니, 가야 해, 계속 가야만 해. 올라가면서 방법을 터득하면 될 거야. 몇 시간 후 정상 근처 슬링에 걸터앉은 채 나는 나의 방식이 적절치 못하다는 사실을 깨달았다. 내가 고안한 영리하지만 엉성한 단독 인공등반 시스템을 계속 사용하다가 만약 피톤이 빠졌다면 나는 로프 절반 길이만큼 추락했을 것이다. 죽지는 않겠지만 임시변통의 확보로 만든 로프의 매듭까지 추락했을지 모른다. 그러나 다행히 피톤은 빠지지 않았다.

성공은 더 많은 자만심을 키웠다. 바로 얼마 후 12월의 태풍이 지나가자, 나는 하프돔 아래의 얇은 눈과 얼음이 덮인 넓은 슬랩을 올려다본 다음, 새 친구에게 등반을 함께 하자고 유혹했다. 그가 누구냐 하면, 지난 겨울 버클리 암장에서 만난 친구로, 물리학을 전공하는 프랭크 사슈러Frank

Sacherer였다. 그는 이미 뛰어난 등반가였으나 빙벽등반은 초보였다. 나는 그가 헤르만 불과 가스통 레뷔파의 책을 탐독했다는 사실을 알고 엄청 칭찬하면서 이렇게 제안했다. "저 위쪽에 크램폰으로 오를 수 있는 완벽한 곳이 분명 있을 거야. 알프스 등반을 위해선 좋은 연습이지." 사슈러는 망설였다.

"내가 먼저 오르면서 방법을 알려줄게." 나는 고작 여섯 번 사용해본 크램폰을 신으면서 말했다. 그래도 사슈러보다는 경험이 훨씬 많은 셈이었다.

"그럼… 좋아." 그는 인상을 쓰며 말했다. "그런데 로프는 가져갈 거지? 미끄럽잖아."

"로프?" 내가 소리쳤다. "아니, 저 작은 사면 위에서 로프를 쓴다고? 헤르만 불도 그랬을 거라고 생각해? 로프는 안 돼. 게다가 네가 추락하면 나까지 잡아챌 거야."

그런데 뜻밖의 상황이 발생했다. 계곡 바닥에서 600미터 위, 티끌 하나 없이 매끄럽고 나무도 없는 180미터 길이의 슬랩 상단에서 살짝 덮여 있는 살얼음에 미끄러진 것이다. 그 순간 나는 아이스액스를 이용한 자기제동 기술로 화강암 벽을 찼지만 벽에서 불꽃만 일어났다. 나는 우주선처럼 마하 1의 속도로 50도 경사의 150미터 절벽을 미끄러졌다. 사슈러는 내가 살아날 가망이 거의 없다고 확신하고 구해달라는 비명조차 지르지 않았다. 그는 로프를 연결하자고 고집하지 않은 사실에 안도하고, 근처의 나무와 안전한 램프가 있는 쪽으로 침울하게 움직이기 시작했다.

나는 사슈러의 아래쪽 180미터 지점 눈이 덮인 레지에서 마치 십자가에 못 박힌 예수처럼 다리를 벌린 채 정신이 들었다. 그리고 나자 부상이 어느 정도인지 알아보려고 몸부림치다 이내 포기하고 눈에 보이지 않는 친구를 향해 울부짖었다. 나의 애처로운 비명을 들은 사슈러는 아찔한 사면을 용감하게 발끝으로 디디며 내려오기 시작했다. 그리고 화를 내면서도 능란하고 조심스럽게 나를 이끌고 위험한 슬랩에서 460미터 아래 안전한 곳으로 갔다. 레인저에게 구조를 요청한다는 생각은 떠오르지 않았다. 헤르만 불이라면 아무 불평도 하지 않고 그냥 내려오지 않았을까?

나는 요세미티 계곡의 작은 병원에 13일간 입원했다. 미끄러질 때의 충격으로 부러진 늑골과 신장 사이에 출혈이 생기면서 처음 10일간은 피처럼 보이는 오줌을 쌌다. 문병하러 온 하딩은 내 피오줌을 보더니 안색이 어두워졌다. "로퍼, 넌 인생을 망가뜨리고 있어!" 그가 소리쳤다. 아버지도 비슷한 느낌을 가지긴 했지만 비유적으로 말했다. 아버지는 사고 발생 사흘 만에 편지를 써 보냈다. "너의 형편없는 판단력으로 인해 크리스마스에 해야 할 일을 못하고 있단다. 너 때문에 크리스마스카드 발송이 늦어지고 있어." 그런데 이틀 후 할머니가 돌아가셨다. 그해 크리스마스는 아주 조용히 보냈던 기억이 난다.

헤르만 불의 세계로 들어가고자 하는 짧은 시도 후 나는 단독등반과 빙벽등반을 그만두고 10여 년간 동료들과 따뜻한 바위만 등반하며 요세미티 계곡에서 행복하게 지냈다.

1961년에 또 다른 논란을 불러일으키는 등반 스타일이 등장했는데, 내가 더 성공을 거뒀던 분야다: 바로 속도등반이었다. 이 행위가 새로운 것은 아니었지만 바로 그해 더욱 정교하게 다듬어지면서 몇 가지 문제를 불러일으켰다. 몇 년 후에 취나드는 속도등반에 대해 다음과 같이 언급했다. "등반가들은 자신들이 얼마나 빠르고 효율적으로 등반했는지를 보려고 하

는 것이 아니라, 며칠 전에 같은 등반을 한 다른 팀보다 더 빠르고 효율적이었는지 경쟁하려고 그런 등반을 했다. 등반이라는 행위는 경마장의 경주에 지나지 않는 부차적인 것이었다." 타고난 속도등반가인 나는 같은 성향을 지닌 동료들과 함께 등반했다. 종종 우리는 하루 만에 등반된 적이 없는 곳을 선택해 비박장비 없이 오른 후에 의기양양한 기분을 느꼈다. 남보다 한 수 위라는 생각이 들었다. 또 다른 한편으로는 효율적으로 움직인다는 사실에 짜릿하기도 했다. 그해 점점 더 자주 하게 된 말은 "얼마나 걸렸어?"였다. 자신이 잘하는 분야에서 무언가를 남기려는 것이 과연 죄악일까?

이전까지 이뤄진 속도등반의 대표적인 예는 — 취나드가 앞에서 완곡하게 언급한 것으로 — 1950년에 스택과 살라테가 초등한 길고 힘든 루트인 센티넬 북벽이었다. 그곳은 1961년 9월까지 14번이나 등반되었지만, 비박 없이는 단 한 번뿐이었다. 최단시간 등반 기록은 1960년 로빈스와 피첸의 10시간이었다. 정말 대단한 등반이었다. 그러나 로빈스는 네 번째, 피첸은 두 번째 등반이었다. 그들은 루트를 속속들이 알고 있었다. 이 시기의 센티넬 북벽 루트는 헤드월이라는 짧은 구간을 제외하고 모두 자유등반 구간이었다. 힘든 크랙과 침니가 많은 이곳은 크랙 전문가들의 시험무대였다.

사슈러와 나는 둘이서 효율적인 팀을 이뤄 등반했다. 우리는 레지에서 두 발을 허공에 내리고 앉아 쉬면서 인생의 의미를 토론하는 대신, 가파른 바위를 재빨리 움직여 번개처럼 1~2분 만에 피톤을 박으면서 자부심을 느꼈다. 1961년 9월, 서로가 한 번도 오른 적이 없는 스택-살라테 루트를 시도하자고 제안하자 사슈러는 비박장비에 대해선 묻지도 않았다. 사실 그는 나보다도 더 속도등반에 미쳐 있었다. 로프 한 동과 2리터의 물만 갖고 가자는 그의 주장에 나는 순간 멈칫했다. "철수해야 할 때 어떻게 하려고?"

"그럴 일은 없을 거야." 샌프란시스코대학 물리학과 3학년에 재학 중이던 사슈러는 거만한 경향이 있었다. 그는 모든 장애를 극복할 수 있다는 정신의 힘을 믿고 허약한 마음을 극도로 경멸했다. 한번은 그가 15미터 위의 5.7에서 동작을 취하고 있을 때 확보자가 "야, 프랭크, 피톤 박아!"라고 소리치자, 프랭크 사슈러는 몸을 천천히 돌리더니 떨고 있는 친구를 잠깐 내려다본 후에 "입 닥쳐, 이 겁쟁이야!"라고 화를 냈다. 우리는 8시간 반 만에 센티넬을 오르고 나서 어두워지기 전에 의기양양한 걸음으로 피로를 숨긴 채 캠프4로 어슬렁거리며 돌아왔다. 로빈스가 샴페인을 들고 우리 테이블로 걸어왔다. "잘했어, 친구들. 하루 종일 지켜봤지. 축하해. 자, 마셔." 우리는 이런 행위가 정말 칭찬받을 만한 일이라는 것을 알았다. 세련되지 못한 사슈러는 샴페인 거품을 먼저 맛보더니 얼굴을 찡그리며 말했다. "코카콜라 같은 맛이 나네."

로빈스는 관대했으나 스무 살 동갑내기 펑크족들이 센티넬 속도등반 기록을 차지하는 것을 허락하지 않았다. 그는 인내심 있게 하루를 기다린 다음 행동에 들어갔다. 망원경으로 등반 모습을 지켜보는 일은 이제 우리 차지가 되었다. 로빈스와 톰 프로스트는 종종 동시에 등반을 했는데, 이 전술은 큰 등반에서 처음으로 행해졌다. 그들은 출발한 지 3시간 15분 만에 정상에 올라선 다음 늦은 점심을 먹으러 캠프사이트로 차분하게 돌아왔다. 너무나 충격을 받은 나는 샴페인을 사는 것조차 깜빡했다.

속도등반에서 이런 종류의 경쟁은 거의 없었다. 그러나 빠르게 움직이고, 비박하지 않고, 악마처럼 등반하는 사람들은 그 후로 몇 년 동안 요세미티의 일부가 되어 많은 토론을 이끌고, 등산잡지 편집자에게 편지를 보냈다. 예를 들어, 캘리포니아 남부 출신의 뛰어난 젊은 등반가 톰 히긴스Tom Higgins는『서미트』에 사려 깊은 통찰력이 담긴 글을 기고했다. "아마도 요세미티 등반의 절반은 이상주의, 나머지 절반은 트랙 경주다." 다음 호에는 글래시어포인트에이프런 등반 전문가 빌 앰본이 이에 화답하는 글을 기고했다. "경쟁은 높은 기준을 적용하기 때문에 등반가들에게 탁월함과 능력을 가져다준다. 등반에서 탁월함은 더 큰 안전을 담보하고, 자신의 한계를 훨씬 더 잘 이해한다는 의미이기 때문에 중요하다."

속도등반이 경쟁적인 모습을 띠는 바람에 일부를 분노하게 만들었지만 (실은 단순한 진화의 과정이다) 분노의 대상은 이 지역 등반가들과 친숙한 얼굴들에 한정되었다. 하지만 그런 사소한 분노조차 1962년 3월 31일에 사라졌다. 이날 외지인들이 요세미티를 침범해 고정로프로 엘캡의 가치를 훼손했기 때문이다. 시애틀 출신의 유명한 에드 쿠퍼Ed Copper는 일류 암벽등반가가 되기로 결심했다. 엘캡 루트와 관련된 기사와 홍보에 영향을 받은 그는 1961년 캐나다 출신의 짐 볼드윈Jim Baldwin과 함께 밴쿠버 인근 북쪽에 위치한 300미터의 거대한 화강암 벽 스쿼미시치프Squamish Chief를 등반했다. 그들이 이 벽에 고정로프를 설치하며 오르는 데는 수개월이 걸렸고, (언론의 환심을 사면서) 이 벽을 등정하자 현지인들은 환호했다. 그것은 노즈를 연상시키는 등반이었다! 이 승리로 의기양양해진 두 사람은 다음 봄 시즌에, 한 번도 등반한 적은 없지만 열망 하나만을 간직한 채 '등반의 메카'를 향해 남쪽으로 내려왔다. 쿠퍼는 다음과 같은 오만한 기록을 남겼다. "엘캡에 남은 단 하나의 등반선은 남서벽 직등 루트로, 마지막까지 오르지 않은 상태로 남아 있다." 우리 모두가 한때 그랬던 것

처럼, 쿠퍼는 자신의 재능에 자신만만했지만 압도적인 엘캡을 처음 보자마자 무릎을 꿇은 채 털어놨다. "우리는 작고 하찮은 존재로 여겨졌다. 의구심이 마음 한편을 괴롭혔다."

그들이 살라테월 왼쪽에서 포위전술을 구사하는 것을 보고, 우리 역시 의구심이 들기는 했었다. 그들은 아래쪽 3분의 1에서만 고정로프를 이용한 뒤 흠잡을 데 없는 스타일로 올랐다. 우리는 포위전술이 필요하다고 느끼기는 했지만, 사실 살라테월 성공 이후 고정로프는 더 이상 필요가 없었다. 설령 엘캡이라도 말이다. 아주 지적이고 내성적인 데다 고집 센 쿠퍼는 도착했을 당시 우리와 거리를 두었다. 이와는 반대로 거칠고 소탈한 성격의 볼드윈은 캠프4 식구들과 잘 맞았다. 하지만 그 역시 고정로프가 적절한지에 대한 질문에는 즉답을 피했다. "이 자식들이 그냥 부러워서 그런 거지." 그는 이렇게 조롱하면서 덧붙였다. "루트를 알지 못한다고 그 루트를 해낼 수 없다는 건 아냐."

1960년대 엘캡 신루트 대부분의 이름에는 웅장한 '월Wall'이라는 단어를 포함시켰다. 따라서 쿠퍼와 볼드윈이 발견한 루트는, 730미터 아래 하단과 구별되는 거대하고 구부러진 두 개의 평면각 이름을 따서, 곧 '다이히드럴월Dihedral Wall'로 불렸다. 이 벽과 떨어진 반반한 곳에는 볼트가 필요했다. 우리 요세미티 등반가들은 볼트 설치에 대해 그렇게 걱정하지 않았다. 다만, 요세미티를 등반한 적이 없는 사람이 시간을 오래 끄는 포위전술로 또다시 오른다는 아이디어가 마음에 들지 않았을 뿐이었다. 우리는 순진하게 하딩의 리닝타워Leaning Tower 등반이 이런 전술의 마지막 유물이 될 것이라고 믿었다.

우리는 요세미티로 들어와서 우리의 '규칙'을 어기는 태평양 북서 지역 등반가들에 대해 별로 생각하지 않았다. 미국의 북서 지역은 매우 보수

1965년의 짐 볼드윈 (사진: 글렌 데니)

적인 산악인 유형을 양성하는 것으로 명성이 높았는데, 이곳 사람들은 황량한 화산과 썩은 바위를 오르고, 실제로 '10대 필수품'을 챙겨가야 한다는 것을 믿는 사람들이었다. 우리는 쿠퍼가 벽에서 나침판과 손전등과 안전모를 쓰고 투지 있게 오르는 모습을 볼 수 있었다. (하딩의 10대 필수품 목록에는 와인과 『플레이보이』 잡지가 들어 있었을 것이다.) 야한 농담을 좋아하고, 원기왕성하고, 멋진 술친구였던 볼드윈이 아니었다면 우리 캠프 4 식구들은 이 프로젝트에 대해 화를 냈을 것이 분명하다. 기민한 눈동자,

덥수룩한 수염, 관능적인 입술을 가진 볼드윈은 고대 그리스 신화의 사티로스처럼 보였고, 그가 자신의 성적 탈선에 대해 말한 놀라운 이야기들(그의 평판을 떨어뜨리는 이야기가 아니기 때문에 마치 사실처럼 들린다)은 '보수적인 북서 지역 등반가들에 대한 고정관념'을 다시 생각하게 만들었다.

쿠퍼와 볼드윈은 4월과 5월 두 달 동안 하루에 30미터도 전진하지 못한 채 로프를 고정시키는 데 10여 일을 소비했다. 5월 15일 최고점에서 돌아온 볼드윈은 불안한 심정을 호소했다. 사선으로 고정된 로프를 타고 내려오는 동안 푸르지크 매듭이 풀리면서 로프 끝까지 25미터나 미끄러졌다. 다행히 그 로프가 아래 앵커에 고정되어 있어서 멈추기는 했지만 손이 로프에 쓸려 엉망진창이 되었고, 이제 봄 시즌에는 등반을 할 수 없게 되었다. 어느 날 아침 쿠퍼는 나를 붙잡고 며칠간 함께 등반하자고 졸랐다. 그의 제안을 받아들이면 내가 위선자가 될 것이라는 사실을 알았지만 그 거벽이 어떻게 생겼는지 보고 싶은 유혹을 떨쳐버릴 수 없었다. 나는 지상에서 240미터 떨어진 완전한 수직의 벽에 매달린 채 위에서 쿠퍼가 볼트를 박는 동안, 즉 정오부터 다음 날 새벽까지 전혀 움직이지 못했다. 날이 밝도록 쿠퍼가 아무 말도 하지 않아서 나는 설명도 인사도 하지 않고 하강해버렸다. 나는 이런 식의 포위전술 등반을 하고 싶은 마음이 전혀 없었다. 등반윤리는 차치하고라도, 한곳에서 한나절 동안 슬링에 매달려 있을 인내력이 없었다. 전날 등반한 거리가 고작 10미터였는데 그것도 볼트를 이용해 오른 것이었다.

여름이 다가오자, 로프가 270미터 높이까지 걸렸지만 레인저들은 다시 한번 여름 등반 금지를 명령했다. 증권중개인으로 잠깐 일한 경력이 있는 쿠퍼는 뉴욕으로 돌아갔다. 볼드윈은 돈이 떨어지자 브리티시컬럼비아와 알래스카 경계선에 있는 고향 프린스 루퍼트Prince Rupert로 돌아가서 물고기를 잡고 벌목을 하는 등 잡일을 했다.

1962년 이전까지만 해도 등반가들은 거의 트러블 없이 서로를 존중하며, 대단히 친밀하게 지냈다. 미묘하게, 이것은 변화하기 시작했는데, 불손한 등반가들이 새로 유입된 것이 원인 중 하나였다. 볼드윈과 쿠퍼는 그런 그룹에 속했고, 서른 살의 엔지니어 아트 그랜Art Gran도 마찬가지였다. 뉴욕 샤완겅크스Shawangunks에서 실력을 갈고닦은 훌륭한 등반가이자 입담 좋은 친구인 아트 그랜은 위트 감각과 자신감을 가득 품고 요세미티로 뛰어들었다. 끊임없이 팔을 움직이며 말을 하고 독특한 억양을 지닌 이 인물을 모두가 좋아하진 않았다. 자신만만하고 당돌한 이 친구는 어릿광대로 여겨지지 않을 만큼 등반도 잘했다. 아트 그랜은 우리 중 일부가 요세미티 계곡에 대해 지나치게 독점권을 갖고 있다고 생각했고, 그해 봄 대학을 중퇴하고 이제 막 19세가 된 에릭 벡Eric Beck도 그렇게 생각했다. 그 역시 우리들 대다수가 그랬던 것처럼 명성 높은 등반가 밑에서 성장하지 않았는데, 그것은 고인이 된 등반 거물들을 자유롭게 놀릴 수 있다는 것을 의미했다.

최고의 등반 스타, 로빈스는 매력적인 놀림감이었다. 그는 종종 고고한 태도로 신중하게 고른 단어를 쓰면서 거의 웃지도 않았고, 삶을 항상 진지하게 대했다. 나는 이에 대해 별 생각을 해보지 않았었는데, 짐 볼드윈과 아트 그랜, 에릭 벡, 레이튼 코어 등이 그를 패러디했을 때 놀리는 점이 무엇인지 단번에 알아챘다. 나 또한 이 패러디에 가담했다. 이것은 또래들끼리 쉽사리 영향을 주고받는 대표적인 사례였다. 이때부터 캠프4에 일종의 양극성이 미묘하고 기묘한 상태로 늘 존재했다.

5월 초 로빈스는 피첸과 함께 센티넬 북벽 신루트를 오른 후에,『서미트』에 등반기를 실었는데 일부 표현은 조롱을 받기에 딱 좋았다. 높은 비박지에서 마주하는 엘캡의 숭고한 새벽 전경에 대해 로빈스는 열변을 토했다. "얼마나 사랑스러운 전경인가! 단순하지만 거대한 자연의 모습에 내가 얼마나 쉽게 마비되는지 성찰했다. 자연은 정말 최고였다. 모차르트보다도 더 훌륭하다고 할 정도로."

곧 다른 등반가들은 로빈스와 유사한 문장으로 응수하기 시작했다. 우리가 레이튼 코어에게 "그 루트 어땠어?"라고 물으면 그는 "패츠 도미노 Fats Domino(미국 뮤지션)보다 훌륭했어!"라고 큰 소리로 말했다. 1963년 스티브 톰슨Steve Thompson과 제프 도지어Jeff Dozier의 미발표된 첫 등정기에는 "차이콥스키보다 훌륭하지만 브람스만큼은 못하다."라는 문장이 들어 있었다. 센티넬 북벽은 자연스레 '모차르트월Mozart Wall'로 알려졌다. 이런 놀림에도 개의치 않고 의연했던 로빈스는 향후 많은 논란이 된 문장을 하나 더 쓰긴 했지만, 이 시기에 가장 왕성하게 활동한 실력 있는 등반 작가였다.

위에서 언급한 사건들이 일어나는 동안에도 캠프4의 일상은 평소와 똑같았다. 기본적으로 우린 모두 각자의 등반 계획을 갖고 있었다. 나는 친구들로부터 많은 편지를 받은 기억이 있다. 대부분 겨울에 쓰인 편지로 다음 시즌 등반계획에 관한 내용이었다. "무더워지기 전에 하프돔을 하자." "하이어록Higher Rock 동벽이 무너질지도 모른다던데." "우리는 살라테월 등반에 완벽한 팀이 될 거야." 이 무렵 등반가 그룹이 미묘하게 나누어지기 시작했다. 한 그룹의 등반과제는 더 나은 그룹에 의해 1년 또는 2년 전에 수행된 과제에 따라 패턴화될 수 있었다. 예를 들면, 하프돔 북서벽은 이상적이 지표가 되었다. 척 프랫은 일찌감치 1959년에 이곳을 해낼 수 있었지만 '준비'를 위해 1960년까지 기다렸다. 나는 1961년에 해낼 수 있었지만 준비가 되었다는 느낌이 들 때까지 2년을 더 기다렸다. 거벽의 위용이 워낙 대단해서 우리 대부분은 용기와 자신감이 들지 않았기에, 그런 계획의 연기는 불가피했다. 하지만 이 시기에 처음으로 세 팀이 완전히 다른 등반 목표를 갖고 분투하기 시작했다.

1962년에도 여전히 전설이었던 센티넬 북벽과 로스트애로침니는 수많은 등반가들에게 첫 거벽등반 대상이었다. 예를 들어, 레이튼 코어는 1962년 4월 요세미티 계곡 두 번째 방문 만에 센티넬을 올랐다. 그는 자신의 뒤를 이은 콜로라도 등반의 2인자 밥 컬프Bob Culp와 함께 로스트애로침니를 하루 만에 오른 후 다음 날 새벽 2시에 비틀거리며 캠프4로 돌아왔다. 그리고 센티넬 북벽의 매력에 빠진 그는 이틀 후 다시 또 올랐다. 이번에는 모트 헴펠과 함께 힘을 합쳐 7시간 30분 만에 해냈다. 그런 다음, 콜로라도의 사나이 레이튼 코어는 밥 캠스와 함께 하프돔의 북서벽을 올랐다.

레이튼 코어는 1962년 봄에 요세미티에서 경이로운 두 달을 보냈지만 개척등반은 거의 하지 않았다. 우리 대부분은 — 레이튼 코어조차도 — 클래식 루트에서 즐겁게 등반하면서 로빈스-프로스트-프랫 그룹보다 몇 년 더 느릿느릿 등반해나갔다. 우리 자신이 거대한 벽들을 초등할 때가 올 것이라고 느끼면서. 우리는 그때를 위해 열심히 노력하고 꿈을 좇았다.

1962년 봄과 여름에 몇몇 뛰어난 루트가 생겨났다. 취나드와 나는, 지금은 가장 아름다운 클래식 루트가 된, 길고 어려운 미들캐시드럴 북벽 버트레스를 올랐다. 하루를 비박했는데 6월 중순에는 흔치 않은 폭풍을 만났다. 자정 무렵에 우박과 비바람이 몰아쳤다. 미처 대비하지 못한 우리는 다음 날 비를 맞으며, 물을 토해내는 침니를 꿈틀거리며 올라갔다. 취나드는 미끄럽기 짝이 없는 이 침니를 멋지게 등반했다. 등반에서 돌아온 후 식료품 가게 저울에 흠뻑 젖은 재킷을 올려놓자 무게가 3킬로그램이나 되었다!

그해 봄 자신만만했던 취나드와 나는 아직 재등되지 않은 살라테월에 도전장을 내밀었다. 이 도전을 위해 짐을 꾸리는 동안, 로빈스는 우리가 러프와 볼트 사이가 멀어 자유등반으로 넘어가야 하는 구간이 있는 5.10 대의 제5피치를 넘어서지 못할 것이라고 했다는 말을 누군가가 — 이 말을 듣고서 몇 시간 만에 — 전해줬다. 로빈스는 거침없이 말했다고 한다. "이본은 키가 너무 작고, 스티브는 겁이 너무 많아." 그의 말을 듣고 화가 난 우리는 이 구간을 단 몇 분 만에 해치웠다. 이 구간의 선등은 내 차례였고, 나는 신이 났다. "엿이나 먹어, 로빈스!" 나는 하늘을 향해 소리쳤다.(일주일 후에 로빈스는 이 피치가 5.9라고 했는데 그의 말이 맞을 것이다.)

우리는 아주 빠르고 효율적으로 등반했지만 대충 만든 홀링백이 닳기 시작했다. 피치를 오를 때마다 구멍이 생기고 찢겨나갔고, 배낭끈 실밥마저 풀리고 있었다. 우리는 아침에 하트레지Heart Ledge로 내려갔다. 그리고 등반 철수 방식 때문에 전설이 된 일화가 탄생했다. 나는 골칫거리가 된 홀링백을 거칠게 내던지기로 했다. 사실은 내려가고 싶어서 취나드에게 이 결심을 슬쩍 말하고, 그가 동의하자 마음을 바꾸기 전에, 재빨리 홀링백을 허공으로 던져버렸다.

10월에 군 입대를 앞둔 취나드는 열정적으로 등반했다. 8월 말 그와 TM 허버트는 센티넬 북벽에 루트 하나를 더 만들었다. 앞으로 자주 등반하게 될 쉬운 루트였다. 취나드-허버트 루트에는 기억에 남는 피치가 있는데, 그 피치에 대해 취나드는 나중에 이렇게 썼다. "나는 우리가 난관에 부딪친 것을 곧바로 알았다. 오버행은 7~12센티미터 두께의 플레이크 층으로 이뤄진 곳이었다. 해머로 두드리니 아프로큐반(스페인의 정열적인 멜로디에 아프리카의 리듬이 혼합된 라틴 음악) 같은 공허한 소리가 났다. 이곳에 피톤을 박는 것은 미친 짓이었다. 박는 도중 바위 조각이 떨어지면 확보를 보는 후등자의 목을 그대로 강타할 것 같았다." 그들은 볼트가 부족하자 후퇴한 뒤 며칠 후 다시 돌아와 현재 '아프로-쿠반플레이크Afro-Cuban Flake'로 불리는 곳을 피해 정상으로 올라갔다.

취나드를 매료시킨 다음 등반 대상지는 외진 곳에 위치한 쿼터돔 Quarter Dome으로 관광객들은 물론 등반가들조차 거의 모르는 곳이었다. 그곳은 테나야캐니언에서 몇십 킬로미터 떨어진 곳에 있었고, 요세미티 계곡의 여러 전망대에서도 잘 보이지 않았다. 450미터의 이 벽은 한 번도 시도된 적이 없는 곳이었다. 9월 초에 취나드와 프로스트는 채 이틀도 되기 전에 이 벽을 올랐다. 놀라운 곳에 자리 잡은 이곳은 피톤을 쉽게 설치할 수 있는 곳이었다. 취나드는 몇 달 후 앨라배마 군부대에서 편지를 보내 이 대상지를 극찬했다. "쿼터돔의 바위는 요세미티에서 최고야. 어쩌면 세계에서도 최고일지 몰라. 빙하에 휩쓸린 흔적도 없고, 지저분한 곳도 없고, 개미나 덤불숲도 없어. 이곳은 인류 역사상 가장 즐겁게 장비를 설치할 수 있는 구간인 것 같아. 가봐. 시간만 있고 길만 잃지 않는다면 누구나 오를 수 있어."

쿼터돔 등반 직후 프로스트와 로빈스는 워싱턴칼럼 동벽에 있는 하딩-프랫 루트의 제2등(첫 번째 연속등반) 기록을 세웠다. 오버행 루트에서 이틀을 보낸 두 사람은 볼트 구간을 지나, 원래 박혀 있던 볼트 27개 중 25개를 빼냈다. 이런 일이 어떻게 가능했을까? 1년이 넘는 동안 고정로프에 의지한 하딩은 앵커를 단단하게 설치하려고 많은 볼트를 박았었다. 프로스트와 로빈스는 하딩이 볼트를 박고 돌아간 넓은 크랙에 춰나드-프로스트 봉봉(현재는 1.2센티미터나 더 커졌다)을 박아 안전을 확보할 수 있었다. 그리고 뛰어난 자유등반 기술로 하딩이 좌절감을 맛본 크랙을 재밍으로 올라설 수 있었다.

이 성공으로 고무된 프로스트와 로빈스는 몇 주 후에 훨씬 더 대담한 프로젝트(살라테월을 한 번에 치고 올라가는 등반)에 착수했다. 이것은 1962년 가슴이 가장 설레는 등반이자 우리 모두에게 교훈이 된 등반이었다. 두 사람은 고정로프를 사용하지 않고도 해낼 수 있다는 사실을 알았다. 이 등반을 깔끔하게 해내고 싶었던 프로스트와 로빈스는 10월 중에 등반에 나서 나흘하고 반나절 만에 등반을 끝냈다. 네 번째 비박을 할 때 비바람이 몰아쳤으나 척 프랫이 멋진 정상 크랙을 오르는 동안 공기가 차가워지면서 날이 개이기 시작했다. 이것은 엘캡 등반 사상 처음으로 밑에서 정상까지 두 사람이 로프 하나만 갖고 오른 쾌거였다.

에드 쿠퍼는 1962년 늦여름 요세미티 계곡으로 돌아와 9월에 글렌 데니와 함께 다이히드럴월Dihedral Wall 등반에 나섰다. 등반파트너 볼드윈이 한 달 후에야 합류할 수 있었기 때문이다. 그때 요세미티 계곡에서 바텐더로 일하던 데니는 뛰어난 인공등반가로 성장해 있었다. 쿠퍼는 10개의 초등을 기록한 데니가 북서부인보다 수직의 벽에서 더 많은 경험이 있어서 그를 흔쾌히 받아들였다.

하지만 캠프4에서는 등반에 사용된 방식을 놓고 불편한 기색이 여전히 지배적이었다. 그전 몇 달간의 등반은 변화의 기운이 감돌고 있다는 것을 충분히 보여줬다. 엘캡의 신루트는 기술을 갈고 닦은 등반가들이 포위

1962년의 에드 쿠퍼 (사진: 글렌 데니)

전술 없이도 개척할 수 있었다. 데니를 추가로 영입하긴 했지만 쿠퍼-볼드원은 진짜 거벽 전문가들이 아니었다. 우리 중 일부는 쿠퍼가 없는 동안 고정로프를 이용해 오른 후 멋진 스타일로 루트를 끝내는 방안을 토론하기도 했다. 감정이 격해지긴 했으나 내가 알기로는 이 아이디어를 실천에 옮기는 것을 어느 누구도 심각하게 고민하지 않았다. 그러나 쿠퍼는 이 루머를 액면 그대로 받아들였다. "다른 팀이 우리가 시작한 루트를 끝내려고 했다. 산은 고귀하지만 그곳을 오르는 사람은 그리 고상하지 않다. 아마도 요세미티에 존재하는 경쟁심 때문에 일부 약점이 드러나는 것 같다." 나중에 그는 이렇게 썼다.

다이히드럴월Dihedral Wall은 어려운 등반 대상지였다. 어려운 크랙이 100여 미터나 이어져 있고, 총 열아홉 피치 중 열일곱 피치는 슬링에 매달려 확보를 봐야 했기 때문이다. 750미터까지는 사실상 레지가 없고 대부분이 사선 피치였다. 확보물 설치를 아주 어렵게 하는 조건이었다. 아무것도 없는 밋밋한 벽에는 볼트도 설치해야 했다. 이런 점 때문에 다이히드럴월은 노즈나 살라테월보다 물자 수송 면에서 더 어려웠다. 로빈스와 프로스트, 프랫이라면 한 번에 밀어붙일 수 있을까? 그럴 수 있다고 생각한다. 열흘에서 열이틀 동안 애를 쓰면 오를 수 있을 것이다. 그렇다면 쿠퍼가 이 루트를 포기하고 더 뛰어난 등반가에게 양보할 수 있었을까? 내 생각에는 어림도 없는 이야기였다. 그가 이 등반 루트를 발견했고, 느리기는 해도 괜찮은 진전을 보이고 있었기 때문이다.

마지막 공략은 멋진 스타일로 이뤄졌다. 볼드윈이 합류한 이후 세 사람은 마지막 300미터를 6일 반 만에 고정로프 없이 올랐다. 그들은 추수감사절Thanksgiving Day에 비박한 환상적인 레지에 '생스기빙레지Thanksgiving Ledge'라고 이름 붙였다. 너비 3미터의 바위 턱은 수직의 벽을 가로질러 수십 미터나 뻗어 있었다. 그들은 이 레지 위에서 로프를 묶지 않고 돌아다니며 수평 방향으로 이동할 수 있다는 사실에 놀라면서 즐거워했다.

하딩과 마찬가지로 쿠퍼도 홍보에 적대적이지 않았다. 글렌 데니는 등반이 끝나고 나서 4일이 지난 후 분노로 가득 찬 편지를 보냈다. "정상은 죽었어. 쿠퍼는 선정주의라는 세계와 결탁했어. 그 망할 놈이 정상을 망쳐놨어. 등반을 전혀 이해하지 못하는 기자들도 있었는데 끔찍했어. 정상에서 길을 따라 마지막으로 내려올 때 나는 비탄에 잠겼어. 그런데 에드는 다르게 느꼈어. 모두에게 인정받고 싶은 욕구 때문에 등반하는 것이 아쉬워. 그런 매체에 내 이름이 나오는 것을 반대하진 않지만 무지하기 짝이 없는 독자들에게 쓰레기 같은 신문을 팔고 싶진 않아. 나는 정상 등정이 좋은 일이 될 수 있었는데, 그런 불쾌한 일 때문에 중요한 순간을 망쳤다는 것을 유감스럽게 생각해."

로빈스 역시 화가 났다. 그는 쿠퍼를 좋아하지 않았고, 한번은 그를 이렇게 묘사했다. "그 친구는 꼭 하딩 같아. 그런데 하딩이 갖고 있는 생기도 없어. 더 어둡고 침울한 사람이야." 더 중요한 것은 로빈스가 포위전술로 등반하려는 사고방식을 우려했다는 것이다. 3주 후 그는 내가 요세미티 가이드북을 쓰고 있다는 사실을 알고 초등과 함께 '한 번에 밀어붙이는 방식으로 초등한 루트 목록'을 책에 넣으라고 조언했다. 로빈스의 주장을 순수한 의도로 받아들이진 않았지만, 미국 등반의 모험정신을 낮추고 있다고 믿는 고정로프 논쟁에 도움이 될 것이라고 판단해 이 내용을 강조해서 넣었다.

주말에만 요세미티를 찾는 이들은 계곡 안에서 무슨 일이 일어나고 있는지 — 특히 이곳에 체류하는 소그룹이 논의 중인 새 등반윤리에 대해 — 전혀 알지 못했기에, 곧 주말 등반가들과 관련된 논쟁이 터져 나온 것은 놀랄 일이 아니었다. 나의 오랜 친구이자 등반 파트너인 앨 맥도널드Al Macdonald는 엘캡의 남동벽(노즈 우측에 있는 매우 가파른 수직벽)에 도전하기로 마음먹었다. 그는 친구와 함께 출발지점으로 가서 크랙을 15미터 정도 올라갔다. 그로부터 얼마 후인 1963년 1월 초 술집에서 이 대담한 등반계획을 털어놓자 모두가 화들짝 놀랐다. 그는 이렇게 말했다. "몇 년이 걸릴 것 같아. 나도 잘 모르겠어. 시간이 있으니 매주 올라가면 되겠지. 로퍼, 함께 올라가자."

"앨, 그건 좋지 않은 생각이야. 넌 일 년 내내 일하잖아. 가족도 있고. 물론 네 열정은 알아. 하지만 넌 인공등반을 아주 잘하거나 빠르지도 않아. 왜 그곳을 올라가려고 해?" 나는 부드럽게 타일렀다.

"이봐, 거긴 멋진 곳이야. 엄청나게 커. 그리고 어쨌든 등반선이 있어. 우린 루트 이름도 '오디세이'라고 지었어. 리닝타워만큼 매끈해서 홀드도 없어!"

"야, 그게 문제가 아냐." 이때쯤 나는 화가 조금 났지만 오랜 친구에게 요령 있게 설득하려고 노력했다. "봐, 문제는 말이야, 네네는 큰 등반을 할 준비가 되지 않았다는 거야. 로빈스조차 이런 등반은 심사숙고 끝에 시도해. 몇 년이 걸릴지 몰라. 설령 올라간다 해도 계속해서 볼트를 박아야 해. 아마 10년은 족히 걸릴 거야!"

그 당시 의욕이 넘치던 청년 맥도널드는 초등이라 할지라도 자신이 하고 싶은 것은 무엇이든지 다 할 수 있다고 생각했다. 다른 등반가가 러프를 설치한 곳에 볼트를 박는다고 해서 무엇이 대수인가? 주말에 15미터밖에 오르지 못한다고 해서 무엇이 문제인가? 그는 이런 식이었다. 고정 로프와 관련해 진화하는 등반윤리를 의식하지 못한 맥도널드는 곧 일어날 소란을 거의 예견할 수 없었다. 그중 일부 소란은 지나칠 정도로 심각했다.

글렌 데니는 어느 날 술집에 말없이 앉아 있었다. 그는 술과 친구들로 위안을 받았으나 2주 후에 11쪽이나 되는 긴 편지 속에 자신의 등반 열정과 함께 과장된 표현을 쏟아냈다. "난 정말 열 받았어! 앨(맥도널드)의 팀은 수준도 떨어질 뿐만 아니라, 엘캡에서 어떤 루트도 오르지 못할 만큼 실력도 형편없어. 스스로 만든 명성은 그에게 엄청난 오버행에 마법의 피톤을 박으며 오르라고 한껏 부추기지. 하지만 그는 평생 그런 피톤을 박은 적이 없어. 그가 엘캡을 겁탈하기 전에 이 미친 짓을 막아야 해."

맥도널드는 사람들과 친하게 지내며 등반 열정을 발산했다. 그의 입에서는 말이 즉흥적으로 쏟아져 나왔고, 앞으로의 계획을 세울 때는 눈이 반짝거렸다. 그의 장황한 이야기를 듣는 것은 재미있었다. 우리보다 훨씬 더 격분한 글렌 데니는 그를 호되게 야단쳤는데 지나치다 싶을 정도였다. "실제로 길고 힘든 요세미티 등반과 엘(맥도널드)의 능력과 경험 사이의 분열이 너무나 완벽해서 그와 현실 사이까지 분열되었어. 일종의 등반 분열증이야. 정신이 제대로 된 사람이라면 세계에서 가장 힘든 피톤 등반지인 엘캡에서 서툰 볼트 작업으로 오를 수 있다고 생각할 수 있겠어? 그는 어떻게 기준도 모르고 신경도 쓰지 않을까?"

같은 시기에 로빈스와 맥도널드는 편지를 주고받으며 잠시 언쟁을 벌였다. 엘캡 남동벽을 잘 알고 있는 로빈스는 포위전술을 동원하지 않더라도 현대적인 방식으로 이곳이 등반될 수 있다고(등반되어야 한다고) 믿었다. 맥도널드는 잘난 척하는 로빈스의 태도를 비판하면서, 로프를 제거하면 레인저에게 알리겠다고 말했다. 한 달간 지속된 편지 공방은 냉랭하지만 공손하게 마무리되었다. 맥도널드는 레인저가 엘캡 등반 전체를 금지할까 두려운 나머지 자신의 뜻을 철회하는 쪽으로 결론을 내렸다. 맥도널드 입장에선 용감한 결단이었다. 등반계를 위해 자신의 계획을 조용히 포기한 것이니까. 이 일로 상처를 받은 맥도널드는 곧 강변 달리기와 장거리 자전거 타기 등 규칙이 없는 취미활동으로 관심을 돌렸다.

글렌 데니는 캠프4에 체류하던 우리 다수가 갖고 있던 거벽등반에 대한 시각을 웅변적으로 피력했다. "엘캡 등반은 계곡의 등반가들이 등반계

1964년의 글렌 데니 (사진: 글렌 데니 컬렉션)

에 기여하는 표현 방식이 되어야 한다. 최고의 난이도와 거대한 벽을 향한 순수한 기술등반에의 뛰어난 연주 기교와 기술, 그리고 그런 거대한 루트들을 정당하게 염원하기 위해 우리는 루트의 정당성을 확보할 수 있도록 궁극적인 난이도를 추구해야 한다."

나는 데니를 커리컴퍼니Curry Company의 직원, 하딩의 포터, 볼트를 박는 사람 정도로 생각했었다. 하지만 1962~63년 겨울 시즌 동안 연락을 주고받으며 그가 통찰력을 갖고 있다는 사실을 깨달았다. 그는 모든 등반이 동일한 수준일 수는 없다는 걸 알았고, 그것을 부정하는 홍보를 의심했다. 이때부터 데니는 요세미티의 등반 기준을 올리는 데 기여한 핵심 등반가가 되었다. 하지만 우리가 단지 그런 문제에만 골몰하지 않았다는 사실을 서둘러 덧붙이고 싶다. 캠프4의 등반가들 대부분은 지식인도, 유머가 없는 로봇도 아니었다. 다음 장에서 언급되는 것처럼, 우리는 벽을 오르는 데 재미를 느꼈고 동시에 너무나 인간적이었다.

7

도롱뇽들

1961~1964

나라면 그곳에 가지 않을 거야. 그 사람들은 가게에서 물건을 훔치고, 몸에서 냄새가 나고, 누더기를 입고, 텐트 바로 밖에 오줌을 눠. 한센인 요양소 같은 곳이라고 할 수 있어.

요세미티 로지에서 근무하던 직원이 캠프4에 가려는
여자 친구를 말리며 한 말

1963년 캠프4는 요세미티 등반의 중심지가 되었다. 아무도 다른 캠프사이트에서 지낼 생각을 하지 않았다. 봄 시즌이 되면 등반가들이 이곳 캠프사이트의 테이블 50여 개를 날마다 독차지했다. 주중에는 보통 텅 비었지만, 주말에 다른 등반가들이 도착하고 관광객들이 몰려들면 캠프사이트는 사람들로 넘쳐났다. 말할 필요도 없이 등반가들과 관광객들 사이에 적대적인 분위기가 형성되었다. 특히 주말이면 더욱 심했다. 점유권을 주장하는 등반가들은 관광객들을 자연 경관을 감상하기보다는 놀이를 즐기는 데 관심이 더 많은, 잠시 머물다 가는 천박한 사람들로 여겼다. 우리는 가족 단위 관광객들이 침엽수 잎들을 긁어내고 주변을 플라스틱 울타리로 장식하는 것을 역겨운 눈으로 바라보며, 도회지 사람들을 조롱했다. 사실 '관광객'이라는 말은 심한 모욕이었다.

관광객들은 우리의 초라한 캠프사이트를 보고 질겁했다. 널브러진 장비, 오리털이 빠져나오는 침낭, 임시변통의 대피소 같은 텐트. 그들은 우리 쪽으로 시선을 두지 않으려고 노력했지만 대개는 실패했다. 우리 몸에서 냄새가 났고, 마치 훈장이나 되는 것처럼 우리가 누더기 같은 옷을 입고 있었기 때문이다. 우리는 밤늦게까지 떠들썩한 파티를 즐기면서 외설스러운 잡담을 나눴다. 그러면 중년 남성이 씩씩거리며 가족을 대표해 젠체하며 걸어와 여성들이 있다며 주의를 부탁했다. 그러면 우리는 그들이 외계인이라도 되는 것처럼 쳐다본 후 나누던 잡담을 마저 이어갔다.

아주 늦은 밤이면 화가 난 야영객들이 레인저들을 찾아가 그만 좀 하게 말려달라고 애원했다. 하지만 우리는 레인저들이 자리를 뜨면 얼마간 미친 듯이 더 악을 쓰고 고래고래 고함을 질렀다. 권위에 굴복하지 않았다는 사실을 보여주기 위해서라도. 그런 다음 각자 텐트로 슬그머니 돌아갔다.

우리의 거친 일부 행동은 독창적인 것이 아니었다. 뉴욕에서 북쪽으로 130킬로미터 정도 떨어진 곳에 있는 멋진 암장 샤완겅크스에서 등반하던, 반사회적인 젊은이들로 이뤄진, 반항아 집단Vulgarian으로부터 아주 큰 영향을 받았기 때문이다. 그들은 레스토랑 옥상에 올라가 주차된 차 위로 오줌을 싸고, 폭스바겐을 뒤집어엎고, 샤완겅크스의 루트에서 신성시 여기던 피톤을 제거하고, 새벽까지 시끄럽게 떠들었다. 권위주의를 싫어한 그들은 기회가 있을 때마다 권위에 저항했다. 그들의 행동은 대개 기성 보수세대인 아피Appie를 겨냥한 것이었다. 이들은 고루한 애팔래치아산악회 회원들로, 신성시 여기는 고정 피톤을 설치하고 폭스바겐을 끌고 다니는 사람들이었다. 나이가 더 많은 보수적인 등반가들은 샤완겅크스에서 누가 등반할 것인지에 대한 규칙을 정하려고 노력했다. 다수가 도시에서 대학에 다니던 뛰어난 학생들이었던 이 반항아들은 크게 반발했다. 아피들은 샤완겅크스 등반에서 권세를 부리는 것을 멈출 때까지 연이은 수치를 당했다. 나중에 반항아들은 자신들의 자유롭고 거친 행동 덕분에 신화가 되었다. 하지만 이야기에는 양면성이 있다. 한 등반잡지 편집자에게 보내진 편지에는 아피들의 입장을 대변하는 내용이 들어 있었다. "반항아들은 비난받아 마땅한 행동이 상쇄될 수 있는 어떤 정당성도 없는 추잡한 동물들일 뿐이다."

1960년 요세미티를 방문한 몇몇 반항아들Vulgarians(아트 그랜Art Gran, 데이브 크래프트Dave Craft, 클로드 슐Claude Shul)은 최선을 다해 처신하긴 했으나, 기괴한 입담으로 우리를 즐겁게 해줬다. 그들은 샤완겅크스 등반과는 달리 미끄러운 크랙에 주눅 들어 제 실력을 발휘하지 못했고, 요세미티 등반의 주축 세력으로 성장하지 못했다.

캠프4 관광객들은 우리에게 아피Appie 같은 존재들이었다. 우리는 그들이 부모, 불성실한 정치인과 사회를 대표했기 때문에 경멸했다. 그리고 관광객들이 실어 나르는 고급 아이스박스, 대형 텐트, 화구가 세 개인 스토브 같은 물건들을 조롱했다. 물론 우리의 경멸을 드러내는 행동은 지속적이지도, 눈에 빤히 드러나지도 않았다. 두 집단은 몇 주간 평화롭게 공존했다. 이름은 비록 한 명밖에 생각나지 않지만 몇몇 관광객들은 좋은 사람들이었다. 해리 티Harry Tee는 살집이 있고 뱃살이 두둑한 사내로 아래로 처진 입술을 갖고 있었다. 어깨와 등은 까만 털로 덥수룩했다. 그는 항상 셔츠를 벗고 돌아다녔는데, 멀리서 보면 야생을 벗어난 곰이 캠프사이트를 돌아다니는 것 같았다. 해리 티는 매년 7월이 되면 가족을 데리고 캠프4로 와서 1~2주일을 보냈다. 성미가 급하지만 친절했던 그 사내는 등반에 대해 수많은 질문을 하며 우리에게 저녁을 대접하기도 했다. 한번은 프랫과 함께 캠프사이트 입구로 나가 샌프란시스코로 가는 차를 얻어 타려고 서 있을 때, 10달러를 건네주며 "내년에 갚게나, 친구들" 하고 친절을 베풀기도 했다.

해리 티는 등반을 한다는 정보를 입수하면 캠프4 한가운데에 망원경

1968년경의
전형적인
캠프4 광경
(사진: 글렌 데니)

을 설치하고 센티넬이나 로스트애로 쪽을 쳐다봤다. 그럼 곧바로 구경꾼들이 몰려들었고, 털보 해리 티는 활짝 웃으면서 피톤과 로프의 기능 등을 설명했다. 아마도 그는 1960년대 캠프4에서 등반 지식이 가장 풍부한 일반인이었을 것이다. 그는 수많은 방문객들에게 암벽등반의 실상을 알려줬다. "아닙니다. 그들은 사실 쇠갈고리를 사용하지 않아요. 보세요, 그들은 …" 그는 이렇게 말했을 것 같다.

등반을 하지 않을 때 우리는 세 그룹(관광객들, 요세미티 공원과 커리컴퍼니, 레인저들)과 맞서 싸워야 했다. 관광객들이 가장 가벼운 골칫거리였고, 나머지 두 그룹은 끝없는 문제를 불러일으켰다. 물론 대부분은 우리스스로 만든 문젯거리였다. 요세미티 공원에 유일하게 입점한 커리컴퍼니는 독재자이자 등반가들에게 오랫동안 최고의 악당이었다. 매일 새로운문제가 생기는 것 같았다. 갈등은 우리의 단순한 사실에서 비롯됐다: 즉동전 한 푼 없이 지저분하고 남루한 옷을 입고 다니며, 종종 시끄럽게 구는 등반가들은 유료서비스를 제공하는 기업에게는 환영받지 못하는 존재들이었다. 하지만 영업권을 가졌다고 해서 우리를 마음대로 쫓아낼 수는없었다. 라운지와 카페테리아, 커피숍, 선물가게, 술집이 있는 요세미티 로지는 일반인 모두에게 열려 있는 곳이었기 때문이다. 우리가 얌전히 행동하는 한, 그들은 아무리 원해도 우리에게 떠나라고 요구할 수 없었다.

등반을 마친 후, 또는 비가 내리는 동안 — 가끔은 사나흘 연속 종일 — 등반가들은 캠프4에서 320미터 떨어진 요세미티 로지에서 살다시피했다. 1969년에 1915년의 원래 자리에서 불과 30미터 떨어진 곳에 세워진 복합건물은 최첨단 시설을 자랑했다. 특히 반짝반짝 빛나는 상아빛 화장실에는 마법 같은 시설이 갖춰져 있었다. 뜨거운 물과 핸드 드라이어는속옷과 양말을 빨아 말릴 수 있는 최상의 조합이었다. (이곳의 시설과 비교하면 캠프4는 원시적이었다. 뜨거운 물도 나오지 않았고 화장실 시설도 낡았다. 하지만 캠프4의 동쪽과 서쪽 화장실은 난방시설이 있어 날씨가 좋지 않으면 가끔 그 안에서 잠을 잘 수 있었다. 스탠포드 등반가 닉 클린치Nick Clinch는 1950년 화장실을 대피소로 처음 활용한 선구자였다. 그는 "겨울에는 냄새가 많이 나지 않아."라고 말했다.)

요세미티 로지의 커피숍도 우리가 좋아하는 장소였다. 우리는 여종업원들에게 추파를 던졌는데, 그녀들 중 일부는 계산을 할 때 우리와 수다를 떨어주기도 했다. 우리는 최고의 주문이 무엇인지 알고 있었다. 나비 모양의 소시지가 들어간 햄버거가 다른 것보다 훨씬 맛있는 데다 가격도 10센트나 싼 50센트였다. 커다란 테이블에 앉아 있다가 드나드는 등반가들과 이야기를 나누다 보면 시간이 금세 지나갔다.

한가롭게 보낸 시간 가운데 가장 생생한 기억은 내가 첫 가이드북을 쓰게 된 동기였다. 오래전에 나온 요세미티 등반가이드 『하이시에라High Sierra』에는 루트 소개가 몇 개밖에 없어 실용적이지 않아서 아무도 사지 않았다. 프랫과 나는 등반 내용을 알려주고, 이를 계속 기록하고 있어서 정보를 제공해달라는 요청이 쇄도했다. 루트에 대한 설명을 냅킨이나 종이쪽지에 적어줄 때면 항상 질문을 받았다. "책은 언제 쓸 거요?" 이런 종류의 재촉을 들은 나는 시에라클럽에 접촉하기로 결심했다. 당시 클럽의 운영자였던 데이브 브라워Dave Brower는 등반 가이드북을 쓰고 싶다는 아이디어를 듣고 환영했다. 하지만 프랫이 입영을 통지받아 공동 집필은 하지 못하고 혼자 쓰게 되었다. 1962년부터 나는 등반을 아주 구체적으로 기록하기 시작했다. 그리하여 표지 때문에 '레드가이드Red Guide'로 불린 책이 1964년 7월에 출간되었는데, 195개의 신루트가 실려 있어 모두에게 환영받았다.

1963년 5월 4일 캠프4에서 장비를 정리하고 있는 모습. (왼쪽에서 오른쪽으로) 스티브 로퍼, 마크 파월, 레이튼 코어, 베브 파월Bev Powell과 크리스 프레더릭스Chris Fredericks. 마크 파월이 요세미티에 처음 등장한 주마jumar를 손으로 잡아보고 있다. (사진: 글렌 데니)

아무튼, 요세미티 로지의 휴게실은 저녁과 날씨가 좋지 않은 날에 우리가 자투리 시간을 보낸 곳이었고, 엄청난 비가 몰아치는 창문 밖을 하염없이 바라보며 책을 읽기도 하고 대화를 나누기도 하던 공간이었다. 커리 컴퍼니는 매주 요세미티에 관한 영상을 세 편 상영했는데 관람석에 우리 등반가들뿐인 경우도 있었다. 그런 조용한 밤이면 우리는 종종 대사를 모두 외웠다. 일부 대사는 아직까지도 기억이 생생하다. 예를 들면 안셀 애덤스Ansel Adams가 처음 등장하면서 흐릿하지만 울리는 목소리로 했던 대사가 있다. "나는 내 주변의 자연과 황홀한 광경에 수만 번 카메라를 들이댔습니다. 지구가 우리에게 그토록 웅변적으로 또는 그런 힘으로 말하는 곳은 요세미티뿐입니다." 또 다른 '조용한 숲의 생명체들'에 관한 영화는 내용이 형편없었다.

요세미티 로지 직원 대부분은 우리를 좋아하지 않았다. 얼핏 보기엔 아무것도 하지 않고 빈둥거리는 사람으로 비쳤기 때문이다. 그들에게 우리는 놀고먹는 사람들, 일을 하지 않고, 일의 개념조차 경멸하는 놈팡이들이었다. 그들은 우리가 사실 겨울에 허드렛일을 하는 것을 알지 못했다. 로지 직원들 대부분은, 특히 비천한 일을 하는 나이 많은 직원들은, 일 년 내내 일했고 얼마나 성공했는지 보여주기 위해 커다란 지느러미 모양의 차를 구매했다. 우리 일행 중 몇몇도 자동차를 타고 다니긴 했지만 고물이었다. 우리가 외계인이라면 그들 역시 외계인이었다.

우리는 일부 직원들, 특히 우리에게 부당하게 대하는 부류에겐 잔인하게 굴었다. 긴 의자에서 종종 발을 들라고, 부탁이 아니라 명령을 하던 어느 청소부는 세균 공포증이 있었다. 카페테리아에서 쉬고 있을 때, 그가 왼손으로 커피를 들고 마시는 모습을 봤는데, 머그컵 손잡이 바로 근처에 입술을 대고 그 부분에는 세균이 없을 거라 생각하면서 마셨다. 그가 왜 그렇게 마시는지 알게 된 우리는 그의 눈에 띄는 곳에 보란 듯이 앉아 그가 마시는 방식을 똑같이 재연했다. 우리는 침까지 흘리면서 소리를 내고 마셨다.

1960년대 초반에 상당히 흥미로운 인물이었던 에릭 벡Eric Beck은 안경을 고치기 위해 본드를 슬쩍했다가 가게 직원에게 들켜 6개월간 로지 출입을 금지당했다. 그는 축 늘어진 채 하루 온종일 캠프사이트 주변을 돌아다녔다. 그 모습을 보고 우리는 다함께 계략을 꾸몄다. 몸을 깨끗이 씻고, 면도를 하고, 옷을 갈아입고, 안경을 벗고, 머리를 염색한다면 다른 사람으로 보일 것 같았다. 아무튼 적어도 시도는 해볼 만했다. 에릭 벡은 캐주얼 코트를 입고, 검은 머리를 윤이 나는 붉은색으로 염색을 하고, 수염을 깎고 나서 자신을 내쫓았던 매니저에게 가서 계산을 했다. 그러자 매니저가 말했다. "고맙습니다. 또 오세요." 그 후 에릭 벡은 코트는 벗고 다녔으나 수염은 밀고 다녔다. 그 매니저가 있을 때면 등반친구들과 살짝 거리를 뒀지만, 예전만큼 활달하게 그곳을 드나들었다.

요세미티 로지에서 샤워를 하려면 50센트를 내야 했지만, 그곳에서 조금 떨어진 화장실에서 재빨리 공짜 샤워를 할 수 있었다. 화장실은 로지 투숙객의 시설이라는 생각이 들지 않을 만큼 허름했다. 낡기는 했어도 항상 열려 있어 사용하는 데는 문제가 없었다. 하지만 시설이 현대화되면서 모든 화장실에 잠금장치가 설치되어 출입카드가 있어야만 했다. 친절한 직원들은 출입카드를 몰래 줬지만 위험을 감수해야 했다. 몇 번이나 서둘러 몸을 씻어야 했던 기억이 난다. 심장이 두근거렸고 청소부가 떠날 때까지 밖으로 나올 수가 없었다.

일부 직원은 우리가 보헤미안 영웅이라고 생각해 가능한 한 많은 호의를 베풀었다. 이런 호의는 대개 음식과 관련된 것들이었다. 예를 들어,

"오늘밤 메뉴는 갈비뼈"라는 말을 전해 들으면 우리는 군침을 흘리며 기다렸다. 카페테리아는 종종 최상급 갈비를 제공했는데, 제대로 커팅 되지 않은 몇백 그램의 갈비뼈는 두툼한 덩어리째 주방에 보관돼 있어 별도로 요청하면 먹을 수 있었다. 그런 밤에 우리는 카페테리아 개장 시간에 맞춰 도착했다. 갈비가 바로 동나기 때문이었다. 우리는 단돈 75센트로 채식주의자들이 구역질하고 기겁할 만큼 많은 양의 갈비를 먹었다.

종업원이 슬쩍 가져다주기도 하고, 싸게 해주거나 다른 테이블에서 남긴 것을 주기도 했다. 우리 가운데 캠프4 체류 경력이 가장 짧은 에릭 벡은 한걸음 더 나갔다. 그는 족제비처럼 카페테리아에 몰래 접근해 곧 식사를 마칠 것 같은 테이블 근처에 멈춰 섰다. 그리고 손님이 카페테리아를 떠나기도 전에 축축해진 팬케이크 조각을 삼키면서, 베이컨은 다 먹어치웠다고 불평했다.

우리는 로지 직원 몇 명에게 등반을 가르쳐주거나, 하다못해 후등으로 따라오는 방식이라도 알려줬다. 짐 심스Jim Sims라는 보조원이 우리가 하는 일에 상당한 관심을 보이자 척 프랫은 그를 데리고 초보자에게는 매우 부적합한 등반지로 향했다. 리닝타워트래버스Leaning Tower Traverse는 그리 어렵진 않지만 아주 아찔한 횡단 루트라서 후등자가 멋지고 안전하게 오를 수 있는 곳이 아니었다. 또한 크고 날카로운 플레이크 위로 걸어 올라야 했는데, 금방이라도 바위 조각이 부서져 떨어질 것처럼 보였다. 짐 심스는 당시의 경험을 이렇게 들려줬다. "루트 중간쯤에서 코너 쪽으로 갔는데 무시무시한 틈 사이로 로프가 뻗어 있는 게 보였어. 18미터나 길게. 척(프랫)이 있는 곳까지 연결되어 있었지. 아래를 내려다본 순간 토할 것처럼 헛구역질이 나더라니까. 150여 미터 아래의 땅바닥이 바로 발밑으로 보였고, 그 순간 많은 생각이 들었지. 내가 왜 이런 이상한 곳에 있지.

그게 나의 첫 등반이었어. 이런 철학적인 의문은 제쳐두고 난생처음으로 만난 아찔한 노출을 극복하느라고 고전을 면치 못했지. 게다가 척이 어떻게 올라갔는지 전혀 알 수가 없었어. 난 앞이 거의 안 보이는 장님처럼 로프를 따라갔지만, 한 발만 삐끗하면 18미터를 빙그르 나가떨어질 것이라는 사실은 알고 있었지." 그때 심스는 움푹한 벽을 따라 나 있는 깨진 바위턱을 보았다. 물론 프랫은 피톤을 박거나 플레이크에 슬링을 걸어야 했다. 트래버스를 할 때 이것은 꼭 해야 하는 안전장치였다. 그러나 프랫은 너무 쉽다고 생각했는지 슬링을 거는 것을 깜빡했다. 심스는 온몸을 떨며 프랫을 향해 올라갔으나, 3미터 지점에서 동작이 막히고 말았다. "내가 척에게 풀쩍 뛰면 안 되겠느냐고 했더니 그는 한 번도 본 적이 없는 다급하고 단호한 표정으로 좋은 생각이 아니라고 말하더군."

하지만 진정한 모험가이자 '마조히스트'인 짐 심스는 등반을 포기하지 않았다. 나는 몇 주 후에 그를 데리고 넓은 크랙을 올랐다. 그가 아주 많이 힘들어하고 낑낑거려서 크랙 사이에 끼어 죽거나, 아니면 나를 죽일지도 모른다는 생각이 들 정도였다. 하지만 그는 또다시 등반을 하러 왔다. 세 번째 도전에서 그는 하강을 잘못하는 바람에 죽을 뻔했다. 그에게 하강을 자세히 가르쳐주는 것을 소홀히 했기 때문이다. 그럼에도 심스는 30년 동안 종종 등반을 즐겼다. 그는 등반을 항상 무서워하고 몸서리쳤지만 더 강렬한 경험을 원했다.

심스의 직장 상사 데이브 쿡Dave Cook도 막무가내로 밀어붙이는 사람이었다. 그는 어느 누구보다도 훨씬 돋보이는 보디빌더 같은 체격을 갖고 있어서 훌륭한 등반가가 될 소질이 있어 보였다. 그러나 등반은 결국 정신 운동이라는 사실이 드러났다. 쿡은 정신력에 문제가 있었다. 고집이 센 그는 장비를 불신했으며, 하강기술을 믿지 않아 두 손을 번갈아가며 가파른 벽을 내려가는 것을 선호했다. 데이브 쿡은 이런 방식으로 하강할 만큼 힘이 셌지만 몸집이 큰 유인원처럼 절벽에 매달리는 모습을 보고 모두가 기겁했다. 그는 보우라인bowline 매듭을 매는 방법도 제대로 배우지 않았다. 그의 허리 매듭은 수많은 하프히치half-hitch 매듭으로 되감기를 해서 엄청 컸다. "누군가 내 허리 매듭을 해주는 것이 내 바지 지퍼를 올려주겠다고 하는 것만큼이나 당혹스러웠어." 그는 훗날 이렇게 털어놨다.

에릭 벡은 어느 날 데이브 쿡에게 센티넬 북벽의 신루트에 도전해보자고 부추겼다. 쿡은 그런 위압적인 벽을 오른 적도 없었고, 그런 가파른 벽에 필요한 인공등반도 사실 해본 적이 없었다. 등반 첫째 날이 끝날 때쯤 지친 그는 몸을 떨면서 다음 날 등반을 계속하고 싶지도 않고, 할 수도 없다고 에릭 백에게 말했다. 에릭 벡은 그저 웃으며 말했다. "아냐, 해낼 수 있어. 계속 하자."

데이브 쿡은 비박지에서 새벽에 일어나 험악한 벽을 올려다보며 굳은 결심을 했다. "너무 절망적이어서 에릭을 바위 밑으로 던져버릴까 생각했지. 혼자 내려가서 대충 거짓말로 둘러댈 궁리까지 했다니까. 제정신이 아니라서 시나리오가 제법 그럴듯해 보였어. 그러다가 문득 정신이 번쩍 들어 에릭을 깨운 다음 내려가자고 말했어. 아니면 그를 던져버리겠다고 협박했지. 난 그렇게 하강을 한 후 25년 동안 다신 등반하지 않았어."

───────────────

산악인 마이크 보르고프Mike Borghoff는 짐 심스나 데이브 쿡보다 훨씬 경험이 많았어도 거벽에서 고전했다. 보르고프는 거벽에 여러 차례 도전했다가 실패했지만, 좋아하는 이곳으로 늘 다시 돌아왔다. 지적이며 관행을 따르지 않는 그는 요세미티에서 일어난 일들이 특별하다는 것(보헤미안

들에 의해 등반 수준이 급등하고 있다는 사실)을 포착한 최초의 사람들 가운데 하나였다. 그는 『서미트』에 설득력 있는 글을 몇 번 썼는데, 내게 보낸 편지에는 지혜와 재치가 넘쳤다. "완벽함의 표상인 스털링 모스Sterling Moss(영국의 자동차 경주 선수)처럼 혼자 힘으로 훌륭한 경지에 도달한 로열 로빈스를 제외하면, 요세미티 등반가들은 샌호아킨 계곡San Joaquin Valley 과 그 너머에서 그들을 기다리고 있는 것이 무엇인지 너무나 잘 알고 있는 음울한 부적응자들이야!" 예를 들면 이런 내용이다. 그리고 이런 말들도 했다. "끙끙 앓는 소리를 내며 바위를 끌어당기고, 땀을 흘리며 근육을 혹사시켜 기진맥진할 수 있어. 하지만 이것을 잊지 않고 앞으로 나아가지 않는다면 출발조차 할 수 없게 돼." "요세미티는 아주 훌륭하고 멋져. 외부 세계와는 다른 초자연적인 이곳에서 나는 수차례 영겁의 시간을 체험할 수 있었어. 이곳은 어떤 말로도 다 설명할 수 없어."

정확히 말해 이곳이 비밀 장소는 아니었지만, 제2차 세계대전이 끝난 후부터 등반가들이 캠프4에 체류했으며, 보르고프가 1962년 6월 『서미트』에 쓴 "도롱뇽과 봉봉"이라는 글에 등반가들의 캠프로 이곳이 처음으로 언급되었다. (캠프4는 곧 전 세계에 알려졌으나, '4'가 아니라 여전히 'Four' 또는 'IV'로 잘못 알려져 있다.)

이 글에서 보르고프는 캠프4의 등반가들을 묘사하기 위해 영리하게도 양서류라는 은유를 활용했다. "요세미티 도롱뇽들은 그들의 고유한 면모, 즉 미친 듯이 쉽게 홀드 없는 크랙을 재빨리 오르는 것을 직접 보기 전까지 무해하고 매력이 없다." 보르고프는 등반가들로부터 깊은 인상을 받았을 뿐만 아니라 캠프4의 유명한 볼더Boulder를 보고도 큰 자극을 받았다. 볼더에 대한 그의 생각은 이러했다. "로프를 매고 본격 등반에 나서기 전에 심리적으로 위축시키려고 놓여 있는 것 같다." 물론 수개월간 캠프4

1968년 캠프4 인근에서 볼더링을 하는 마이크 코빙턴Mike Covington에게 조언을 하고 있는
믹 버크Mick Burke(위쪽)와 스티브 로퍼(손가락으로 가리키고 있는 사람)
(사진: 스티브 로퍼 컬렉션)

에 체류한 도롱뇽들은 많은 짧은 루트를 완전히 익힌 상태였다. 하지만 보르고프가 암시한 바와 같이 결코 쉽지는 않았다.

　캠프4에 있는 볼더 두 곳은 다른 바위보다 우뚝 솟아 있다. 가장 큰 컬럼비아볼더Columbia Boulder는 캠프사이트의 중앙 부근에 있는데 쉬운 루트가 없다. 우리는 높이가 9미터나 되는 이 바위에서 끊임없이 연습했다. 그러면서도 두 개의 루트에 집중적으로 매달렸다. 특히 로빈스풀업Robbins' Pullup이라는 루트가 우리의 흥미를 자극했다. 로빈스는 1950년대 중반에 이곳을 완등했으나, 이후 다시는 오를 수 없었고, 다른 누구도 마찬가지였다. 이곳은 아래쪽 5미터가 엄청난 오버행 구간이었다. 레이백 자세에서 홀드를 양 손가락으로 눌러 잡고 몸을 끌어올려야만 믿을 만한 홀드가 나왔다. 하지만 이 동작을 하려면 초인적인 힘이 필요했다. 1960년 어느 날, 우리는 다함께 늦은 오후의 아름다운 햇빛 아래를 서성이다, 저녁을 만들어 먹거나 로지로 가서 끼니를 해결하기 전에 볼더링을 하며 시간을 보냈다. 종종 로열 로빈스와 함께 등반한 해리 데일리Harry Daley가 대뜸 그곳에 덤벼들었다. 우리는 그의 등 뒤에서 킥킥거리며 웃었다. 그는 힘이 아주 센 친구가 아니었기 때문이다. 그는 홀드를 양 손가락으로 눌러 잡고 아주 미세한 스탠스에 발을 비벼댔다. 사실 그 동작까지는 다들 할 수 있었다. 우리는 무시하듯 웃었다. 그런데 놀랍게도 홀드를 잡고 몸을 끌어올리더니 위에 있는 믿을 만한 홀드를 향해 몸을 쭉 뻗어 던지는 동작을 취했다. 그리고 홀드를 잡고 공중에 매달렸다. 그가 해낸 것이다! 우리는 입을 벌린 채 환호를 보냈다. 그러고서 훨씬 더 믿을 수 없는 일이 일어났다. 우리 중 몇몇이 마치 몇 년 전에 그곳을 오른 것처럼 날쌔게 움직여 완등을 해냈다. 심리적 장벽이 무너진 것이다. 우리가 해냈다는 소식을 들은 로빈스도 한걸음에 달려와서 첫 시도 만에 해냈다. (현재 이 코스는 캠프파이어로 홀드가 떨어져 나가면서 사라졌다.)

캠프사이트 위쪽 지역에 있는 높고 넓은 와인트래버스볼더Wine Traverse Boulder도 유명했다. 1950년대 중반 워런 하딩, 아니면 밥 스위프트가 만든 볼더링 코스인데, 싸구려 와인을 잔뜩 마시고 나서 한 손에 와인 잔을 들고 까다로운 트래버스를 해낼 수 있다고 주장한 사람은 누구였을까? 아니, 와인 병을 들고 있었는지도 모른다. 둘 중 누구였는지는 아무도 기억하지 못했다. 아무튼 워런 하딩이 코스를 만들었다. 그가 아니라면 밥 스위프트였을 것이다.

다른 작은 볼더들은 특히 어려운 코스를 해낸 등반가들의 이름이 붙여져서, 지금도 여전히 '프랫 볼더Pratt Boulder', '코어 볼더Kor Boulder'라고 불린다. 모두가 다 그런 것은 아니었지만, 우리들 대다수는 손가락 끝이 터질 때까지 열심히 볼더링을 했다. 나는 보르고프처럼 볼더링을 두려워했다. 주된 이유는 어려운 코스를 해낼 수 없어서였다. 그렇게 작은 대가를 얻기 위해 그렇게 많은 고통을 참을 수 있을 정도로 나는 체력이나 정신력이 뛰어나지 않았다.

등반가들 간의 상호 영향력은 대단히 흥미로웠다. 개인적인 원한 같은 것은 거의 존재하지 않았다. 주먹다툼도 없었던 것으로 기억한다. 하지만 캠프4는 파벌과 패거리로 미묘하게 나눠져 있었다. 캘리포니아 남부 등반가들(로열 로빈스, 톰 프로스트, 해리 데일리)은 캠프사이트의 한 구역에 머물며 함께 등반하고 로지에서 시간을 보냈다. 우리 취향과는 달리 그들은 아주 깔끔하고 정중했으며, 너무나 올곧았고, 지성인이 되려고 무척 애쓰는 사람들이었다. 초창기의 등반 파트너였던 크레 리터Krehe Ritter가 소리 친 기억이 난다. "로열 로빈스가 '겁 많은(pusillanimous)'이라는 단어를 완전히 잘못 사용하는 것을 듣고 교정해주자 겨우 받아들이더군." 나는 그 단어가 대관절 무슨 뜻인지도 모른 채 아는 척하며 고개를 끄덕였다. 로빈스는 새로운 단어, 새로운 아이디어를 배우기 위해 항상 애썼고, 그러는 와중에 실수를 저지르기도 했다. 아마도, 고등학교 중퇴자(나중에 야간 학교를 다녀서 졸업장을 땄지만)라서 대부분 대학을 몇 년씩 다닌 등반 동료들의 수준을 따라잡아야 했던 것 같다. 로빈스가 지적 능력을 향상시키는 동안 우리는 '책'이라는 지식으로 채워진 머릿속을 비우려고 애썼다

로빈스는 캠프4에서 인기가 많은 인물은 아니었다. 그는 냉담하고 오만한 경향이 있었고, 혼자 있거나 우리가 '예스맨'으로 여기는 숭배 집단에 둘러싸여 있었다. 물론 그의 등반은 흠잡을 데가 없어서 아무도 험담은 하지 않았다. 그러나 로빈스는 많이 웃지 않았고, 등반가들 캠프의 일반적인 무정부 상태에 합류하지 않았다.

그렇다고 해서 교양 없는 야만인들과 가짜 지성인들이 구역으로 분리된 모양새는 아니었다. 그러나 외부인에게도 분명히 보이는 구분은 존재했다. 로빈스와 그의 지지자들은 우리 무리들보다 훨씬 더 잘 처신했기 때문이다. 그들은 로지에 가기 전에 깨끗한 옷으로 갈아입고, 사람들 앞에서 욕지거리를 하지 않았다. 그리고 샤워장에 몰래 들어가지도 않았다. 그들은 커리컴퍼니나 레인저들과 문제를 거의 일으키지 않았다. 오히려 로빈스는 때때로 곤란한 상황에 놓인 우리를 보고 그들을 회유하고 달래는 방식으로 구해줬다.

등반가와 레인저의 관계는 종종 아주 좋을 때도 있어서 함께 등반하기도 했다. 하지만 커리컴퍼니는 레인저들에게 등반가들을 통제하라고 압박했다. 이를 위한 가장 좋은 방법은 캠프사이트 출입 기간을 제한하는 것이었다. 요세미티에서 2주일, 즉 연간 총 2주일만 머무르게 하는 방식이었다. 하지만 이 규제는 강제하기가 쉽지 않았다. 레인저는 어떤 사람이 언

제 처음 왔는지 정확히 알 수 없어서 질문을 받은 등반가들은 대충 거짓말로 둘러댔다. "아, 나흘쯤 된 것 같은데요." 하지만 면도를 하지 않아 수염이 덥수룩한 사나이가 커피숍에 수개월간 나타날 때는 무언가 잘못되었다고 판단하고, 이런 사람을 강제로 쫓아냈다. 철수 명령을 받은 등반가는 캠프4 볼더에서 캠핑하고, 로지를 피해 다니면서 눈에 띄지 않게 몸을 사리거나, 일주일간 투올러미메도우스Toulumne Meadows나 타키즈Tahquitz로 잠시 가 있거나, 또는 샌프란시스코 베이 지역으로 갔다. 그리고 조용히 돌아와 이 과정을 반복했다. 왜냐하면 기록이 남아 있지 않아 이번이 그해 첫 방문이라고 주장할 수 있기 때문이었다. 특히 우리를 괴롭힌 것은 거벽에 루트를 만들기 위해 몸을 한창 만들어가는 5월 말 철수 명령이 떨어졌을 때였다. 물론 이 시기는 캠프4가 사람들로 붐비는 관광시즌이기도 했다.

1959년과 1960년에 레인저들은 우리를 완전히 무시했다. 1960년 프랫은 6월 1일부터 10월 15일까지 캠프4에 줄곧 체류했다. 요세미티 계곡에 더 많은 등반가들이 체류하자 레인저들은 등반가들을 뒤따라 다니며 괴롭히기 시작했다. 그래서 우리는 서쪽으로 흩어졌다. 예를 들어, 프랫과 나는 1961년 여름 화물열차와 히치하이킹으로 35일간 여행하며, 데빌스타워Devil's Tower와 와이오밍Wyoming, 사우스다코타South Dakota의 니들스Needles를 등반했다. 취나드는 대개 와이오밍으로 잠시 몸을 피했다. 로빈스와 프로스트는 티톤과 캐나다와 알프스를 방문했고, TM 허버트를 비롯한 다른 등반가들은 여름 한철 돈을 벌어, 가을 시즌을 대비했다.

우리는 사려가 깊지도 않고 미숙한 존재라서 때로는 작은 문제에 휩싸였다. 어느 겨울 아침에 나는 프랫, 앨 맥도널드와 함께 수직의 벽을 등반하던 중 갑작스러운 폭풍을 만났다. 캠프4로 돌아와 보니 바보같이 텐트 밖에 두고 간 침낭이 흠뻑 젖어 있었다. 곧 의문이 들기 시작했다. 이렇게 폭풍이 몰아치는 밤에 침낭도 텐트도 없이 어디서 자지? "예배당은 어때?" 저녁을 먹고 나자 맥도널드가 제안했다. "음, 좋은 생각이야." 내가 대꾸했다. 자정까지는 모든 것이 순조로웠다. 하지만 너무 추웠다. "히터를 틀게." 누군가 말했다. 몇 시간 후에도 여전히 냉기가 있어 난방장치 다이얼을 최대로 돌렸다. 실내가 따뜻해지자 스르르 잠이 들었다. 동이 트자마자 우리 셋은 더워서 깨어났는데 사람들이 돌아다니는 소리가 들렸다. 그때 몹시 슬픈 광경과 맞닥뜨렸다. 예배당 난방용 배관 위에 놓인 수십 개의 양초가 마치 살바도르 달리의 그림처럼 축 늘어져 있었다. 우리는 눈물이 나올 정도로 자지러지게 웃다가 몸을 최대한 숙이고 일요일 신자들이 예배당을 떠나기를 기다렸지만 더 많은 사람들이 들어왔다. 한 사람이 자는 척하는 우리를 향해 다가와 말했다. "자네들 지금 나가는 게 좋을 듯싶네." 우리는 마지막까지 남아 있던 티끌만 한 위엄을 최대한 끌어 모은 뒤 재빨리 눈보라 속으로 걸어 나왔다.

하지만 누군가 우리를 알아보고 예배당 사건을 고자질한 모양이었다. 그날 오후 레인저는 우리더러 목사에게 녹은 양초 사건에 대해 사과하라고 충고했다. 그리하여 우리는 사실을 실토했다. 개신교 목사는 '예배 공간에서의 부적절한 처신'을 꾸짖으며 호통을 쳤다. 하지만 제임스 머피James Murphy 신부는 바로 용서한 다음 에베레스트에서의 맬러리와 어빈 사건에 대해 알고 싶어 했다. 나중에 맥도널드가 머피 신부에게 12달러를 보내자 신부는 다음과 같은 내용의 편지와 함께 돈을 되돌려 보냈다. "당신의 진심 어린 마음은 보통 산악인들이라면 연상되는 대담하고 강인한 특성을 더욱 드높여줍니다. 이 돈은 돌려드리겠습니다. 앞으로의 모험과 행운에 유용하게 쓰십시오."

심각한 범행은 절도였다. 우리는 요세미티에서 더 오래 체류하기 위해 돈을 모았기 때문에 도둑질로 물자를 보충하려는 유혹을 강하게 느꼈다. 심각한 결함이 있긴 했으나 절도행위를 방어할 이론적 논거는 간단했다. 커리컴퍼니가 대중을 속이고 있으며, 로빈 훗이 가난한 자를 위해 싸웠듯이 우리도 일어서야 한다. 우리는 가난한 자였다. 하지만 캠프4에서는 정직하게 지냈다. 아무도 남의 것을 훔치거나 거짓말을 하지 않았다. 우리는 가상의 적 때문에 너무나 화가 나서 도둑질을 정당화했다. 어느 날 프랭크 사슈러가 나를 한쪽으로 끌고 가더니 말했다. "로퍼, 나 돈이 떨어졌어. 어떻게 훔치는지 알려줘." 우리는 가게로 갔다. 가게에서 나는 종이봉지 안에 상태가 좋은 스테이크를 집어넣은 다음 그 위에 감자를 담고 아무렇지도 않게 계산대로 걸어갔다. "얼마나 쉬운지 봤지?" 내가 사슈러에게 귓속말을 했다. "30센트 돈으로 스테이크를 사는 거야." 하지만 저울로 재는 동안 봉지가 터져 감자가 굴러 떨어졌다. 계산원은 봉지 안을 들여다보고 눈이 휘둥그레졌다. 그때 학생이자 미래 물리학자인 사슈러의 얼굴이 빨갛게 변했다. "5달러 75센트입니다." 종업원은 감자와 스테이크 무게를 따로 잰 후 무뚝뚝하게 말했다. 그러면서 낮은 목소리로 덧붙였다. "앞으로 다신 오지 마세요." 우리는 일주일간 가게에 가지 않았고 다시는 그런 수법을 쓰지 않았다.

훨씬 더 수치스러웠던 순간은 1960년 로스트애로에서 사망한 어빙 스미스와 관련된 사건 때였다. 나는 그의 사망 1년 후 로스트애로침니 바닥을 조사하다 발견한 두개골을 보여주려고 바보같이 커피숍까지 들고 갔다. 카페 여종업원으로부터 불만을 접수받은 레인저 웨인 메리는 그다음 날 나를 부르더니, 도로 갖고 가서 잘 묻으라고 엄중하게 말했다. 나는 그의 말을 따랐다.

그랬다. 우리는 유치한 젊은이들이었다. 비록 집에서 올바른 가치를 배우기는 했지만 우리는 모든 것에 반기를 들었다. 사회적 규칙을 따를 필요가 없다고 생각한 것이다. 그럼 어느 누구도 우리에게 이래라저래라 간섭하지 않을 테니까!

캠프4에 나타는 곰들은 레인저나 관광객 또는 커리컴퍼니보다 더 큰 골칫거리였다. 이놈들은 요세미티 계곡을 어슬렁거리며 캠프커리Camp Curry 부근에 있는 쓰레기통을 뒤졌다. 이 쓰레기통이 닫혀 있거나 하루의 식사량을 채우지 못하면 곰들은 뻔뻔해졌다. 몸체가 그리 크지 않은 흑곰들은 실제로 공격하진 않았지만 우리 음식을 먹고, 텐트를 찢고, 차를 망가뜨렸다. 마이크 보르고프는 곰을 완벽하게 표현했다. "통통했다. 관광객들이 먹여살리는 애완동물로, 무례하고 무척 쉽게 흥분했다. 곰은 공포, 비명, 성질을 돋우는 위협이나 간청에도 둔감했다."

거의 매일 밤 캠프에서 일대 소란이 일어났다. 곰은 주로 관광객의 아이스박스를 공격했는데, 이것을 보고 제프 푸트Jeff Foott는 꾀를 하나 냈다. 그는 한밤중에 테이블 옆 아이스박스에서 다육식물을 치운 후 피톤으로 땅에 깊숙한 자국을 내고, 그르렁거리는 소리를 낸 다음 캠프사이트로 피신했다. 아침에 푸트가 베이컨을 먹고 있을 때 관광객 무리가 땅에 난 발자국을 가리키며 말했다. "엄청 큰 놈이었어!" 누군가 울부짖듯 언성을 높였다. "레인저들은 왜 조치를 취하지 않지?" 제프 푸트는 자신의 행위를 두 조건에 근거해 합리화했다. 레인저는 곰에 대해 적절한 조치를 취하게 될 것이고, 관광객은 집으로 돌아가서 흥미진진한 이야깃거리를 갖게 되지 않을까? 이것은 450그램의 베이컨 값에 버금가는 행위였다.

척 프랫은 캠프4를 서식지 삼아 상주하는 곰들에게 이름을 지어줬다. 보르가르드Beauregard, 스파르타쿠스Spartacus, 칼리굴라Caligula, 랜슬롯Lancelot, 무시무시한 엘시드El Cid(중세 스페인 명장). 이들은 영리해선지 아니면 충분히 먹어서 그런지 밤마다 공격하진 않았다. 때로는 일주일간 몸을 사리다 불쑥 나타나선 소지품을 망가뜨려 우리를 몹시 당황시키기도 했다. 우리는 이 문제를 해결하기 위해 의견을 모으고 계획을 세웠다. 먼저 곰을 마음대로 놀릴 수 있는 절벽 끝으로 몰아넣은 다음 몇 시간 동안 오줌을 싸고 패닉 상태에 빠지게 만들기도 했다. 그러나 이런 방법은 소용이 없었고, 우리 역시 이런 식의 고문을 좋아하지 않았다. 어느 밤 참을성이 바닥 난 TM 허버트는 와인트래버스볼더Wine Traverse Boulder 위에 앉아서 해질녘이면 이 주변을 어슬렁거리는 엘시드를 기다렸다. 그는 그 녀석이 다가오자 머리통을 박살내려고 돌을 던져 정통으로 맞혔다. 하지만 '퍽' 하는 작은 소리가 전부였다. 엘시드는 주변을 둘러보더니 커다란 머리를 두어 차례 흔들고는 먹을 것을 찾으러 캠프로 뒤뚱거리며 내려갔다.

어떤 친구는 이것보다 훨씬 더 거칠게 공격했다. 등반가가 아니었기에 그의 진짜 이름은 알지 못했다. 다만 엄청난 박력과 에너지를 갖고 있어 '엠파이어볼더Empire Boulder'라고 불렀다. 어느 날 데이브 쿡이 캠프4 근처의 경사지에서 이 친구를 만났는데 당시를 이렇게 회상했다. "그 사람이 곰 가죽을 벗기고 있었어. 처음엔 기절할 뻔했지. 4등분이 되어 두 나무 사이에 걸린 사체가 벌거벗은 사람과 닮았지 뭔가. 커다란 돌 더미 위에 덫을 친 후 곰을 그 위로 떨어뜨린 거야. 곰 가죽은 벗겨서 무언가를 만들고 고기는 육포로 만들었지. 국립공원 안에서 저지른 이런 경악할 짓도 모자랐는지, 다음 날 지방을 이용해 도넛까지 만들었지 뭔가! 그때 그는 자신만의 야생 왕국을 만든 거야."

결국 레인저들이 행동에 나서서 가장 나쁜 범죄자, 즉 사람이 아닌 동물을 포획해 고산지대로 이주시켰다. 사람들이 먹는 음식에 중독된 일부 곰들은 무더운 샌호아킨 계곡으로 옮겨져 그곳에서 슬픈 최후를 맞았다. 1960년대 후반에는 곰과 관련된 사고가 거의 발생하지 않았다. 더 이상 친숙해진 곰도 볼 수 없었다. 그리고 이런 낙오자들에게 이름을 붙여주는 수고도 더는 할 필요가 없었다.

1962년과 1963년에 등반 동기가 강하지 않은 새 무리들이 캠프4에 자리 잡았다. 사실 우리는 그들의 이런 자세를 설명하기 위해 '마인드 문제Mind Problem'라는 표현을 만들어냈다. 물론 공포는 요세미티 등반의 일부였다. 우리 대다수도 첫 등반에 나섰다가 기가 죽어 돌아왔지만 다음 날 회복하고 재도전했다. 물론 자신감이 더 생겼을 경우에만. 반면 새로운 무리들은 반쯤은 마비된 상태로 캠프사이트에 축 늘어져 있었다. 요세미티 로지에서 일을 그만두고 합류한 데이브 쿡Dave Cook과 1962년 초 대학을 중퇴한 에릭 벡Eric Beck 같은 부류는 비교적 쉬운 한 피치짜리 루트를 등반하러 다녔다. 칼 허프Carl Huff, 짐 하퍼Jim Harper, 조 올리거Joe Oliger, 돈 텔쇼Don Telshaw 등은 거벽등반에 대한 이야기는 했지만 사실 거의 도전하지 않았다. UC 버클리 대학생인 존 모턴John Morton, 제프 도지어Jeff Dozier, 빌 페핀Bill Peppin, 크리스 프레더릭스Chris Fredericks, 스티브 톰슨Steve Thompson 등으로 구성된 자칭 '포던크스Podunks(촌뜨기들)' 그룹은 모두 등반은 잘했지만 힘든 곳을 피했다. 짐 브리드웰Jim Bridwell이라는 친

구는 비범한 재능을 보였으나, 그 역시 1960년대 초중반까지는 몸을 사리면서 거벽등반을 하지 않았다.

이 시기에 가이드북을 쓰고 있던 나는 요세미티가 나아가고 있는 방향성에 대해 관심을 갖게 되었지만, 목적도 없는 이런 등반활동이 슬픈 신호처럼 느껴졌다. 우리는 매일같이 등반을 하면서 거대한 벽에 열광하곤 했었다. 그것이 우리가 '할 일'이었다. 나는 이 시기에 재등을 포함해 260개의 루트를 올랐다. '포던크스' 무리에겐 아마 100년은 지나야 가능한 숫자가 아닐까? 내가 알고 싶었던 것은 다음 세대가 어디로 나아갈까 하는 것이었다. 『레드 가이드Red Guide』에 쓴 인사말에서 나는 이 초보자들을 거칠게 공격했다. "캠프4에서 고뇌하는 것처럼 보이는 무리가 가끔 있다. 그들은 자신들이 '하고 싶을 때' 등반을 했는데, 그들이 그런 느낌을 가질 때가 일주일에 한 번이었다. 그들은 특히 '정신적 고통', 즉 완곡하게 표현하자면 공포와 불확실성 때문에 고통을 받았다. 그들은 과연 무슨 이유로 캠프4에 계속 머무를까? 그들은 자신들을 변화시킬지도 모르는 불확실한 기적을 끈질기게 기다리고 있다는 인상을 준다."

물론 그들보다 더 열심히 등반한 우리 대다수도 무언가 일어나기를 기다리는 길 잃은 영혼이었다. 아마도 내 말에 충격을 받은 듯한 일부는 도전에 나섰다. 그들의 초보자 시절이 끝났다는 게 더 가능성 있는 시나리오이긴 하지만 어쨌든, 에릭 벡과 짐 브리드웰, 크리스 프레더릭스는 멋진 루트를 개척하기 시작했다. (1960년대에 등반 경력이 그리 화려하지 않던 브리드웰은 이후 전성기를 구가했고, 1970년대에 가장 열심히 등반하는 유명한 요세미티 등반가로 성장했다.) 존 모턴은 '포던크스' 그룹이 요세미티에서 적응하는 기간에는 특별히 두각을 나타내진 못했지만, 이곳에서의 훈련과 경험을 바탕으로 1965년 유럽에서 뛰어난 등반을 했다. 스티브 톰슨은 웨일스의 유명한 세너태프코너Cenotaph Corner를 미국인 최초로 완등했고, 모턴과 페핀은, 톰슨과 도지어에 이어, 라바레도Lavaredo 산군에 있는 거대한 돌로미테 루트를 등반했다. 이후 모턴은 이렇게 소회를 밝혔다. "돌로미테 루트는 4급이었는데 우리는 자력으로 올랐다. 그리고 가이드북에 있는 시간보다 빨리 등반해서 만족스러웠다."

───────────────■───────────────

같은 시기에 여성들도 요세미티를 찾기 시작했다. 우리들 대부분은 데이트 성공률이 아주 저조했다. 우리들은 상당히 쑥스럽긴 했지만, 등반 덕분에 자존심이 솟구쳐서 여성 동료들을 찾기 시작했다. 우리 중 일부는 결혼을 했다가 갑자기 이혼했다. 예를 들어, 취나드는 1962년 나에게 다음과 같은 내용의 편지를 보냈다. "12월 29일이 지나면, 섹스는 더 이상 내게 큰 문제가 아니야. 난 그 번호를 완전히 삭제할 수 있어." 결혼 1~2년 후에 파탄이 난 것이다. 로열 로빈스 역시 1957년에 결혼했으나 몇 개월 만에 헤어졌다. 허버트와 나는 로지의 커피숍에서 일하면서 친해진 두 여성과 각각 결혼했다. 허버트는 나보다 결혼생활을 더 오래 지속했다. 푸트와 프랫, 벡과 같은 친구들은 결혼을 기피하며 끊임없이 데이트만 하고 지냈다. 1950년대와 60년대의 대다수 요세미티 등반가들은 이혼 아니면 비혼 상태였다. 결혼은 남성 등반가에게도 안락한 삶이 아니었고, 부인과 여자친구에게도 견딜 수 없는 삶이었다. 그들의 삶의 패턴은 다음과 같았다. 봄 시즌에는 요세미티, 여름에는 티톤과 캐나다, 가을에는 사막이나 요세미티, 겨울에는 일을 하는 순으로 1년을 보낸 다음, 다시 동일한 방식으로 봄을 맞는 패턴을 반복했다. 여성들은 이런 삶의 방식에 매료되었으나 그것도 잠시뿐이었다. 그들은 결국 밑 빠진 독에 물 붓기라는 사실을 깨달았다.

물론 부인과 여자친구들도 등반을 시도했다. 남편과 남자친구들을 따라다니긴 했어도 등반을 특별히 좋아하지는 않았다. 유일하게 등반에 푹 빠진 부인은 베브 파월Bev Powell이었다. 그녀는 마크와 함께 많은 루트를 등반했고 힘든 피치를 선등하기도 했다. 이 커플은 모험을 함께 즐겼기 때문에 결혼이 수십 년간 지속되었다. 하지만 결국은 헤어졌다.

또 다른 두 명의 강인한 여성 등반가는 모두 제니라는 이름을 갖고 있었다. 제니 딘Janie Dean은 1957년 마크 파월과 함께 애로팁Arrow Tip을 올랐고, 다른 힘든 루트도 등반했다. 1961년에 로빈스의 애인이었던 제니 테일러Janie Taylor는 더 뛰어난 등반가였다. 두뇌가 명석하고 재능 있는 음악가였던 그녀는 등반실력이 좋았지만 선등은 그리 많이 하지 않았다. 8월에 그녀는 로빈스와 함께 티턴에서 두 개의 길고 힘든 초등을 했는데 이 때문에 그 지역에서 가장 성공한 여성 등반가라는 명성을 얻었다. 그러나 로빈스와 헤어진 후 비슷한 수준의 개척등반은 결코 하지 못했다.

그 후 로빈스는 아와니호텔에서 여름 시즌에 잠시 일하러 온 여성과 사랑에 빠졌다. 센트럴밸리Central Valley에 있는 도시 모데스토Modesto 출신의 엘리자베스 버크너Elizabeth Burkner였는데, 우린 모두 그녀를 '리즈'라고 불렀다. 모데스토에 신혼집을 차린 두 사람은 1963년 11월 결혼 이후 몇 년간 많은 루트를 함께 등반했다. 그중 1967년 하프돔 북서벽 초등 10주년 기념 등반이 하이라이트였다. 엘리자베스는 공격적이진 않았지만 훌륭한 자질을 갖춘 등반가였고, 요세미티 6급 루트를 오른 최초의 여성이었다.

1960년대 초반에 우리는 여성을 등반 파트너로만 원하지는 않았다. 우리는 섹스 파트너를 원했다. 엄청난 시간 동안 이를 위한 모의를 꾸몄지만 사실 행동보다는 말이 더 앞섰다. 마이크 보르고프는 캠프4에서 섹스에 굶주린 나날에 대해 이렇게 묘사했다. "1957년 콜로라도 산악부대 근무 시절 요세미티를 처음 찾았을 때 나무 막대기처럼 딱딱해질 정도로 순결을 지킨 사나이들을 보았다. 쓰레기통에서 살던 두 명의 부랑자는 레드 마운틴 와인을 마신 후 더 노골적으로 변했다. 황금기를 위해 기초 작업을 하느라 바쁘지 않을 때는(그들이 만든 것은 황금기밖에 없었다) 나와 같은 초보자의 눈에는 그들이 취해 있는 것처럼 보였다. 왜 아니겠는가? 몇 년 후에도 그 먼 세계에는 여성들이 없었다. 이전 세대에게 캠프4의 활동은 무가치하고 열등한 것이었으며, 여학생들은 이동식 주택을 끌고 온 부모들에게 둘러싸여 보호감시를 받았고, 하늘에 떠 있는 별만큼이나 접근이 어려웠다. 그리하여 우리는 비박 레지에서 자위 경쟁을 했고, 침낭이 정액으로 젖었으며, 술에 취한 채 난롯가에 앉아 재를 토닥이며 음담패설을 하는 데 열중했다."

1960년대 초반에는 1950년대식 사회관습이 여전히 만연해 있었다. 많은 여성이 때로는 빅토리아시대의 도덕적 열망에 휩싸여 위엄을 지키기 위해 열심히 싸웠다. 나는 정숙하게 보이는 웨이트리스와 차 안에서 몇 차례 데이트를 했는데 그녀가 내 손을 잡아 자신의 가슴에 댄 기억이 난다. "이 가슴은 당신 거예요, 당신만의 것이죠." 그녀는 완벽한 말투로 한숨을 쉬며 말했다. 제인 오스틴의 소설 속 주인공이 아니라, 옷을 찢는 광란적인 열정을 원했던 나는 바로 관계를 정리했다. 하지만 요세미티 등반가들은 한 명씩 총각 딱지를 뗐다. 나는 에릭 벡의 총각파티를 주선했는데 그는 내가 베푼 은혜를 지금까지도 감사히 여기고 있다.

페니 카Penny Carr는 1962년부터 1966년까지 요세미티를 가장 자주 찾은 여성이었다. 그녀는 봄 시즌에 주말마다 등반했고 때로는 글렌 데니와 함께 지내면서 몇 주간 머물기도 했다. 그녀는 수심이 가득했지만 명석하고, 등반도 잘하고, 사교성도 좋아 많은 사람과 친하게 지냈다. 페니 카는 삶과 사랑의 의미에 대해 끝없이 고민했다. 그리고 사회의 불공평성을 극도로 증오했다. 게다가 그녀는 삶의 방향성도 분명하지 않았다. 등반을 본격적으로 할지, 아니면 학업을 계속 이어나갈지도 결정하지 못했다. 그녀는 스탠포드대학에 몇 년 다니다 중퇴하고, 요세미티에 조금 머물다가 버클리대학으로 돌아갔다. 1963년 어느 날, 그녀는 나를 로지 구석으로 부르더니 시클레지Sickle Ledge로 데려가 달라고 부탁했다. 그곳은 노즈에 있는 4피치 테라스 구간으로 우리가 종종 올라갔다가 내려오는 곳이었다. 페니는 나에게 말했다. "그곳에 올라가면 로프를 풀어버리고 뛰어내릴 거야."

나는 이 말을 듣고 깜짝 놀라긴 했어도 심각하게 받아들이진 않았다. 내 등반 기록에 사망사고가 끼어 있으면 기록이 나빠진다는 농담을 하면서 그녀의 제안을 거절했다. 그로부터 3년 후인 1966년 5월 초, 페니 카는 자신의 말이 얼마나 진지했는지 보여줬다. 그녀는 자신의 플리머스 자동차 배기관을 호스로 연결해 일산화탄소 중독으로 사망했다. 척 프랫은 일간지 『샌프란시스코 크로니클』에 난 사망 기사를 읽자마자 허둥지둥 달려와 이 슬픈 소식을 전해줬다. 곧바로 '우리가 이렇게 했더라면…'이라는 후회가 밀려왔다. 슬픈 시간이었다. 우리는 그녀를 그리워했다. 도시 출신의 데이브 쿡Dave Cook은 난생 처음 캠프파이어를 하기 위해 불을 붙이려고 했던 날을 회상하곤 했다. 바닥에 커다란 신문지 뭉치를 평평하게 놓고, 그 위에 나뭇가지를 올리고, 종이에 불을 붙이고 있었다. 잠시 이 요란한 소동을 지켜보던 페니가 다가오더니, 손부채질로 매운 연기를 피하면서 부드럽게 말했다. "데이브, 먼저 종이를 구겨야 해." 그는 불을 피울 때마다 페니가 생각난다고 했다.

등반을 하지 않는 날에는 다른 활동을 했다. 우리는 볼더링을 좋아했다. 캠프사이트 뒤 바위에서 누가 피톤을 가장 빨리 박는지 시합했다. 또는 정처 없이 캠프를 출발해 레인저 사무실을 거쳐 로지까지, 요세미티 계곡 주변을 싸돌아다녔다. 그리고 종종 2킬로미터 정도를 걸어 1959년 5월에 문을 연 슈퍼마켓에 들르기도 했다. 우리는 여성을 유혹하려 들지 않았다. 대신 우리는 곰과 싸우고 폭군들과 힘겨루기를 했다. 캠프사이트 뒤쪽에 서식하며 밤마다 음식을 찾아 코를 킁킁거리며 우리를 놀라게 하는 스컹크와 호랑이꼬리고양이를 상대해야 했다.

등반가가 되기 전 서커스를 할 생각으로 저글링을 터득한 프랫 덕분에 묘기를 배우기도 했다. 그는 한 손으로 3개의 공을 저글링 할 수 있었고, 두 손으로 5개의 공도 다룰 수 있었다. 우리는 어느 누구도 3개 이상의 공을 던질 인내심도 기술도 없었다. 하지만 몇 년 뒤 우리 모두는 3개의 공으로 저글링 할 수 있게 되었다. 프랫은 외발자전거도 잘 탔다. 그는 종종 그 자전거를 타고 캠프 주변을 돌아다니며 3개의 공을 저글링 했다. 그러나 우리 중 어느 누구도 외발자전거를 탈 엄두조차 내지 못했다.

등반을 쉬는 날에는 다른 기분전환거리도 있었다. 미드웨스트 출신 존 에번스John Evans는 뱀을 좋아해서 방울뱀을 잡으러 엘캡 아래로 가곤 했다. 그는 뱀을 마대자루에 담아 와서 며칠간 연구한 후 풀어줬다. 자루 입구가 묶여 있기는 했지만 독사가 캠프에 있다는 점을 불편하게 여기는 이들도 있었다. 에릭 벡은 독사를 극도로 싫어해 멀찌감치 떨어져 지냈다. 하지만 프랫은 일부러 다가가서 뱀을 보살펴주기도 했다. 그는 어떤 루트에서 큰 방울뱀을 죽일 기회가 있었지만 그렇게 하지 않았다. 뱀의 머리를 왜 돌로 찍어 죽이지 않았는지 묻자 프랫은 이렇게 항변했다. "뭐라고? 그럼 요세미티 계곡에 있는 모든 뱀이 나를 찾아다닐 텐데…"

우리는 비가 오는 날에는 좀 더 지적인 활동을 했다. 장비를 제작하다 틈만 나면 요세미티에 들어왔던 취나드는 철학자와 유명 작가, 시인, 등반가들의 명언이 적힌 작은 검정색 책을 갖고 있었다. 취나드는 고통이나 고뇌 또는 영웅적 행동에 집착했는데, 그 책에는 이런 주제와 관련된 글이 적혀 있었다. 책은 로지에서 항상 볼 수 있어서 읽고 내용을 첨가할 수 있었다. 가장 생생하게 기억하는 격언은 "고통을 통해서만 우리는 자기 자신을 찾을 수 있다."라는 도스토옙스키의 말이었다. 또 다른 격언은 니체의 것으로 "나를 죽이지 않는 것은 나를 더 강하게 만든다."였다. 그리고 셀린 Celine(프랑스의 작가이자 의사)의 오만함이 담긴 문구도 있었다. "나는 높은 곳에서 너희들에게 오줌을 눈다."

동료들과 지내는 것이 지겨울 때면 나는 가끔 유명한 등반 루트 밑으로 가서 보물찾기 하듯 떨어진 피톤을 찾기 위해 주변을 샅샅이 뒤졌다. 이 이야기가 소문이 나자 헤르브 스베들룬트는 요세미티 폭포 하단 루트에서 자신이 설치한 볼트를 제거한 것에 앙갚음을 하려고 나를 감쪽같이 속였다. "내로스Narrows 바깥벽에서 살라테가 박은 피톤을 봤어." 1962년 가을 어느 날 그는 이렇게 말했다. 그가 센티넬 북벽을 등반한 적이 있었기에 살라테의 피톤이 아무도 가본 적이 없는 끔찍한 장소에 있을 것이라 생각했다. 질문을 몇 개 던지고 나는 다음 날 아침 물과 식량, 해머, 로프 4개를 넣은 커다란 배낭을 조용히 꾸렸다. 덤불과 돌멩이들이 가득한 협곡을 따라 4시간 동안 센티넬 정상으로 1,000미터를 힘들게 올라갔다. 그리고 로프를 고정시키면서 아주 조심스럽게 140미터를 하강해서 축축한 그레이트침니Great Chimney로 갔다. 내로스 위에 매달려 찾아봤는데 피톤이 하나도 없어 초조함이 분노로 변했다. 나는 멀리 떨어진 캠프4를 향해, 스베들룬트가 망원경으로 이 낭패를 봐주기를 바라면서, 손가락질과 욕설을 스무 차례나 해댔다. 그러자 그 목소리가 침니 안에서 메아리쳤다. 결국 나는 끝없이 이어진 로프를 푸르지크 매듭으로 올랐다. 그 생명줄은 빨랫줄만큼 가늘게 느껴졌다. 바로 그때 여기저기서 표준형 고정 피톤이 나타나 열심히 빼내기 시작했다. 그런데 이것이 어찌된 영문이지? 1959년에 취나드가 수작업으로 만든 최초의 피톤을 발견한 것이다. 그래서 그날은 완전히 공친 날은 아니었다. 나는 그날 밤 스베들룬트를 골탕 먹이려고 그에게 엄청난 감사를 표했다.

우리는 서로를 매우 존중했기에 종종 각자의 결점을 재미삼아 놀리기도 했다. 리메릭Limerick(농담조의 5행시)은 인기가 많은 무해한 표현 수단이었으며, 아래에 언급된 것들이 대표적이다. 완벽한 구조는 아니지만, 우리에게는 재미있고 통찰력이 있어 보였다. 예를 들어, 초창기의 취나드는 독실한 가톨릭 신자로 일요일마다 요세미티 예배당에 미사를 드리러 갔다. 그는 또한 엘캡을 너무 원했기 때문에 하프돔의 북서벽을 경멸했지만, 그 후 그와 내가 살라테월에서 패배하고 돌아오자 에릭 벡은 즐거워하며 다음과 같은 리메릭을 만들었다.

> 취나드는 너무 크지 않은 사내.
> 일요일에는 등반하지 않는다네.
> 하프돔 같은 시시한 등반을 하니 집에 있는다네.
> 하지만 그는 살라테월에서 쫓겨났다네.

짐 브리드웰이 수치스러운 후퇴를 하자, 시인 에릭 벡은 이렇게 읊었다.

브리드웰이라는 등반가가 있었다네.
그는 난이도 1급에서는 잘 오른다네.
하지만 난이도 4급에서 곤경에 처했다네.
그는 사면까지 하강하고 잘 숨었다네.

스티브 톰슨과 제프 도지어는 금발에 푸른 눈을 가진 모습이 닮았다고 해서 '예수'라고 불린 크리스 프레더릭스Chris Fredericks를 이렇게 멋지게 묘사했다.

예수는 엄청 섹시하지.
등반은 엄청 못한다네.
그는 고통의 승화가 가능하다는 걸 알았다네.
더 직접적으로 발기할 수 있는 것들로.

에릭 벡이 미들캐시드럴에서 추락해 부러진 팔에 철심을 박자, 버클리 출신의 갈렌 로웰은 즉시 시를 만들었다.

에릭 벡이 만신창이가 됐다네.
노스버트레스다이렉트 아래로 추락했지.
어쩌나, 불쌍한 에릭, 이제 철인이 되었네.
그의 이번 시즌은 끝났다네.

등반가가 아닌 사람들도 우리에게 즐거움을 줬다. 1963년 내가 코어, 데니와 함께 엘캡의 노즈를 등반한 직후 프랭크 파켈Frank Parckel이라는 생판 모르는 사내가 편지 한 통을 보내왔다. 이 친구는 철자나 구두점이 완벽하진 않았지만 일부 문장은 훌륭했다. "멍청한 놈들의 머리를 검사해야 해. … **엄청난 업적, 대단한 일이야**, 못난 멍청이들처럼 산을 올랐다네. 만일 면도를 해서 멀쩡해 보였더라면. 그러나 너희 셋은 게으름뱅이들이야 … 이제 가파른 벽을 오른 세 마리 돼지처럼 월계관을 쓸 수 있어. 머리를 검사해 봐."

유머에 대한 태도는 각자 달랐다. 로열 로빈스는 거칠고 가벼운 농담보다 정교한 말장난을 선호했으나 소수만이 그것을 받아들였다. 가령 그는 슬랩을 초등한 뒤 '슬랩해피피너클Slab Happy Pinnacle'이라고 이름 짓는가 하면, 어려운 다이히드럴Dihedral 루트를 등반한 후에는 '디하드럴Dihardral'이라고 이름을 붙였다. 그리고 이곳을 너트들만을 이용해 오른 뒤에는 '너트크레커스윗Nutcracker Sweet'으로 불렀다.

T.M 허버트는 등장할 때마다 우리를 포복절도하게 만들었다. 우리는 그가 몇 분 만에 배를 움켜쥐고 뒹굴게 할 것을 알고, 다가오는 모습만 봐도 웃었다. 그가 비박 중 한 행동은 전설이 되었다. 옛날에는 등반할 때 침낭을 거의 들고 다니지 않았다. 레지에 그냥 자리를 잡고 나서 스웨터와 다운재킷을 입은 다음 몸을 구부리고 새벽이 올 때까지 기다렸다. 해질녘 갈렌 로웰이 센티넬 서벽에서 배낭에 있던 침낭을 꺼내자, 허버트는 격분했다. "이런 겁쟁이! 이런 야영꾼 같으니라고! 진짜 비박이라고 할 수 없어. 모두에게 이 사실을 퍼뜨릴 거야. 우린 널 요세미티에서 쫓아낼 거야." 그는 심지어 잠든 로웰을 한밤중에 깨워 이런 사실을 재확인시켜줬다. 또다른 비박에서는 몇 시간을 푹 자고 일어난 허버트가 자신이 푹 잤다는 사실을 확인시켜주기 위해 코를 고는 친구를 깨웠다. 그의 파트너 돈 로리아Don Lauria는 나중에 그 등반 중 가장 힘들었던 경험은 허버트가 한밤중에

1968년경 홀링백을 메고 있는 척 프랫을 이본 취나드가 쳐다보고 있다. (사진: 글렌 데니)

끝도 없이 주절대던 일장연설이었다고 실토했다. "다들 깨어 있었어? 난 사실 잠자고 있었어. 내가 비박에서 잠을 잔 게 처음이야. 젠장, 일어나서 내 말 좀 들어봐. 내가 잠을 잤다고. 엄청난 일이지, 이건."

　다른 종류의 유머는 좀 더 자기 성찰적 성격이 강했다. 170센티미터의 프랫과 165센티미터의 취나드는 이성교제의 실패 이유를 끊임없이 신장 탓으로 돌렸다. 우리는 그들이 나누는 자기비하적인 얘기를 들으며 배꼽을 잡고 웃곤 했다. 어느 날 취나드는 별 도움이 안 되는 고추는 잘라버리는 것이 낫겠다고 선언했다. 그는 한동안 뾰로통하더니 누군가가 "바보야, 그럼 오줌을 어떻게 눠?"라고 하자 안색이 밝아졌다. 프랫은 자신이 등반하는 이유를 단순히 "농구를 하기엔 키가 너무 작아서."라고 말했다. 한 번은 프랫이 샌프란시스코 베이 지역에서 데이트를 하고 나서, 여성의 집에 재킷을 두고 온 것을 알게 되었다. 그는 바로 돌아가 초인종을 눌렀는데 그때 여성이 룸메이트에게 하는 말을 들었다. "작은 새우가 코트를 가지러 온 게 분명해." 그는 몸을 돌려 달렸고, 차에 올라타 맥주를 산 다음, 근처 태평양 해안으로 차를 몰고 가서 파도를 주먹으로 제압하며 화를 풀었다. 다음 날, 술도 덜 깨고 울적한 마음으로 일어난 그는 데이트는 두 번 다시 하지 않겠다고 맹세하며, 소파에 누워 말러 교향곡을 1번부터 9번까지 연속해서 들었다.

◆

캠프4에서의 생활이 등반과 웃음, 때로는 로지에서 빈둥거리는 것의 연속이었지만 우리가 1년 내내 이런 생활을 한 것은 아니었다. 우리 모두는 겨울철에 일을 했다. 로빈스는 네 시즌 연속 타호 호수 근처에 있는 소규모 스키장 슈거볼Sugar Bowl에서 스키를 가르쳤다. 나중에 그는 스위스에서도 등반과 스키 강사로 일했다. 프랫은 앨런 스텍이 매니저로 일하는 버클리의 스키장비 가게에서 점원이나 '스키렌탈 직원'으로 일했다. 나 역시 그곳에서 10여 년 동안 스키렌탈 직원과 스키 수리공으로 일했다. 스텍의 사장은 일당을 많이 쳐주진 않았지만, 매년 11월 1일에 들르면 일자리를 줬다. 그리고 4월 1일이면 비가 오든 날이 맑든 내가 떠날 것이라는 걸 알았다.

크리스 프레더릭스는 콜로라도산맥의 깊숙한 광산에서 겨울철에 광부로 일했다. 언젠가 프랫은 로스앤젤레스에서 트레일러에 변기를 설치해주는 일, 즉 유익한 작업을 하며 우울한 겨울을 보내기도 했다. 우리 중 일부는 초봄이나 늦가을에 요세미티에서 경비원 옷을 입고 한 달 정도 근무했다. 나는 아와니호텔에서 주방장으로 상당히 중요한 업무를 한 적도 있었다. 조 피첸은 요세미티 로지 바에서 웨이터로 일하며, 등반가들에게 블랙 러시안과 브랜디 알렉산더 같은 칵테일을 능숙하게 서빙해줬다.

다른 등반가들은 안정된 직장에서 일했다. 하딩은 고속도로 조사원으로 평생을 근무했고, 프로스트는 취나드와 피톤 사업을 하기 전, 캘리포니아 남부에서 항공 우주 엔지니어로 일했다. 취나드는 버뱅크Burbank에서 철공소를 운영하면서 매년 개선된 장비를 대량 생산했다. 허버트는 교사 자격증을 따기 위해 대학으로 돌아갔고, 대학에 다니던 에릭 벡과 제프 푸트는 가치관과 감정 상태에 따라 휴학과 복학을 반복했지만, 결국은 학업으로 돌아갔다.

군대 역시 우리의 삶에서 중요한 부분을 차지했다. 대학은 단기 징병제를 면제받기 위한 수단이었다. 약간 나이가 많은 사람(로빈스, 허버트, 취나드, 피첸, 프랫과 나)은 모두 징집 대상이어서 2년간 비참한 시간을 보냈다.(흥미롭게도 우리 중 누구도 장교가 되지 않았다.) 취나드는 군대를 가지 않으려고 열심히 노력했다. 신체검사가 임박했을 때, 그는 많은 양의 간장soy sauce을 마셔 혈압을 고의적으로 높이려 했지만 예기치 않게 검사가 지연되면서 계획이 어그러졌다. 뒤늦게 검사를 받았을 때 그의 혈압은 이미 정상으로 돌아와 있었다. 혈액을 채취했을 때쯤, 그의 신체 체계는 "염분을 희석시켰기" 때문이다.

군대가 사고思考를 마비시킨다는 말을 귀가 따갑도록 들은 젊은이들은 군대에 가지 않기 위해 그리고 자유를 유지하기 위해 열심히 싸웠고,

언제나 성공했다. 베트남전쟁이 치열해지자 많은 대학생들과 등반가들은 두려운 "로버트 맥나마라 장학금Robert McNamara Scholarship(맥나마라 국방장관의 징집 프로젝트)"을 피하고 싶어 했다. 한 친구는 정신과의사 밑에서 일주일간 공부하며, 심리검사를 받는 동안 쓸 속임수를 외웠다. 그는 이 음모를 통해 군대를 면제 받았는데 이름은 밝히지 않는 게 좋을 것 같다. 한 등반가는 "동성애자입니까?"라는 질문에 "예!"라고 답변했다. 그리고 '예'에 대충 표시를 하고 난 후 다시 긁어내고 진하게 '아니오'라고 표시했다. 한 천식환자는 신체검사 직원 목에 곤충 약물을 스프레이로 뿌렸고, 다른 친구는 검사 전에 권총을 귓가에 대고 발사했다. 청력에 문제가 생긴 그 친구와는 지금도 연락하며 지낸다.

입대를 앞둔 콜로라도 출신의 스티브 코미토Steve Komito는 앞으로 일어날 일에 몸서리를 쳤지만, 유머감각을 그대로 유지한 채 1964년 편지를 보내왔다. "자포자기하지 않으려고 해. 옛날에 조상들이 알고 있던 반역계략을 모두 사용해볼 테야. 결혼은 하지 않을 생각이네. 왜냐하면 성병을 피하기 위해 내 음경을 제거하는 것과 같아서. 아니, 난 지구상에서 가장 먼 곳으로 달아날 생각이야. 내 몸을 혹사시키고 내 영혼을 망가뜨려 건강하지 않게 만들걸세." 한 달 후 그는 결혼했다. 그리고 8개월 후 이런 글을 보내왔다. "아주 잘 살고 있어. 군대를 면제받았어."

직업과 군대를 걱정하며 겨울을 보냈으나, 봄이 되면 캠프4로 돌아와 식이요법을 하고 훈련을 시작하면 마음이 편했다. 오직 등반만 중요했으며, 우리는 당면한 등반과제에만 전념했다.

8

삶의 방식

1963~1964

나에게 적이란 힘이 생기면 개인의 자유를 제한하는 사람들이다. 경찰관, 군인, 공산주의자, 가톨릭신자, 반미활동위원회(국회에 설치된 특별위원회로 공산주의자 적발에 집중함)가 여기에 속한다. 물론 나의 편견이겠으나, 등반만큼 완벽하고 충분하게 개인성을 표현할 수 있는 스포츠를 상상하기 어렵다. 나는 이성異性이나, 아내 또는 신을 위해 등반을 포기하지도 늦추지도 않을 것이다.

———— 척 프랫Chuck Pratt, 1965년

요세미티 등반가들은 그들의 업적에 대해 비교적 적은 글을 썼지만, 1963년 이본 취나드 덕분에 급격한 변화가 생겼다. 그는 1962년 10월 징집이 해제된 이후 몇 년간 요세미티 거벽에서 무슨 일이 일어났는지 생각할 시간이 많았다. 그는 캘리포니아 밖에 있는 사람들은 거벽에서 무슨 일이 일어나고 있는지 알지 못하고 있다는 사실을 깨달았다. 유럽인들은 의식하지 못했고, 품위 없고 저속한 동부 해안가 지역 등반가들은 캐나다와 히말라야 등반에 집중했다. 사실 요세미티는 신뢰와 존경을 받는 등산 매체 『아메리칸 알파인저널』에 언급된 적이 거의 없었다. 1944년 캘리포니아 공대생 빌 쉔드Bill Shand가 요세미티의 대여섯 개 루트를 상세 설명한 장문의 글이 유일했다. 그러나 보스턴과 뉴욕 사람들에게 미국 서부는 미지의 땅이었다. 예를 들어, 1960년에서 1962년까지 최고의 산악 이슈는 히말라야와 맥킨리(데날리의 이전 명칭)로 도배되다시피 했다. 39개의 기사 가운데 단 6개만 서부지역에 관한 것이었지만, 대부분이 "미국 산의 명칭—캐스케이드"같이 역사적인 내용이었다. 캘리포니아를 다룬 기사는 없었다. "등반과 원정"이라는 섹션에도 요세미티는 아주 조금 언급되었다. 나는 1962년 초에 『아메리칸 알파인저널』측으로부터 요세미티에서 일어나는 등반에 대해 써달라는 요청을 받고, 두서없는 글 몇 개를 보냈다. 그중하나는 살라테월에 관한 글(인쇄매체에서 최초로 언급된 것이었다)이었는데 따분하고 4개의 문장으로 구성된 등반기였다.

미국산악회American Alpine Club는 젊은 등반가들을 무시하는 경향이 있었다. 이곳은 아이비리그 출신들로 구성된 'OB 모임' 성격이 강한 산악회였다. 초기 요세미티 등반에서 중추적인 역할을 한 딕 레너드Dick Leonard는 다른 이들보다 먼저 이 사실을 깨달았다. "나는 미국산악회에서 두 번 탈퇴했다. 산악회가 젊은 등반가들을 받아들이지 않고 효율적으로 일하지 않는다는 느낌이 들어서 떠났다." 1972년 그는 이런 기록을 남겼다.

미국산악회를 이끌었던 산악인 모두가 선견지명이 없었던 것은 아니다. 1930년대부터 유명한 산악인이자 『아메리칸 알파인저널』의 편집자였던 에드 카터Ed Carter는 취나드가 일요일 신문에 쓴 증보판 기사를 보고 연락했다. 최근에 만난 카터의 설명에 따르면, 그가 기사를 요청하자 취나드는 다음과 같이 말하면서 거절했다고 한다. "세상에서 마지막으로 하고 싶은 게 구세대를 위한 저널에 글을 쓰는 겁니다." 하지만 칼 풀러Carl Fuller 미국산악회장은 취나드의 답변을 받아들이려 하지 않았다. 그는 곧장 캘리포니아로 날아가서 요세미티 등반가들과 이야기를 나눴다. "칼 회장이 그들을 완전히 납득시켰다네. 그래서 그들이 하고 있는 멋진 등반에 대한 글을 쓰게 할 수 있었지." 카터가 당시를 회상하며 이렇게 말했다.

결국 설득을 당한 취나드는 1963년도 『아메리칸 알파인저널』에 실을 요세미티 등반 관련 기사 4개를 작성했다. 그중에는 예전에 써놓은 "요세미티 개요"도 포함되어 있었다. 일병 취나드는 앨라배마에 있는 미군 주둔지 레드스톤 아스날Redstone Arsenal에서 1962년 12월 내게 이런 편지를 보내왔다. "기사를 마침내 다 작성했어. 5,000자 분량의 완전히 편파적이고 편견에 불과한 글이야. 또 내가 입수한 사진 15장도 보냈어. 이것들이 유럽을 뒤흔들어놓기를 기대해."

"현대 요세미티 등반"이라는 제목의 취나드의 강력한 글은 대담한 문장으로 시작된다. "요세미티 등반은 잘 알려지지도 이해받지도 못하고 있지만, 오늘날 암벽등반의 흐름을 이끄는 세계에서 가장 중요한 배움터 가운데 하나다. 요세미티의 등반 철학과 장비, 기술은 다른 등반 세계와 관계없이 거의 독립적으로 발전해왔다."

설득력 있고, 정보성 있는 취나드의 글은 요세미티 등반의 모든 측면, 즉 안전과 날씨와 인공등반 기술 등을 다뤘다. 그리고 등반윤리에 대한 자세한 설명과 함께 자유등반을 요세미티 등반가들이 어떻게 정의하는지 언급했다. "자유등반은 어떤 종류든 인공 보조물을 사용하지 않는 것을 의미한다." 그는 여기서 피톤에 매달리거나 그것을 밟고 등반하고 나서는 '자유등반Free Climbing'이라고 부르는 — 영국을 제외한 — 유럽대륙의 등반 습관에 대해 꼬집었다. 알프스 등반가들에게 인공등반은 피톤에 연결한 줄사다리를 딛고 일어서는 것을 의미했다. 가령 프랑스의 한 등반가는 힘든 곳을 오를 때 카라비너를 잡고 오른다 해도 그 루트를 여전히 '자유등반 루트라고 부른다. 이런 애매모호함은 난이도 체계에 문제를 불러일으켰다. 더 중요한 것은 취나드가 암시하는 것같이 윤리적인 문제였다. '자유등반'은 올라가는 동안 자연 홀드만 사용해야 한다는 걸 뜻해야 한다. 카라비너에 손가락을 잠깐 집어넣고 매달리는 것은 피톤에 매달리고 그것을 스탠스로 사용하는 인공등반과 같다.

취나드는 요세미티 등반을 여섯 페이지에 걸쳐 극찬한 후, 너무 지나 쳤다 싶었던지 개인적인 경험을 썼다. "엄청난 열기, 먼지 가득한 크랙, 개미가 잔뜩 꼬인 악취 풍기는 나무, 바위벽을 덮고 있는 덤불, 캠프4의 지저 분함과 소음을 나는 항상 혐오한다. 그리고 무엇보다 최악은 수많은 관광 객들이다." 그리고 뒷부분에서 다음과 같이 주장했다. "내가 이 장소를 가끔 싫어했다면 그것은 아마도 내가 이곳을 너무나 사랑했기 때문일 것이다. 이곳에 대한 나의 감정은 이상하면서도 열정적인 사랑이다. 이곳은 단순한 등반 대상지 이상이며 삶의 방식이다."

취나드에 이어 세 개의 요세미티 등반기가 기획으로 실렸다. 에드 카터는 요세미티를 강조하기 위해 진지한 노력을 기울였다. 첫 번째 등반기는 취나드가 쓴 또 다른 글로, 허버트와 함께 센티넬에 신루트를 개척한 기록이었다. 그리고 엘캡 등반기 두 개가 이어졌다. 하나는 로열 로빈스의 살라테월 등반기로, 그는 이 등반이 최초로 이뤄진 등반이자, 최초로 한 번에 밀어붙인 등반이라고 강조했다. 또 하나는 에드 쿠퍼의 다이히드럴 초등 기록이었다. 4개의 기사는 대부분 인공 슬링을 딛고 선 사진 28장과 함께 실렸다.

모두 훌륭한 기사로 정보가 가득했고, 요세미티 바위벽의 본질을 잘 포착한 글이었다. 캠프4 체류자들은 1963년에 발행된 연감에 아주 만족했다. 요세미티가 마침내 널리 알려졌고, 우리가 토론의 장을 갖게 된 것이다. 내가 하고 있는 일이 사회적으로 책임 있는 업무라는 사실을 부모에게 증명해 보이기 위해 『아메리칸 알파인저널』을 보여준 기억이 난다. 나는 미국 등반의 르네상스 시기에 몸담고 있다는 사실을 강조했다. 내게 등반을 가르쳐준 아버지는 내가 대학에 복학하기를 원했지만, 그래도 뿌듯해하며 기뻐했다. 어머니는 왜 복학하지 않는지 의아해했다.

흥미롭게도 등반기의 마지막 문장은 모두 비슷했다. 사실 등반기를 끝맺는 것이 어렵기는 하다. 그 모든 것의 의미에 대해 무언가를 말해야 하기 때문이다. 취나드는 센티넬 정상에 섰을 때 "자유의 상태가 되어 몇 시간 동안 행복했고, 이 자유의 일부를 가져올 수 있어 기뻤다."라고 썼다. 로빈스는 "우리는 내려오면서 영적으로 아주 충만해진 기분이 들었다."라 며 역시 비슷한 감정을 표현했다. 에드 쿠퍼는 "우리 삶에서 가장 멋진 날 이었다."라고 끝을 맺었다.

취나드의 "요세미티 등반은 삶의 방식이다."라는 문장을 읽고 우리는 이 말이 정말로 진실된 표현이라는 인상을 받았다. 1963년에 로빈스, 취 나드, 프랫, 벡과 나는 요세미티 밸리에 한 번 들어오면 몇 개월간 살았다. 우린 밸리에 소속감을 느꼈고, 이곳은 우리의 정신적 고향이었다. 도시와 책임감에서 멀리 벗어나, 우리 자신과 세계에 평화를 느끼며 소박하게 살 았다. 우리는 등반이 우리를 더 나은 사람으로 만든다고 생각했고, 아마도 실제 그랬던 것 같다. 바위벽 앞에서 겸손해졌고, 우리를 움직이게 하는 것이 무엇인지 알아내기 위해 우리의 내면을 깊숙이 들여다봐야 했다. 두 려움을 마주하는 법을 배웠고, 벽에서 위험을 접하고 평정심을 유지하기 위해 싸우는 것이 어려운 시기를 헤쳐나가는 데 도움이 되었다는 사실을 몇 년 후에 깨달았다. 우리는 자신감을 얻었다. 우리는 우리 자신을 더 멋 지게 생각했다. 한마디로 등반은 영혼에 이로운 행위였고, 무모한 본성을 진정시키는 데 영향을 미쳤다. 정말로 등반은 우리 삶의 방식이었다.

우리 공통의 기억에 따르면, 1963년 봄 시즌의 날씨는 최악이었다. 우리는 며칠간 등반을 못한 채 로지에서 지냈다. 체력단련도 하지 않고, 신을 저주하면서 죽치고 앉아 있었다. 레이튼 코어Layton Kor는 쉴 새 없 이 서성거리며 안전부절 못했다. 올해가 자신의 최고의 해가 될 것이라고

1969년경의 스티브 로퍼(왼쪽)와 에릭 벡 (사진: 글렌 데니)

느꼈기 때문이다. 그는 엘캡에 신루트를 내고 싶다며 그 이야기만 계속했다. 1961년 초에 취나드와 나는 엘캡 남서벽의 왼쪽 끝부분에서 서벽을 오를 수 있는 등반선을 찾았다. 우리는 한 피치를 올랐지만 수직의 벽 앞에서 기가 눌려 후퇴하고 말았다. 1963년 4월 어느 날 레이튼 코어는 지나가던 에릭 벡을 급히 붙들고는 함께 몇 피치를 올랐다. 날씨가 좋지 않아 그들은 로프를 고정시키며 올랐다. 돌이켜 생각해보면, 고정로프가 필요하지 않은 루트였기에 요세미티 등반 스타일의 퇴보였다. 누군가가 고정로프를 이렇게 남겼다면 우리는 분노했겠지만, 레이튼 코어가 필요하다고 해서 그의 말을 믿었다. 몇 주에 걸쳐 그들은 폭풍 속에서 로프를 설치해가며 250미터를 올랐다. 이 시기의 에릭 벡은 등반 경험도 많지 않았고 겁도 많았다. 그는 거벽등반을 제대로 해본 적이 없었다. 4월 말 어느 날 밤새 불안에 떨며 잠을 설친 그는 결국 더 이상 참지 못하고 속내를 털어놓았다. "로퍼, 그만두고 싶어. 무서워. 어떻게 해야 할지 모르겠어." 수척한 얼굴에 근심이 가득한 그가 유령 같은 모습으로 소리쳤다.

나는 이 기회를 놓치지 않고 대신 등반하겠다고 은밀히 제안했다. 에릭 벡은 잠시 고민하더니 자신이 중도하차하면 모든 공이 사라진다는 것을 알고 음흉하게 말했다. "대신 등반하게 해주면 뭘 해줄 건데?" 우리는 잠시 고양이와 쥐처럼 쫓고 쫓기는 추격전을 벌이다 마침내 합의점에 도달했다. "10달러 줄게. 그리고 네가 원하는 크기의 봉봉도 줄게." 이렇게 거래가 이뤄졌다. 레이튼 코어에게 내가 새 파트너가 되었다고 말하자 그는 눈 하나 깜짝하지 않고 받아들였다. 그는 누구와 등반하든 상관하지 않았다. 그는 그냥 정상까지 올라가고 싶어 했다.

그날 밤 에릭 벡이 10시간을 행복하게 자는 동안, 악마 같은 밤과 마주해야 하는 것은 내 몫으로 변해 있었다. 거대하고 가파른 미지의 벽은 깨어 있는 모든 사고思考를 지배했다. 나는 죽을 수 있는 여러 상황을 깊이 생각해봤다. 낡은 로프가 끊어지고, 긴 구간을 오르던 선등자가 날카로운 바위 위로 떨어지는 모습이 상상되었다. 동이 트기 전 아주 이른 새벽에 나는 엘캡 밑까지 시무룩하게 걸었고, 신이 난 레이튼 코어는 휘파람을 불며 '볼레로'를 흥얼거렸다.

우리는 그다음 주에 두세 차례 루트 개척 작업을 해서 360미터까지 올랐다. 매일 새벽 5시의 알람은 트라우마가 될 정도로 끔찍했다. 어둠은 사악했다. 한 줄기 빛도 없는 칠흑 같은 어둠이었다. 하지만 해가 뜰 무렵에는 기뻤다. 동틀 녘은 나의 공포가 증발되는 시간이었다. 5월 15일 이른 아침, 레이튼 코어와 나는 3일간의 멋진 등반 끝에 정상에 올라섰다. 만약 등반기를 썼다면 "내 인생 최고의 시간이었다."라고 마무리했을 것이다. 이로써 엘캡의 네 번째 루트이자 여섯 번째 완등이 이뤄졌다. 정상에서 로프를 풀 때 맞아주는 사람은 아무도 없었다. 엘캡에서 신루트를 개척한 후 정상에서 축하행사가 없었던 것은 이번이 처음이었다. 추운 봄날 아침에, 금방이라도 닿을 것 같은 하이시에라High Sierra의 봉우리들을 바라보며, 우리는 조용히 풍경을 감상했다.

1963년 새로운 장비 두 개가 출시되었다. 하나는 엄청난 바람을 일으킨 반면 다른 하나는 혁신이 미미한 제품이었다. 후자에 속하는 케른맨틀 로프Kernmantle Rope는 속심을 외피가 둘러싼 형태로 유명한 제품인데 유럽에서 대량생산되며 그해 로프시장을 석권했다. 속심을 외피로 단단하게 감싼 이 로프는 1950년대 중반에 개발되었지만 미국 내에서는 자주 사용되지 않았다.(1957년에 취나드는 동부 해안의 전설적인 등반가 한스 크라우스Hans Kraus로부터 한 동을 선물 받았다.) 펄론Perlon이라는 나일론 소재로 만든 케른맨틀 로프는 전통 방식으로 세 개의 심을 꼬아 만든 로프보다 장점이 많았다. 견고하고 잘 꼬이지 않고 하중이 가해져도 늘어나지 않았다. 그래서 펜듈럼이나 로프를 이용하는 등반을 할 때 더 수월했다.(펄론 로프도 늘어나긴 했지만 엄청난 하중이 가해졌을 때만 부드럽게 늘어났다.) 게다가 외피는 로프의 '속심'에 영향을 주지 않고 미미한 손상만 입었다.

펄론은 놀라운 소재였지만, 주마jumar만큼 요세미티 등반을 바꿔놓지는 못했다. 주마는 1950년대 스위스인인 주시Jusi와 마르티Marti가 개발해 두 사람의 이름을 합쳐 제품명으로 정한 등강기이다. 동굴 탐험가들을 위해 만들어진 이 장비는 '핸들Handle'이라는 이름으로도 불렸는데, 5월 초에 요세미티에 상륙했다. 푸르지크 매듭 대체용으로 등장한 주마는 등강기 역할을 멋지게 해냈다. 슬링에 체중을 실으면 움직이는 캠의 이빨이 로프를 단단히 잡아주지만 무게를 싣지 않으면 조금만 힘을 줘도 위로 밀어 올릴 수 있기 때문이다. '핸들' 부분은 그립감이 뛰어나서 푸르지크 매듭보다 5배 이상 빠르게 오를 수 있었다. 매듭을 만들어야 하는 성가신 일도 없었고 손가락 관절에 상처도 나지 않았다.

포위전술에 의한 등반의 인기가 시들해지고 있는 상황에서 주마가 왜 필요한지 의문이 제기될 수 있다. 첫째, 여러 날 동안 매달려 등반하는 상황에서 등반가들은 종종 비박지에서 로프 한두 동을 고정시켰기 때문이다. 그들은 낮 시간을 활용해 최대한 등반한 후 하강해서 비박지로 돌아와 휴식을 취하고, 아침에 고정로프를 이용해 전날 등반한 곳까지 다시 올라갔다. 주마를 이용하면 고정로프 등반은 식은 죽 먹기였다. 하지만 주마는 등강기 역할 외에도 다른 일을 하는 데 최고였다. 그 일에 주마를 사용하는 것은 로빈스가 착안한 노동력을 줄여주는 기술이었다. 인공등반에서 피톤 제거 임무를 맡은 후등자는 슬링에 매달려 아래에 있는 피톤을 제거해야 했다. 때로는 어색한 동작을 해야 하고 확보를 보는 선등자도 신경써서 로프를 조작해야 했다. 이때 주마를 이용하면 이 문제를 멋지게 해결할 수 있었다. 피치 등반을 끝낸 선등자는 확보를 하고 나서 후등자가 로프에 주마 두 개를 걸어 올라오는 동안 편히 쉴 수 있었다. 후등자는 푸르지크 매듭과 달리 로프에서 주마를 쉽게 분리할 수 있어, 피톤이 연결된 로프 윗부분에 연결한 다음 피톤을 수거해 올라갈 수 있었다. 이런 작업을 하는 동안 선등자는 홀링 작업을 하고 장비를 정리하거나 경치를 감상할 수 있었다.

그러나 주마는 딱 한 가지 단점이 있었다. 가격이 개당 10달러로 푸르지크 슬링보다 30배나 비쌌다. 게다가 두 개가 필요했다. 20달러는 요세미티에서 2주간 지낼 수 있는 돈이었다. 그럼에도 사실상 거의 모든 일류 등반가들은 곧 주마 한 조를 구비했다. 이 뛰어난 발명품 덕분에 요세미티 거벽의 문턱이 조금 낮춰지기 시작했다.

1963년 크게 논란이 된 이슈는 난이도였다. 십진법 체계는 여러 면에서 결점이 많았지만 이 시기의 요세미티에 잘 적용되고 있었다. 사실 이 난이도 체계는 콜로라도와 샤완겅크스Shawangunks는 물론 동쪽 지역으로까지 퍼져나갔다. 하지만 샌프란시스코 베이 지역 출신의 수학자이자 티톤 가이드북 저자인 레이 오텐버거Leigh Ortenburger는 국가등반분류체계(NCCS)National Climbing Classification System라는 더 논리적인 난이도 체계를 창안했다. 그는 전국의 수많은 등반가들에게 편지를 보내고, 『서미트』에 기사를 써서 자신의 이론체계를 수용하도록 종용했다. 그의 말에는 설득력이 있었다. 많은 등반가들이 그의 주장에 흔들렸다. 예를 들어, 로빈스는 2월 23일 와이오밍의 『윈드리버산맥Wind River Range』이라는 가이드북의 저자 오린 보니Orrin Bonney에게 "이제는 십진법을 고수하는 것이 최고라고 생각합니다. 오텐버거의 계획은 최근 여기 캘리포니아에서 상당히 저항 받고 있습니다."라고 쓴 편지를 보냈다. 그러나 3주 후에는 『서미트』 편집자에게 다른 내용의 글을 보냈다. "오텐버거의 계획이 미국의 모든 가이드북에 적용되어 통합되어야 한다고 생각합니다."

상당히 지적인 인물이었던 오텐버거는 힘든 싸움을 해야 한다는 것을 깨달았다. "등반가들의 독립적인 특성 때문에 나의 호소는 긍정보다는 부정적 효과를 불러일으킬 겁니다." 그는 이런 서신을 보냈다. 암벽등반가가 아니라 산악인이었던 오텐버거는 요세미티 등반 경험이 거의 전무했기에 다수의 캠프4 체류자들은 화가 났다. 나는 그 얼마 전 집필을 끝낸 가이드북에 십진법만 적용했다. 다른 두 가이드북의 저자인 보니Bonney와 아트 그랜Art Gran(샤완겅크스 가이드북 저자)은 그와 싸우기 위해 나와 뜻을 같이했다. 1년 동안 우리 셋은 십진법을 사용한 책을 출간했다.

다소 타협적인 성향의 나와 그랜, 보니는 NCCS의 존재에 대해 언급하긴 했으나, 이 난이도 체계는 곧 잊었다. 다만 1965년 티톤 가이드북에 오텐버거의 난이도 체계를 실었기 때문에 이곳에서만 예외였다. 시에라클럽의 이사이자, 오텐버거와 내가 쓴 가이드북을 발행한 데이브 브라워Dave Brower는 1963년 6월 9일 이사회에서 집중 공격을 받았다. 왜냐하면 내 책에서는 십진법을 사용하고, 오텐버거의 책에서는 NCCS를 사용했기 때문이다. 하지만 그도 할 말이 있었다. 데이브 브라워는 1963년 6월 『시에라클럽 소식지』에 난이도 이슈를 길게 언급하면서 이렇게 썼다. "존 살라테가 간청하면서 했던 유명한 말 '그냥 등반하면 안 돼!'라고 했던 것과 똑같은 감정을 느끼는 사람들이 있을 것이라고 확신한다."

난이도 체계를 둘러싼 이런 논쟁이 미국 전역에서 이뤄지는 동안, 요세미티 로지에서는 10~15명의 등반가들이 폭풍이 멈추길 기다리며 서성거렸다. 5월 9일 안절부절 못하던 로열 로빈스는 행선지를 밝히지 않고 슬그머니 빠져나갔다. 그의 여자친구 리즈 버크너Liz Burkner는 다른 곳에 볼일이 있다고 둘러댔지만 그녀를 데려가지 않은 게 수상쩍었다. 떠난 지 사

흘째 되어서야 사건의 전모가 드러났다. 로빈스는 하딩이 1961년 초등한 이래 재등이 되지 않은 리닝타워Leaning Tower를 오른 것이다. 폭풍이 몰아쳤으나 요세미티에서 비가 가장 들이치지 않는 오버행이라 등반에 큰 지장은 없었다. 로빈스는 하딩이 볼트를 빼낸 자리에 참을성 있게 10개를 다시 박으며 올라갔다. 제대로 된 자기확보 기술을 이용한다면 인공등반 벽에서의 단독등반은 어렵지 않다고 주장할 수 있을 것이다. 하지만 1963 년은 단독등반이 걸음마 단계였다. 미국에서 거벽을 단독 등반한 사람은 여태껏 아무도 없었다. 로빈스는 바람이 불고 구름에 휩싸인 벽에서 사흘 밤낮을 보냈다. 모진 고생을 겪었는데 후퇴조차 불가능한 것이 문제였다. 리닝타워는 오버행이라 하강이 쉽지 않았다. 하딩의 등반팀에게는 있었던 바닥까지 연결된 고정로프가 없는 상태였기에 악착같이 등반을 한 로빈스는 1963년 가장 훌륭한 업적을 기록했다.

그해 봄 승승장구한 것은 로빈스만이 아니었다. 레이튼 코어 역시 최고의 등반을 했다. 5월 말 그는 (글렌)데니, 그리고 나와 함께 3박 4일 만에 노즈를 올랐다. 이는 어느 누구도 꿈꿔본 적이 없는 빠른 속도였다. 등반 실력이 뛰어난 캠프4 체류자들이 노즈를 재등한 것이 그리 큰 사건은 아니었지만, 특이한 점은 182센티미터인 내가 이들 가운데 가장 작은 사람이었다는 것이다. 나는 먼 피톤 간격을 얼마나 저주했는지 모른다! 이 등반에서 가장 중요하고 유명한 이야기는 볼트 하나에 얽힌 사건이다. 부트플레이크Boot Flake를 선등하던 나는 피치 중간의 벽에 볼트가 하나 박혀 있는 것을 보게 되었다. '현대식'이라서 하딩의 것이 아니라 로빈스의 것으로 그가 이곳을 두 번째로 오를 때 박은 것이 틀림없었다. 나는 넓은 크랙을 선등하는 동안 위험하지 않아 볼트에 손조차 대지 않고 레이튼 코어에게 빼오라고 말했다. 몇 년이 지난 후 로빈스가 까마득히 잊고 있던

'위법 행위'에 관해 농담을 건넸다. 암벽등반의 대가 로빈스를 상대로 우월 감을 느낀 귀중한 경험이었기에 이 일을 잊지 않고 있었다. 로빈스는 "내가 왜 그랬지?"라고 외친 후 말을 이었다. "아, 이제 기억이 나. 바위가 떨어져나갈까 봐 두려워서 설치했던 것 같아. 참 부끄럽네. 부끄러운 짓을 얼마나 많이 했을까."

노즈를 등반한 지 5일이 지난 후 내가 머세드 강변에 누워 있는 동안 레이튼 코어와 글렌 데니는 이틀간의 비박이 필요한 센티넬 북벽에 어려운 신루트를 개척하러 떠났다.

6월 중순 로빈스는 딕 맥크랙컨Dick McCracken과 하프돔 북서벽에 멋진 신루트를 만들었지만, 이 개척등반은 다소 논쟁을 불러일으켰다. 그 전 해 11월 엘캡에서 거둔 성공에 우쭐해진 에드 쿠퍼는 아무도 오른 적이 없는 하프돔 북서벽 한가운데의 직등 루트 개척에 나섰다. 파트너는 등반을 막 시작한 갈렌 로웰Gallen Rowell이었는데, 어렸을 때부터 시작해 버클리에서 학창시절을 함께 보냈기 때문에 서로 잘 아는 친구 사이였다. 1950년대 중반부터 광석 채집가와 하이커로 활동했던 그는 암벽등반을 시작하자마자 곧바로 재능을 발휘했다. 강인한 그는 마치 황소처럼 크랙을 공격했다. '공격했다'가 적절한 표현이다. 고함치고 훌쩍이고 몸부림쳤지만 결국은 늘 올라갔으니까. 로웰은 본모습을 드러내며 거칠게 굴 때도 있었다. 항상 통찰력이 있는 마이크 보르고프Mike Borghoff가 한번은 로웰과 요세미티포인트버트레스를 등반하고 나서 그에 대한 대강의 인상을 이렇게 써 보냈다. "악랄하고 뻔뻔한 모습만 빼면 정말 괜찮은 사람이야. 그리고 아주 솔직해. 능력을 제외하고 말이야."

쿠퍼와 로웰은 어떤 면에서 보면 완벽한 팀이었다. 두 사람 모두 투지 넘치는 젊은이였고, 어떤 비용을 치르더라도 성공하고야 말겠다는 의지

1965년경의 갈렌 로웰 (사진: 글렌 데니)

가 대단했다. (나중에 두 사람 모두 사진 분야에서 큰 성공을 거둔다.) 그러
나 당시 요세미티에서 형성되고 있던 흐름을 분석하는 능력이 부족했다.
1963년 초의 앨 맥도널드처럼 주말 등반가들은 시대가 변하고 있다는 것
을 알지 못했다.

쿠퍼와 로웰은 벽 아래까지 많은 로프를 가져와 몇 피치를 오르며 볼
트 5개를 설치한 후 내려왔는데, 그 시기의 전형적인 방식이었다. 보통 초
등이 성공 전 몇 차례의 중도 포기와 탈출을 당연시했던 시기라서 그들은

로프를 그곳에 두고, 며칠 후 두서없이 재시도하다가 또다시 고정로프를 남겨두고 내려왔다.

로빈스는 하프돔 북서벽 직등 루트를 정찰한 뒤 레이튼 코어에게 쿠퍼-로웰 루트를 살짝 우회해서 오르자고 말했다. 하지만 코어는 그 제안을 꺼렸다. 이런 책략은 그곳을 오르겠다고 선언한 사람이 있는 한 윤리적이지 않다고 느꼈기 때문이다. 그러자 로빈스는 침착하고 재능 있는 맥크랙컨(3년 전 내 등반 파트너)에게 제안했다. 거리낌 없이 합류한 그는 다음과 같은 로빈스의 말에 동의했다. "고정로프로는 대충 서툴게 등반해도 돼. 그리고 빨리 잘 오를 필요도 없어." 몇 년 후 로빈스는 나에게 이렇게 말했다. "고정로프로 영역을 표시해놓고 주인 행세를 하는 것은 문제가 많아. 그럼 누구나 다 명예를 얻으려고 덤벼들면서 자기 영역이라고 주장할 거 아냐."

로빈스와 맥크랙컨은 고정로프는 건드리지 않은 채 쿠퍼가 오른 최고점까지 빠르게 올라갔다. 그리고 폭풍이 휘몰아치는 사흘 반나절 동안 295개의 피톤을 박아가며 600미터를 전진했다. 하프돔 북서벽 직등 루트Direct Northwest Face의 특징은 인공장비 설치가 어렵다는 것이다. 어떤 피치는 러프 6개, 나이프블레이드 1개, 피피훅 4개만 의지한 채 올라야 했다. 피피훅은 금속으로 된 작은 훅으로 선등자는 조그만 바위 조각이나 귀퉁이에 건 다음 연결된 슬링을 밟고 움직이는 동안 버텨주기를 바라야 하는 장비이다. 두 사람은 이런 멋진 인공등반 끝에 볼트를 10개만 설치하고 루트를 완성했다. 쿠퍼와 로웰이라면 아마도 수십 개를 박았을 것이고, 등반하는 데 몇 주일이 걸렸을 것이다. 그러나 이 일은 많은 등반가들의 마음을 괴롭혔다. 요세미티 최초의 '루트 도둑질'로 기록된 등반이었기 때문이다.

이후 쿠퍼는 요세미티 폭포 상단 오른쪽의 커다란 벽을 공략 목표로 삼고, 글렌 데니와 짐 볼드윈을 끌어들였다. 하지만 두 사람은 쿠퍼가 언론과 접촉했다는 사실을 알고 도중에 포기했다. 쿠퍼는 북서지역 출신 등반가 에릭 비욘스태드Eric Bjørnstad를 붙잡고 두 피치를 올랐다. 하지만 막상 오르니 아래서 보는 것과 달리 어려워서 로프를 남겨두지 않은 채 후퇴했다. 1963년 6월 루트를 빼앗긴 사건으로 불쾌해진 쿠퍼는 바로 요세미티 계곡을 떠났고, 이후 등반을 포기했다.

로빈스와 맥크랙컨은 하프돔 직등루트를 개척한 지 일주일 만에 요세미티 폭포 상단의 루트를 만들었는데, 이곳이 바로 미스티월Misty Wall이다. 430미터 높이의 폭포는 녹은 눈 때문에 더 불어나 우레와 같은 소리를 내며 차가운 물을 뿌려댔다. 사흘째 되는 날 정오 무렵 그들은 마침내 폭포 상단 입구에 도착했다. '삶의 의미'에 대해 늘 호기심을 간직했던 로빈스는 『아메리칸 알파인저널』에 쓴 글을 통해 이런 질문을 던졌다. "우리의 이 작은 모험이 무슨 의미가 있을까?" 그러고 나서 스스로 답했다. "아무 의미가 없다. 이 사실을 알고 우리는 있는 그대로를 받아들였다. 등반은 삶에 대한 욕망과 아름다움을 일깨워주는 경험이다."

이후 로빈스와 레이튼 코어는 곧바로 콜로라도로 향했고, 그곳에서 데이브 리어릭과 밥 캠스가 3년 전 롱피크에 개척한 다이아몬드Diamond를 올랐다. 그리고 다시 며칠 후에는 다이아몬드 오른쪽에 신루트를 개척했다. 그런 다음 캐나다 북서지역으로 가서 맥크랙컨을 비롯해 동부 출신의 뛰어난 등반가 짐 매카시Jim McCarthy와 힘을 합쳐, 오지에 있는 마운트프로보시스Mount Proboscis의 남동벽을 멋지게 초등했다. 그리하여 레이튼 코어는 60일간 다른 여러 루트를 포함해 엘캡을 두 번, 센티넬을 한 번, 다이아몬드를 두 번 그리고 캐나다의 멋진 벽을 올랐다. 그리 나쁜 두 달은 아니었다! 같은 기간 로빈스는 리닝타워를 단독 등반하고, 요세미티에서 두 개의 루트를 초등했으며, 레이튼 코어와 함께 캘리포니아주 밖에서 세 개의 루트를 개척했다. 매카시는 프로보시스 등반에 대한 글을 쓰며 로빈스를 "미국 최고의 기술 등반가"라고 일컬었고, 레이튼 코어는 "어디서든 멋진 등반을 할 수 있는 가장 놀라운 등반가"라고 소개했다. 그러나 오히려 이 표현은 상당히 절제된 것이었다.

1963년 몇몇 소규모 등반활동이 이뤄졌는데 크게 둘로 나눌 수 있다. 수직의 짧은 벽을 집중적으로 등반하는 부류와 외진 곳에 있는 벽을 등반하는 부류. 먼저 첫 번째 부류는 어려운 인공등반이나 순수 크랙 전문가들이 엘캡 아래의 슬랩-피너클 구간에 많은 루트를 만들었다. 두 번째 부류는 글래시어포인트에이프런Glacier Point Apron 전문가들로서 유명세를 타기 시작했다.

먼저, '외진 곳에 있는 벽'을 전문적으로 오른 등반가로는 버클리 출신의 레스 윌슨Les Wilson을 손꼽을 수 있는데, 벌목꾼 같은 체형 때문에 '산꾼'이라 불렸다. 그는 항상 주말에만 등반했으며 기술적으로 뛰어나진 않았지만 색다른 모험을 사랑했다. 그와 친구들인 막스 하인리츠Max Heinritz, 안제이 에흐렌페우흐트Andrzej Ehrenfeucht는 엘캡 서쪽 리본 폭포 지역의 숨겨져 있는 긴 침니 또는 경사가 있는 걸리 구간을 찾아다녔다. 이들 셋은 센티넬이나 하프돔 같은 곳을 좋아하지 않았다. 이들은 기존 루트를 피하고 오직 처음으로 오를 수 있는 곳만 선호했다. 이들은 축축한 바위틈에서 비박을 계속했기 때문에 캠프4에서는 모습을 보기가 힘들었다. 레스 윌슨과 그의 친구들은 속도등반가는 아니었다. 이들은 루트에서 보다 길게 머무는 편을 더 즐겼다. 윌슨은 1960년대 초반 4년 동안 14개의 개척등반을 했고, 1962년 한 해에만 7개의 루트를 초등했다. 독

요세미티 엘캐피탄 아래쪽에 있는 5.9 크랙 모비딕Moby Dick을 선등하는 찰리 레이먼드Charlie Raymond (사진: 글렌 데니)

일인 하인리츠와 폴란드인 에흐렌페우흐트는 요세미티에서 거벽을 초등한 유일한 외국인이었다.('외국인'이라는 정의가 애매할 수 있다. 이 둘은 미국에서 거주했으며 모국에서는 거의 등반한 적이 없었다. 요세미티는 그들에게 홈그라운드였다. 그러나 곧 기량이 뛰어난 유럽의 등반가들이 등반을 하려는 특별한 여행으로 요세미티 계곡에 들어오기 시작했다. 이들이야말로 최초의 진정한 '외국인'이었다.)

제프 푸트는 1963년 파티오피너클Patio Pinnacle을 올라 또 하나의 멋진 초등을 해냈다. 8월에 글래시어포인트에이프런의 넓고 광활한 지역에 솟아 있는 뾰족한 바위 '요세미티피너클Yosemite Pinnacle'을 발견한 그는 훗날 이 독특한 등반에 대해 이렇게 털어났다. "요세미티에서 아무도 단독 등반을 하지 않았다는 것을 알게 되자 해봐야겠다는 생각이 들더라고. 로빈스가 리닝타워를 단독 등반한 것이 인상 깊었지. 그래서 볼트를 챙기고, 나의 질러탈Zillertal(많은 사람에게 사랑받은 오스트리아제의 부드러운 크레타슈즈)을 신고 침니까지 등반한 뒤, 미끄러운 슬랩 구간을 횡단했어. 주마 하나와 푸르지크 매듭으로 된 자기확보 시스템을 활용했기 때문에 위험하진 않았던 것 같아. 확보용 볼트 5개와 작은 바위 위에 몇 개의 피톤을 설치했는데 하루 종일이 걸렸지. 두세 명의 여자 친구들에게 내가 어디로 가는지 행선지를 말하면서 어두워질 때까지 돌아오지 않으면 날 찾으러 와달라고 부탁했어."

제프 푸트는 자유등반이 가능한 3개의 복잡한 피치(수년간 5.9였으나 그 후 5.8로 변경됨)를 지나 마침내 자신이 목표로 한 지점에 도달했다. 하강용 볼트를 박기 위한 구멍을 만드느라 매달린 채 드릴 작업을 하다 보니 손가락이 쥐가 나면서 구부러졌다. 해머질을 할 때마다 팔을 내리고 근육을 풀어줘야 해서 이것을 박는 데 1시간이 걸렸다. 그는 과거를 회

1967년의 제프 푸트 (사진: 스티브 로퍼)

상하며 이렇게 말했다. "몇 개월 후 로빈스가 이곳을 재등하더군. 우린 서로 잘 모르는 사이였는데, 어느 날 커피숍에서 햄버거를 든 채 벌떡 일어나 다가오더니 내 손을 잡고 위아래로 흔들지 뭐야. 그는 '어째서 파티오피너클을 혼자 오를 생각을 한 거야?'라고 물으며 그 이유를 알고 싶어 했지만 난 딱히 해줄 말이 없었어."

사실 등반가 대부분이 단독등반이나 초등을 하는 것은 아니다. 1963년 일반적인 거벽등반 루트는 매우 혼잡했다. 하프돔 북서벽은 네 번, 미들캐시드럴 북벽 직등은 두 번, 센티넬의 취나드-허버트 루트는 세 번 등반되었다. 그리고 초등 11년을 맞은 요세미티포인트버트레스는 마흔 번이나 등반되었다.

우리가 이런 내용을 어떻게 계속 파악할 수 있었는지 분명 의아할 것이다. 대답은 간단하다. 캠프4 등반가들은 모두 알고 지내면서 매일같이 서로 정보를 주고받았다. 외부인들의 경우, 거벽등반에 나서기 전 캠프4에서 몇 주간 지내기 때문에 그들의 등반 정보를 알 수 있었다. 비록 이런 내용들이 구두로 전해졌지만 나는 이 기간 동안의 내 등반과 중요한 등반에 대한 기록을 일기장에 적었다. 1964년 말『서미트』의 등반 관련 편집자가 된 로빈스는 그 후에 이뤄진 엄청난 등반들은 모두 다뤘다. 바위 꼭대기나 바위틈에 놓여 있던 깡통에 담긴 기록 역시 큰 도움이 되었다. 나는 1958년 10대 시절 하이어스파이를 96번째로 오른 후에 매우 기뻐했던 사실을 기억하고 있다. 마법의 숫자 100은 아니었지만, 분명 엄청나게 큰 숫자였다.

———————◼———————

나는 결국 군대에 붙들려갔다. 입대 날자는 존 F. 케네디 대통령 암살 사건이 벌어진 날로부터 5일 후였다. 2년간의 요세미티 생활을 청산하는 날, 그 소식을 로지에서 들었다. 훈련소로 가기 위해 버스를 탔지만 요세미티 생활을 청산하는 것이 마냥 안타깝진 않았다. 그 이유 중 하나가 11월은 다른 곳으로 일하러 떠나는 시기였기 때문이다. 또한 이런 방식의 삶에 조금 지쳐 있기도 했다. 아무런 목적도 없는 삶을 사는 것 같았다. 변화가 필요한 시기였다. 내가 등반을 정말로 사랑한다면 2년 후에 요세미티 계곡으로 돌아와 결코 떠나지 않을 작정이었다. 또 한편으로는 만일 내가 다른 일을 찾는다면 다시는 돌아오지 않을 셈이었다. 입대는 내 삶의 전환점이었다. 그래서 난 이 변화를 기쁘게 받아들였다.

그 후 2년간은 여태껏 받은 것보다 훨씬 더 많은 편지를 받았다. 나는 친구들에게 요세미티에서 일어난 일을 알려달라고 부탁했는데, 특히 에릭 벡과 로열 로빈스가 적극적이었다. 편지는 반가웠지만, 조지아와 베트남에서 군복무를 하며 힘들게 견디던 난 들뜨고 불안해졌다. 그 자식들이 내가 없는 동안에 등반하고 있다니! 따라잡지 못하면 어떻게 하지?

1964년의 시작은 순조로웠다. 몸 상태가 좋았던 로열 로빈스는 봄 시즌의 많은 시간을 엘캡에 투자했다. 노즈의 오른쪽에 있는 벽을 시도했고 (이 이야기는 뒤쪽에 나온다), 3주 만에 루트 두 개를 해치웠다. 두 개 모두 두 번째 완등이었으며, 최초로 연속해서 한 번에 치고 올라가는 등반이었다. 6월 첫째 주에는 프로스트와 함께 다이히드럴월Dihedral Wall을 5일 만에 올랐다. 그런 거벽을 재등한 것 치곤 엄청나게 짧은 시간에 해낸 것이었다. 2개월이 지난 후 로빈스는 다이히드럴월 등반에 대해 설명하는 편지를 보내왔다. "확보물 설치가 아주 힘들었어. 즐거운 등반 장소는 아니야. 아름다운 루트도 아니고. 한마디로 그냥 난이도를 제외하면 추천할 이유가 없는 곳이지. 엄청나게 어렵긴 해." 두 사람은 루트 하단에서 불쾌한 경험을 했는데, 로빈스는 초등을 한 에드 쿠퍼를 맹렬히 비난했다. "개자식 같으니라고. 쿠퍼는 최초의 볼트 35개에서 너트를 빼버렸어. 루트에 대부분 행어가 없다는 말은 들었지만 너트까지 없는 걸 보고 깜짝 놀랐어. 우리에겐 너트가 단 6개밖에 없었어! 쿠퍼가 『아메리칸 알파인저널』에 투고한 '흥미로운 사실'에서 가장 중요한 정보를 빠뜨린 저의가 수상해." 로빈스는 1965년도 『아메리칸 알파인저널』을 통해 쿠퍼의 정직성에 다시 한번 의구심을 나타냈다. "우리는 13개의 볼트를 제거하고도 87개의 볼트를 사용했다. 다시 말하면 쿠퍼가 사용했다고 주장한 볼트는 사실 75~85개보다도 훨씬 더 많은 100개였다."

다이히드럴월을 끝낸 로빈스는 일주일 만에 프랫과 함께 엘캡 서벽 공략에 나서 두 차례의 실패를 극복하고 사흘 반 만에 성공을 거뒀다. 그해 봄 로빈스는 엘캡을 독차지했다. 그는 세 루트에서 무려 31일을 지냈고 열흘이나 비박했다.

다른 친구들도 등반을 했으나 그리 큰 성공은 거두지 못했다. 때로는 끔찍한 결과만 안고 후퇴하기도 했다. 몇 차례 워밍업 등반을 마친 에릭 벡과 톰 프로스트는 5월 14일 미들캐시드럴 북벽의 직등 루트를 등반하러 출발했다. 자신감이 차고 넘치던 에릭 벡은 5피치에서 프로스트 10여 미터 위의 벌어지는 플레이크를 올라가고 있었다. 벌어지는 바위틈에 박힌 피톤 하나가 빠지면서 추락하자 그가 박은 유일한 피톤까지 충격으로 빠져버렸다. 그는 며칠 후에 보낸 편지에서 그 25미터의 추락에 대해 이렇게 설명했다. "추락하면서 프로스트의 앵커를 치자 배낭이 찢어진 것 같았어. 내 옆에서 배낭이 떨어지는 것을 보고 그 앵커마저 빠졌을 것이라는 생각이 들었지. 왜냐하면 앵커랍시고 박은 나이프블레이드가 좋지 않았기 때문이야." 두 사람은 퇴석지대로 떨어질 것이라고 생각하고 죽음을 상상했다. 그런데 갑자기 추락이 멈췄다. 프로스트가 몸으로 버티면서 엄청난 추락을 잡아준 것이다. 에릭 벡은 팔이 골절되었으나 프로스트의 도움으로 몇 시간 만에 무사히 아래로 내려왔다.

봄 시즌이 끝나가면서 더 많은 사고가 발생했다. 요세미티로 세 번째 등반여행을 온 짐 볼드윈은 6월 19일에 중서부 출신의 등반가 존 에번스와 함께 워싱턴칼럼 동벽을 오르기 시작했다. 6월 18일 에번스가 쓴 일기장에 따르면, 그는 불안감을 느꼈다고 한다. "6급 등반을 하는 데 겁이 났지만 결국 내일 정오에 오르기로 동의했다."

그날 로프를 묶고 출발한 볼드윈은 "난 이런 등반을 위해 열정을 발휘할 수 있길 바랐어!"라고 말했다. "만일 내가 겁을 집어먹고 꽁무니를 빼려

든다면 평생 날 미워할 거지?" 무슨 문제가 있냐고 묻자, 볼드윈이 대답했다. "닭인형이 모든 걸 망치려고 해." 볼드윈은 천천히 위로 향했으나 어둠이 내리자 숲에서 비박하고 다음 날 내려가기로 결정했다. 하지만 볼드윈은 어쩐 일인지 하강 로프 끝에서 이탈되는 바람에 수십 미터 아래 퇴석지 대로 떨어졌다.

그처럼 경험이 많은 등반가가 어처구니없게 죽을 수 있는 것이 개탄스러웠다. 그처럼 활달하고 남들과 잘 어울리는 사교적인 사람을 영원히 볼 수 없다는 사실이 충격이었다. 볼드윈은 사고 발생 전 몇 달간 매우 불안해했다. 미래가 휘청거리고 있는 것 같았다. 1963년 그는 내가 소개해준 '호프Hope'라는 여성과 교제했다. 그녀는 열정이 대단하고 자기 확신이 강한 여성이었는데, 볼드윈이 어린 딸에게 좋은 아빠 노릇을 하지 못할 것이라는 생각에 다른 남자와 결혼해버렸다. 그녀가 옳았고 볼드윈도 이런 사실을 알았다. 볼드윈은 1963년 늦게, '닭인형' 헬렌Helen이라는 여성과 사랑에 빠졌지만, 그가 거실 소파에서 두 눈을 시퍼렇게 뜨고 앉아 있는데도 침실에서 애인들을 데리고 놀면서 오랫동안 그의 순정을 무시했다. 그는 죽기 두 달 전 나에게 편지를 보내왔다. "난 비참해. 실패한 것 같아. 이 일이 해결되면 편지할게. 난 지금 너무 혼란스러워."

볼드윈이 사적인 문제에 너무 짓눌려 하강 같은 늘 하던 등반작업에 집중할 수 없었던 것은 아닐까? 그가 사망한 날 오후 등반하기 싫어했다는 사실을 난 알지 못했다. 그래서 1964년 6월 존 에번스가 쓴 일기장에서 사망 직전 마지막 순간에 대한 상세한 내용을 최근에 다시 읽고서 목이 메었다. 그리고 내 손에 든, 책등이 훼손되고 찌그러진 일기장이 그때 가지고 올라간 물건이라는 사실을 알고 가슴이 아팠다. 그것은 볼드윈이 추락했을 때 지고 있던 홀링백 속에 있었던 것이다.

그 사고로 망연자실한 상태였지만 에번스는 약속된 등반을 며칠 만에 다시 해야 했다. 그는 척 프랫, 앨런 스텍, 딕 롱과 함께 리본 폭포 오른쪽에 미등 상태로 남은 벽을 시도하러 갔다. 에번스는 닷새 전에 일어난 파트너의 죽음이 커다란 미등의 벽을 오르는 것을 막을 만큼 큰일이 아니며, 멋진 루트를 완성할 수 있다는 단호한 성격과 남자다움을 과시하려 했다.

6월 27일 에번스, 프랫, 스텍이 3일 만에 오른 리본이스트포털Ribbon East Portal 등반은 요세미티에서 의미 있는 사건은 아니었지만, 몇 가지 측면에서는 흥미롭다. 첫째, 리본 등반은 신세대(척 프랫)가 구세대(앨런 스텍)와 함께 최초로 어려운 루트를 개척한 사건이었다. 1964년 당시 스텍은 11년 동안이나 거의 등반활동을 하지 않았었다. 서른여덟 살이 된 그는 그 무렵 스키산장Ski Hut의 일이 다소 지루해지고 막내가 일곱 살이 되자 등반활동을 다시 시작할 때라고 생각했다.

둘째, 리본 등반은 재치 있는 신진작가 척 프랫의 등장을 알렸다. 그가 처음으로 쓴 신루트에 대한 장문의 등반기가 1965년도 『아메리칸 알파인 저널』에 실리자 훌륭하다는 평가를 받았다. 취나드의 글이 극적이고 예언적이며, 로빈스의 글이 침울하고 철학적이라면, 프랫의 글은 완전히 색달랐다. 그의 글은 풍자적 유머로 가득했다. 이 등반기는 처음으로 거벽등반이 — 돌이켜 생각해보면 — 재미있을 수 있다는 것을 보여줬다. 프랫은 4명이라는 등반 인원이 초등치고는 특이하게도 많다는 점을 지적하며 다음과 같이 열변을 토했다. "숫자만의 무게로 성공할 수 있기를 바라며 각자는 화강암 벽에서 쥐처럼 살기로 유명했다. 어려움에 대한 경멸을 보여주기 위해 우리는 가능한 한 어렵게 등반했다. 우리는 새 나일론 로프를 바위 조각으로 내려치기 시작했다. 몇 차례 시도 후 에번스가 로프를 잘라내는 데 성공했다." 그는 등정한 날을 설명할 때도 비슷한 어조로 묘사했다.

"우리는 마지막 날 마지막 난관에 부닥쳤다. 롱이 정상에서 낙석을 떨어뜨리는 바람에 다칠 뻔했다."

등반팀은 거의 수직에 가까운 460미터의 벽에서 사흘을 보내면서 오르는 내내 좋은 시간을 보냈던 것 같다. 그러나 한 지점에서 프랫은 별안간 불안에 휩싸였다. 나중에 스텍은 당시에 일어난 에피소드를 하나 소개해줬다. "난 백만 년 동안이라도 오를 수 있는데, 내가 왜 여전히 이 짓을 하는지 모르겠어. 왜? 왜?" 그는 주먹으로 벽을 치며 소리쳤다. "왜 내가 여기에 있는 거지?"

———————————— ■ ————————————

'자유등반에 의한 초등'이라는 개념은 오랫동안 존재해왔다. 1941년, 딕 레너드는 하이어캐시드럴 초등이 자유등반이라고 말했다. "(세 사람은) 침니를 트래버스 할 때 인공등반 장비를 제거했다. 이것은 아주 뛰어난 업적으로, 단 세 곳만 인공으로 등반했다. 항상 인공등반을 마지막 수단으로 생각했고, 바위에 홀드가 전혀 없을 때만 사용했다. 자유등반이 진정한 등반이었다. 하지만 요세미티 최초의 자유등반에 의한 초등(1944년 척 윌츠와 스펜서 오스틴이 하이어캐시드럴을 최초로 자유등반으로 초등했다) 이후부터 1963년까지 거의 20년간 단 22개 인공등반 루트만이 자유등반되었다. 1964년은 자유등반에 의한 초등이 대단히 유행했던 해로 기록될 수 있다. 무려 12개의 자유등반이 3~4개월 만에 완성되었기 때문이다. 1961년 내가 빙벽에서 미끄러졌을 때와 센티넬 북벽 등반을 함께 했던 프랭크 사슈러는 12개 가운데 11개를 자유 등반했다.

1964년 사슈러의 여름은 요세미티 역사에서 가장 찬란한 꽃을 피운 시기 중 하나로 남아 있다. 뛰어난 재능을 바탕으로 대담한 등반을 하던

1965년의 프랭크 사슈러 (사진: 글렌 데니)

스물넷의 사슈러는 이전 루트에서 인공장비를 의도적으로 제거하기 시작했다. 그는 제거할 피톤이 한두 개 있는 루트는 선택하지 않았다. 대신 보통 수십 개의 피톤이 설치된 4급이나 5급 정도 난이도의 루트를 찾았다. 그의 목표는 정상까지 오르는 게 아니었다. 그는 인공 보조물의 도움 없이 정상에 오르고 싶어 했다. 사슈러는 사실 자유 등반할 수 있는 '공략 리스트'를 갖고 다니면서 톰 히긴스에게 보여줬는데 이것이 큰 실수였다. 히긴스가 밥 캠스를 불러 사슈러의 공략 리스트 가운데 하나를 자유 등반했기 때문이다. 그곳은 미들캐시드럴에 있는 파윌-리드 루트로 샤슈러가 특히 눈독을 들인 곳이었다. 결국 그곳은 1964년 사슈러가 자유등반으로 초등하지 못한 유일한 루트가 되었다.

사슈러가 그해 여름 자유등반으로 초등한 곳은 상당히 많은데 일부를 소개하자면 다음과 같다. 하프돔 남서벽의 살라테-넬슨 루트는 밥 캠스, 앤디 리트먼Andy Lichtman과 완등했다. 애로노치까지 오르는 로스트 애로침니 등반은 척 프랫과 해냈다. (수십 개의 인공 보조물을 제거한 놀라운 등반이었다.) 내가 14개의 피톤을 박으며 오른 엘캡의 동벽 루트는 월리 리드Wally Reed와 함께 자유 등반했다. 하이어캐시드럴의 위압적인 북동벽은 제프 도지어와 자유 등반했고, 미들캐시드럴 북벽은 짐 브리드웰과 해냈고, 그 바로 오른쪽에 있는 무시무시한 슬랩 아워글래스Hourglass는 톰 캐러티와 했다. 리드피너클Reed Pinnacle 왼쪽 상단에 있는 넓은 크랙은 딕 에르브Dick Erb, 래리 마식Larry Marshick과 올랐고, 브라이들베일 동벽은 존 모턴과 해냈다. 어려운 피치는 대부분 사슈러가 선등으로 나섰다. 그는 인공 보조물이 제거된 힘든 피치를 올랐다. (예외가 두 번 있었다. 실력이 비슷한 3인조(캠스, 프랫, 사슈러)는 황금기에 가장 뛰어난 자유등반가였다.)

사슈러가 오른 등반 기록을 보면 매번 파트너가 바뀌었다는 것을 알 수 있다. 아마도 이런 회전문식 파트너는 우연이었을 것이다. 등반가들이 들쑥날쑥했으니 말이다. 하지만 이것은 사슈러의 성격과도 관련이 있다. 일단 그는 오만하고 무모했다. 우리는 모두 그가 서른 살 이전에 죽을 것이라고 예상했다. 그가 죽어 장의차에 실릴 때 누가 동행할지 농담까지 할 정도였다! "그와 함께 등반하면 늘 겁이 나." 레이튼 코어는 1964년 말 보낸 편지에서 이렇게 말했다. 취나드 역시 그를 걱정했다. "그는 나가떨어질 것처럼 항상 아슬아슬하게 등반해. 위로 올라가는 데 에너지를 더 많이 쓰지 않아. 그리고 일단 멈춰선 상태로 확보물을 설치하지 않아. 그의 확보를 보는 사람들은 너무 긴장해서 카메라조차 사용하지 못한다니까. 나는 사슈러가 선등하는 장면을 한 장도 찾을 수 없었어."

사슈러는 거친 성깔로 유명했다. 브라이들베일 동벽 등반 중 존 모턴이 피톤 하나를 떨어뜨렸다. 존 모턴은 당시를 회상하며 말했다. "사슈러가 노발대발했지. 그러곤 분노를 간신히 참더군! 곧 평정심을 되찾았으나, 난 로프를 타고 아래로 내려가 피톤을 다시 찾아올 때까지 곤경에서 벗어나지 못했어. 다행히 피톤이 떨어진 지점을 정확히 기억해서 곧바로 찾아 건네줬지." 또한 사슈러는 시간을 지키지 않는 사람을 경멸했다. 샌프란시스코로 돌아가기로 한 일요일 오후 5시 정각에 동료들이 안 나타나면, 몇 차례나 혼자서 캠프4를 떠나기도 했다. 대개 동승하기로 한 사람들은 이 방식을 달갑게 여기지 않았다. 물론 자신들이 시간을 맞추지 못한 것이 실수이긴 해도 말이다.

사슈러는 또한 강렬한 카리스마를 발산했다. 그의 이런 기질은 로열 로빈스나 레이튼 코어처럼 미소로 누그러들지 않았다. 그는 강렬함 그 자체였다. 웃지 않으면, 잘 생긴 얼굴은 찡그린 표정으로 금세 변했다. 그는 대학에서도 존재감을 드러냈다. 최근에 그의 아내가 샌프란시스코대학에서 일어난 사건을 들려줬다. 예수회에서 운영하는 학교 재단이었는데, 그는 최우수 성적으로 대학 졸업 후 대학원에 재학 중이었다. 독실한 가톨릭 집안에서 성장한 사슈러는 대학에 다니며 종교에 의문을 품기 시작했다. 신학 수업 마지막 날, 그는 토마스 아퀴나스가 주장한 신이 존재한다는 증거 다섯 가지를 열거한 후 느닷없이 물리학 법칙을 들어 그 증거를 논박하기 시작했다. 그는 파이널에서 C학점, 코스에서 B학점을 받아, 신학은 그가 유일하게 A학점을 받지 못한 과목이 되었다.

사슈러는 가끔 성질을 참지 못하고 폭발했다. "성미가 급하고 욱하는 성질로 유명했어요." 사슈러 부인은 남편에 대해 이렇게 말해줬다. 그녀의 말이 옳다는 사실을 보증할 수 있다. 1962년 가을, 사슈러는 나에게 1년 전 척 프랫이 오른 멋진 크랙 루트, 크랙오브둠Crack of Doom을 등반하자고 제안했다. 사슈러를 제외한 나머지 사람들은 모두 이 등반을 신중하게 접근했다. 로열 로빈스나 레이튼조차도 피했다. 정말 힘든 5.10 피치는 그가 오른다는 조건을 내걸고 나는 그와 함께 등반하러 나섰다. 그는 짧지만 힘든 첫 피치를 멋지게 올랐다. 나는 두 번째 피치에서 선등에 나섰고, 확보물 설치가 전혀 불가능하며 아주 무섭게 벌어진 구멍이 있는 오버행 구간과 마주하게 되었다. 밑을 내려다보니 사슈러가 있는 곳보다 20미터쯤 위였다. 나는 로프가 아무것에도 연결되지 않은 채 횅하니 아치 모양으로 사슈러까지 연결된 것을 보고, 그만 실수를 저지르고 말았다. 그리고 추락하면 35미터 아래의 숲에 곧장 처박힐 것이라는 사실을 직감했다. 나는 아래쪽으로 꿈틀거리며 내려가기 시작했다. 너무나 두려웠기 때문이다. 불과 2년 전에 버클리에서 등반을 시작했을 때 내가 그토록 참을성 있게 대했던 그 친구가 비명을 질렀다. "대체 뭐하는 짓이야?"

"못 하겠어. 내려갈래." 나는 이렇게 선언했다.

"거기 그대로 있어, 이 겁쟁이야." 그가 꽥 소리쳤다.

나는 그의 말을 무시했다. 죽음의 공포가 사슈러보다 강했다. 나는 몸을 간신히 꿈틀거려 어렵고 새까만 구멍 속으로 미끄러지듯 내려갔고, 덜덜 떨면서 확보지점까지 갔다. 너무나 빨리 비비적거리며 내려가는 바람에 엉덩이가 불이 붙은 것처럼 뜨거웠다. 나는 바지를 벗고 목을 길게 뺀다음 엉덩이 부분의 찰과상 정도를 살펴보려고 했다. 그런 모습을 조용히 지켜보던 사슈러는 나를 마치 벌레 보듯 하더니 무감각한 어투로 말했다. "잠시 쉬고 다시 올라가."

"젠장, 프랭크." 나는 소리를 질렀다. "네가 해!" 그는 5.10을 위해 힘을 아껴야 한다고 중얼대며 올라가기를 거부했다. 결국 우리는 하강했다. 캠프4로 돌아오는 길에 사슈러는 아무 일도 없었던 것처럼 수다를 떨었다. 그리고 입구에 도착하자, 굳은 표정을 짓더니 이렇게 말했다. "등반에 대해 물어보면 네가 실수했다고 이야기해."

"물론이지. 내 실수였어." 나는 이렇게 대꾸했다.

우리가 주차할 때, 많은 사람들이 사슈러 차로 성큼성큼 다가와서 전설적인 크랙오브둠을 어떻게 정복했는지 듣고 싶어 했다. 사슈러가 나에게 의미심장한 눈길을 보내자 나는 순순히 고백했다. "죽고 싶진 않았어." 이런 수치심을 감수한 대가로 사슈러는 나에게 콜라 한 잔을 사줬다.

작고 강인한 친구, 사슈러는 1962년 당시에 1964년과 1965년에 했던 만큼 크랙등반을 잘하지 못했다. 그러나 놀라운 등반기술과 추락을 개의치 않는 무모한 정신으로 상체 근력이 부족하다는 열세를 극복했다. 하지만 이상하게도 그는 경사가 완만한 슬랩 등반은 잘하지 못했다. 로빈스는 사슈러가 글래시어포인트에이프런에 있는 굿리치피너클Goodrich Pinnacle 우측에 있는 5.9 슬랩을 단순한 마찰 등반이라고 조롱하더니 일곱 번이나 추락했다고 말한 적이 있다.

5년 동안 서른세 번이나 초등 또는 자유등반 초등을 해낸 사슈러는 이 책에서 다룬 기간 동안 세 번째로 많은 초등을 기록한 보유자이다. 그보다 더 많은 기록 보유자는 척 프랫과 로열 로빈스뿐이다. 그러나 두 사람 모두 요세미티에서 보낸 기간이 사슈러보다 세 배나 된다. (1970년대에 최다 초등 기록을 보유한 5인은 척 프랫(43회), 로열 로빈스(37회), 프랭크 사슈러(33회), 워런 하딩(30회), 밥 캠스(28회)이다. 프랫과 하딩은 1970 년대 이후 몇 차례 더 초등을 했다.)

사슈러는 요세미티 등반의 전설이자, 짧은 기간 동안 주목을 받은 수수께끼 같은 인물이다. 그는 별다른 기록도 남기지 않고, 서부의 다른 지역에서 등반도 하지 않은 채, 모호하게 사라졌다. 1966년 사슈러는 요세미티 등반 초기에 만난 콜로라도 출신의 멋진 등반가 얀 베이커Jan Baker와 결혼하고, 이론입자물리학으로 박사학위를 받은 직후 우리 곁을 떠났다. 그리고 한때 등반에 푹 빠진 것처럼 물리학에만 전념했다. 그는 스위스 제네바 근처에 자리한 유럽핵연구센터(CERN)에서 입자물리학 연구원으로 일자리를 얻은 후 부인과 떨어져 지냈으며, 절대 하지 않겠다고 약속했던 빙벽등반을 다시 시작했다. 그리고 1978년 8월 30일, 서른여덟 살의 사슈러는 동료들과 함께 샤모니의 그랑드조라스 정상 부근에서 폭풍에 휘말려 추락사했다. 마지막 순간 사슈러는 동료나 신 또는 번개를 저주하며 주먹을 휘두르지 않았을까?

1964년 새로운 얼굴 몇 명이 요세미티에 나타났다. 그중 하나가 프랑스의 유명한 등반가 리오넬 테레이Lionel Terray였다. 6월 23일 도착해 며칠만에 떠났지만 요세미티를 둘러보기에는 충분한 시간이었다. 운이 좋게도 그와 함께 등반하는 영광을 가진 앨런 스텍은 당시를 이렇게 회상했다. "엘캡에 깊은 인상을 받았다고 하더군. 레오 르본Leo LeBon, 로열 로빈스와 아치스테라스Arches Terrace를 등반한 다음, 나와 레오와 함께 아치스의 노멀 루트를 등반했다네. 그는 알래스카 등반 중 팔을 다쳐 끌어당기는 동작은 잘하지 못했지. 하지만 아치스 루트 상당 구간을 선등하면서 별 어려

움 없이 요세미티 등반에 적응하더군. 그러나 슬랩 등반을 처음 해보는 사람들이 그렇듯 그 역시 마찰력을 이용한 등반을 할 때는 자신 있게 동작을 못 하더라고." 리오넬 테레이는 이곳으로 다시 와서 마찰력을 이용한 등반 기술을 향상시킬 기회를 잡지 못했다. 그다음 해 가을 마흔넷의 나이로 프랑스에서 사망했기 때문이다.

다른 등반가도 짧게 머물렀다가 다시는 돌아오지 않았다. 리오넬 테레이처럼 먼 타지에서 왔다가 사망해서 그런 게 아니었다. 요세미티 계곡을 방문했다가 꽁무니를 뺀 이들 중에서는 먼저 톰 코크레인Tom Cochrane이 떠오른다. 우리는 그를 놀림 삼아 웃었다. 그는 1964년 10월 센티넬에서 힘든 루트를 시도했다가 창피를 당한 후 장비를 팔아버리고 등반을 완전히 포기했다. 당시 프로스트와 로빈스, 프랫, 취나드는 센티넬 서벽에 있는 취나드-프로스트 루트를 영상으로 촬영하고 있었는데, 프로젝트를 빨리 끝내기 위해 다양한 지점에 고정로프를 설치했다. 코크레인은 루트 전체에 고정로프가 설치된 것으로 착각하고 루트를 자세히 정찰하고자 하강하기 시작했다. 그는 놀랍고 슬프게도 로프가 끝난 지점에 도착했다. 주마도 슬링도 없어 꼼짝없이 비박을 할 수밖에 없게 된 그는 도와달라고 소리쳐야 했다. 다음 날 그는 영상 촬영팀에 의해 구조되었다. "오늘 아침 침울한 기분이 들었다." 코크레인은 정상 기록 명부에 이렇게 적었다.

또 다른 새 얼굴은 훨씬 더 오래 머물렀다. 나는 이 친구를 에릭 벡의 편지로 알게 되었다. "프랫의 예술가 친구가 내 팔 깁스 위에 나른하게 누워 있는 여성을 멋지게 그려줬어. 이름이 셰리던 앤더슨Sheridan Anderson이고, 샌베르나르디노San Bernardino 출신으로 등반엔 그다지 재주가 없는 술고래야." 이 두 문장을 통해 에릭 벡은 그 사나이를 완벽하게 담아냈다. 맥주를 벌컥벌컥 마시는 앤더슨은 등반 실력이 형편없었지만 뛰어난 만화

1971년경의 척 프랫(왼쪽)과 셰리던 앤더슨 (사진: 짐 스튜어트 및 어센트 컬렉션)

가였다. 그는 즉각 등반의 기발한 측면을 포착하고, 풍자만화를 그리기 시작했다. 만화가로서 그의 데뷔는 화려했다. 1964년 『서미트』 10월호 표지에 다섯 컷의 만화가 실렸는데, 그중 하나는 해골 더미 속에 서 있는 등반가 두 사람을 그린 것이었다. 한 친구가 가파른 벽을 올려다보며 "오르기가 좀 까다로울 것 같은데."라고 하는 말풍선도 삽입되어 있었다. 나중에 앤더슨은 이 잡지의 사은품용 달력 제작에도 참여했는데 특이하게 알파벳 순서(4월April, 8월August, 12월December… 순서)로 달력을 만들었다. 모자를 삐딱하게 쓴 그의 모습은 수년간 봄 시즌의 캠프4에서 고정적으로 볼 수 있었다. 그리고 근엄한 로열 로빈스가 슈퍼맨 망토를 입고 등장한 풍자만화는 전 세계 등반가들을 즐겁게 해줬다.

앤더슨은 종종 이상한 아이디어를 떠올렸다. 1965년 8월, 마터호른 초등 100주년 기념파티가 캠프4에서 개최됐는데, 관광객들로터 불만을 접수받은 레인저들이 이른 새벽에 파티를 강제로 종료시켰다. 그러자 앤더슨이 해산 직전의 레인저들에게 큼지막한 카드에 서명을 하도록 했다. 그 뒷면에는 수많은 그림이 그려져 있었다. 다음 날 그는 체르마트 시장에게 그 카드를 보냈다. 분명 시장은 신대륙에서 날아온 이런 온정에 깜짝 놀랐을 것이다.

1970년대 초반에 등반계를 떠난 앤더슨은 샌프란시스코에서 수년간 광고화가로 일했다. 오리건으로 이사한 뒤에는 제법 훌륭했던 플라이낚시 기술을 갈고닦았다. 하지만 애석하게도, 1984년 캠프4 첫 방문 20주년을 한 달 앞두고 사망했다. 과도한 음주로 자신의 몸을 평생 혹사시킨 탓에 결국 마흔여덟이라는 젊은 나이에 고인이 되었다.

◾

1964년의 늦은 봄날 캠프4에는 로빈스와 프랫 그리고 외지인 몇 명만 남아 있었다. 글렌 데니는 안데스로, 제프 푸트는 유럽으로 갔고, 레이튼 코어는 콜로라도의 볼더에서 벽돌공으로 일했으며, 대학원에 들어간 시슈러는 주말에만 가끔 등반하러 왔다. 내가 입대한 시기에 바로 제대한 척 프랫(그래서 4년간이나 만나지 못했다)은 계획에 따라 몸을 천천히 끌어올렸다. 6월에 제대한 취나드는 몸 상태를 걱정하면서 요세미티 계곡에 머뭇머뭇 들어왔다. 몇 년간 활동이 뜸했던 하딩은 새크라멘토에서 일을 하게 되자 바위에 대한 흥미를 잃은 것 같았다.

그러던 7월 어느 날, 하딩이 거대한 미등 벽의 사진을 갖고 나타났는데 프랫은 그곳이 어디인지 처음에는 알아보지 못했다. 바로 왓킨스의 600미터짜리 남벽이었다. 그곳은 테나야캐니언Tenaya Canyon 깊숙한 곳에 있어 전망대에서도 보이지 않는 곳이었다. 하딩은 프랫에게 그곳을 시도해보자고 조용히 제안했다. 며칠 후 그 두 사람은 캠프4에서 쉬나드를 끌어들였다.

5일간의 왓킨스 남벽 등반은 몇 가지 이유로 유명세를 탔다. 먼저 1960년대에 가장 유명한 바위꾼 세 사람(로빈스는 그들을 '요세미티 소인국의 트로이카'라고 불렀다)이 처음이자 마지막으로 뭉쳤다는 것이다. 또한 그들은 고정로프를 사용하지 않았다. 나중에 로빈스는 이 등반을, '요세미티에서의 포위전술 등반이 영원한 종말'을 고했다며, 새로운 시대의 상징으로 평가했다.

프랫은 이 등반이 끝난 후 1965년에 발행된『아메리칸 알파인저널』에 인상적인 등반기를 기고했다. 프랫 특유의 절제된 표현과 위트가 깃든(지혜, 드라마, 웅변, 유머가 가득한) 문장은 진정한 고전이라 할 만큼 훌륭했다. 그는 차를 타고 미러 호수Mirror Lake까지 이동한 다음 어프로치 하기 직전까지의 장면을 이렇게 묘사했다. "호기심이 많은 여성 둘이 요세미티 등반가들은 마찰력을 이용해 수직벽을 오르려고 화강암 벽에 손가락 끝을 문지른다는데 그게 사실이냐고 물었다. 그러자 완벽한 타이밍에 하딩이 와인 한 병과 맥주 여섯 병이 든 박스를 차에서 갑자기 꺼내더니 이것이 나흘 분 식량이라고 설명했다."

와인과 맥주는 당연히 몇 시간 만에 동이 났다. 등반 중에는 술보다는 물이 더 나은 음료수였다. 며칠 만에 물도 바닥나기 시작했다. 프랫은 이렇게 썼다. "우리는 기력을 앗아가는 강력한 열기에 대한 대비책을 강구하지 않았다." 그리고 이렇게 덧붙였다. "요세미티를 얕본 산악인들은 요세

미티의 긴 루트에서 한여름에 며칠만 보내면 흥미로운 사실을 깨닫게 될 것이다. 추운 날씨와 강풍만이 악천후가 아니라는 사실을."

등반의 마지막 이틀은 갈증과 피로에 시달렸다. 세 사람은 물을 적절히 배분하면서 정상에 도달하기 위해 고군분투했다. 탈수가 시작되었다. 프랫은 고등학교 때부터 끼고 다니던 반지를 빼낼 수 있었고, 취나드는 단추를 풀지 않은 채 바지를 내릴 수 있었다. "고전적인 의미의 사탄과 흡사한 하딩의 모습이 훨씬 더 수척하고 사악하게 변했다." 프랫이 당시 하딩의 모습을 설명했다. 등반을 시작한 지 닷새째가 되던 날 영웅 하딩은 마지막 홀링 작업을 하고 나서 남은 물을 모두 양보했다. 1964년 7월 22일 어두워지기 직전에 이본 취나드가 정상에 올라섰다. 시련은 끝이 났다. 훌륭한 팀이 해낸 훌륭한 등반은 훌륭한 기삿거리를 제공했다. 척 프랫은 우리를 실망시키지 않았다. 그가 쓴 "왓킨스 남벽"은 요세미티 역사상 최고의 등반기로 여전히 회자되고 있다.

왼쪽 _ 릭슨스피너클의 물결무늬 화강암을 오르는 등반가 (사진: 스티브 로퍼)

9
수직의 순례자들

1964~1969

우리가 벽에 붙어 있다는 사실을 아는 사람은 저 아래에 열 명
밖에 없다. 우리가 성공하더라도 정상에는 영웅 숭배자들이나
신문기자들이 없을 것이다. 미국 등반이 아직 그 지경까지 되지
않은 것에 그저 감사할 따름이다.

이본 취나드Yvon Chouinard
1966년 뮤어월 등반기

요세미티 등반은 1963년과 1964년 사슈러와 로빈스 등이 엄청난 에너지를 발산한 이후 숨고르기에 들어갔다. 그리고 곧 등반이 강화되는 시기가 시작되었는데, 이 장에서는 대략 5년 동안 일어난 사건을 다룰 것이다. 이 시기에 역사적으로 의미 있는 등반이 없었다고 할 수는 없다. 사실은 그 반대이다. 만일 이때의 사건들이 이전 시기만큼 세상을 떠들썩하게 하지 못했다면, 그것은 1960년대 초반의 루트가 거벽등반이라는 독특한 개념을 제시했기 때문이다. 수많은 거벽들이 1964년에도 여전히 손짓하고 있었다.

'최후의 대과제'라는 문구는 등반 관련 글과 책에서 불사조처럼 생명력을 이어갔다. 보통 이전의 '대과제'가 풀리면 바로 뒤이어 또 다른 '대과제'가 등장했다. 이 극적인 아이디어의 문제점은 공급이 무한대라는 것이다. 마치 '가장 오래된 삼나무 찾기'처럼, 초창기 요세미티에서는 특히 더 그러했다. 하이어캐시드럴에서 로스트애로침니, 하프돔 북서벽, 엘캡 노즈로 이어진 '마지막 대과제'의 등장은 전혀 수그러들 기세를 보이지 않았다. 에드 쿠퍼Ed Cooper는 다이히드럴월Dihedral Wall이 '논리적으로 마지막까지 남은 최후의 미등 루트'라면서 그 전통을 이어갔다. 그러나 이 루트가 완성되자 다른 루트를 찾았다. 엘캡 남동벽보다 더 나은 곳은 어디일까? 절대적 수직의 엘캡 남동벽에서 진지한 도전을 한 사람은 아무도 없었다. 그러나 1963년 초 앨 맥도널드Al Macdonald는 이곳에 마음을 빼앗겼다. 600미터의 이 벽은 확실히 마지막 대과제였다! 잠시기는 했지만 맞는 표현이었다.

넓고 오목한 엘캡 동벽은 거대한 검은 바위(석영이 없는 화강섬록암)의 형태가 미국 지도와 비슷해 노스아메리카월North America Wall로 알려져 있었다. 1963년 가을 로빈스와 글렌 데니는 'NA'(엔에이로 발음했다)로 불리게 된 엘캡 동벽의 이 루트 200미터 지점까지 올라갔다. 두 사람은 다음 해 5월 말 톰 프로스트를 데리고 재도전에 나섰고, 사흘 밤을 보낸 끝에 벽 중간지점인 빅서레지Big Sur Ledge에 도달했다. 그들은 로프를 남겨두지 않고 하강했는데, 로빈스는 정찰등반이었다면서 이렇게 말했다. "고정로프를 이용한 포위전술 등반 시대는 요세미티에서 이미 과거가 되었다. 이 시대는 워런 하딩이 엘캐피탄의 남벽을 최초로 오르며 시작되었다. 이 역사적인 등반 이후 포위전술 등반기술이 오용된 것 같다. 게임은 1퍼센트의 확률이 있는 때가 재미있지 않을까?"

로빈스는 다른 등반가가 달라붙기 전에 NA를 끝내고 싶어 했다. 그는 1964년 8월 보낸 편지에서 나에게 말했다. "방심하다 하프돔 초등을 빼앗긴 갈렌 로웰이 엘캡에서 복수를 고민 중이라는 걸 알고 있어. 그의 도전을 환영해." 하지만 로빈스는 이 편지에서 솔직하지 않았다. 샌프란시스코 베이 지역에서 자동차수리점을 운영하던 로웰이 벽을 포위전술로 공격할 시간도 없는 데다, 정상까지 한 번에 치고 올라가는 데 필요한 기술도 없다는 것을 알았기 때문이다. 또 다른 잠재적 라이벌 에드 쿠퍼의 경우, 시대를 훨씬 앞서가는 단독등반 방식을 고려했지만 실행에 옮기지는 않았다.

10월 중순 로빈스는 요세미티 등반가들을 모아 최고의 정예 팀을 꾸렸다. 모두 실력이 출중해서 사실상 성공이 담보된 도전이었다. 로빈스와 프로스트, 프랫, 취나드는 모두 이 시기에 20대 중후반으로 전성기였다. 등반팀의 실력은 뛰어났지만 물자 수송이 큰 문제였다. 로빈스는 신중하게 고민한 끝에, 홀링 작업을 위한 새 아이디어를 구상했다. 수년간, 비박 등반이 요구되는 루트에서 우린 모두 커다란 더플백에 물과 식량, 옷, 추가 장비를 넣은 다음 원시적인 방식으로 끌어올렸다. 선등자는 두 손으로 23킬로그램의 백을 40미터나 위로 끌어올렸다. 손과 허리에 치명적인 이 작업방식은 발로 버티고 서 있을 레지가 있을 때만 가능했다. 다른 작업방식도 고통스럽긴 마찬가지였다. 후등자는 23킬로그램 정도 나가는 배낭을 등에 멘 채 벽에 매달렸고, 다리에 근육경련이 일어나거나 엉덩이에 멍이 드는 고통을 감내해야 했다.

로빈스 역시 홀링 작업 때문에 애를 먹었다. 1963년 가을 그는 처음 NA월 정찰등반을 나섰을 때 글렌 데니와 함께 두 개의 주마, 그리고 중력과 다리 힘을 이용해 영리하게 짐을 끌어올리는 새 홀링 전략을 구사했다. 한 피치를 끝내고 나서 앵커를 단단하게 설치하고, 도르래를 로프에 연결한 후 로프에 주마(슬링과 함께)를 연결했다. 그런 다음 슬링에 한쪽 다리를 장딴지 높이로 올려놓고 서면 체중이 실리면서 움직였다. 그러면 저 아래에 있는 더플백이 30센티미터 간격으로 올라왔다. 도르래의 다른 쪽에 있는 주마는 배낭이 미끄러져 내려가지 않도록 잡아줬다. 첫 번째 주마가 30~60센티미터 올라가면 선등자는 같은 동작을 반복했다. 언제든 쉴 수

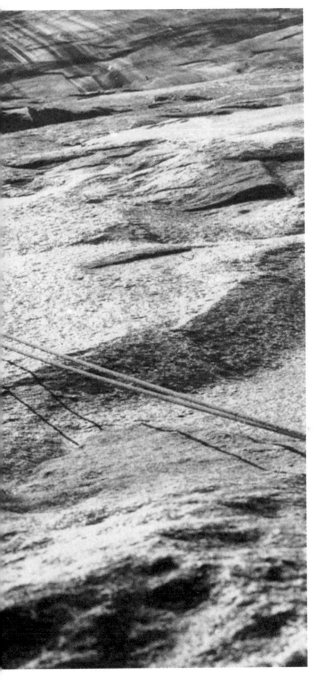

톰 프로스트가 NA월 하단의
인공등반 피치를 선등하고
있다.
(사진: 글렌 데니)

있었고, 작업을 하는 도중 발을 더 벌리거나 발의 위치를 바꾸는 동작도 할 수 있었다. 그러는 동안 후등자는 피톤을 회수하면서 주마를 이용해 올라왔다.

로빈스와 데니는 이 기술을 완벽하게 터득했다. 그리고 로빈스와 프로스트는 1964년 6월 엘캡의 다이히드럴월을 오를 때도 이 홀링 방식을 채택했다. 두 사람이 5일간 등반하는 루트에서는 과거의 홀링 방식으로도 충분히 오를 수 있었다. 하지만 NA월에서는 새 기술이 필요했다. 왜냐하면 네 사람이 열흘간의 등반을 계획했기 때문이다. 40인분에 해당되는 짐 무게는 총 90킬로그램에 달했는데 대부분이 물이었다.

미국 내 최고의 암벽등반가 — 아마도 세계 최고의 암벽등반가 — 넷이 모여 요세미티의 가파른 미등의 벽을 오르려면 뒷말이 나지 않게 철저해야 했다. 네 사람은 10월 31일, 출발한 지 9일 반 만에 당시로는 가장 어려운 루트를 완성했다. 이 루트는 엄청난 고도감 때문에 노즈나 살라테월보다 훨씬 더 아찔했다. 그리고 확보물 설치도 이전과는 비교할 수 없을 정도로 어려웠다. 이들은 볼트를 단 38개만 설치하기로 하면서, 놀라운 인공등반을 해냈고, 힘든 펜듈럼과 트래버스를 해냈다. (쪼개지고 구조적 짜임새가 부족한) 섬록암지대는 요세미티가 지구상에서 가장 좋은 벽(엘캡)을 갖고 있다는 사실이 착각이라는 것을 보여준다. 엘캡 동벽에서는 흔들거리는 바위, 이상한 크랙 때문에 등반이 힘들었다. 처음에는 무더웠으나 나중에는 폭풍이 몰아쳤다. 그러나 그런 모든 것을 예상했기에 등반팀은 그냥 한 번에 하나씩 문제를 해결하며 올라갔다. 이렇게 해서 또 하나의 대단한 등반이 이뤄졌다. 엘캡을 한 번도 오른 적이 없었던 취나드는 가장 힘든 인공등반 피치를 선등하면서 제몫을 해냈다.

등반이 끝나고 몇 주 후 로빈스는 나에게 다음과 같이 쓴 편지를 보내왔다. "한마디로 말하면, 다른 등반에서 크럭스에 해당되는 피치가 수십 개나 있었어. 이제껏 해본 것 중 가장 무서운 등반이긴 했지만 그래도 나에게는 살라테월이 최고야. 그런데 쿠퍼는 단독 등반할 기회를 갖지 못했어. 만약 시도했다면 200개에서 300개의 볼트를 박아야 했을 거야."

로빈스는 1965년도 『아메리칸 알파인저널』에 기고한 NA월에 관한 긴 등반기에서 자신이 행한 등반의 의미를 찾으려고 애썼다. 등반 중 일어난 일을 단순히 전하는 것에만 만족하지 못한 로빈스는 철학적 사색을 담는 바람에 결국 다른 이들로부터 공격받을 빌미를 줬다. 캠프4 등반가들은 다음과 같은 문장을 읽고서 콧방귀를 뀌었다. "만일 침착하게 산의 위험을 대하는 법을 배울 수 있다면, 불가피한 죽음의 으스스한 망령을 침착하게 대할 수 있는 법을 배울 수도 있다." "만일 무의미와 함께 어디에나 존재하는 죽음이라는 힘든 진실을 받아들이게 만들 만한 의미를 찾을 수 있다면, 어디서 이 의미를 찾아야 할까? 다시 그 탐구는 … 그리고 우리는 계속 오른다." 몇 년 후 로빈스는 문장 작법에 조금 더 편안해지자 스스로를 조롱하며 글을 시작했다. "일부는 부패와 죽음에 대한 생각을 싫어한다. 나는 아니다. 나는 죽음에 집착한다."

로빈스는 글을 열심히 써서 해가 갈수록 그의 문장은 세련되어지고 기량이 빛났다.(그는 나에게 "이전보다 훨씬 나은 산문을 쓰려고 노력은 했지만 성공할 것이라곤 전혀 생각하지 못했어."라고 털어놨다.) 그러나 초기의 글은 용납하기 힘들 정도로 엉망이어서 그를 향한 악의적 공격이 수년간 지속되었다. 동부 해안 출신의 냉소적인 등반가 조 켈시Joe Kelsey는 『서미트』에 실은 "오세아니아월Oceania Wall"에서 로빈스가 쓴 NA월 등반기와 다른 글들을 패러디했다. 로빈스와 에드 쿠퍼(미스터 캐스크(술통 씨)라고 칭했다)는 벽에서 슬랩스틱slab stick으로 싸움을 벌이던 중 로빈스가 싸움의 의미를 궁금해했다. "내가 (캐스크의) 해머 걸이에서 해머를 빼냈을 때 나는 인류의 운명은 그런 하찮은 것에 대해 철학적인 이야기를 해야 한다는 사실을 깨달았다. 이 중요하지 않은 진실들과 어디에나 존재하는 캐스크를 받아들일 수 있도록 의미를 찾아낼 수만 있다면 말이다. 이 종잡을 수 없는 이야기를 어디서부터 풀어내야 할까? 다시 찾아봐야"

━━━━━ ■ ━━━━━

NA월 등반은 네 사람에게 깊은 영향을 끼쳤다. 넷의 요세미티 전체 등반 경력이 이 한 번의 등반을 위해 필요했던 것처럼 보일 정도였다. 톰 프로스트는 이후 다시는 주요 초등을 하지 않고 등반 현장에서 사라졌다. 그리고 '취나드이큅먼트Chouinard Equipment'에서 취나드와 10년간 함께 일했다. 그는 종종 페루 안데스와 히말라야, 알래스카에서 등반했고, 부인 도런Dorene과 더 많은 시간을 보내면서 모르몬교에 심취했다. 척 프랫은 짧지만 아주 어려운 크랙등반에 집중했고, 엘캡을 변형 루트로 몇 차례 올랐으나 6급 루트 초등은 두 번 다시 하지 않았다. 로빈스는 잠시 몸을 추슬렀고, 4년간 단 하나의 주요 루트를 초등하는 데 그쳤다. 취나드 역시 곧 등반 현장에서 사라져 사업을 했고, 빙벽등반을 시작했지만, 이후 요세미티에서 유명한 개척등반을 하나 더 해냈다. 그것은 엄청나게 큰 프로젝트의 등반이었다. 그는 엘캡의 두 군데 수직의 벽에 루트가 다섯 개밖에 없다는 사실을 알고 바로 공략에 들어갔다. 엘캡은 루트를 더 만들 수 있을 만큼 아주 넓었다.

1965년 6월 취나드와 TM 허버트의 뮤어월Muir Wall 초등은 세 가지 면에서 의미 있는 사건이었다. 첫째, 가장 대단한 것은 두 명이 고정로프 없이 행한 최초의 엘캡 루트 등반이라는 점이었다. 이 등반은 대단한 시도였다. 두 사람은 하루 15시간씩 선등과 홀링, 루트 정비작업을 해야 했다. 팀의 규모가 커지면 그만큼 더 많은 장비를 가져가야 하지만 더 많은 휴식을 취할 수 있다. 예를 들어, NA월을 등반할 때 등반팀의 진척이 느려지면 홀링팀은 하루 동안 할 일 없이 쉬었다. 거벽등반은 극도로 지치는 작업이다. 피톤을 박아야 하기 때문에 하루가 끝나면 손이 욱신거렸고, 벗겨진 손가락 관절이 밤새 따끔거렸다. 그나마 하루 휴식하면 컨디션이 회복되고 고통도 줄어들었다. 홀링 작업을 하는 날은 정신적으로 휴식을 취할 수 있었다. 다른 친구들을 상관하지 않고 쉴 수 있는 것이다.

둘째, 이 등반은 향후 엘캡의 루트 개척을 위한 좋은 선례를 만들었다. 뮤어월은 최초로 기존 루트(살라테월)를 가로지르는 루트이다. 살라테월은 초등자들이 가능하면 볼트를 박지 않는 등반선을 찾느라 남서벽을 3분의 1쯤 우회했다. 뮤어월 팀은 직등 루트를 만들고자 했기에 살라테월을 가로지르는 것이 불가피했다. 따라서 뮤어월 등반은 향후 기존 루트를 가로지르는 루트를 만드는 데 좋은 표본이 됐다.

마지막으로, 장시간 정찰등반 없이 이뤄진 최초의 엘캡 등반이었다는 점에서 의미가 컸다. 두 사람은 그냥 미지의 벽으로 가서 그 벽의 꼭대기까지 오른 것이다. 나중에 취나드는 "용감한 사람이라도 겁을 집어먹게 하는 미지의 세계"라고 썼다. 뮤어월은 완전한 미지의 영역이었다. 예를 들어, NA월은 성공하기 직전 180미터까지 사전 정찰등반을 했는데 전체 볼트 가운데 절반은 이때 이미 설치를 끝낸 상태였다. 그들은 이런 식으로 시간과 힘을 아낄 수 있었다.

1965년 허버트는 요세미티에서 많은 표준 루트를 등반했지만 아직 메이저리그 선수는 아니었다. 요세미티에서 등반을 시작한 6년 동안 단하나의 의미 있는 초등(센티넬에 있는 취나드-허버트 루트)을 했을 뿐이다. 그는 짧지만 어려운 크랙등반을 좋아했고, 몇 년 전에 복학해 결혼까지 하면서 등반을 자주 할 수 없었다. 1965년에는 주말에만 등반을 하러 왔기 때문에 거벽등반에 도전할 만한 몸 상태를 만들기 어려웠다. 하지만 그는 이런 종류의 등반을 할 능력이 충분했고, 곧 이를 증명해 보였다.

1965년 6월 14일 취나드와 허버트는 로프를 묶었다. 초반에는 날씨가 후텁지근했다. 45킬로그램의 장비 무게가 곱절로 느껴질 정도였다. 홀링은 사선 방향으로 해야 해서 극도로 힘겨운 작업이 되었다. "아주 간단한 말만 주고받았다." 취나드는 이렇게 기록했다. 등반 사흘째가 되는 날 기상이 악화되더니 비가 내렸다. 두 사람은 맘모스테라스Mammoth Terrace에서 익숙한 살라테월을 가로질렀다. 각자는 살라테월을 시도했다가 실패해서 이 지점 이상은 올라가본 적이 없었다.

등반 나흘째의 비박은 비와 추위 속에서 악몽 같았다. 허버트는 하마터면 저체온증에 걸릴 뻔했다. 취나드에 따르면, 의식을 거의 잃은 채 횡설수설했다고 한다. "우린 잠시 낙담했고 희망과 용기를 잃었다. 하지만 후퇴에 대한 생각을 입 밖으로 꺼내진 않았다."

취나드는 이후 나흘간의 등반에 대한 기억을 거의 하지 못했다. 폭풍이 물러갔지만 두 사람은 지친 데다 오한에 걸린 상태였다. "인공등반과 자유등반이 섞여 있었다. 코너, 다이히드럴, 재밍크랙, 툭 튀어나온 바위 모두가 엄청난 각도의 오버행 구간에 있어 구분이 되지 않았다. 피치가 결코 끝나지 않을 것 같았다." 1966년도『아메리칸 알파인저널』을 통해 취나드는 존 뮤어에 대해 말했고, 자신의 '심오하고 신비로운 경험'을 언급했다. 그는 이 착란증상이 잘 먹지 못해 생긴 일이라고 설명했다. 까마득한 벽 위에서 지치고 허기진 취나드는 다른 세계에 빠져든 경험을 들려줬다. "이런 경험은 우리 수직의 세계에서는 이상한 일이 아니다. 더없이 수용적인 자세로 우리는 주변의 모든 것을 감상하게 된다. 크리스털 알갱이 하나 하나가 눈에 또렷하게 들어온다. 너무나 작아서 그동안 눈에 띄지 않았던 벌레를 처음으로 벽에서 발견했다. 확보를 보는 15분 동안 벌레 한 마리를 지켜보면서 움직임을 관찰하고 멋진 빨간색에 경탄했다. 보고 느낄 수 있는 것이 너무나 많은데 어떻게 지루할 수가 있겠는가? 즐거운 환경과 일체감과 꿰뚫어보는 듯한 통찰력 덕분에 수년 만에 만족감을 느꼈다."

어떤 경우에는 모든 것이 너무 완벽하게 진행돼서 아무것도 문제가 되지 않을 때가 있다. 아주 강한 집중력으로 한 가지에만 열중하느라 시간 가는 줄 모른다. 정오쯤 되었을 것이라고 생각하면서 올랐는데 태양이 지는 모습을 보고 놀라기도 한다. 취나드에 따르면, 허버트는 정상 부근에서 그런 날을 경험한 것 같다. "TM은 조심성이 많은 스타일이지만 멋지게 등반했다. 아주 어려운 피치, 흔들릴 것 같은 바윗덩어리로 이뤄진 오버행 구간을 완벽한 자신감으로 공략했다. 그리고 곧 떨어져나갈 것 같은 거대한 바위 뒤에 피톤을 설치한 다음 주저 없이 올랐다. 그는 자신의 능력을 확신했다."

물과 식량, 볼트가 바닥나고 있는 상황에서 두 사람은 정상에 오르려고 사투를 벌였다. 마침내 여드레 만에 그들은 어둠을 뚫고 오버행 정상에 올라섰다. 30개의 볼트를 설치했는데, 4개를 제외하면 다 홀링을 위해 설치한 것이었다.

취나드가 언급한 허버트의 '절대적 자신감'은 취나드 본인과 다른 많은 요세미티 등반가들에게 적용되는 표현인 듯하다. 우리는 척 프랫과 프랭크 사슈러의 등반, NA월과 뮤어월 등반 이후 5.10 크랙을 오를 수 있고, 거

벽을 길들일 수 있다는 것을 알았다. '불가능'이라는 단어를 거의 사용하지 않았으며, 그 개념도 사라졌다. 그렇다고 해서 우리 모두가 새로운 열의를 갖고 크랙과 거벽에 달려들었다는 말은 아니다. 최소한 미지의 거벽에 대해 다시는 두려워하지 않았다는 뜻이다. 물론 미지의 벽에 대한 어느 정도의 두려움은 남아 있었다. 저 넓은 크랙에는 확보물을 어떻게 설치할 수 있을까? 저 벽은 정말 홀드가 하나도 없이 밋밋할까? 또는 가느다란 실크 랙이라도 있는 걸까?

레이튼 코어는 1965년 늦봄과 초여름에 이 새로운 태도를 보여준 좋은 본보기가 되었다. 그는 로빈스가 초등했으나 재등이 이뤄지지 않은 하이어캐시드럴의 벽과 아치스다이렉트를 포함해 십여 개의 루트를 척 프랫과 함께 수월하게 올랐다. 그는 이런 루트를 그냥 등반이 어려운 곳이라 여겼고, 두려움에 떨면서 접근하지 않았다. 그는 또한 등반이 거의 이뤄지지 않은 미들캐시드럴 북벽, 워싱턴칼럼 동벽과 리닝타워를 등반했다. 심지어 4개의 루트도 개척 등반했다. 한 달 반에 걸친 그의 엄청난 에너지 폭발은 요세미티 사상 전례 없는 엄청난 활약상이었으나, 이게 마지막이었다. 그는 1965년 7월 요세미티를 떠난 직후, 다음해 2월에 유럽으로 건너갔고, 친구이자 유명한 산악인인 존 할린John Harlin과 함께 아이거 디레티시마direttissima를 개척하기 위해 동계등반에 참가했다. 그들 등반팀은 몇 주간 디레티시마 루트를 뚫느라 엄청난 에너지를 쏟아부었다. 그러나 고정로프가 상단에서 끊어지면서 할린이 추락사하는 비극이 발생했다. 레이튼 코어는 엄청난 충격에 빠졌다. 그는 1967년 갈렌 로웰과 살라테월을 네 번째로 오른 후 바로 등반을 그만두었다.

그해 봄과 여름에는 다른 등반가들도 무럭무럭 성장하고 있었다. 짐 브리드웰은 마크 클레멘스Mark Klemens, 데이브Dave와 필Phil 버체프

1965년의 짐 브리드웰 (사진: 글렌 데니)

Bircheff 형제 등 뒤에서 자신을 보좌해주는 친구들과 함께 등반했다. 이 친구들도 때로는 멋진 등반을 했다. 우리 선배들이 우리를 그렇게 생각했듯이, 우리 스물다섯 살의 '선배들' 눈에는 이 어린 친구들이 품위 없고 오만해 보였다! 1965년에 받은 두 통의 편지에는 이런 미묘한 경멸이 담겨 있었다. 에릭 벡은 퉁명스럽게 "브리드웰 일당"이라고 칭했고, 척 프랫은 감정을 누그러뜨려서 "브리드웰과 그의 졸개들"이 가끔씩 등반하고 있다고 썼다. 브리드웰의 시대가 오긴 했지만 몇 년을 더 기다려야 했다. (그는 나중에 요세미티의 전설이 되었을 뿐만 아니라 알래스카와 남미에서의 대담한 등반으로 세계적으로 유명한 산악인이 되었다.)

레인저가 된 제프 푸트는 유니폼을 입고 업무용 차량을 얌전히 운전했는데, 그 모습이 우리와 너무나 달라 이상해 보였다. 그는 다른 레인저에게 등반을 설명하고, 곰을 유인하기 위해 사용할 미끼로 국가에서 제공한 스테이크를 종종 우리에게 건네줬다.(이 시기의 레인저는 성질 고약한 곰을 금속 덫으로 유인해 고지대로 옮겼다.)

조 페인트Joe Faint, 척 오스틴Chuck Ostin, 개리 콜리버Garry Colliver, 크리스 존스Chris Jones 역시 이 시기에 요세미티에 눌러앉은 친숙한 얼굴이었다. 조 페인트는 등반계에서 예외적인 존재였다. 시애틀이나 볼더, 샌프란시스코 베이 지역같이 유명한 산악인들을 배출한 지역의 출신이 아니라 웨스트버지니아에서 성장했다. 그는 척 프랫, 이본 취나드, 크리스 프레더릭스, 갈렌 로웰과 함께 종종 등반하면서 6년간 요세미티에 푹 빠져 지냈으며, 등반하지 않는 날에는 낚시를 즐겼다. 그는 조용하고 겸손했으며, 등반도 잘했고, 플라이낚시도 전문가 수준이었다.

척 오스틴은 캠프4에 체류하던 등반가들 가운데 가장 이상한 등반가였다. 흰색 벤츠(우리가 모는 차보다 10배나 비싼 차)를 몰고 요세미티에 올 때마다 한 달씩 머물렀다 1년 6개월간 종적을 감추곤 했다. 그리고 주말에 밀스칼리지Mills College 여대생들과 함께 나타났다가 또 몇 개월간 모습을 드러내지 않았다. 우리는 그가 너무나 자주 자취를 감추고, 쿠바와 다른 기지에서 일어난 일들을 잘 알고 있어서 CIA 요원일지 모른다고 생각했다. 매우 친절하면서도 극도로 거리를 뒀기에 수수께끼 같은 존재였다. 우리는 그가 어디 사는지 무슨 일을 하는지 알지 못했다. 우리가 캐물으면 그는 얼버무리듯 말했다. "저 아래 남쪽에서 엔지니어로 일해." 그는 등반을 제법 했지만 천부적인 소질은 없었다. 특히 루트 파인딩 능력이 전혀 없었다. 그 친구와 함께한 등반은 언제나 모험이었고, 어떤 때는 날이 저물어 캄캄할 때 하강하기도 했다. 그가 가장 먼저 등반한 곳은 1961

년 센티넬의 스텍-살라테 루트였다. 척 프랫은 이때 그와 등반하면서 겪었던 일을 들려줬다. "내가 쉬운 피치를 선등했는데 오스틴이 정말 느려터지게 올라오더군. 그런데 갑자기 로프가 전혀 움직이지 않는 거야. 5분을 기다리다 안 되겠다 싶어 소리쳐 불렀지. 하지만 대답도 없고 보이지도 않더군. 그래서 로프를 고정시켜 놓고 몇 미터 아래로 내려가서 침니 안을 살펴봤어. 오스틴은 15미터 아래 침니 속에 몸을 단단히 밀착시키고 작은 노트에 뭔가를 끄적거리고 있더군. 침니를 오를 때 손과 발을 이용한 등반 동작에 대해 쓰고 있었던 거야!"

개리 콜리버는 몇 년 간의 등반 훈련 끝에 1965년 노즈와 센티넬 서벽을 완등했다. 그는 작은 루트 몇 개의 초등을 도왔고, 1969년 크리스 존스와 함께 살라테윌 제8등을 기록하며 최고의 한 해를 보냈다.

크리스 존스는 미국에 거주하던 영국인으로 영리하고 위트가 넘치는 사람이었다. 그는 하프돔과 센티넬 같은 요세미티의 거벽에서 전통 등반을 많이 했다. 요세미티에서 거둔 최고의 성취는 1969년 콜리버와 한 살라테윌 등반이었다. 이곳의 등반역사에 매료된 존스는 1970년대 중반 『북미 등반Climbing in North America』이라는 훌륭한 책을 썼다.

뮤어윌Muir Wall은 1965년에 개척된 유일한 6급 루트(인공등반)였고, 이후 2년 동안 다른 인공루트는 만들어지지 않았다. 등반가들은 오래된 인공등반 루트를 자유등반으로 해내는 데 더 많은 관심을 뒀다. 대개가 피톤 몇 개를 제거하는 정도의 소규모 등반이었는데, 그중 한 팀의 등반이 돋보였다. 그것은 프랭크 사슈러의 마지막 성취로 꼽히는 등반이었다. 그는 에릭 벡과 함께 미들캐시드럴 북벽의 직등 루트를 하루 만에 자유등반으로

올랐다. 나는 이 소식을 접하고 깜짝 놀랐다. 3년 전에 취나드와 내가 초등했을 때는 엄청나게 많은 인공장비를 설치하고 올라야 했기 때문이다. 인공장비를 어떻게 모두 제거할 수 있었는지 그게 의문이었다. 답은 간단했다. 사슈러와 에릭 벡은 우리보다 훨씬 뛰어난 등반가였다. 비록 루트 개념도가 잘 알려져 있어 그런 이점을 활용하긴 했지만 말이다.

이 무렵 에릭 벡과 프랭크 사슈러는 미들캐시드럴 북벽 자유등반보다 더 멋진 등반을 해냈다. 요세미티 6급 루트를 처음으로 단 하루 만에 해낸 것이다. 그들은 센티넬 서벽을 14시간 만에 올랐다. 등반이 끝나고 나서 며칠 후 에릭 벡은 나에게 편지를 보내왔다. "이것은 내가 지금껏 한 등반 중 가장 대담하면서도 극적으로 성공한 쿠데타야. 우리는 로프 한 동과 물 1리터, 과일통조림 하나를 갖고 등반했어. 처음 도그레그Dogleg 피치는 상당히 힘들었지. 두 번째 피치는 전체를 통틀어 가장 쉬웠고, 사슈러가 확보물 없이 선등했어."(이 루트는 이 책에 언급한 초기 등반의 루트들과 함께 이후 난이도 5급으로 조정되었다.)

자유등반과 함께 1965년에 부상한 또 다른 트렌드는 어려운 크랙등반이었다. 척 프랫은 이 분야에서 남다른 두각을 나타냈다. 그는 엔트런스 이그잼Entrance Exam, 칭간도Chingando, 트와일라잇존Twilight Zone 그리고 슬랙Slack 왼쪽 벽을 초등했다. 이 모든 루트에는 어렵고 넓은 재밍크랙이 포함되어 있었고, 난이도가 모두 5.9나 5.10이었다. 1965년은 프랫이 모두 10개로 가장 많은 루트를 개척한 해였다. 이중 4개를 함께 작업한 크리스 프레더릭스에게도 최고의 해였다. 그는 모두 11개를 초등했다.

1960년대 중반에 이뤄진 또 하나의 흥미로운 등반은 하프돔 남서벽의 스네이크다이크Snake Dike 초등이었다. 7월의 첫 번째 주말에 요세미티에 몰려든 인파에서 벗어나고 싶었던 에릭 벡과 크리스 프레더릭스와 짐 브리드웰은 하프돔의 넓은 남서벽에 다른 등반선이 있는지 살펴보러 갔다. 1년 전 살라테월을 처음으로 자유 등반했을 때 보았던 경사가 세지 않은 벽이었다. 분명 다른 루트를 찾을 수도 있을 것 같았다. 세 사람은 놀랍게도 수백 미터가 뱀처럼 구불구불 이어지는 등반선을 발견했다. 그들은 5.7 구간을 만났는데 대부분의 다른 구간은 더 쉬워서 반나절 만에 해치웠다. 이 등반이 의미심장한 이유는 볼트 때문이었다. 훌륭한 등반가들은 5.6을 확보물 없이 그냥 오르는데 이들 셋이 그렇게 한 것이다. 벽에 크랙이 없어서 확보물 사이가 긴 런아웃runout 구간이 많았다. 선등자는 슬링으로 만든 작은 확보지점(이곳에는 리지가 없었다) 위에서 볼트 하나만 설치했다. 정상에 올라섰을 때 그들은 헛수고 한 사실을 깨달았다. 이곳은 완전한 초보자 루트였던 것이다. 물론 위치가 아주 좋은 멋진 곳이라 분명 클래식 루트가 될 테지만, 확보물도 없고 적당한 앵커도 없어 초보자들이 즐겨 오를 것 같지 않았다. 이런 이유로 남은 여름 시즌 동안 이곳을 오른 사람은 아무도 없었다. 1965년 11월 군에서 제대를 한 나는 이 멋진 루트에 확보지점이 없다는 소식을 듣고, 내가 올라가 볼트를 박아도 되냐고 개척자들에게 물었다. 동의를 얻은 나는 1966년 앵커 지점에 4개의 볼트를 박았다. 이곳은 요세미티 역사상 처음으로 개척자의 허락을 받아 볼트를 추가로 설치한 루트가 되었다. 스네이크다이크는 금세 인기를 얻었고 수천 명이 등반했다.

당시 아무도 스네이크다이크 루트에 볼트를 박는 것을 크게 개의치 않았으나, 볼트는 여전히 논란거리였다. 밥 캠스는 등산잡지 『서미트』에 볼트 윤리에 대해 언급하며 상호 존중해야 한다고 주장했다. 그는 이미 개척한 루트에 볼트를 추가로 설치해선 안 되며 제거하는 것도 안 된다고 강조했다. 그는 경쟁과 볼트 제거에 대해 다음과 같이 말했다. "제거할 볼트는 더 이상 없다. 제거 대상은 볼트를 설치하는 사람이다."

몇 달 후 톰 히긴스Tom Higgins도 『서미트』에 장문의 통찰력 있는 서신을 보냈다. 그는 미래를 내다볼 줄 아는 지적인 등반가로 볼트 설치와 가이드 서비스, 홀링을 위한 도르래 사용의 윤리를 언급했다. 히긴스는 "최대의 모험을 빠르고 안전하게"라고 약속한 『서미트』에 실린 광고에 대해 말했고, 이런 이슈를 깊이 생각한 최초의 등반가였다. 그러나 그는 단순히 관념적인 비평가만은 아니었다. 톰 히긴스는 밥 캠스의 제자로 이미 캘리포니아 남부 최고의 등반가로 알려져 있었다. 나는 마크 파월이 보내온 편지에서 히긴스의 존재를 처음 알게 되었다. "히긴스는 정말 훌륭한 친구야. (현재 타키츠에서) 미래에 요세미티 등반가가 될 유일한 사람이지. 만일 그가 결기 있고, 물질적인 삶 때문에 이탈만 하지 않는다면 아마 꼭 그럴 거야. 그는 정말 유망주야. 몇 년 안에 등반계에 기여하게 될 최초의 캘리포니아 남부인이 될 거야." 그의 말대로 히긴스는 나중에 스타가 되었지만 활동영역은 요세미티가 아니라 투올러미메도우스도즈였다. 그는 등반을 '순수한' 상태로 유지하는 데 관심을 기울이고 있으며, 전동드릴 사용이나 하강용 볼트 설치 등 논란에 대해 여전히 목소리를 내고 있다.

로빈스는 『서미트』의 편집자로서, 1965년이 저물어갈 무렵 다음과 같은 글을 썼다. "만일 우리가 기존 루트의 본질을 존중하고, 볼트 설치와 제거를 지양한다면, 능력과 취향에 맞는 다양한 등반이 이뤄질 것이다." 모두가 이런 볼트 윤리에 대한 글을 좋아한 것은 아니었다. 한 달 후 내가 『서미트』에 글을 쓰겠다고 하자 공동 편집자인 헬렌 킬니스Helen Kilness가 하소연했다. "등반 윤리에 대해선 제발 쓰지 말아줘요. 계속 더 싣다가는 독자들을 모두 잃게 생겼어요."

나는 과거에 볼트를 제거했지만 지금은 "기존 루트의 본질을 존중하라."라는 로빈스의 문장을 가슴에 새기고 있다. 앨런 스텍, 딕 롱과 함께 1966년 살라테월을 세 번째로 오를 때 나는 볼트를 가져가지 말자고 요구했다. 피톤을 설치하느라 엄청 고생했지만 결국 끝까지 올라갔다. 이는 내가 암벽등반가로서 행한 가장 용감하고 고귀한 행위였다. 그런 도전을 할 만큼 실력이 충분하지 않은 팀은 불필요한 볼트 수십여 개로 루트를 훼손했다. 멋진 등반을 유린하는 부끄러운 행위였다.

거벽등반은 일시적이지만 NA월과 뮤어월 등반으로 정점을 찍었다. 1960년대 후반 엘캡의 양쪽 벽에서 이뤄진 초등은 없었다. 다른 한편에선 프랭크 사슈러와 척 프랫에 의해 촉발된 자유등반 르네상스가 느리지만 계속 이어졌다. 일부 멋진 신루트가 자유등반으로 개척되기는 했지만, 아주 주목할 만한 '자유등반에 의한 초등'은 1960년대 후반에 이뤄지지 않았다. 단 두 개의 예외가 눈에 띄는데, 몇 년 만에 요세미티에서 행해진 유일한 5.11 난이도 자유초등이었다. 로열아치스 너머에 있는 세레니티크랙Serenity Crack을 1967년에 톰 히긴스와 크리스 존스가 자유등반으로 처음 올랐다. 엘캡 아래쪽의 슬랙Slack 노멀 루트에 위치한 짧지만 무시무시한 세레니티크랙은 1967년에 콜로라도 출신의 뛰어난 등반가 팻 에이먼트Pat Ament와 래리 댈크Larry Dalke가 자유등반으로 초등했다.(1976년 조지 메이어스George Meyers가 쓴 가이드북에 따르면 두 곳 모두 각각 5.10d와 5.10c로 하향 조정되었다. 난이도를 더욱 세분화하는 방식은 1970년대 초반에 짐 브리드웰이 만든 것이다. 새로운 난이도 체계에 따르면, 세레니티크랙은 1960년대에 가장 어려운 자유등반 루트였다.)

1960년대 후반은 실력 강화의 시기이자 '수직의 순례자들'의 시대였다. 이 표현은 캠프4에서 로빈스가 '스탠다드' 거벽을 반복해서 오르는 등반가를 가리켜 부른 말이다. 이 거벽들은 실력이 한 수 아래인 등반가들이 오르면서 덜 위협적인 등반 대상지가 되었다. 나는 1966년 스텍과 존 롱과 함께 닷새 반 만에 살라테월을 오른 후, 캠프4에서 벡과 존스, 콜리버 같은 사람들 사이에서 안도감을 느꼈던 기억이 또렷하다. 우리는 훌륭한 등반가였으나 슈퍼맨은 아니었다. 만일 우리가 해낼 수 있다면 다른 이들도 해낼 수 있을 것으로 믿었고, 실제로 해냈다. 거벽에는 1966년과 1969년 사이에 엄청난 사람들이 몰려들었다. 예를 들어, 4년간 노즈는 17차례, 센티넬 북벽은 16차례, 센티넬 서벽은 10차례, 살라테월은 8차례 등반되었다.

1960년대 초반에 활약한 개척자 6인(로열 로빈스, 척 프랫, 톰 프로스트, 이본 취나드, 프랭크 사슈러, 레이튼 코어)은 여전히 요세미티를 찾아와 많은 등반을 했다. 그러나 이들 6인의 초등 목록은 급속도로 줄어들었다. 하지만 이들이 초등한 비중이 전체 중 83퍼센트를 차지했다.(171개를 초등했는데 대부분 서로 함께 일궈낸 것이다.) 모두 요세미티를 떠나 요양원으로 들어간 것은 아니었지만, 척 프랫과 로열 로빈스만이 왕성한 활동을 계속 이어갔다. 프랫은 엘캡에서 몇 차례 더 등반했고, 가장 좋아하던 등반지였던 스텍-살라테월을 무려 9차례나 올랐다. 로빈스는 센트럴밸리에 위치한 도시 모데스토Modesto에서 장인의 페인트 가게를 물려받으면서 등반 시간이 줄어들었지만, 1967년 6월 엘캡을 등반할 시간을 한 번 더 만들었다.

로빈스의 표현에 따르면, 엘캡 서벽은 거대한 암석의 '평범한' 벽면이다. 엘캡의 남동벽과 남서벽은 등반가들의 관심을 받았고, 그들에게 영광을 안겨줬다. 하지만 엘캡의 서벽은 남서벽의 코너에 있어 잘 보이지 않았고, 전망대에서도 시야에 잘 들어오지 않았다. 서벽은 분명 특징도 없고 가팔라 보이지도 않았다. 나는 만져보기는커녕 눈으로도 본 적이 없어, 당황한 나머지 '분명'이라는 표현을 썼다. 서벽을 본 사람은 거의 없었다. 그래서 로빈스는 한 번 살펴봐야겠다고 생각했다. 일단 살펴보니, 마음에 드는 등반선이 있었다. 그는 TM 허버트와 함께 팀을 이뤄 꼬박 나흘 동안 전진과 후퇴, 등반과 하강을 번갈아하며, 넓은 슬랩 구간을 가로질러 올랐다. 볼트를 단 한 개만 설치하고 이뤄낸 스릴 넘치고 모험 가득한 등반이었다. "이곳을 강력히 추천한다. 우리만큼 등반을 즐길 수 있기를 바란다." 로빈스는 이런 글을 남겼다.

다른 등반가들이 유명한 기존 등반가들의 자리를 대체했고, 이런 신진 세력 중 최고는 독특한 짐 매드슨Jim Madsen과 킴 슈미츠Kim Schmitz였다. 1966년 태평양 북서지역에서 온 열아홉 살 동갑내기 청년들은 북부인이 암벽보다 설상등반에 훨씬 능하다는 견해가 편견임을 보여줬다. 워싱턴대학에서 공학을 전공하고 미식축구 선수로 활동하던 매드슨은 키가 크고 근육질 몸매에다 끊임없이 움직인다는 점에서 레이튼 코어와 닮은꼴이었다. 게다가 레이튼 코어 못지않게 등반 실력도 출중하고 속도도 빨랐다. 킴 슈미츠는 키가 작기는 해도 체격이 다부지고, 푸른 눈을 가진 미남으로 활짝 웃는 모습이 매력적인 친구였다. 두 사람은 강인하고 열정이 넘쳤다. 두 사람은 1966년 9월 요세미티에서 처음으로 거벽등반에 나섰고, 로빈스-프로스트가 센티넬에 개척한 모차르트월Mozart Wall을 제3등으로 올랐다. 이들은 다음해 봄(1967년 6월) 노즈를 사흘 만에 완등하는 기염을 토하며 우리의 관심을 사로잡았다. 실제 거벽 경험이 적은 것을 감안하면,

1967년의 킴 슈미츠 (사진: 스티브 로퍼)

칭찬받을 만한 빠른 속도의 등반이었다.

　매드슨과 슈미츠는 중요한 개척등반을 해낸 것은 아니었다. 그들은 워싱턴칼럼에 가파르고 무섭고 어려운 루트 두 곳을 만든 것이 전부였다. 대신 엘캡을 빠르게 공략해 재등하는 데 만족했다. 엄청나게 빠른 속도의 등반이었다. 그들이 함께 이룩한 빛나는 업적은 1968년 봄에 다이히드럴 월을 이틀 반 만에 오른 것이다. 캠프4 체류자들이 할 말을 잃게 만들 정도의 속공등반이었다. 로빈스는 이후 이렇게 썼다. "엘캡에 대한 등반 태도는 전과 같지 않을 것이다." 그해 승승장구하던 매드슨은 슈미츠보다 한 발 앞서나갔다. 그는 요세미티에서 정규직원으로 일하던 로이드 프라이스

1967년의 짐 매드슨 (사진: 스티브 로퍼)

Loyd Price와 함께 살라테월을 제5등으로 올랐다. 그리고 8월 콜로라도 출신의 마이크 코빙턴Mike Covington과 노즈를 완등하면서, 이곳을 최초로 두 번 완등한 기록을 갖게 되었다. 그는 등반 사흘째 되는 날 이른 오후에 정상에 올라 자신의 최단 등반기록을 앞당겼다.

이 등반을 비롯해 다른 엘캡 속도등반은 주장만큼 그렇게 빠르지 않았다. "이런 등반 대부분은 시작 전 3~4피치에 로프를 고정시키기 때문에 등반 스타일과 공정성 측면에서 의문이 제기된다. 한 가지를 더 언급하면, 이틀보다 사흘에 걸쳐 20시간을 등반하는 것이 더 수월하다. 그리고 일부 등반가는 '반나절'을 너무 자유롭게 해석한다. 오후 5시나 6시까지 범위가 넓다. 따라서 이런 뛰어난 업적에 걸린 진짜 시간은 확실히 알 수 없다." 로열 로빈스는 이렇게 평가했다.

매드슨은 충동적인 친구였다. 그는 성찰을 하거나 마음을 안정시키는 법을 몰랐고, 이것은 치명적인 결과를 낳았다. 1968년 10월 중순 어느 날, 휘몰아치는 폭풍 속에서 다이히드럴월을 등반하던 척 프랫과 크리스 프레더릭스는 계곡 아래에서는 보이지 않는 깊은 구멍 속으로 피신한 채 날씨가 안정되기를 기다렸다. 매드슨은 두 사람이 저체온증으로 의식을 잃을까 우려하면서 폭풍이 그치자마자 구조대를 결성했다. 그는 슈미츠, 프라이스 그리고 일부 레인저들과 엘캡 정상까지 헬기로 날아갔다. 매드슨이 20킬로그램에 달하는 로프와 장비를 메고 하강을 시작했는데, 구조팀은 거의 곧바로 고통에 찬 비명소리를 들었다. "오, 젠장!" 그리고 침묵이 이어졌다. 매드슨은 760미터를 추락해 사망했다. 로프 끝을 매듭지었고, 다음 하강 로프를 설치하는 동안, 이 매듭이 카라비너로 만든 제동장치를 잡아줄 것이라고 생각했다. 그러나 로프 매듭이 너무 작아 카라비너가 그대로 통과해버린 것이다.

몸은 얼었지만, 움직일 수 있었던 프랫과 프레더릭스는 계속 위로 향했다. 해가 뜨고 얼마 후, 휘파람 소리 같은 것이 들렸다. 곧 그들은 포유류 같은 것이 벽 아래로 추락했다는 징후를 발견하고선 처음에는 사슴이기를 바랐다. 하지만 바위 턱에서 부러진 안경을 발견했을 때 최악의 사고가 일어났다는 것을 알게 되었다. 정말 슬픈 날이었다. 로빈스는 안타까운 마음을 전했다. "매드슨이 살아서 계속 등반했더라면, 그는 분명 미국 등반역사, 아니 세계 등반역사에 중요한 발자취를 남겼을 것이다."

1960년대 후반은 다른 사고들로 엉망진창이 되었다. 1968년 6월 어니 밀번Ernie Milburn이라는 스탠포드대학산악회 출신의 경험 많은 등반가가 글레시어포인트에이프런에서 하강하던 중 잦은 사용으로 마모되고 자외선에 약해진 앵커 슬링이 끊어졌다. 그는 200미터 정도를 추락해 사망했다. 1960년대에 일어난 4건의 사망사고(어빙 스미스, 짐 볼드윈, 어니 밀번, 짐 매드슨)는 모두 이론적으로는 가장 안전하고 가장 신나는 등반 활동이라고 할 수 있는 하강 중에 일어났다.(미신을 믿는 등반가는 4건 중 3건의 사망사고가 19일과 20일에 일어났기에 이날은 하강을 피하려고 했다.)

1960년대 중후반에 일어난 다른 5건의 사고는 그리 치명적이진 않았다. 버클리 출신의 등반가 피트 스포에커Pete Spoecker는 스텍-살라테 루트에서 다리가 부러지는 사고를 당했고, 도르래 시스템으로 끌어올려야 했다. 1965년 6월 24일에 이뤄진 요세미티 최초의 이 대규모 구조작업은 등반가와 레인저 사이의 해묵은 불화를 해소시키는 데 도움이 되었다. 등반가 4인(글렌 데니, 존 에번스, 제프 푸트, 크리스 프레더릭스)이 구조작업을 펼치는 데 큰 역할을 했다. 캠프4의 백수건달들이 무언가 잘하는 것처럼 보였고, 이후부터 등반가들은 등반기술을 이용한 구조활동에서 주요 역할을 담당하기 시작했다.

다른 4건도 치명적이진 않았지만 심각한 사고였다. 에릭 벡은 왓킨스 남벽을 오르던 중 어깨가 탈골되는 부상을 당했다. 그는 결국 파트너 딕 에르브Dick Erb와 함께 오버행과 사선 루트를 하강하며 고난의 탈출을 감행했다. 나중에 에릭 벡은 "최악의 날"이었다고 고백했다. 노즈를 시도하던 톰 게러티Tom Gerughty는 사선 피치에서 주마 두 개가 모두 로프에서 빠지는 아찔한 사고를 당했다. 천만다행으로 로프를 손으로 붙잡았지만, 30미터를 미끄러지며 손에 화상을 입었다. 짐 브리드웰과 함께 다니던 짐 스탠턴Jim Stanton은 하이어캐시드럴에서 확보용 피톤 두 개를 잡아당

기다 30미터를 추락했다. 그러나 큰 바위에 부딪치지 않아 슬개골 부상만 당한 채 탈출했다. 이후 그는 등반을 그만두었다. 동부 출신의 유명한 등반가 짐 매카시Jim McCarthy는 노즈에서 인공등반용 피톤이 빠지는 바람에 200미터 지점에서 팔 골절 부상을 당했다. 피톤에 과도한 부하가 걸리기를 원치 않았던(요세미티에서 이것은 큰 실수다) 그는 10개를 세심하게 박았으나, 30미터를 추락하는 동안 9개가 빠지고 말았다.

매드슨Madsen과 슈미츠Schmitz를 잇는 뛰어난 등반 2인조 돈 로리아Don Lauria와 데니스 헤넥Dennis Henneck이 타키츠에서 등반기술을 연마했다. 캘리포니아 남부 출신인 두 사람은 매드슨과 슈미츠만큼 속도가 빠르지는 않았지만 거벽을 잘 올랐다. 이들은 1967년 9월 다이히드럴월을 닷새 만에 올라 제3등을 기록했다. 바위처럼 견고한 등반가 로리아는 가장 재기발랄한 산악작가로 성장했는데, 그는 다이히드럴월 등반을 이렇게 묘사했다. "어색한 동작, 어려운 피톤 설치, 매달린 채 확보 보기, 힘든 홀링 작업, 해먹을 이용한 비박, 까진 손가락 마디, 저린 발, 기침과 근육경련, 고통스러운 햇볕, 위협적인 구름, 부족한 물, 러프와 스카이훅, 이 모든 것이 위대한 요세미티 모험을 이루는 구성요소다."

　나는 1966년 6월 하프돔 동쪽 아래 캠프에서 로리아를 처음 만났다. 다음 날 그는 타키츠의 신성으로 떠오른 마이크 코헨Mike Cohen과 함께 하프돔 북서벽을 오를 계획이었고, 나는 프랫과 여태껏 재등된 적 없는 북서벽 직등 루트를 오를 계획이었다. 이후 로리아는 『서미트』에 등반 중 일어난 많은 사건과 그날 새벽 우리가 나눈 대화 내용이 담긴 아주 재미있는 등반기를 실었다. 그는 프랫과 나를 각각 '머트'와 '제프'라는 가명으로 등장

1968년의 돈 로리아 (사진: 로열 로빈스 및 어센트 컬렉션)

시켰다. "머트가 침낭 속에서 빈둥거리자 나는 기가 찬 나머지 교양 있는 노부인처럼 애정 어린 말투로 한마디 했다. 이는 주말 등반가 모두가 듣고 싶어 하는 그런 말이었다. '제프, 오늘 우리가 꼭 등반해야 할 의무가 있는

1968년의 데니스 헨릭 (사진: 글렌 데니)

건 아냐.' 그러자 그들은 발작을 일으킬 정도로 배꼽을 잡고 웃었다." 프랫과 나는 따뜻한 침낭 속에서 빈둥거리며, 등반을 하러 떠나는 로리아와 코헨의 행운을 빌어줬다. 그들이 한 피치도 오르지 못하고 몇 시간 만에 돌아왔을 때 우리는 햇살을 만끽하며 여전히 침낭 속에 있었다.

로리아는 나중에 하프돔 북서벽을 올랐다. 한 번 마음먹은 등반은 반드시 해내는 스타일이었다. 그리고 1년 후 헨릭과 함께 노스아메리카월 North America Wall을 닷새 만에 올랐다.

헨릭과 로리아가 늘 함께 등반한 것은 아니었다. 1967년 헨릭은 취나드와 함께 노즈를 열 번째로 올랐고, 2년 후에는 프랫과 뮤어월을 세 번째로 올라, 24개월 만에 엘캡을 네 번 오르는 기염을 토했다. 로리아 역시 엘캡 등반에 몰두했다. 그는 15개월 만에 세 번 등반했다.

매드슨과 슈미츠와 마찬가지로 이 두 사람도 요세미티에서 의미 있는 초등을 기록하진 못했다. 이는 요세미티가 일시적으로 '모두 등반되었다'는 점을 암시해준다. 가장 분명한 거벽 등반선은 모두 등반되었고, 엄청난 볼트 설치는 이제 기존 루트 옆의 밋밋한 벽에나 필요한 것처럼 보였다. 그러나 어느 누구도 직등이 아닌 에둘러 가는 루트에 볼트를 박고 싶어 하지 않았다.

켄 보체Ken Boche라는 캘리포니아 남부 출신의 훌륭한 등반가는 글래시어포인트에이프런을 선택하고 거벽을 피함으로써 이 딜레마를 극복했다. 그는 이곳에 8개의 루트를 개척했다. 대부분 작은 홀드만 있는 난이도 5.9 루트였다. 경사가 50도로 마음대로 종횡무진할 수 있는 특징 없는 화강암 벽이었지만, 이곳을 등반하려면 몇 가지 재능이 필요했다. 나의 경우는 결코 체득하지 못한 재능이었다. 이곳을 성공적으로 선등하는 데 필요한 조건은 바다같이 넓은 화강암 루트를 떠올리고, 끝에는 보통 레지밖에 없는 공간의 등반선을 상상 속에 그려보는 능력이다. 등반 계획은 단순하다. 이 레지 밑 어딘가에서 출발하고, 거기서 끝내야 한다. 그 출발지점과 종료지점을 돌아다니며 선등자는 확보지점 훨씬 위에서 평정심을 유지해야 한다. 또한 긴 추락을 하더라도 큰 문제가 되지 않을 미끄러지는 정도라는 것을 알아야 한다. 루트 파인딩 기술은 아주 중요하다. 9미터 정도는 등반선이 보일지 모르지만, 그 위로는 어떻게 될까? 이 홀드들이 계속 이어질까? 저 바위 턱으로 트래버스가 가능할까? 다음에 쉴 곳은 어디일까? 결국 침착해야 한다. 볼트가 유일한 확보물이라서 작고 둥근 볼트를 디딘 채, 경련 상태로 볼트를 설치하는 일은 쉽지 않다.

켄 보체는 작은 홀드를 잘 이용할 줄 아는 등반의 대가였다. 빌 앰본, 제프 루트, 조 맥커원, 밥 캠스, 톰 히긴스도 마찬가지로 작은 홀드에 강했다. 에이프런을 등반할 때 가장 중요한 성공의 열쇠는 수완과 용기였다. 뛰어난 균형감각과 강한 발가락과 발목의 힘, 미지의 곳으로 나아가고자 하는 의지가 필요했다. 선등자는 발을 바위에 어떻게 디뎌야 하는지, 즉 마찰을 어떻게 이용해 발을 디뎌야 하는지, 아주 작은 크리스털 알갱이를 어떻게 디뎌야 하는지 본능적으로 알아야 했다. 1960년대의 에이프런 등반은 정말 특별한 행위였다. 거벽등반이나 크랙등반과는 저 위의 달만큼 동떨어진 특별한 행위였다.

암벽화 종류도 에이프런 등반에 영향을 미쳤다. 1960년대 초반 등반가들은 질러탈Zillertal이나 그와 비슷한 크론호퍼Kronhofer 암벽화를 신었다. 이런 유럽산은 편하긴 했지만 너무 물러서 작은 스탠스를 디딜 때 쉽게 구부러졌다. 1965년 대다수 등반가들은 스파이더Spider를 신었다. 모서리나 슬링을 딛고 서기에 적당한 훨씬 단단한 고무창 암벽화이지만, 마찰력을 이용한 등반을 할 때 착용하기에는 좋지 않았다. 1967년 말, 로빈스는 훨씬 더 뻣뻣한 암벽화 디자인을 만드는 데 일조했다. 프랑스에서 만든 이 '푸른색 스웨이드 신발'은 크랙, 재밍, 인공등반, 모서리 등반에 탁월했으나, 이것 역시 마찰 등반에는 적합하지 않았다. 결국 비슷한 시기에 멋진 전천후 암벽화가 나왔다. 엘리스 브리검Ellis Brigham이라는 영국인이 디자인하고 프랑스에서 만든 EB는 부드러운 고무창이 있어 처음으로 인기 있는 암벽화였는데 마찰 등반에도 적합했다. 로빈스 암벽화로 알려진 RR처럼 EB도 옆면과 뒤축에 고무가 덧대져 있었다. 이것이 크랙등반을 다소 수월하게 했다. 암벽화 창의 양측이 크랙에 달라붙었기 때문이다. EB는 곧 인기를 끌었고 사실상 1970년대의 유일한 암벽화가 되었다.

아주 놀라운 요세미티 등반과 기술 이야기가 전 세계에 퍼지기 시작하자 외국인들이 이곳을 찾기 시작했다. 요세미티의 어려운 루트를 오른 최초의 외국인은 스페인 카탈루냐 출신의 유명한 등반가 호세-마누엘 앙글라다Jose-Manuel Anglada였다. 1964년 그는 로빈스, 허버트와 함께 엘캡 동벽을 올랐다.(로빈스와 허버트가 등반 중 커다란 싸구려 살라미를 덩어리째 먹는 모습을 역겹게 쳐다보며 "당신들 정말 야만인 같아."라고 말했다고 한다.)

곧이어 영국인들도 요세미티를 방문했다. 스코틀랜드에서 온 조크 랭Jock Lang과 에릭 레이슨Eric Rayson은 1965년에 미국인 데이브 도넌Dave Dornan과 함께 하프돔 북서벽을 올라 요세미티에서 외국인으로서는 최초로 6급 등반을 해냈다. 이 소식을 들은 로빈스는 1966년 초에 이렇게 썼다. "머지않아 (외국인들이) 엘캡도 오를 것이다."(1964년 앙글라다가 동벽을 올랐으나 이곳은 진정한 엘캡으로 쳐주지 않았다.) 그의 예언이 실현되는 것은 정말 오래 걸리지 않았다. 샤모니 출신의 가이드 앙드레 공Andre Gaunt과 자크 뒤퐁Jacques Dupont은 1965~66년 시즌 요세미티 스키장에서 강사로 일한 뒤, 4월에 노즈를 등반할 목적으로 요세미티 계곡으로 들어왔다. 우리는 그들 등 뒤에서 낄낄거렸다. 본격적인 등반 전에 그들이 실시한 짧은 훈련과 식이요법에도 불구하고 컨디션이 제대로 올라오지 않았기 때문이다. 그러나 우리는 그들의 열정과 투지를 과소평가했다. 그들은 상대적으로 긴 6일간의 등반 끝에 노즈를 완등하며 제5등이라는 기록을 남겼다. 중간에 폭풍우를 만나고 막판에 갈증으로 고통받으면서도 해낸 것이었다.

로열 로빈스는 1966년 5월 영국을 방문해 조 브라운Joe Brown, 톰 페이티Tom Patey 등 거칠기로 소문난 유명 산악인들과 함께 등반했다. "영국에서 암벽등반은 남성적인 스포츠야. 스페인의 투우와 비슷해." 한 달 후 그는 나에게 이렇게 쓴 편지를 보내왔다. 로빈스는 그곳에서 만난 등반가들을 미국으로 초대했고, 그해 가을 몇 명이 나타났다. 10월에 마이크 코스트테릴리츠Mike Kostterlitz는 요세미티의 필수 과제인 센티넬 서벽을 등반했다. 바로 얼마 후 영국의 전설적인 등반가가 캠프4에 모습을 드러냈다. 조 브라운과 함께 1960년대 초반부터 캠프4 등반가들의 존경의 대상이 된 돈 윌런스Don Whillans였다. 그는 영국에서 아주 험한 바위를 잘 오르는 등반가였고, 영국의 사암 노두와 알프스의 어려운 등반 루트를 개척한 인물이었다. 키가 작고, 성미가 까다롭고, 신랄한 성격의 윌런스는 술을 마시고, 담배를 피우고, 파티를 즐긴 다음 등반했다. 그는 이 순서를 정확히 지켰다. 하지만 그해 10월에 그는 퇴폐적 습관을 버리고, 짐 브리드웰과 두 명의 영국 친구와 함께 하프돔 북서벽을 올랐다. 크랙 전문가로 알려진 그는 나중에 다양한 필수 과제를 멋지게 해내면서 우리가 기대했던 이미지를 충족시켜줬다. 그는 크랙오브돔을 아무런 문제없이 올랐고, 센티넬의 스텍-살라테 루트를 등반했다. 척 프랫은 1967년도 『아메리칸 알파인저널』에 돈 윌런스의 방문과 관련해 짧은 글을 하나 남겼다. "요세미티에서 요구되는 등반기술이 그 영국인에게는 아무런 문제가 되지 않았고, 그의 다재다능함은 등반기술을 스포츠의 정점으로 끌어올렸다."

돈 윌런스의 방문 후, 척 프랫은 로열 로빈스에게 말했다. "요세미티 등반가들의 패권시대는 끝났어." 사실 외국인 대부분은 영국인들로, 그 후 몇 년간 요세미티로 몰려들었다. 데이브 배스게이트Dave Bathgate와 이안 하월Ian Howell이 윌런스-브리드웰 등반 직후 하프돔 북서벽을 오르며 외국인으로만 구성된 팀으로서는 첫 등반기록을 세웠다. 믹 버크Mick Burke(나중에 에베레스트 정상 부근에서 사망)는 1968년 6월 롭 우드Rob Wood와 노즈를 등반해, 영국팀이 최초로 엘캡을 오르는 영광을 안았다.

또 다른 영국 등반가이자 나중에 저명한 작가가 된 인물이 1968년 8월 요세미티를 방문했다. 자신감이 넘치는 에드 드러먼드Ed Drummond는 대담한 요세미티 등반 계획을 로빈스에게 편지로 알렸다. 이 목록에는 아직 재등이 안 된 NA월도 있었다. "당신 편지에는 자신감이 넘치고 지나친 대담성이 담겨 있는데 그것이 거슬립니다." 로빈스는 이렇게 답장했다. 드러먼드는 엘캡에서 치욕을 당했고, 로스트애로침니를 간신히 오르는 데 그쳤다. 나중에 그는 이 등반을 상세하게 묘사했다. "피 나고 부어오른 무릎이 밤새 익어(곪아) 내 지저분한 반바지 위로 진홍색 열매를 부드럽게 터뜨렸다."

1960년대를 통틀어 가장 유명한 스코틀랜드 등반가 두걸 해스턴 Dougal Haston은 1969년 요세미티를 방문했고, 미국인 릭 실베스터Rick Sylvester와 함께 왓킨스 남벽에 도전해 네 번째 완등 기록을 세웠다.

캐나다인 역시 1960년대 후반 요세미티를 찾아 활발하게 등반했다. 닐 베넷Neil Bennett과 고든 스메일Gordon Smail은 1969년 6월 캐나다인 단일팀으로 노즈를 등반했다. 그리고 몇 달 후 시애틀 출신의 앨 기블러Al Givler와 살라테월을 등반했다. 훗날 스메일은 이렇게 썼다. "우리는 자유등반에 혀를 내두르며 경탄했다. 마찰을 이용한 무브, 볼더링 동작, 재밍, 침니가 있었지만 그 위로 자유등반 루트가 있었다."

등반이 점점 인기를 얻자 우리는 등반으로 돈을 버는 데 관심을 갖기 시

작했다. 1960년대 등반가는 대중홍보와 상업주의를 경멸했다. 그러나 위선적으로 들릴지도 모르겠지만 우리는 종종 '쉬운 돈벌이'에 유혹을 느꼈다. 시에라클럽은 나에게 영국의 유명한 산악인 조이스 던시스Joyce Dunsheath를 투올러미의 한 봉우리로 안내하는 일을 서신으로 부탁했다. 사전에 어떤 말도 오가진 않았지만 나는 귀족 여성 후원자가 100달러를 건네주는 모습을 그려봤다. 우리 둘은 모두 점잔을 뺀 나머지 돈 문제를 노골적으로 거론하진 않았다. 길고 긴 하루를 보낸 후 던시스는 통나무로 된 투올러미 카페로 나를 데리고 간 다음 이렇게 말했다. "스티브, 멋진 산행이었어요. 햄버거 대접할게요." 알고 보니 그것이 내 수고비였다.

우리 가운데 일부는 슬라이드나 영상을 상영할 때, 적어도 식사 대접 또는 몇 달러는 받아야 된다고 생각했다. 1967년 나는 처음이자 마지막으로 이런 접근을 시도한 적이 있었다. 척 프랫과 함께 사막 여행에서 돌아오자, 영상과 사진을 유타주州 등반 모임 두 군데서 보여달라고 한 친구가 요청했다. 프랫의 자료는 두 개였다. NA월 초등 당시 찍은 사진과 1964년 톰 프로스트가 대부분 촬영한 센티넬 서벽 영상 자료였다. 내 자료는 1966년 앨런 스텍과 존 롱이 촬영한 살라테월 등반 영상을 보다 드라마틱하게 편집한 것이었다. 이 두 작품은 단 두 개밖에 없었기에 현존하는 최고의 영상물이라고 할 수 있었다. 1967년 4월 14일 내 일기장에는 다음과 같은 내용이 기록되어 있다. "영상을 보여주기 위해 유타주 프로보 Provo로 감. 멍청이들이 내 영상에 맞지 않는 프로젝터를 갖고 옴. 프랫은 영상을 틀어주고 14달러를 받음." 우리는 다음 날 솔트레이크 시티로 이동했다. "유타대학교 학생회에서 세미나 함. 각각 14달러씩 받음. NA월 슬라이드와 우리의 '세련된 장비'를 보여줌. 학생회에서 영상을 다시 상영함. 각각 16달러씩 받음. 140명 참석." 그 후 곧 우리는 요세미티 계곡으로 떠났다.

1960년대 중후반에 이뤄진 몇몇 등반은 쉽게 분류할 수 없다. 초등도 아니고 당시의 전형적인 등반도 아니었기 때문이다. 1966년 5월 나는 제프 푸트와 하프돔 북서벽의 기존 루트를 비박 없이 올랐는데, 내 인생에서 가장 긴 하루였다. 해가 뜰 때부터 해가 질 때까지 우리는 24피치를 오르며 250개의 피톤을 박고 또 뺐다. 곧 에릭 벡도 하프돔에서 또 하나의 최초 기록을 세웠다. 그해 7월 그는 같은 루트를 혼자서 이틀 반 만에 해냈다.

당시 더 극적인 사건은 하프돔 뒤쪽의 '알려지지 않은' 남벽에서 일어났다. 워런 하딩은 1968년 가을까지 4년간 등반활동을 거의 안 했다. 왓킨스 초등 이후 가장 눈에 띄는 초등은 로스트애로 외벽을 밑에서부터 치고 올라간 등반이었다. 이 멋진 등반은 1968년 6월 팻 칼리스Pat Callis와 함께 일군 것이었다. 갈렌 로웰 역시 몇 년간 큰 등반을 하지 않고 요세미티에 아주 잘 알려져 있는 어려운 크랙을 반복해서 오르는 데 집중했다. 하딩은 하프돔의 둥글고 거대한 남벽에서 잠재적인 루트를 발견하고 로웰을 설득했다. 이 루트는 상당한 논란을 불러일으켰다. 등반가들은 하딩이라는 주식 가치가 다시 한번 하락세로 돌아섰다고 생각했다. 이 이야기에는 해묵은 '볼트'라는 말이 다시 등장한다. 로웰은 이렇게 썼다. "이 루트는 볼트를 25퍼센트만 써도 등반이 가능하다고 결론을 내렸다." 이런 무신경한 수치는 우리를 충격에 빠뜨렸다. 예를 들어, 살라테월의 경우 볼트 비중은 2퍼센트였고, 하프돔 북서벽 직등 루트는 약 4퍼센트였다. 만약 25퍼센트를 수용한다면 엘캡에 인위적인 루트가 수없이 생긴다는 의미였다. 그러나 우리 모두는 등반에는 일정한 규칙이 없다고 느꼈다. 하딩은 변절

자였다. 그와는 할 이야기도 함께 할 일도 없었다. 다행히도 그를 모방하는 자는 거의 없었다.

1968년 11월 초, 하딩과 로웰이 하프돔 남벽을 3분의 2쯤 오르고 있을 때 거대한 폭풍이 불면서 폭설이 내렸다. 철수가 불가능해서 두 사람은 급격한 저체온증에 시달렸다. 이틀 밤낮을 버티던 두 사람은 상황이 절박해지자 무전으로 구조를 요청했다. 하딩과 로웰이 벽에서 7일째 밤을 맞이할 준비를 하고 있을 때 헬기 한 대가 정상에 구조팀을 내려줬고, 로빈스가 200미터를 하강해 어둠 속에서 차갑게 얼어붙은 조난자들에게 다가갔다. 자정 무렵 세 사람은 모두 주마를 이용해 정상으로 올라와서 따뜻한 침낭 속에 편안하게 앉았다. 그들은 달빛을 받으며 브랜디를 들이켰다. 그리고 2년 후 하딩과 로웰은 다시 돌아왔다. 이 이야기는 다음 장에 이어진다.

1960년대 중후반에 이뤄진 초등을 제외하고 가장 많은 주목을 받은 등반은 로빈스의 대담한 뮤어월 제2등이었다. 1968년 4월 그는 엘캡의 뮤어월을 9일 반 동안 단독으로 올라 등반계를 경악하게 했다. 이것은 1955년 8월 발터 보나티Walter Bonatti가 알프스에서 프티 드류Petit Dru를 6일간 단독으로 초등한 일에 비견될 수 있는 엄청난 사건이었다.

왜 로빈스는 이런 긴 시련을 자처하고 나섰을까? 그는 『아메리칸 알파인저널』에 실은 글에서 이 질문에 답하려고 노력했다. "그런데 이 말도 안되는 단독등반은 무엇일까? 그냥 혼자서 미친 짓을 하는 것이다. 무언가를 증명하는 방식이랄까. 일종의 정신적 자위 같은 것이다. 단독등반은 모든 행위가 자신의 몫이라는 말이다. 나눌 필요가 없다. 온전히 날것이다. 등반 자기중심주의가 가장 잘 표현된 방식이다. 왜 내가 단독등반을 하는지는 잘 모르겠다. 자아와 관계가 있고 무언가 입증해 보이고자 하는 욕망과 관계가 있다." 나중에 그는 자신의 마음속에 있는 '가차 없이 날뛰는 악마'에 대해 언급했다. "이 악마는 항상 더 많은 것을 요구하면서도 절대 만족하지 않는다. 그 욕망은 채워질 수 없다. 탐욕스럽다. 그리고 특별한 것을 요구한다."

로열 로빈스는 날마다 가장 따분하고 지루한 방식으로 올라갔다. 한 피치를 올라간 후 다른 로프를 타고 내려와서 확보물들을 회수하며 다시 올라갔다. 그리고 로프 끝에 대롱대롱 매달려 있는 홀링백을 끌어올리는 작업을 했다. 그는 이렇게 썼다. "나는 등반을 증오하기 시작했다. 내가 여기서 대체 무슨 짓을 하고 있는 거지?" 등반 6~7일째에 그는 루트를 벗어나고 있다는 생각이 들면서 패닉 상태에 빠졌다. 미지의 영역을 뚫고 나가기에는 턱없이 부족한 3개의 볼트밖에 없었기 때문이다. "나는 무정한 바위에 대고 소리치며 허공을 향해 취나드와 허버트를 욕했다. 말도 안 되게 비이성적으로 그들이 나를 배신했다는 기분이 들었다. 나는 희생양을 찾았으나, 바보라고 스스로를 책망하면서도 자존감을 버리지 않았다." 오랜 시간이 흐른 후 마침내 초등자가 박아놓은 볼트를 다시 만났을 때 그의 안도감은 충분히 상상되고도 남는다.

혼잣말을 하고 미친 듯이 노래를 부르며 하루하루 위로 올라가던 그는 엘캡을 증오하고 혐오했다. 정상 근처에서 러프를 하나 박았는데 6밀리미터밖에 들어가지 않았다. "그 러프를 딛고 오르는 것은 엄청난 의지와 노력이 필요했다. 구불구불한 산악도로를 자신감도 없이 너무 빠르게 운전하는 사람 옆에 동승했을 때 입을 다물어야 하는 절제와 매우 비슷한 노력이랄까." 그는 이렇게 회상했다. 불안하기 짝이 없는 이 러프를 믿고 다음 동작을 취하면서 그는 확보물을 다시 설치했는데 그게 빠지고 말았다. 하지만 놀랍게도 아래의 러프가 버텨줬다. 그는 너무나 겁을 먹은 나머지 볼트를 박아야 했다. 초등을 제외한 등반에서 그가 박은 두 번째 볼트였다. (앞에서 언급한 바와 같이 첫 번째는 1960년 노즈에서였다.)

등반 10일째 되는 날 아침 로빈스는 마침내 엘캡 정상에 도착했다. 그곳에는 뒤쪽으로 걸어 올라온 부인 리즈가 기다리고 있었다. 로빈스는 엘캡을 여덟 번 등반했다. (그 당시 엘캡에 있던 루트 7개를 모두 초등이나 두 번째로 오른 것이다.) 이는 타의 추종을 불허하는 엄청난 기록이었다.

10

황금기의 종말

1970~1971

하딩과 콜드웰의 '월오브얼리모닝라이트Wall of Early Morning Light' 등반은 몇 가지 이슈를 만든 엄청난 모험이었다. 언론 노출, 볼트 문제 그리고 등반선이 과연 자연스러운가 하는 미학적인 부분까지 논쟁을 불러일으켰기 때문이다. 이 등반은 우리가 이미 알고 있는 것을 깨닫게 해줬기에 교육적인 측면이 강했다. 요세미티의 자연스러운 루트는 거의 다 등반이 되었다. 월오브얼리모닝라이트는 그 마지막 커튼이었을 뿐이다.

짐 매카시Jim McCarthy, 1971년

황금기가 언제 끝났는지 과연 누가 말할 수 있을까? 분명 하룻밤 새 일어난 일은 아니었지만, 변곡점이 될 만한 사건들이 1970년에 일어났다. 일부는 등반 관련 사건이었고, 일부는 등반과 관련 없는 것이었다. 먼저, 캠프4가 '재정비'되었다. 그리고 이름도 서니사이드Sunny Side로 바뀌었다. 캠프사이트를 구획별로 나눠 번호표를 주면서, 침낭을 아무렇게나 던져놓기만 하면 되던 과거의 스타일과는 크게 달라졌다. 등반가들이 좋아하던 캠프사이트의 위쪽 전체가 영구적으로 폐쇄되었다. 나는 너무나 흉물스러워진 캠프사이트 정비의 필요성에는 공감했다. 하지만 캠프사이트 사용료로 하룻밤에 3달러를 부과했는데, 이는 등반가들에게 높은 금액이었다. 로빈스는 이런 조치를 '전통적인 자유방임적 캠핑시대'의 종말로 받아들였다. 인구 증가, 레저 활동의 증가 그리고 사륜구동 캠핑카의 증가로 인해, 1972년 여름부터 캠프4 일부 구간은 차량 출입이 금지되면서 걸어서 이동해야 했다. 결국 나중에는 캠프사이트 전체가 차량 금지구역이 되었다.

요세미티의 나머지 지역도 변했다. 요세미티 계곡이 도시화되면서 스모그와 범죄가 발생했고, 빼곡한 주차장과 은행도 들어섰다. 공원 방문객 숫자가 이 슬픈 변화를 가장 잘 대변해준다. 딕 레너드 일행이 방문한 1933년에는 연간 25만 명이었으나, 1970년에는 250만 명으로 증가했다. 크리스 존스Chris Jones는 1970년도 『아메리칸 알파인저널』에 "산의 종말"이라는 애석한 제목의 글을 실으면서, 열 배나 되는 인구 폭발에 따른 부작용을 이렇게 설명했다. "(로널드) 레이건Reagan 주지사는 캘리포니아 주 전체를 컴퓨터 예약 시스템으로 바꾼다고 발표했는데, 아이러니컬하게도 이것이 진보로 정의되었다. 산악인에게 이것은 진보가 아니라 후퇴이며, 또 다른 자유의 박탈에 불과하다."

존스는 또한 산악 행위의 '영웅적이고 화려한' 측면을 강조하는 사람들에 대해 언급하며, 독자들에게 다음과 같이 경고했다. "경계하라. 감각을 추구하는 미디어와 기획자를. 이들은 산악행위를 다른 광범위한 사업으로 바꿔놓을 것이다." 이어서 그는 "등반하러 가자"라고 쓰인 티셔츠와 등반을 교육하는 요세미티 가이드학교의 설립에 관해서도 부분적으로 언급했다. 엘캡의 유명인사 웨인 메리Wayne Merry는 커리컴퍼니의 직원이자 강인한 등반가 로이드 프라이스Loyd Price와 함께 등반가이드학교를 세웠다. 우리 캠프4 체류자들은 이 아이디어를 싫어했다. 요세미티 등반은 너무나 소중하고 개인적인 경험이라 상업주의로 손상시킬 수 없다고 느낀 것이다. 동세인들도 오랜 시간이 흐른 후 마침내, 요세미티에서 일어날 수 있는 일에 관심을 보이며 우려를 표했다. 짐 매카시Jim McCarthy도 한마디 했다. "순전히 상업적인 방향의 등반가이드학교에 참여하는 등반가는 양심을 조사해봐야 한다. 산의 부름을 받는 자들은 스스로 찾아올 것이다. 우리는 전도사가 될 필요가 없다." 10년 이상 요세미티 계곡에서 등반했던 피톤 제작자 에드 리퍼Ed Leeper도 상업주의를 개탄했다. "몇 년 전

등반과 등반가들이 가졌던 불미스러운 이미지를 복원하기 위해 우리는 밖으로 나가서 노력해야 한다." 그러나 가장 직설적으로 표현한 사람은 갈렌 로웰이었다.

> 등반이 왜 공짜여야 하나?
> 악명 높은 Y.P. & C.를 생각하라.
> 이제 메리와 프라이스는 세계 최고最高의 악습을 행하고,
> 영업권 보유세를 나눈다!

몰려드는 사람들, 재정비된 캠프사이트, 등반가이드학교와 함께 등반 인구도 급증했다. 1960년대 후반 "자연으로 돌아가자."라는 반체제운동이 시작되었다. 그러면서 배낭 여행객과 등반가들이 시에라네바다 지역으로 우르르 몰려들었다. 이런 현상을 조금 불편하게 받아들였던 이유는 이제 우리가 더 이상 독특한 것을 하고 있지 않다는 사실 때문이었다. 관광객과 히피는 요세미티의 놀라운 역사 내지는 전 세계 등반에서 차지하는 위치가 무엇인지도 모른 채 바위를 올라 다녔다. 그들은 등반하는 것을 즐겼지만 우리의 비애 중 하나는 좋아하는 루트를 하려면 줄을 서야 한다는 것이었다. 젊은 시절에 1년에 두세 번씩 하던 루트를 말이다. 바위 밑으로 쓰레기를 던지는 것도 문제가 되었다. 요세미티의 신참이었다가 유명한 산악인 되어가고 있던 마이크 그래버Mike Graber는 하프돔 북서벽에서 엄청난 쓰레기를 보고 기겁하여 말했다. "등반가는 다른 종류의 인간이라고 생각했다."

모든 문제가 등반가와 관련된 것은 아니었다. 1970년 7월 4일, 글래시어포인트 아래 스톤맨메도Stoneman Meadow에서 말을 탄 레인저들과

히피들 사이에서 있었던 폭동과 진압은 샌프란시스코 신문들의 1면을 장식했다. 이제 캠프4 등반가들은 한때 고요했던 곳을 재평가하기 시작했다. 우리는 '현실' 세계와 문제들이 열반Nirvana에 들어오기를 원했나? 로빈스는 『서미트』 독자들에게 다음과 같이 경고했다. "요세미티 방문을 고려하는 이들은 현실을 직시하고, 자동차에 사소한 문제라도 있는지 검사하고, 검문과 수색을 당할 것을 예상해야 한다."

물론 같은 시기에 의미 있고 긍정적인 변화도 일어났다. 그중 최고는 몇 년 사이에 미국의 등반 스타일을 완전히 바꾼 새 장비의 출현일 것이다. 20세기 초 피톤이 만들어진 이래 영국인은 피톤 사용을 기피해왔다. 피톤에 대한 의존이 내키지 않는 현대적 목발이라고 여겼기 때문이다. 즉 모방하지 말아야 할 유럽 대륙의 습성이라고 생각한 것이다. 하지만 등반이 더 어렵고 위험해지자 영리한 영국인은 긴 추락에서 자신들을 보호할 일부 해결책을 고안해냈다. '인공 촉스톤'이 바로 그것이었다. 1926년경부터 징부츠를 신은 이 개척자들은 등반하러 가는 길에 냇가에서 돌멩이를 주운 다음 확보가 필요한 곳에 적당한 크기의 돌을 끼워 넣었다. 그런 다음 돌멩이에 끈을 둘러 카라비너를 걸고 로프를 연결하면, 장비의 '기계화'라는 오명 없이 피톤과 비슷한 효과를 거둘 수 있었다. 1950년대 후반의 등반가들은 커다란 기계식 너트를 사용하기 시작했다. 이것은 눈에 보이는 이점이 있었다. 너트 구멍에 미리 슬링을 끼워 넣을 수 있어서 루트 작업 시간과 에너지를 아낄 수 있었다. 1960년대 중반 영국 등반가 존 브레일스포드John Brailsford와 트레버 펙Trevor Peck은 슬링용 구멍이 있는 특수 알루미늄 '너트nut'를 만들기 시작했다. 그리고 작지만 강하고 와이어에 부착

된 작은 마디형 너트도 제작했다.

너트는 당연히 확보용으로 안성맞춤이었고, 영국을 제외한 전 세계 암벽등반가들의 상징이었다. 영국에서 너트 제작이 정교해져가던 시기에 요세미티와 기타 지역에서 어떤 현상이 발생하지 않았다면, 너트가 그렇게 빨리 자리 잡지 못했을 것이다. 1967년 계곡의 모든 등반가들은 단단한 크롬-몰리브덴 재질로 된 피톤이 크랙을 손상시킬 수 있다는 것을 깨달았다. 이 화려한 피톤이 한 번씩 제거될 때마다 크랙은 마모가 되면서 약간 넓어졌다. 쇠는 돌보다 강했다. 세레니티크랙Serenity Crack처럼 자주 등반되는 크랙의 경우 원래 6밀리미터였던 틈이 무려 2센티미터로 넓어졌다. 그런 크랙의 손상된 흔적은 수십 미터 아래에서 올려다봐도 보일 정도였다.(이런 손상의 이점, 즉 유일한 장점은 많은 등반가가 자유등반을 할 수 있다는 것이다. 마치 일부러 만든 재밍크랙이나 손가락이나 발끝에 딱 맞는 포켓홀드 같았다.) 또한 1960년대 중반은 환경의식이 일기 시작한 초창기였다. 우리 캠프4 체류자들은 바위에 난 손상들을 주목하고 어찌해야 할지 고민했다. 고정 피톤이 정답일까? 아니, 그것은 요세미티의 전통이 아니다. 그러면 사람들이 빼갈지도 모른다. 볼트? 어림도 없는 소리! 너트, 최소한 바위를 손상시키지 않는 너트가 정확한 시기에 등장했다.

너트에 관한 첫 언급은 1965년『서미트』4월호에 실린 미국 등반에 관한 글에 등장한다. 앤서니 그린뱅크Anthony Greenbank라는 영국인은 고국에서 가져온 너트를 사용해 콜로라도에서 등반하고 나서 사용법에 대한 글을 썼다. 로열 로빈스는 1964년 여름 볼더Boulder를 찾았다가 그린뱅크를 우연히 만나 함께 등반했다. 엘도라도캐니언Eldorado Canyon에서 등반하던 중 너트를 사용하자, 로빈스는 그린뱅크에게 이렇게 말했다.(이 대화는 그린뱅크가 다소 지어낸 말처럼 들린다.) "이 너트들은 좋군요. 사실 하나는 아주 잘 고정시켰습니다. 영국인은 믿을 만하죠. 아주 작은 나라가 영리하지 않으면 그렇게 오랫동안 세계를 지배할 수 있겠어요?" 하지만 로빈스는 그 영국인에게 이렇게 말했다고 한다. "너트가 좋긴 한데, 큰 등반에는 너무 오래 걸릴 것 같군요."

로빈스는 영국에서 이미 두 번이나 등반한 경험이 있었지만, 1966년 6월까지 요세미티에서 너트 사용을 완전히 받아들이지 않았다. 그는 나에게 다음과 같은 내용의 편지를 보내왔다. "우리는 영국에서 많은 것을 배울 수 있다고 생각해. 피톤을 많이 사용하는 게 멋진 스타일이 아닌 곳이 있어. 또한 타키즈 같은 곳에서 너트를 사용할 곳을 찾았어. 이곳은 수년간 피톤의 설치와 제거로 루트를 바꿔야 할 정도로 크랙이 손상된 곳이야." 하지만 1967년 로빈스는 너트 사용의 긍정적인 면을 이해하고, 자신이 편집자로 있는 『서미트』에 관련 기사를 여러 편 실었다. 가장 중요한 기사는 5월호에 실린 "너트는 너나 가져Nuts to You"였다. 이 진부한 제목은 로빈스가 다음 등반에 너트를 가져갈 것이라고 말하자 척 프랫이 느닷없이 내뱉은 말이었다. 전통주의자 척 프랫은 너트를 받아들이긴 했지만 이런 아이디어를 썩 좋아하진 않았다. 로빈스는 그 기사에서 너트 사용에 관한 간단한 역사를 소개하면서, 이런 흐름에 합류하는 데 한발 늦었다는 사실을 인정했다. "영국에서 너트의 유용성을 이해할 수 있었지만 미국에서는 피톤이 훨씬 더 효과적이라고 판단했다. 특히 요세미티의 크랙은 너트 설치에 적당하지 않다고 판단했다. 하지만 내 생각이 틀렸다. 참신한 발상의 이 장비를 나는 너무 과소평가했다!"

요세미티 등반가들은 너트를 바로 수용하지 않았다. 그 이유 중 하나는 크랙들이 동결작용에 의해 일자형으로 쪼개진 상태라 너트가 견고하게 설치되지 않아서였다. 사실, 『서미트』5월호에 실린 요세미티 크랙에 설치된 너트 사진은 이 장비가 안전하다는 인상을 주지 못했다. 너트는 금방이라도 빠질 것 같았다. 너트를 수용하는 데 상대적으로 늦어진 또 다른 이유는 크기와 모양 때문이었다. 초기의 너트는 조악했다. 조금만 집어넣어도 빠지지 않았고, 0.5센티미터부터 3센티미터 크기의 크랙에만 들어맞았다. 또한 조악한 모양 때문에 한두 가지 방식으로만 설치할 수 있어 사용이 제한적이었다.

로빈스는 이 시기에 너트, 즉 자신이 멋지게 작명한 "조용한 보조 장비 Silent Aid"에 관한 글을 쓸 자격이 충분했다. 그는 그 전해 가을 아내 리즈, 영국인 마이크 덴트Mike Dent, 빅터 카울리Victor Cowley와 함께 너트만 사용해서 센티넬 근처에 새로 개척된 루트를 조용히 올랐다. 처음에는 촉스톤고지Chockstone Gorge였다가 볼더필드고지Boulderfield Gorge로 이름이 바뀐 300미터 루트는 난이도 5.9에 비박이 포함되어 만만한 곳이 아니었다. 로빈스는 "미국에서 피톤 없이 해낸 가장 힘들고 긴 등반이었을 것"이라고 말했다. 만일 루트의 출발지점에 명판 같은 것이 설치된다면 이런 글이 쓰일 것이다. "1966년 9월 29일 바로 이곳에서 피톤을 사용하지 않은 요세미티 등반이 탄생했다. 이 등반은 대규모의 파괴로부터 요세미티를 구한 역사적인 사건이었다."

로빈스는 "너트는 너나 가져" 기사가 나온 같은 달에 부인과 함께 또 다시 피톤 없이 로어브라더Lower Brother 근처에서 중요한 초등을 해냈다. 후에 이 루트는 전례 없이 유명세를 치른 곳이 되었다. 이유는 너무나 완벽한 확보용 레지와 멋진 요세미티 계곡 풍경을 감상할 수 있는 매우 아름다운 여섯 번째 피치의 크랙 구간이 있었기 때문이다. 언어유희를 즐기는 로빈스는 '너트크래커스윗Nutcracker Sweet'이라고 이름 붙였지만, 등반가들은 그냥 너트크래커라고 줄여서 불렀다. 훌륭한 5.8 난이도의 이 루트는 지금도 요세미티 입문자들이 꼭 등반해야 할 곳으로 유명하다.

요세미티 단골 등반가들의 너트 사용 비율이 1960년대 후반에 3분의 2에 달했지만 나머지 새 장비를 채택하는 것이 느렸다. 하지만 일부 초보자들은 너트에 푹 빠졌고, 작은 알루미늄 사다리꼴 장비의 가치를 증명해 보였다. 나는 1970년 5월 어느 날, 1939년에 K2 정상 근처까지 올랐던 전설적인 산악인 프리츠 비스너Fritz Wiessner와 함께 너트크래커를 등반하기로 했다. 프리츠는 뜬금없이 두 친구인 토니 히벨러Toni Hiebeler와 리처드 헥텔Richard Hechtel도 데리고 가고 싶다고 말했다. 나는 이름을 듣고 그들이 누구인지 대번에 알았다. 그들 역시 '나이가 든' 유명 산악인이었다. 하지만 나는 잘 모르는 사람들로 이뤄진 등반팀을 이끌면서 그들을 두레박처럼 끌어올리고 싶진 않았다. 내 입장을 이해한 프리츠는 친절하게도 그들을 돌봐줄 사람을 한 명 데려가자고 말했다. 주변을 두리번거리니 캠프4 테이블에서 처량하게 앉은 채 오트밀을 먹고 있는 조 켈시Joe Kelsey가 눈에 들어왔다. 그에게 대뜸 다가가서, K2를 등반한 비스너, 아이거를 오른 히벨러 그리고 몽블랑의 푸트레이Peuterey 리지를 종주한 헥텔과 함께 등반할 수 있는 황금 같은 기회를 설명했다. 그는 주저했다. "나중에 쓸 회고록을 생각해봐. 후손들에게 들려줄 이야기를 한 번 생각해봐. 도와줘, 제발." 나는 이렇게 애원했다.

그는 함정이 있다는 것을 감지하고 투덜거렸다. "가이드로 가는 거, 맞지?" 그는 조금 더 꼼지락거리더니 오트밀을 자세히 살폈다. "게다가, 오늘은 휴식일이야."

우리는 입씨름을 하면서 협상했다. 나는 답례를 약속했다. 결국, 켈시는 중세 기사처럼 모험을 거부하지 못했다. 그러나 그는 단서를 하나 달았다. "문제가 일어나지 않았으면 좋겠어. 그리고 내 로프로 선등할게. 괜찮지?" 그의 요구는 나의 감정과 정확하게 일치했다. 우리는 이 사람들이 선등을 하도록 내버려둘 수 없었다. 첫 번째, 이들의 나이가 40대에서 70대인 데다 몸 상태도 아주 좋은 편은 아니었다. 반면 30대를 앞둔 우리는 독일산 군용견 도베르만처럼 날쌨다. 두 번째, 그들은 요세미티의 매끄러운 바위를 두려워하지 않았다. 우리는 두려워하는데 말이다. 세 번째, 3년간 너트크래커는 너트로만 등반해야 하는 전통이 자리 잡았다. 그런데 이 사람들은 이 장비를 본 적이 없을 테고, 우리는 이미 장비를 사용한 경험이 있었다.

"네 말이 맞아." 나는 동의했다. "우리가 따라가지 않으면 누군가 다칠지도 몰라. 이 점을 확고히 해야 해."

바위 밑에서 세 명의 구식 등반가들에게 너트 세트를 보여줬다. 리처드 헥텔은 권위 있는 어조로 말했다. "난 물리학자요. 작동원리를 알고 있어요." 그는 너트를 만지작거리며 모든 각도에서 살펴봤다. 하지만 그는 전혀 모르는 것 같았다.

켈시와 나는 서로를 쳐다보고 나서 귓속말을 살짝 주고받았다. "네가 두 번째 로프로 선등해. 끝까지. 꼭!" 내가 속삭였고 그는 그러겠다고 약속했다. 나는 첫 번째 피치에서 끝이 뾰족한 너트 하나만 걸고 매끈하게 쭉 뻗은 오픈북 모양의 바위를 올라갔다. 프리츠는 장비를 회수하며 멋지게 따라왔다. 나도 일흔 살에 저렇게 등반할 수 있을까?

그때까지는 모든 것이 좋았다. 첫 번째 피치는 즐거웠고, 능률적으로 등반했다. 켈시와 세계적으로 유명한 두 산악인도 크랙 루트를 즐기면서 곧 뒤따라올 터였다. 나는 자신의 등반 운영관리 능력에 뿌듯해하며 혼자 미소 지었다. 난 진정한 가이드였다! 너트크래커는 우리의 것이었다!

다음 피치를 선등하던 도중 완벽한 경치가 내려다보이는 트래버스 구간을 지날 때 아래를 보다가 순간 동작을 멈췄다. 헥텔이 첫 피치를 선등하고 있었다! 히벨러가 확보를 보고 있었고, 켈시는 옆에 그냥 서 있었다. 얼굴에 분한 표정을 지으며. 헥텔은 자신이 해보겠다며 켈시를 설득했고, 그리하여 지금 크랙 안으로 너트를 집어넣고 있었다. 그는 마침내 하나를 설치한 다음 동료들에게 소리쳤다. "그래, 좋아. 잘 집어넣었어. 힘이 빠지네."

나는 걱정하지 말고, 기분 나쁜 소리 하지 말고, 쓸데없는 소리 하지 말자고 자신을 다그쳤다. 그래봤자 5.6이잖아? 헥텔은 멋진 동작으로 곧 5미터 높이까지 올라왔다. 그러나 획 하는 소리와 함께 그가 곧 숲속으로 나가떨어지는 모습이 눈에 들어왔다. 그런데 그가 설치한 너트가 그대로 박혀 있었다! 그는 10미터를 추락한 후 바닥을 치기 전에 요요처럼 매달렸다.

나중에 켈시는 추락하는 순간에 스친 생각을 털어놨다. "오, 젠장! 이분은 늙었고, 두 다리가 모두 부러질 거야!" 헥텔은 전날 쉰일곱 생일을 맞았기에 우리의 관점에선 늙은이와 함께 등반하고 있었던 것이다.

헥텔은 충격을 받긴 했어도 다친 데는 없었다. 그는 멍한 표정으로 마침내 친구들을 향해 입을 열었다. "마누라한텐 절대 말 안 할 거야." 그의 자신만만함은 곧바로 사라졌다. 하지만 너트 작용 원리에 대한 그의 과학적 예측은 나무랄 데 없이 훌륭했다.

"음, 그 등반 지점이 정말 미끄러워요." 켈시는 요령 있게 거짓말을 하곤 로프 끝을 재빨리 묶었다. 그리고 상황이 진정되자 바로 선등으로 나섰다. 어느 누구도 그가 나머지 전 구간을 선등하는 것에 대해 토를 달지 않았다.

황금기가 저물 무렵 우리 캠프4 바위꾼들은 등반보다는 다른 문제로 관심을 돌리기 시작했다. 만일 이 책이 '외부' 사건에 대한 관심이 부족하다는 인상을 줬다면 그것은 사실이다. 우리는 정치나 '현실' 세계에 대한 이야기를 거의 하지 않았다. 우리는 정부의 관료주의나 대규모 사업을 싫어했고 무시하려고 했다. 그런데 1960년대 중후반에 세 가지 중요한 사건이 일어났다. 우리가 결코 무시할 수 없는 사건이었다. 시민운동, 히피·마약 문화 그리고 베트남 전쟁이었다. 평등권 투쟁과 남부에서 일어난 흑인 투표권 투쟁은 우리의 관심을 끌었고, 많은 토론을 낳았다. 그러나 투쟁은 너무나 먼 곳 일이었고, 보호받는 중산층의 삶과는 너무나 동떨어져 있어서 우리는 무슨 일이 일어나고 있는지에 대해 이야기하지 않았다. 짧기는 했어도 나는 이 투쟁에 참여한 소수에 속했다. 1965년 4월 조지아에서 사병으로 근무한 나는 앨라배마에서 그 유명한 셀마 행진에 참가해 노벨평화상 수상자인 마틴 루터 킹 목사와 흑인 정치가 랠프 번치Ralph Bunche 9미터 뒤에서 당당하게 걸었다. 우리가 함께 페투스Pettus 다리를 건너 수도 워싱턴으로 향할 때 단 하나의 운동으로 연대의식을 느꼈던 감정은 결코 잊을 수 없다. 또한 앨라배마 외곽에 주차된 검은색 폭스바겐 버스의 캘리포니아 번호판을 보고, 나를 향해 비웃으며 야유하던 일부 셀마 시민들은 결코 잊을 수 없다.

1965년 봄 군용선이 나를 베트남에 내려놓았을 때 그곳은 들어본 적도 없는 낯선 땅이었다. 나는 베트남에서 행정업무를 담당했고, 전쟁이 치열해지기 전 귀국했기에 캠프4 등반가들에게 들려줄 경험담이 그다지 많지 않았다. 그들도 꼬치꼬치 물어보진 않았다. 그리고 몇 년 동안 베트남에 대해 거의 잊고 살았다. 그러나 샌프란시스코에서의 평화 시위에는 몇 번 참가했다. 아주 극소수만이 이 베트남전과 평화 시위에 대해 강한 감정을 표출했다. 아무도 활동가가 되지 않았다. 이와 관련하여 어떤 이유로든 1963년 이후 징집된 사람은 거의 없었다.

우리는 모두 히피의 생활 습관에 쉽게 빠져들었다. 왜냐하면 우리 스스로가 조용한 방식으로 수년간 '체제'에 저항해왔기 때문이다. 나중에 우리는 스스로를 히피 이전 세대 또는 비트 이후 세대로 여겼다. 우리는 정규 직업을 가진 사람이 거의 없었고, 머리는 길고 덥수룩했다. 우리의 언어는 거리낌 없었다. 헨리 밀러Henry Miller가 파리의 보헤미안에 대해 말한 것처럼 우리의 도덕은 '파충류의 질서'와 유사했다. 우리는 히피들과 잘 맞았다. 그러나 우리는 최소한 시대의 흐름인 등반을 하고 있다는 사실에 자부심을 느꼈다.

1950년대 후반과 1960년대 초반, 우리 중 극소수가 마리화나를 피웠지만, 대부분은 1963년까지 마약에 손대지 않았다. 그러나 내가 베트남에서 돌아온 1965년 늦가을 친구들이 나를 부추겨 마리화나를 피우게 했다. 내가 없는 동안 마리화나는 대부분의 등반가들에게 제2의 천성처럼 습관이 되어 있었다. 나는 개인적으로 마약을 좋아하지 않았다. 등반을 할 때도 절대 피우지 않았다. 다른 사람들도 마찬가지였다. 다수는 좀 더 강력한 환각제인 LSD, 페요테, 메스칼린을 시험 삼아 시도했는데, 이것들은 저렴했고 샌프란시스코 베이 지역에서 쉽게 구할 수 있었다. 이런 마약의 환각을 여섯 번 이상 체험한 사람은 아무도 없었다. 다만 킴 슈미츠와 짐 매드슨은 예외였다. 이들과 관련된 가장 악명 높은 이야기는 액상 마약을 ― 치료용으로 복용하는 것보다 네 배나 많은 양을 ― 엘캡에서 복용한 것이다. 나중에 이들은 마약에 너무 취한 나머지 아드레날린과 다른 호르몬

작용으로 등반에 대한 기억이 거의 나지 않는다고 고백했다.

마약으로 폐인이 된 가장 슬픈 사례는 나의 친구 모트 헴펠Mort Hempel이다. 그는 1959년에 내가 등반의 세계로 끌어들인 전도유망한 친구였다. 매우 명석했으며, 내가 본 사람 중 천부적인 재능을 지닌 등반가였다. 강인하고 침착한 등반가였고, 인간적으로도 훌륭한 사람이었다. 12줄 기타를 혼자서 익힌 그는 캠프4에서 열린 파티에서 몇 시간이고 포크송을 연주해 우리를 즐겁게 해줬다. 하지만 내가 제대하고 왔을 때 그는 LSD로 인해 좀비가 되어 있었다. 환각상태에까진 가지 않았으나, 몇 번의 마약으로 뇌에 영구적인 화학변화가 일어난 것 같았다. 그는 등반을 고통스러워했으며, 1964년 이후 사실상 아무것도 하지 않았다. 몇 년 더 기타를 연주하고 노래를 부른 헴펠은 불안감으로 인한 정신분열증과 알코올중독에 점점 더 빠져들었다. 그리고 세월이 한참 흐른 후에 우울증 치료와 금주 덕분에 다시 재기했으나 특별한 재능을 영원히 잃은 후였다.

1960년대 후반에 초등이 많지 않았던 이유는 도덕적으로 해이해진 생활방식 때문이었다. 힘든 루트를 등반하러 가기 전 새벽에 마리화나를 피우는 행위는 좋지 않은 습관이었다. 1960년대의 마지막 4년 동안 96개의 초등이 이뤄졌다. 앞서 4년간 160개가 초등된 것과는 사뭇 비교되는 수치다. 여러 원인 중 하나는 우리 캠프4 그룹이 나이 들기 시작하면서 그에 따른 관심사와 결혼 등 해야 할 일이 생겼기 때문이다. 우리는 점점 더 돈을 많이 벌었다. 임금이 높은 직업을 갖고, 매년 더 오랫동안 일한 결과였다. 그래서 더 좋은 자동차를 살 수 있었고, 더 자주 여행을 떠났다. 나는 바하칼리포르니아에 있는 소노란Sonoran 사막을 즐겁게 횡단했다. 그리고 1960년대 후반 3년 동안 매년 봄마다 이곳에서 4주를 보냈다. 이렇게 했어도 요세미티에서 봄 시즌을 놓치는 것이 전혀 찜찜하지 않았다.

우리는 점차 요세미티에서 멀어져가기 시작했다. 해가 갈수록 등반에 대한 집착도 줄어들었다. 우리 대부분이 멋진 등반을 해냈다. 꿈을 이룬 것이다. 엘캡의 여러 루트를 올랐고, 요세미티에서 최고의 등반을 해냈다. 취나드가 1963년도 『아메리칸 알파인저널』에 기고한 글에는 이런 점을 꿰뚫은 통찰력이 담겨 있다. 그는 거벽등반의 미래는 요세미티 밖의 전 세계에 펼쳐져 있다고 썼다. 그러나 우리는 외진 곳에 있는 눈과 얼음으로부터 고통받기를 원하지 않았다. 톰 프로스트는 1회 이상 히말라야를 등반한 극소수에 속했고, 안데스에서도 등반하며 유명해졌다. 로빈스는 알프스와 캐나다, 알래스카에 잠시 머물렀지만, 아이거Eiger 같은 무시무시한 혼합등반은 결코 하지 않았다. 취나드 역시 마찬가지였다. 하지만 그는 종종 스코틀랜드에서 동계등반을 하고, 캐나다의 험준한 산을 오르고, 알프스에서 등반을 즐겼다. 고산등반 교육을 충실히 받은 크리스 존스Chris Jones는 예외였다. 그가 캐나다에서 개척한 멋진 루트들은 오늘날까지도 클래식으로 평가받는다. 하지만 캠프4의 대다수(벡, 프랫, 프레더릭스, 에르브, 게러티, 켈시, 나 그리고 다른 사람들)는 고산등반을 거의 하지 않았다.

그래도 등반은 멈추지 않았다. 1969년의 초등 루트는 18개로 1958년 이래 최저 기록이었다. 하지만 18개 가운데 5개가 상당히 긴 루트였고, 5월부터 9월까지 완성된 것이었다. 하딩과 로웰, 페인트Faint는 리버티캡Liberty Cap의 거대한 남서벽을 완등했는데, 길고 오르기 힘든 밋밋한 오버행 루트라서 볼트를 설치해야만 했다. 하딩과 로웰은 그 전해에 등반이 금지된 파이어폴Firefall의 회색 벽을 따라 글래시어포인트 정상에 이르는 상당히 지저분한 루트를 완성했다. 척 프랫과 켄 보체Ken Boche는 센티넬의 둥근 북벽으로 이어지는 별 특징이 없는 신루트 고비월Gobi Wall을 완성했다. 로빈스와 글렌 데니는 워싱턴칼럼의 남벽에 멋진 신루트 프라우Prow를 개척했다. 요세미티에서 가장 아름다운 벽을 따라 오르는 300미터 루트로 꽤 많은 볼트가 사용되었다. 5년 전 38개가 사용된 가파른 NA월과 정확히 같은 개수였다. 재미있는 친구 허버트는 이 소식을 듣고, 짐짓 혐오하는 제스처를 취하며 로빈스를 향해 흥분조로 말했다. "빌어먹을, 나쁜 선례를 남겼군요. 곧 요세미티의 반반한 벽이란 벽마다 볼트를 때려 박는 친구들이 생길 거예요. 로빈스, 당신은 이제 끝났어요. 내리막길에 접어들었다고요." 허버트의 예상 중 하나는 적중했다. 로빈스가 내리막길로 접어든 게 아니라, 반반한 벽들에 볼트가 박히기 시작했다. 이런 일은 1969년 로빈스 자신이 참여한 다섯 번째의 거벽 초등을 하던 중에 일어났다.

1960년대 후반의 가장 큰 등반은 티스-사-악Tis-sa-ack으로, 이것은 로빈스가 수직의 하프돔 북서벽에 낸 세 번째 루트였다.(1970년 그는 네 번째 루트인 아르크투루스Arcturus를 개척한다.) 인디언의 전설 속에 나오는 아가씨(돌로 변한 후 엄청난 눈물을 흘리면서 북서벽 오른쪽에 거대한 검은 줄무늬가 생겼다고 한다)의 이름을 딴 곳으로 로빈스가 위선자라는 논란을 불러일으켰다. 아래에서 보기에 검은 부분은 어느 정도 볼트 작업이 필요해 보였다. 하지만 얼마나 많이 박아야 정당화될 수 있을까? 이제껏 로빈스는 4퍼센트 이상의 볼트가 요구되는 곳은 루트를 만들지 않는다는 멋진 선례를 남겼었다. 또한 볼트를 박고 오르는 등반가들을 비판하는 것으로도 유명했다. 티스-사-악은 그가 이전에 했던 등반보다 더 많은 비중의 볼트 작업이 요구되었다. 하프돔에 집착한 로빈스는 다른 사람들이 기존 2개 루트의 오른쪽 벽을 노리고 있다는 것을 알고, 그것을 가져야겠다고 결심했다. 그는 티스-사-악이 이렇게 홀드가 없는 반반한 곳이라 생각하지 못 했던 것 같다.

로열 로빈스와 척 프랫, 데니스 헨넥은 1968년 10월 거대한 하프돔 북서벽 신루트에 도전했지만 절반도 못 미쳐 나흘 만에 철수했다. 1년 후 헨넥은 부상 때문에, 척 프랫은 흥미를 잃어 팀에서 빠지자 로빈스는 캠프 4에서 새로운 파트너를 구했다. 그는 거벽등반을 위해 처음으로 — 그리고 마지막으로 — 낯선 사람을 찾아 나섰다. "손을 놓고 기다릴 수만은 없었어. 그래서 콜라로도 출신의 젊은이를 끌어들였지. 그는 폭죽만큼 성미가 급하고, 막 달궈진 철판만큼 뜨거웠으며, 라인을 뚫는 풀백처럼 등반하는 젊은 미식축구선수 같았어." 로빈스가 당시를 회상하며 말했다. 돈 피터슨Don Peterson은 등반은 잘했지만 자신감이 넘치고 건방졌다. 항상 정직하게 글을 쓰는 로열 로빈스는 그에 대한 불쾌감을 직설적으로 드러냈다. "우리는 잘 어울리지 못했다. 그는 나의 주도권을 빼앗고 싶어 했다." 다른 글에서도 로빈스는 비슷한 말을 했다. "8일간 우리의 갈등이 증폭되었다. 서로 너무 오만해서 상대방의 약점을 이해하지 못 했다."

등반 파트너 사이의 이런 반감은 요세미티 거벽 루트에서 전례가 없는 사건이었다. 비록 갈등이 있어도 사적인 감정의 충돌로까지 확대하지 않고 각자 속으로 조용히 삭혔다. 따라서 사적으로 충돌하는 일은 거의 없었다. 우리는 대개 친구들과 함께 등반했다. 스트레스 때문에 때로는 거친 말이 튀어나오기도 했다. 그러나 우리는 서로 이해하고 서로 존중했다. 대체로 서로를 좋아했다. 그래서 우호적인 팀워크가 이뤄졌다. 로열 로빈스는 파트너를 너무 급하게 구한 나머지 티스-사-악에서 매일같이 고통을 받았다. 피터슨은 자신의 감정을 끊임없이 분출했다. 그는 행복한 등반가

오른쪽_하프돔 티스-사-악 루트의 지브라Zebra 피치 끝부분을 오르는 데니스 헨넥
(사진: 글렌 데니)

가 아니었다. "이건 정말 끔찍해!" 그는 소리쳤다. 로열 로빈스는 바위에서 그런 감정의 폭발을 경험한 적이 없었다. "피터슨의 계속적이고 반복적으로 표면에 끓어오르는 어두운 열정에 경악했고, 조금 겁도 났다."

　　로빈스의 경력 중 최고의 글은 이 등반과 관련된 것이었다. 그리고 이것은 비교적 새로운 잡지에 실렸다. 앨런 스텍과 조 피첸(그는 유럽에서 돌아와 샌프란시스코에서 대학원 진학을 앞두고 있었다)과 나는 1967년 『어센트Ascent』라는 등반 잡지를 창간했다. 등반계로부터 좋은 평가를 받았고, 시에라클럽이 후원하는 고급 잡지로 광고는 없었다. 우리는 1970년 발행 판에 로빈스의 훌륭한 글인 "티스-사-악"에 대해 싣게 되어 매우 기뻤다. 흥미롭고 독창적인 이 이야기는 사적인 충돌을 공개적으로 밝힌 최초의 등반기였다. 영국인은 '침착하고 감정을 드러내지 않는' 글을 쓰는 것으로 유명했다. 그들은 원정에서 흔히 일어나는 논쟁과 스트레스도 언급하지 않았다. 미국인도 영국인과 별반 다르지 않았다. 우리는 등반의 모든 면을 순조롭게 받아들이는 경향이 있었다. 보통 대부분이 그랬다. 로빈스의 기사가 실린 그해 산악인 데이비드 로버츠David Roberts는 『데보라—대자연의 이야기Deborah: A Wilderness Narrative』라는 책을 출간했다. 이것은 알래스카 원정에서 일어난 충돌을 밀도감 있게 다룬 등반기였다. 아마도 두 글의 영향으로 등반가는 곧 자유로운 감정 표현이라는 장르를 발전시켰을지 모른다. 하지만 모두가 산에서 일어난 갈등을 로열 로빈스나 데이비드 로버츠만큼 완벽하게 글로 담아내진 못했다.

　　티스-사-악은 110개의 볼트가 필요했다. 루트의 총 25퍼센트에 달하는 양으로 충격적인 신기록이었다. 로빈스는 캠프4 등반가들의 평판이 좋은 지도자였기에 비판은 가벼운 수준에 그쳤다. 사전에 그렇게 많은 볼트를 박을 계획을 갖고 등반한 게 아니라는 이유에서였다. 이는 하딩과 로웰이 하프돔 남벽을 오를 때 사전에 계획한 것과 비교되는 점이었다. 로빈스는 최근 나에게 다음과 같이 털어났다. "러프가 들어가는 크랙과 매끄러운 바위에 흩어진 작은 돌기를 이용해 오를 수 있으리라 생각했어. 이전의 모든 등반에선 이런 계획이 통했거든. 아래에서 올려다볼 때 무엇이 있는지 알 수 없어도 막상 올라가보면 항상 홀드 같은 것이 있었어. 하지만 티스-사-악은 정말 홀드 없는 밋밋한 벽이었어. 볼트가 동나버린 유일한 등반이었다니까."

티스-사-악의 볼트 사용 비율 최다 기록은 그리 오래가지 않았다. 하딩과 로웰이 1970년 여름 하프돔 남벽에서 자주 시도했던 루트를 끝냈기 때문이다. 이 시기의 하딩은 배트훅bat-hook을 발명했다. 먼저 드릴로 바위에 구멍을 살짝 내 끼워 넣은 훅으로, 이것을 사용하면 진전이 상당히 빨랐다. 그러나 볼트와 배트훅을 위해 드릴로 뚫은 구멍이 전체적으로 확보물을 설치한 470군데 중 180군데로 38퍼센트를 차지했다. 하딩은 이 등반을 언론에 노출할 계획을 세밀하게 세웠다. 심지어 필름 통을 친구들에게 떨어뜨려 사진이 등반 중에 신문에 실릴 수 있도록 손을 써놓기도 했다. 그러나 그들이 일을 제때에 처리하지 않아 실제로 언론에 크게 노출되진 않았다.

1970년에 하프돔에만 관심이 집중된 것은 아니었다. 센티넬 역시 두 개의 훌륭한 도전과 성취가 이뤄진 무대였다. 캘리포니아 출신이 아닌 스티브 분쉬Steve Wunsch와 짐 에릭슨Jim Erikson은 1970년 센티넬의 스텍-살라테 루트를 자유 등반했다. 그들은 짧은 인공등반 구간이 있는 헤드월을 피해 왼쪽으로 에둘러가는 5.9 자유등반 피치를 만들었다. 같은 해 로

빈스는 센티넬 서벽의 취나드-프로스트 루트 우측에 있는 인콜드블러드In Cold Blood를 단독 초등했다. 등반 규모 면에서 보면 미국에서 행해진 초등 가운데 가장 인상적인 성취였다. 로빈스는 한 이류작가가 그의 단독등반을 '미친 짓'이라고 한 말을 인용하며 이렇게 덧붙였다. "나는 무지한 자들이 내놓는 그런 어리석은 논평을 읽는 것을 좋아한다."

1960년대에서 1970년대로 넘어가는 시기에 뛰어난 여성 등반가 두 명이 요세미티 계곡에 등장했다. 동부 출신의 일레인 매튜스Elaine Matthews는 1970년 5월 톰 바우만Tom Bauman과 센티넬 서벽을 올랐다. 그리고 비슷한 시기에 척 오스틴Chuck Ostin과 노즈를 시도했는데, 정상까지 여섯 피치를 남겨 둔 상황에서 눈보라에 휩싸여 구조를 요청할 수밖에 없었다. 날씨만 좋았다면, 매튜스는 엘캡을 오른 최초의 여성이 되었을 것이다. 이전의 여성 등반가들과 달리 그녀는 뒤따라 오르는 것에 만족하지 않았다. 일레인 매튜스는 6캠프까지 모든 피치를 번갈아 선등했다. "기라성 같은 선배들이 요세미티 계곡에 있었지만, 처음엔 등반 파트너를 찾는 게 매우 어려웠어요. 가끔 발견한 파트너들은 과음을 한 스코틀랜드인들이었지요. 여성이라는 게 단점이었어요. 여성이 엘캡을 등반하는 것이 가능하다고 과연 누가 생각할까요? 아니, 혹은 생각이라도 해봤을까요? 돌이켜보면, 난 자신감이 항상 부족했던 것 같아요. 노즈를 등반할 때도 제 능력을 의심했어요. 2년간 목표로 했었는데도 말이죠." 매튜스는 거벽을 등반하는 것이 얼마나 어려웠는지 나중에 이렇게 털어놨다.

또 다른 등반가 베브 존슨Bev Johnson도 누구 뒤를 따라서 오르는 스타일이 아니었다. 그녀는 하프돔 북서벽을 선등으로 올랐고, 나중에는 센티넬의 스텍-살라테 루트를 여성 최초로 올랐다. 그녀는 피트 래민스Pete Ramins와 이 루트를 올라 제52등을 기록했다. 바로 그날 스톤맨메도

Stoneman Meadow에서는 시위자들과 말들이 행진하고 있었다. 여성은 어려운 크랙을 오를 수 없다는 생각이 편견임을 보여준 존슨은 악명 높은 크랙오브둠Crack of Doom을 포함해 5.10 난이도의 루트를 올랐다. 이후에는 다이히드럴월을 혼자서 등반하며, 엘캡을 솔로등반 한 최초의 여성 등반가가 됐다.

한편 바야흐로 자유등반의 르네상스가 펼쳐지고 있었다. 이 흐름은 로빈스가 "요거트를 먹고 건강식품에 유별나게 집착하는 자들"이라고 칭한 그룹이 시작한 것이다. 이 그룹의 리더 짐 브리드웰Jim Bridwell은 최고의 한 해를 보내고 있었다. 1970년 그는 8개의 루트를 초등했다. 그중 4개는 5.10이었고, 뉴디멘션스New Dimensions는 진정한 최초의 5.11 루트였다. 자유등반의 대가 프랫의 자리를 이어받은 브리드웰은 1970년대 정말 중요한 초등을 계속해나갔고, 1964년부터 1986년까지 최소 70개의 초등 루트를 개척해 요세미티 최다 초등 기록을 세웠다.

1970년의 2개의 초등과 1971년 2월의 재등은 황금기의 종말을 상징한다. 사건은 모두 그에 걸맞은 장소인 엘캡에서 일어났다. 각각의 등반은 — 아래에서 자세히 설명하겠지만 — 흑백의 차이만큼이나 서로 달랐다. 첫 번째 하트Heart 등반은 흠잡을 데 없는 스타일로, 거의 홍보되지 않은 채, 많은 사람의 응원과 지지 속에 이뤄졌다. 두 번째 월오브얼리모닝라이트Wall of Early Morning Light(보통 돈월Dawn Wall이라고 불린다) 등반은 정반대로 그 어떤 루트보다도 더 많은 언론의 집중을 받았다. 또한 두 주역 간의 결별로 이어졌고, 안셀 애덤스Ansel Adams를 포함한 전문가들과 주변의 관찰자들로부터 많은 비난을 받았다. 세 번째 '돈월 지우기' 등반은

일부 환호를 받기는 했으나, 전례 없는 극약처방이자 요세미티 등반 정신과는 너무나도 어울리지 않는 행동이었다. 이것은 우리 모두가 그토록 즐겼던 특별한 시기의 종말을 상징했다. 1960년대가 이렇게 저물어가면서 황금기도 마침내 막을 내렸다.

스탠포드대학을 갓 졸업한 척 크로거Chuck Kroger와 같은 대학에 다니던 스콧 데이비스Scott Davis는 엘캡 남서벽에 있는 하트 모양의 거대한 벽을 통과하는 꽤 분명한 등반 루트인 하트Heart를 처음부터 도전할 계획은 아니었다. 두 사람은 엘캡에서 이미 3개의 루트(NA월 제3등 포함)를 오른 후 훨씬 더 큰 루트(돈월)를 갈망했다. 노즈 바로 오른쪽에 있는 돈월은 등반선을 인위적으로 만들어야 하는 곳이었다. 이제 막 거벽등반가가 된 브리드웰은 다른 이들과 함께 이곳을 눈여겨봤다. 그리고 1970년 3월 말 그와 킴 슈미츠는 이곳을 등반할 계획이라고 말한 뒤 벽에 고정로프를 설치했다. 요세미티 최고의 등반가가 이렇게 선언하자 다른 이들은 그 등반을 존중했다. 크로거와 데이비스 역시 고정로프를 보고, 누가 설치했는지 듣게 되자 뒤로 물러섰다. 1970년대 초반 가장 위트 있는 작가였던 크로거는 캠프4 단골 체류자들을 조롱조로 말하면서 특히 "야만인들에게 갈가리 찢기고 싶지 않았다."라고 주장했다. 그와 데이비스는 엘캡의 새로운 루트를 찾아 다른 곳을 두리번거렸다.

크로거와 데이비스는 하트Heart가 등반이 가능해 보이자 바로 작업에 착수했다. 먼저 90미터 길이의 로프를 설치했는데, 이것은 당시 일반적인 전술로 고정로프를 이용해 등반하려는 게 아니라 다음 날 등반하겠다는 약속이자 심리적 안정감이었다. 그들은 정말 다음 날 출발했다. 팡파레도 없는 조용한 출발이었다. "우린 캠핑카에서 커리컴퍼니에서 산 핫도그와 맥주를 즐기며 편안하게 스릴을 찾는 관광객을 즐겁게 해줄 생각이 없었다. '엘캡 서커스'라는 아이디어가 불쾌하고 역겨워서, 레인저에게 우리 이름이나 자세한 등반 내용을 발설하지 말라고 부탁했다." 크로거는 이렇게 기록했다.

크로거와 데이비스는 요세미티의 거벽에 경험이 많은 등반가였지만 (데이비스는 1968년에 유명한 보나티필라Bonatti Pillar를 최단 시간에 등반한 기록 보유자였다) 두 사람 모두 거벽 루트를 초등한 적은 없었다. 드릴을 6개만 가져갔는데 등반 이틀째 막바지에 홀드가 없는 구간에서 볼트를 박다 보니, 드릴 모두가 끝이 무뎌졌다는 것을 알게 되었다. 다행히 그라인더를 챙겨갔기 때문에 대충 갈아서 쓸 수 있었다.

이들은 하트 바로 위에서 치명적인 사고를 당할 뻔했다. 크로거가 주마를 이용해 로프를 타고 올라갈 때 로프가 커다란 돌덩어리를 건드려 낙석이 발생한 것이다. 그는 머리를 잽싸게 숙였고, 다행히도 돌덩어리는 배낭만 찢고 아래로 휙 하고 떨어졌다. "숨이 멎는 줄 알았어요." 최근에 데이비스는 나에게 이렇게 말했다. "배낭만 한 크기의 돌덩어리였죠. 위에서 떨어지는 걸 봤지만 어떻게 할 수 있는 상황이 아니었어요."

위쪽으로 더 올라간 두 사람은 놀란 가슴을 진정시킨 후 벽에 붙어 있는 밝은 색의 피너클에 도착했다. "화이트타워라는 말이 최근에 좋지 않은 의미를 함축하고 있어서 우리는 이곳의 이름을 '타워투더피플Tower to the People'이라고 지었다." 크로거는 이렇게 썼다. 그리고 그들은 더 위쪽을 'A5 트래버스'라고 명명했다. 사실 이곳은 A2에 해당되는 곳이었다. "그러나 엘캡의 모든 거벽 루트에 A5 트래버스가 있어서 우리도 하나쯤 필요하다고 생각했다."

1970년 엘캡 하트 루트의 하트 모양 상단으로 접근하고 있는 척 크로거 (사진: 스콧 데이비스)

등반 7일째 정상까지 아직 120미터나 남은 구간에서 데이비스는 27번째 볼트를 박았다. 그들이 가진 마지막 볼트였다. 그러나 이런 행동은 마음을 진정시키는 데 도움이 되지 않았다. 5년 전 뮤어월에서 취나드와 허버트가 그랬던 것처럼, 앞으로 볼트가 더 필요하면 어떻게 하지? 그들은 계속 나아갈 수도 그렇다고 후퇴할 수도 없었다. 트래버스와 오버행 구간이 많았기 때문이다.

젊음의 패기로 밀어붙이던 두 사람은 등반 8일째 아침 정상으로 곧장 이어지는 오픈북 형태의 인공등반 구간을 만났다. 그들은 이곳을 팻시티 Fat City라고 불렀다. 그런데 볼트가 없었다! 그래도 문제될 게 없었다! 크로거는 엘캡 정상을 향해 맨틀링 동작으로 올라서기 전 머리를 정성껏 빗었다. "정상에서 기다릴 로열 로빈스와 다른 사람들에게 잘 보이고 싶어 그렇게 했다. 그런 다음 난 평탄한 지대로 올라섰다. 아무도 없었다. 그래서 우린 나무와 바윗덩어리를 바라보며 뛰어다니기 시작했다. 그리고 목청껏 외쳤다. '좋아요, 여러분! 우린 당신들이 여기에 있다는 걸 알아요. 장난치지 마세요. 우린 못 속여요.'" 크로거는 이렇게 기록했다. 물론 크로거는 황금기 등반가들의 관습을 조롱하고 있었다. 엘캡을 초등하면, 항상 정상에서 금발의 여성이 피크닉 바구니에 샴페인 병을 갖고 맞아주었다는 이야기를 읽었던 것이다.

크로거와 데이비스는 엘캡에 있는 자신들의 여러 루트에 대해 로빈스와 편지를 꾸준히 주고받았지만, 신구 세력 사이에는 커다란 간극이 존재했다. 크로거와 함께 등반하려는 캠프4 등반가들은 거의 없었고, 크로거와 데이비스를 그저 풋내기로 취급했다. 그들이 미국 최고의 거벽등반가들이었는데도 말이다.

최근에 데이비스는 이런 세대 차이에 대한 자신의 의견을 나에게 털어났다. "이전 세대는 우리 위에 서서, 그들의 루트들이 두 번째 등정을 위해 몇 년이 걸리는지 지켜보는, 신과 같은 지위를 유지하려는 욕망에 사로잡혀 있었어요. 돌이켜보면, 마지막이 아닌 최초라는 타이틀을 유지하고 싶은 그 열망을 거벽등반을 지속시킴으로써 유지하고 싶어 한 겁니다."

데이비스는 크로거와 함께한 엘캡 등반이 빠르고 흠잡을 데 없는 스타일로 이뤄졌다는 것을 알고서 나중에 느낀 환멸감을 이렇게 설명했다. "우리에게 이전 세대는 전설이었어요. 그들은 우리의 영웅이었고 우리는 그들에게 집착했어요. 그들이 단지 인간에 불과하다는 많은 증거를 무시하고 말이죠. 그러나 하트 등반 이후 우리의 신들이 무너졌다는 사실에 고개를 숙였어요. 이제 우리는 크고 불친절한 세계 속에서 영웅이 없는 어린아이가 되었죠."

***

어떤 등반가들은 서커스 같은 분위기를 피하고 싶어 했지만, 어떤 이들은 이런 분위기를 원했다. 워런 하딩과 딘 콜드웰이 돈월 등반을 대서특필한 기사를 일부러 실리도록 만들었는지는 장담할 수 없다. 하딩은 이 사실을 부인했다. 하지만 그는 신문에 실리지 않을 등반은 거의 하지 않았다. 어쨌든 돈월 등반은 미국에서 가장 많은 매체로부터 집중 조명을 받은 등반이 되었다.

오리건주 출신의 등반가 콜드웰은 요세미티에서 등반한 지 8년이 되었으나, 오래 머무르는 편은 아니었고, 거벽 루트도 거의 오른 적이 없었다. 그는 암벽등반가라기보다는 산악인에 가까운 사람으로 페루에서 엄청난 빙벽등반을 했는데, 1969년에는 크리스 존스 및 다른 이들과 예루파하 Yerupajá 북동벽 초등을 했었다. 콜드웰은 1970년 마흔여섯 살이 된 하딩의 마법에 걸려들었다. 두 사람은 전형적인 하딩 스타일의 대탐험 계획을 세우며, 엄청난 물자(와인과 수백 개의 볼트 및 배트훅이 포함된)를 끌고 올라가 벽에서 몇 주를 보낼 준비를 했다.

하딩을 신뢰한 콜드웰은 포위전술을 사용할 것이라곤 생각하지 않았지만, 고정로프를 이용한다는 것쯤은 알았다. 그들은 밑에서부터 매일 한 피치씩 올라갈 계획이었다. 계획은 훌륭했지만 결국 두 가지 요소가 발목을 잡았다. 바로 '과도한' 볼트 사용과 '엄청난' 홍보였다.

1970년 10월 23일 그들은 돈월 등반 첫째 날부터 볼트를 사용했다. 하단은 아주 반반한 벽이라 홀드가 없었는데 하딩은 정상까지 거의 일직선에 이르는 루트를 원했다. 그가 원한 디레티시마dirretissima 루트는 상단 크랙까지 볼트를 박아야 해서 그렇게 올랐다. 결과적으로 이 루트는 330개의 드릴 구멍이 필요했다. 일부는 볼트를 박기 위한 것이었고, 대부분이 배트훅과 리벳rivet(얕은 구멍에 사용하는 새 발명품으로 드릴 시간을 줄일 수 있는 장비)을 설치하기 위해서였다. 850미터 길이의 루트를 위해 330개의 구멍을 팠는데, 이는 전체 확보물의 40퍼센트에 해당하는 비율로 요세미티 신기록이었다.

3주일간 두 사람은 하루에 약 30미터씩 올라갔다. 엄청나게 힘든 확보물 설치 구간과 밋밋한 벽 구간이 번갈아 나타났다. 하딩은 15미터를 추락하기도 했지만 곧바로 다시 올라와 작업했다. 폭풍이 몰려왔다 물러가기를 반복했다. 11월 초순 벽의 중간쯤에 올라갔을 때 두 사람은 107시간 동안 몸을 움츠린 채 흠뻑 젖은 상태로 덜덜 떨면서 보냈다. 식량이 떨어져가기 시작하자, 하루 먹을 양을 정해놓고 나눠먹었다.

하딩과 콜드웰은 베이스캠프에 언론과 접촉하는 것을 꺼리지 않는 사람들을 포함한 지원그룹을 갖고 있었다. 11월 7일 『라이프Life』의 사진기

1970년 엘캡 돈월의 꼭대기에 도착하는 워런 하딩 (사진: 글렌 데니)

자가 나타났고, 일주일 후 기이한 구조 시도 때문에 캘리포니아 신문에 거대한 헤드라인이 등장하기 시작했다. 등반대의 진전이 느려지자 레인저들은 식량이 떨어질 것을 우려해 엘캡 정상에 구조대를 헬리콥터로 실어 날랐다. 두 사람이 구조를 요청하지 않았고, 다행히 등반가였던 AP통신의 빌 스톨Bill Stall 기자가 하루 만에 오보를 바로잡았다. 그는 공원 측이 과잉대응했으며, 누가 구조를 선동했는지에 대해서도 거짓말했다고 폭로했다.

하딩은 이런 구조활동에 대해 자신의 의견을 전달할 수 있었다. 그는 깡통에 메모를 집어넣어 벽 아래로 던졌다. 콜드웰은 구조를 원치 않는다

1970년 돈월을 완등한 후 카메라맨과 기자들에게 둘러싸인 딘 콜드웰(격자무늬 티셔츠)과 워런
하딩(콜드웰의 오른쪽) (사진: 글렌 데니)

고 소리쳤다. "구조는 부당하고, 원치 않아. 받아들일 수 없어." 두 사람의 메시지가 모두 전달되면서 공원 측은 만일의 사태에 대비해 정상에 최소한의 인원만 남겨둔 채 철수했다.

빌 스톨이 바로잡았지만 이 소란은 등반에 대한 대중의 관심에 불을 지폈다. 11월 11일자 『샌프란시스코 크로니클』은 1면에 거대한 화강암 벽에 표류 중인 두 개의 검은 점이 보이는 가로 25센티미터, 세로 30센티미터의 사진을 실었다. 그 밑에는 "거친 바위에 매달린 등반가들"이라는 설명이 달려 있었다. 하딩의 대변인은 기자에게 인상적인 인용구를 언급했다. "죽음에 더 가까워질수록 하딩은 더 뛰어나다." 헬기가 벽 주위를 소란스럽게 날아다니며 사진을 촬영했고, 기자들이 요세미티로 급히 달려갔다.

돈월Dawn Wall 등반 기사가 매일같이 신문에 등장했다. 그리고 이런 현상은 두 사람이 11월 18일 정오경 정상에 오를 때까지 27일간 계속 이어졌다. 드디어 등정에 성공했을 때 70여 명의 인파가 그들을 맞이했다. 대부분은 엘캡 정상까지 13킬로미터를 걸어 올라오느라 지치고 피곤한 기자들이었다. 하딩과 콜드웰은 그들이 던진 무식한 질문에 답할 말이 많지는 않았지만 그래도 문장 하나는 인용할 만했다. "저 자식은 썩은 코뿔소 같은 냄새가 나더군." 하딩은 콜드웰을 가리키며 말했다. "하지만 난 해변으로 쓸려온 고래 냄새가 났다오." 그리고 왜 오르느냐는 질문에는 이렇게 대답했다. "미쳤으니까."

며칠 만에 『샌프란시스코 크로니클』 편집자에게 편지가 왔다. 구독자는 은유를 즐겨 사용한 유려한 문체로 두 사람의 용기가 존경스럽다는 글을 써 보냈다. "이것은 투우장에 있는 황소와 같다. 이해하기 힘든 어떤 것 때문에 혼란스럽고 고통스럽지만 황소가 망토에 반응하듯 그들은 바위를 보고 반응한다. 이유를 모른 채 그들은 등반한다." 사진가 안셀 애덤스는 카멜Carmel(캘리포니아주 서부의 도시)에서 편지를 보냈다. "대단히 놀라운 '엔지니어링' 업적은 산악정신 및 자연경관의 감상과는 거의 관련이 없다. 나는 이 이벤트와 관련된 명백한 홍보 노력에 분개한다."

이 등반의 여파는 하딩과 콜드웰의 관계를 완전히 망쳐버렸다. 하딩은 정상에 오른 날 저녁 기자들에게 이렇게 털어놓았다. "우린 등반 시작 전보다도 훨씬 더 좋은 친구가 되었소. 출발도 꽤 좋았고. 우린 이 등반으로 돈도 좀 벌고 싶었지." 이 발언은 둘 사이가 갈라지는 원인이 되었다. 뉴욕과 로스앤젤레스에서 토크쇼를 하며 화려하게 보낸 두 사람은 힘든 결정을 내렸다. 바로 누가 주도권을 갖고, 돈을 더 많이 받고, 가장 멋진 사진을 확보할 것인가를 놓고 문제가 불거진 것이다. 끔찍한 불화가 폭발하자, 몇 달 후 하딩은 결국 포기를 하고 "이 편지를 받아볼 사람에게"라는 글을 배포했다. "이 모든 사건으로 인해 비통함과 환멸과 씁쓸함을 느꼈다. 모든 것이 진절머리가 나서 그냥 잊고 싶다." 정말 슬픈 글이었다. 콜드웰은 짧은 순회강연을 한 후 등반계에서 종적을 감추더니 끝내 돌아오지 않았다.

캠프4 등반가들은 돈월 등반을 서커스라고 묵살했지만, 목가적인 분위기의 요세미티에 또 다른 결정타를 날린 사건이었다. 로빈스는 우리 중 유일하게 돈월에 관해 글을 썼다. 돈월 초등 후 한 달이 지났을 때, 『서미트』에 게재한 기사를 통해 그는 대부분 긍정적이거나 중립적인 많은 생각들을 제시했다. 지나친 언론홍보와 볼트 숫자 그리고 하딩과 콜드웰이 등반으로 돈을 벌려고 한 점에 대해 질문하면서, 오직 위선자들만이 이 모든 것에 반대할 것이라고 지적했다. 이것은 단순히 규모의 문제였다. 왜냐하면

우리 역시 모두가 작은 언론을 찾았고, 너무나 많은 볼트를 사용했으며, 돈을 받고 슬라이드 상영을 했기 때문이다. 로빈스는 칭찬으로 글을 마무리했다. "기득권층의 사고방식에 개의치 않는 사람이 있어 좋다. 우리 스포츠가 빠르게 제도화되고 있는 가운데, 하딩은 집단의 관습이나 규칙을 따르기를 거부하는 사람, 매버릭Maverick으로 두각을 나타내고 있다."

하지만 이 글을 쓰고 2개월이 지난 후, 로빈스 자신이 매버릭이 되었다. 2월은 날씨도 지독하고 낮 시간도 짧아서 등반하기에 좋은 시기가 아니었다. 그러나 로빈스는 하딩의 돈월에 신속하고도 물리적인 조치를 해야 한다는 느낌을 강하게 갖고 있었다. 나중에 그는 이렇게 썼다. "우리는 유머가 섞인 정의로운 분노를 갖고 불쾌한 볼트를 제거하려고 했다. 그리하여 루트를 '지우고' 자연 그대로 되돌릴 계획이었다." 루트를 '지우는' 이유는 단순했다. "루트가 부자연스러웠다. 길이 아닌 곳에 억지로 길을 냈다. 300개의(원문 그대로) 볼트가 사용되었다. 다음에는 600개를 사용할 것인가? 그럼 다음에는 1,000개? 이것은 요점을 벗어나는 일이다. 게임을 망치는 일이다." 로빈스는 이렇게 주장했다.

로빈스는 돈 로리아Don Lauria에게 루트를 지우는 계획에 대해 간접적으로 운을 뗀 후 함께 오르자고 했다. 로리아가 볼트를 이용해 첫 피치를 올라갔을 때 로빈스가 뒤따라오면서 볼트를 뽑는 것을 보고 충격을 받았다. 로리아는 마지못해 이 계획에 합류했다. 그 역시 하딩과 콜드웰의 등반 방식이 싫었기 때문이다. 그리고 그는 나중에 이렇게 썼다. "로빈스가 이곳을 완전히 청소하지 않고 하강하면, TM 허버트가 개인적으로 우리 두 사람의 불알을 잘라버리겠다고 말했다." 이런 '협박'에도 불구하고 두 사람은 등반 직후 루트를 지우기로 결정한 마음을 바꿨다. 로빈스와 로리아는 등반 첫째 날 볼트와 리벳 40개를 뽑았으나 곧 복잡한 인공등반 구간을 만났다. 하딩의 확보물 설치 기술에 감탄하는 날이 늘어났고, 곧 끌chisel을 홀링백 깊숙이 넣었다. 그들은 빠르게 등반해서 5일 반 만에 정상에 다다랐다. 그리고 루트가 어렵기는 해도 "등반선이 부자연스럽고 (심지어) 특징이 있는 피치가 단 한곳도 없다."라는 것을 알게 되었다. "여태껏 해본 등반 중 확보물 설치가 가장 어려운 루트였다." 나중에 로빈스는 이렇게 고백했다.

우리 대부분은 이 노골적인 루트 지우기 행위에 박수를 보냈다. 허버트는 처음으로 펜을 들어 1971년도 『아메리칸 알파인저널』에 글을 썼다. "로빈스-로리아 등반은 그간 내가 등반을 하면서 본 가장 중요한 사건 중 하나이다." 하지만 이 등반은 피톤이나 너트를 영리하게 사용해서 우회하지 않고 볼트를 빼버린 첫 번째 사례였기 때문에 우리 중 일부는 마음이 편치 않았다. 그러므로 볼트 자르기는 하딩과 콜드웰의 등반기술에 대한 반박이 아니라, 애초에 등반을 하기로 한 그들의 결정에 대한 비평이었다. 『서미트』의 한 독자는 로빈스의 행동이 범죄라는 비난의 글을 보내왔다. 하딩은 "볼트 제거는 복음에 대한 열정이나 어린애 같은 불쾌감의 발로일 뿐."이라고 썼다. 갈렌 로웰은 좀 더 사려 깊은 논평을 했다. "이런 볼트 제거라는 트렌드의 결말이 어찌될지 상상할 수 있다." 하지만 로웰 역시 등반가들의 볼트 과다 사용을 걱정했다. "갑자기 삐걱거리던 문이 요세미티 황금기에 닫혔다. 리듬 있게 두드리는 소리가 메아리치며, 그 문을 영원히 봉인하고 있다."

저명한 영국 등산잡지 『마운틴Mountain』의 편집장 켄 윌슨Ken Wilson은 돈월 등반에 대해 격렬한 사설을 썼다. "우리 다수는 다음과 같은 질문을 던진다. 우리 스포츠의 위험성, 특징, 예측 불가능성이 체계적으로 제거되는 것을 옆으로 비켜서서 지켜볼 여유가 있는가? 이러한 루트 파괴는

'딱딱한 개인주의자'로 칭송받는 사람에 의해서 행해졌다."

하딩은 몇 년간 어떤 반응도 보이지 않았다. 그러나 1975년에 출간한 책 『다운워드 바운드Downward Bound』에서 로빈스와 취나드 그리고 나를 "계곡의 도덕군자들Valley Christians"이라고 맹렬히 비난했고, 더 나아가 로빈스는 산악계의 캐리 네이션Carrie Nation(금주&금연 운동가로, 도끼를 들고 술집과 오락장 등을 부순 것으로 유명하다)으로, 취나드는 "산에게 시간을 주는 것"을 원했기 때문에 등반가가 아니며, 나는 "기본 등반 윤리에 대한 귀중한 작업"으로 존경을 받는다고 비꼬았다. 그는 취나드의 또 다른 약점도 지적했다. "그는 신이 되기에는 활기가 부족했다." 이 모든 표현은 미숙한 수준에서 보면 재미있었다. 그러나 로빈슨은 1975년 그 책에 대한 서평에서 돈월 논란에 대해 마지막으로 할 말을 했다. "등반이라는 스포츠는 한계가 있어야 하며, 이런 한계들이 깨져왔다는 사실을 우리는 깊이 느낀다." 이어서 '루트 지우기'에 대해 다음과 같이 강조했다. "물론 로리아와 나는 그 일을 엉망으로 만들었다. 어찌 보면 하딩이 부전승을 거뒀지만 우리의 메시지는 전달되었다. 요세미티에서는 이제 더 이상 그런 무모한 장난이 없어져야 한다." 그리고 이후에는 그렇게 노골적인 행위는 더 이상 없었다.

하딩과 로빈스는 1970년대 초반에 정점에서 내려왔다. 그리하여 긴 라이벌 관계도 곧 종지부를 찍었다. 하지만 이전처럼 승부는 가려지지 않고 미해결된 상태로 끝났다. 암벽등반에 대한 접근 방식이 극도로 달랐으나, 적대감은 사적인 감정이 아니었다. 그들은 각자 등반 '성명서'를 발표했다. 다음의 의견은 일반화되었지만 나에게는 정확해 보인다. 하딩은 자신의 동료들의 생각을 개의치 않았다. 그는 즐거움과 영광을 위해 등반했다. 반면 로빈스는 동료들의 생각에 무척 신경 썼다. 그는 최고가 되고 싶

1973년의 로열 로빈스 (사진: 짐 스튜어트 및 어센트 컬렉션)

어 했으며, 동료들로부터의 존경을 갈망했다. 그는 결국 두 가지를 성취했다. 그러나 그는 대중이 아니라 자신을 위해 등반했다. 그리고 큰 등반에서 즐거움은 목록에 들어가 있지 않았다. 하딩은 나중에 등반을 이야깃거리로 만들고 그것을 팔기 위해 등반했다. 반면 로빈스는 자신의 강점과 약점을 살펴보기 위해 암벽등반을 하러 갔다. 하딩은 인정을 받기 위해 바깥 세상에 굽신거렸다. 로빈스는 내면을 응시했다. 하딩은 등반을 어리석은 운동으로 여겼고, 가능한 광대처럼 행동해야 하는 경기로 여겼다. 스물여덟에 바위를 처음 대한 그는 스포츠의 차이에 대한 배경지식도 없었고, 이해력도 없었다. 이는 그가 왜 불손하게 굴었는지 그 이유를 설명해준다. 반면 척 윌츠Chuck Wilts와 존 멘덴홀John Mendenhall 같은 훌륭한 산악인 밑에서 어린 시절을 보낸 로빈스는 등산의 전통과 윤리를 존중했다. 이것은 확실히 그의 경외심을 설명해준다. 그는 등반을 진지하고 숭고한 삶의 방식이라고 느꼈다. 그리고 언제나 그렇게 남아 있어야 한다고 생각했다. 하딩은 볼트를 머릿속에 그렸다. 로빈스는 볼트를 혐오했다. 하딩은 거벽을 정복했지만 로빈스는 그 앞에서 겸손했다. 하딩은 한 사람의 성격이 등반을 지배한다고 느꼈고, 로빈스는 벽이 성격을 만든다고 느꼈다.

하딩과 콜드웰이 돈월을 오른 그날, 나는 2킬로미터밖에 떨어져 있지 않았지만, 그 광경을 볼 수 없는 거리에 있었다. 두 번째 요세미티 가이드북에 실릴 사진을 보내야 하는 마감일이 다가오고 있어서 새벽에 샌프란시스코 베이 지역을 떠나 요세미티 계곡으로 향했다. 날씨는 화창했다. 가을 공기가 아주 맑아서 망원 사진을 찍기에는 안성맞춤이었다. 나는 글래시어포인트로 이어진 길을 따라 차로 이동한 다음, 요세미티 남쪽 가장자리를 따라 태프트포인트Taft Point까지 걸어갔다. 내가 아직 가지고 있지 않은 사진을 찍기에는 이상적인 촬영 장소였다. 물론 라디오를 통해 하딩과 콜드웰이 정상 부근까지 올라갔다는 소식은 들은 터였다. 태프트포인트에 도착하자 헬기가 벽을 스치듯 지나가는 것이 보였다. 기자와 레인저와 구조대원으로 추정되는 사람들의 금속장비가 번쩍이는 것이 눈에 들어왔다. 계곡의 한편에서 혼자가 된 나는 11월의 쌀쌀한 공기 속에서 바위에 기대 앉아 검은 방울새와 회색 다람쥐가 기지개를 펴고 활동하는 모습을 지켜봤다. 숲에서 나는 송진 내음, 건너편의 거대한 바위벽, 대자연의 침묵. 나는 요세미티 특유의 이런 것들을 사랑했다. 돈월 등반은 일탈이었다. 그러나 이런 여파 속에서도 암벽등반가들은 모든 이유를 들어 요세미티 계곡으로 몰려들 것이다. 세상에서 이곳은 등반하기에 가장 멋진 장소이니까.

에필로그 · 옮긴이의 말 · 참고문헌 · 찾아보기

암벽등반은 전 세계에서 가장 멋지고 건강한 스포츠라네.
어떤 스포츠보다도 훨씬 더 건강하지.
만 명의 관중들이 앉아서 소수의 선수들을 지켜보는 야구를 보게나.

존 살라테John Salathé, 1974년

하딩과 콜드웰이 엘캡 정상에 오른 후 25년간 존 뮤어가 미처 생각하지도
못한 숫자의 방문객들이 물밀듯이 요세미티 계곡으로 쏟아져 들어왔다.
1993년의 방문객 수는 400백만 명에 달했다. 이는 황금기 말기보다 두
배나 많은 수치였다. 그렇지만 지금의 요세미티 계곡은 1970년과 기본적
으로 달라진 것이 거의 없지 않느냐고 반문할 수 있다. 주차 문제, 북적거
리는 레스토랑과 박물관, 심하게 짓밟힌 인기 트레일과 캠프사이트는 그
때나 지금이나 그대로인 듯하다. 요세미티 계곡은 이미 수년 전부터 포화
상태에 다다랐다. 아마도 그때와 다른 가장 분명한 변화는 한 주간 패턴의
변화일 것이다. 과거의 우리는 일요일 밤을 고대하며 기다렸다. 계곡을 떠

나는 캠핑카들의 먼지가 가라앉으면 '우리'의 로지 라운드가 텅 비었기 때문이다. 요즈음도 일요일 저녁은 사람들이 빠져나가면서 숫자가 더 적어지긴 하지만, '더 적다'는 것도 이제는 '많다'는 의미이다. 이곳은 여전히 붐빈다.

그래서 호젓하게 캠핑을 즐길 수 있을 것이라고 기대하면서 일요일 오후에 차를 몰고 계곡으로 들어오는 사람도 거의 없다. 운이 좋으면, 레인저가 지정해준 서니사이드의 특정 구역에서 다른 다섯 명의 등반가와 함께 지낼 수 있다. 그러나 과거의 자유롭던 캠핑 문화는 영원히 사라졌다. 수백 명의 등반가들이 매달(한겨울을 제외하고) 서니사이드를 점령하고 있어 유리한 점도 있다. 파트너를 구할 수도 있고, 전 세계에서 온 흥미로운 사람들을 만날 수도 있다. 그러나 고독하고 무엇인가 독특한 것을 한다는 느낌, 천진난만한 흥분, 등반의 '성스러운' 측면, 이런 것들이 모두 사라졌다. 만일 우리 나이 든 등반가들이 이것을 슬퍼한다면, 각 세대가 자신의 특별한 시대를 즐길 수 있음을 기억하자.

요세미티를 찾는 암벽등반가들의 비중이 관광객들보다 훨씬 더 커졌고 루트도 엘캡에만 60개가 늘어날 정도로 급증했다. 다행히 대부분의 등반가들은 새로운 장비와 테크닉으로 가능해진 온갖 등반기술과 방법으로 볼트 설치를 피할 수 있었다. 실력이 뛰어난 이들은 놀랄 만큼 멋진 등반을 해냈다. 완전히 새로운 세대가 1971년경에 등장하여 1970년대에 요세미티 밸리에서 성공했던 거의 유일한 단골 등반가들인 짐 브리드웰과 킴 슈미츠와 힘을 합쳤다. 이 세대는 사우스랜드Southland에서 온 거칠기는 해도 기술이 잘 연마된 젊은이들로 이뤄진 '스톤마스터스Stonemasters'가 포함된 느슨하게 짜인 등반 그룹으로, 황금기 등반가들을 자랑스럽게 만들었다.

1970년대에 요세미티 계곡을 누빈 명단은 이렇다. 존 바카John Bachar, 헨리 바버Henry Barber, 베르너 브라운Werner Brown, 휴 버튼Hugh Berton, 마크 채프먼Mark Chapman, 짐 도니니Jim Donini, 짐 던Jim Dunn, 피터 한Peter Haan, 레이 자딘Ray Jardin, 론 카우크Ron Kauk, 마크 클레멘스Mark Klemens, 존 롱John Long, 조지 메이어스George Meyers, 찰리 포터 Charlie Porter, 빌 프라이스Bill Price, 토빈 소렌슨Tobin Sorenson, 스티브 서튼Steve Sutton, 빌리 웨스트베이Billy Westbay, 케빈 워럴Kevin Worral, 스티브 분쉬Steve Wunsch. 이들의 놀라운 업적 중 일부는 상상을 뛰어넘는다. 그중 단 몇 개만 언급하면 이렇다. 센티넬의 스텍-살라테 루트는 1973년에 단독 등반되었다. 헨리 바버Henry Barber가 2시간 반 만에 대부분 로프를 이용하지 않고 해치웠다. 살라테월은 이전에 거벽을 전혀 해본 적이 없던 짧은 루트 전문가 피터 한Peter Haan이 1971년 엿새 만에 단독 등반했다. 엘캡 신루트 단독등반도 시간 문제였다. 1972년 짐 던Jim Dunn이 다이히드럴월 오른쪽에 있는 가파른 화강암지대 코스모스Cosmos를 단독으로 초등했다. 최초의 여성 단일팀이 엘캡을 오른 사건은 1972년에 일어났다. 리처드 헥텔Richard Hechtel의 딸 시블Sibyle이 베브 존슨Bev Johnson과 함께 트리플다이렉트(살라테월, 뮤어월, 노즈를 연결하는 루트)를 올랐다.

1975년 짐 브리드웰과 빌리 웨스트베이와 존 롱은 거의 자유등반으로 노즈를 당일 등반했다. 같은 해 존 롱과 론 카우크Ron Kauk, 존 바카 John Bachar는 위싱턴칼럼의 동벽(애스트로맨Astroman으로 이름이 변경됨)을 순전히 자유등반으로 해냈다. 8년 전 나는 척 프랫, 에릭 벡과 함께 애스트로맨을 등반했을 때 엄청나게 허우적거리며 직선 구간을 인공등반으로 올랐었기 때문에 자유등반 소식을 듣고 깜짝 놀랐다. 엘캡 역사상 자유등반 초등은 1979년에 탄생했다. 레이 자딘Ray Jardin과 빌 프라이스Bill

Price가 엘캡 서벽을 인공장비를 전혀 사용하지 않고 올랐다.

1970년대 후반과 1980년대 초반에 훌륭한 장비가 등장하면서 등반이 더 수월해졌다. 이는 1930년대 개척자들이 그랬던 것처럼 — 즉 드물게 — 암벽으로 향하는 우리 고참들이 5.10 루트를 일상적으로 등반할 수 있다는 것을 시사했다. 레이 자딘의 뛰어난 캠 장비인 '프렌드'(1978년), '마찰력이 월등한 고무창'(1981년)과 같은 장비는 기본적으로 요세미티의 바위에서 새 가능성의 세계를 열어줬다. 고난이도의 기술력을 갖춘 등반가들은 새로운 장비를 활용해 5.12와 5.13 그리고 마침내 5.14까지 등반했다.

1980년대 후반과 1990년대 초반 무렵에는 놀랄 만한 자유등반도, 엘캡 당일 등반도 흔하게 이뤄졌다. 특히 캐나다 출신의 피터 크로프트Peter Croft는 대담하면서도 세심하게 계획된 단독등반을 해내는 것으로 유명했다. 그는 어려운 당일 등반을 앞두고 아침식사 전 몸풀기용으로 스텍-살라테 루트를 올랐다. '연속등반'도 인기가 있었다. 1986년 피터 크로프트와 존 바카는 엘캡의 노즈와 하프돔의 북서벽을 하루 만에 완등했다! 그들은 군더더기 없이 깔끔하게 등반했고, 유명해지지 않으려고 경쟁적인 등반도 피했다. 크로프트는 컨디션이 좋지 않을 때는 중간에서 내려오는 것도 마다하지 않았다. 그는 나이 든 캠프4 등반가들에게 영웅이었고 '진정한 명성을 지키는 자'가 되었다. 우리는 크로프트 같은 등반가가 더 필요했다.

살라테윌은 토드 스키너Todd Skinner와 폴 피아나Paul Piana가 1988년 자유 등반했다. 그들은 자유등반 난이도가 5.13b에 달하는 이 벽을 오르는 동안 수십 차례나 추락을 거듭한 끝에 몇 주 만에 완등했다. 당시 우리 선배들은 노즈가 곧 자유 등반될 것이라곤 예감하고 있었지만, 여성이 최초로 해낼 것이라곤 꿈도 꾸지 못했다. 1993년 슈퍼클라이머 린 힐Lynn

Hill은 인공등반 보조물에 의지하지 않고 자유등반으로 올랐다. 그레이트 루프Great Roof와 워런 하딩이 25년 전 11월에 고전을 면치 못한 마지막 오버행 구간처럼 무시무시한 피치를 자유등반으로 해낸 것이다. 나는 과거 25년 동안 요세미티에서 이뤄진 뛰어난 등반을 거의 다루지 않았다. 황금기 이후에 등장한 세대를 다룬 책은 그 세대가 쓰는 것이 마땅하다고 생각한다.

왕년의 기라성 같은 스타들은 어디로 사라졌을까? 이 책에 언급된 1930년대와 1940년대 개척자들 다수는 세상을 떠났다. 그러나 데이브 브라워Dave Brower는 1950년대 이후 가장 영향력 있는 미국 환경보호 활동가로서 열심히 활동 중이다. 그의 등반 파트너였던 모건 해리스Morgan Harris 명예교수는 일흔여덟 살에도 버클리에 있는 연구실로 출근하며, 세포유전학을 계속 연구 중이다. 하이어캐시드럴을 오른 뛰어난 등반가 줄스 아이호른Jules Eichorn은 캘리포니아의 레드우드 시티에 살고 있다. 오래전 모험을 함께한 딕 레너드Dick Leonard와 베스터 로빈슨Bestor Robinson은 몇 년 전 사망했다. 아흔 살 고령에도 불구하고 혈기왕성한 마죠리 파커Marjory Farquhar는 샌프란시스코에 살고 있고, 파킨슨에 걸린 액스 넬슨Ax Nelson은 버클리에 거주 중이다.

1950년대와 1960년대 활동했던 등반가들 대부분은 아직 건재하다. 다수는 여전히 등반을 하거나 등반과 관련된 저술 활동을 하거나, 아니면 적어도 등반에 대해 생각하면서 살고 있다. 그러나 일부는 우리 곁을 떠나 저세상으로 갔다. 셰리던 앤더슨Sheridan Anderson, 짐 볼드윈Jim Baldwin, 페니 카Penny Carr, 돈 굿리치Don Goodrich, 짐 매드슨Jim Madsen, 프랭크 사슈러Frank Sacherer, 존 살라테John Salathé의 사망 사건은 앞서 언급한 바 있다. 돈 윌슨Don Wilson은 아이다호강에서 레프팅 하다 사고를 당해 사망했고, 윌리 언솔드Willi Unsoeld는 1979년 마운트레이니어Mount Rainier에서 눈사태로 사망했다. 1960년대에 품질이 우수한 등반장비를 만들었던 빌 '돌트' 푸어러Bill 'Dolt' Peuerer는 애정사와 사업 문제로 극심한 고통을 겪다가 1971년 크리스마스에 스스로 목숨을 끊었다. 레이 오텐버거Leigh Ortenburger는 1991년 10월 20일 오클랜드힐Oakland Hills 대화재 당시 사망했다. 오랜 친구인 앨 백스터Al Baxter 집에 놀러갔다가 당한 사고였는데, 백스터는 심한 화상을 당하긴 했으나 목숨은 건졌다. 베브 존슨Bev Johnson은 1994년 헬기 사고로 유명을 달리했다.

적어도 네 명의 등반가는 학업을 포기하지 않고 교수가 되었다. 마크 파월Mark Powell은 캘리포니아 남부에서 지리학을 가르치고 있고, 심층 생태학의 선구자가 된 조지 세션스George Sessions는 새크라멘토에서 철학을 강의 중이다. 윌리 리드Wally Reed는 식물학, 조 피첸Joe Fitschen은 영어를 대학에서 가르쳤지만, 지금은 두 사람 모두 은퇴했다.

갈렌 로웰Galen Rowell은 1970년대 초반에 자동차수리 사업을 그만두고, 황무지를 전문 촬영하는 유명 사진가가 되었다. 그는 1973년 초에 "(엘캡과 하프돔에 있는) 거대한 루트들이 피톤 없이도 과연 등반이 되었을까?"라는 글을 썼지만, 바로 그해 8월 더그 로빈슨Doug Robinson, 데니스 헨넥Dennis Hennek과 함께 최초로 너트만을 사용해 하프돔을 올랐다. 이 등반은 피톤의 운명을 영원히 봉인해버렸다.

제프 푸트Jeff Foott와 에드 쿠퍼Ed Cooper 역시 사진 분야에서 뛰어난 경력을 쌓았다. 제프 푸트는 야생 영상 전문가로 활동 중이며, 와이오밍주에 살고 있다. 에드 쿠퍼는 수정처럼 선명한 미국 서부 이미지 촬영가로 잘 알려져 있다.

과거 캠프4 등반가 다수(글렌 데니Glen Denny, 크릭스 프레더릭스 Chris Fredericks, 톰 게러티Tom Gerughty, 톰 히긴스Tom Higgins, 앨 맥도 널드Al Macdonald, 존 모턴John Morton, 크레 리터Krehe Ritter, 짐 심스Jim Sims 그리고 레스 윌슨Les Wilson)는 샌프란시스코 베이 지역에 정착했고, 다양한 직종에 종사 중이다.

다른 등반가들은 다른 곳에 살지만, 여전히 바위를 가까이 두고 지낸 다. 사회보장연금을 받을 나이가 거의 다 된 밥 캠스Bob Kamps는 로스앤 젤레스에 살면서 지금도 난이도 5.11 루트를 여유 있게 오른다. TM 허버 트TM Herbert 역시 그 못지않은 등반 실력을 유지하면서, 여전히 재치 있 는 감각으로 동료들을 즐겁게 해준다. 그는 현재 시에라 동쪽에 살고 있 는데, 돈 로리아Don Lauria도 그곳에 거주 중이다. 에릭 벡Eric Beck은 쉰 한 살의 마라토너로 샌디에고에 건강하게 살면서 영재학원 프로그램 기 획자로 근무 중이다. 킴 슈미츠Kim Schmitz는 와이오밍에 정착했다. 웨 인 메리Wayne Merry는 캐나다 브리티시컬럼비아 북서부에서 가이드 회사 를 운영 중이다. 일레인 매튜스Elaine Matthews는 예전에 자주 찾던 샤완 경크스로 돌아가, 실내암장을 운영하면서 시간이 날 때마다 5.11 오버행 을 오르고 있다. 조 켈시Joe Kelsey는 여름에는 와이오밍에서 가이드로 일 하고, 겨울에는 샌프란시스코 베이 지역에서 컴퓨터 프로그래머로 일하고 있다. 그는 와이오밍의 윈드리버Wind River산맥에 관한 두 권의 책을 출간 했다. 밥 스위프트Bob Swift는 애리조나에 거주하고 있으며, 프랭크 타버 Frank Tarver와 스콧 데이비스Scott Davis는 시애틀에 거주 중이다. 척 크로 거Chuck Kroger는 텍사스 텔루라이드에 거주 중이고, 데니스 헨넥Dennis Henneck은 하와이, 존 에번스John Evans는 콜로라도 에버그린에 살고 있다. 보다시피, 극소수의 캠프4 등반가들만 서부를 떠났다.

1971년 로열 로빈스는 요세미티에서 자신의 마지막 '최초'를 달성했다. 조안나 마르트Johanna Marte와 그녀의 남편 에곤Egon을 데리고 노즈를 오른 것이다. 이렇게 하여 마르트는 엘캡을 오른 최초의 여성이 되었다. 훌륭한 기록이었지만 그녀가 선등을 한 것도 아니었고, 안내등반을 했다는 점 때문에 성과는 빛이 바랬다. 몇 년 후 로열 로빈스는 NA월 오른쪽에서 신루트를 내려고 혼자 나흘을 보냈지만, 결국 후퇴하고 말았다. 마음이 끌리지 않은 것이 가장 큰 이유였다. 그는 아내 리즈와 함께 여전히 모데스토에 거주 중이며, 1970년경 페인트 가게를 그만두고 아웃도어 의류사업을 성공적으로 펼치고 있다. 그리고 카약을 타면서 햄프셔 서부지역의 수많은 강을 최초로 탐험했다. 이 카약 탐험에는 이본 취나드가 일부 구간을 동참했다.

취나드와 톰 프로스트는 10년간 세계최고의 등반장비를 생산했다. 그러나 프로스트는 1975년 이 사업에서 손을 떼고, 현재는 콜로라도 볼더 지역에 거주하면서 사진장비 사업을 하고 있다. 취나드는 등반장비 사업을 계속 성장시켜나갔고, 현재는 의류를 개발·판매하는 파타고니아 Patagonia를 경영하고 있다. 바쁜 와중에도 꾸준히 여행도 하고 자주 등반도 다니면서 은퇴를 고려하고 있다.

레이튼 코어는 존 할린의 사망 이후 여호와의 증인으로 개종하고 20년간 등반을 접었다. 최근에 다시 복귀하긴 했지만 등반에 대한 열의는 크게 감소한 상태이다. 그는 현재 괌에 거주 중이다.

척 프랫은 여름은 티튼에서 가이드로 활동하다 겨울이 되면 태국 해변에서 나른한 시간을 보낸다. 우리 모두는 그가 등반 관련 저술 활동을 더 왕성하게 해주기를 바라고 있다.

여전히 적포도주를 사랑하는 워런 하딩은 현재 '등반 연속극' 제작에 힘을 쏟고 있다. 이 드라마에는 아주 유명한 등반가들이 등장인물로 나올 예정이다. 그는 아직도 '(요세미티) 계곡의 도덕군자들'에 대해 열변을 토하면서 이따금 강연하고 있으며, 현재 일흔 살로 캘리포니아에 거주하고 있다.

앨런 스텍은 스키 산장과 창립을 도와준 마운틴트래블Mountain Travel 업무에서 손을 뗀 후, 할 수 있을 때마다, 그리고 전에 했던 것보다 훨씬 더 능숙하게 등반하고 있다. 그러나 예순여섯 살이 된 그는 비박이나 긴 어프로치를 더 이상 좋아하진 않는다. 자서전을 집필 중인데 최근에는 1942년 부분을 다루고 있다.

나는 1972년에 거벽등반을 그만두고 미국 서부의 오지를 탐험하기 시작했다. 요세미티 말고도 아름다운 곳이 있었다. 나중에는 취미로 비행 조종을 시작했는데 엘캡에 매달린 것만큼이나 겁이 나고 아주 신나는 모험이었다. 짧은 루트를 여전히 오르긴 하지만 등반에 관한 글을 쓰는 것이 그 못지않게 즐겁다는 사실을 알게 되었다.

1969년 겨울의 캠프4 입구 표지 (사진: 제리 엔더슨Jerry Anderson)

『캠프4』는 1960년대 요세미티에서 전설적인 거벽등반 초등이 이뤄진 등반 황금기를 다룬 등반 역사서로 1994년 밴프 산악도서전 수상작이다.

이 책의 진가는 10년간 저자가 직접 요세미티 캠프4에 체류하며 겪은 생생한 경험담과 증언, 자료를 바탕으로 당대를 풍미한 등반가들과 주요 루트개척 과정에 얽힌 진실과 논쟁들을 진술하고, 생동감 있게 전해준다는 데 있다. 캠프4에서 함께 생활하고 등반한 동료들과의 경험을 반추하는 방식에 있어서도, 중요한 초등 기록과 사실의 나열에 그치지 않고, 다양한 에피소드와 흥미로운 서사를 성찰적 논조에 버무려 놓아 읽는 재미를 느낄 수 있었다.

또한 요세미티 등반에 관한 모든 것, 즉 초창기 루트개척의 역사와 빅월 등반의 시작과 경이로운 초등 이야기, 포위전술 등반과 속도등반, 볼트 사용 문제, 장비의 혁신과 등반기술의 발달, 그리고 요세미티의 독특한 바위성질과 등반 난이도 체계와 등반문화는 물론 탁월한 등반가들과 요세미티의 변화상들까지, 정말 모든 것을 포괄하고 있다. 요세미티 초창기부터 황금기에 이르는 등반역사를 이보다 상세하고, 다채롭게 다룬 책이 과연 있을까?

『캠프4』는 초창기 역사 중에서도 특별히 1960년대 요세미티 등반에 집중하고 있다. 1960년대는 이른바 요세미티 등반의 황금기로 세계에서 가장 중요한 암벽등반 흐름을 이끌었고, 등반 철학과 장비, 기술이 독자적으로 발전했기 때문이다. 이 독특한 흐름을 이끈 원인을 따라가다 보면, 자연스레 개성 강한 등반가들을 만나게 된다. 따라서 이 책은 무엇보다 요세미티를 지극히 사랑했던 등반가들에 관한 기록이기도 하다. 요세미티 등반은 하나의 삶의 방식이자, 철학이며, 기쁨이었고, 등반가들은 이 행위를 통해 영적인 충만감을 느끼면서 가장 멋진 나날들을 보냈다. 이본 취나드, 로열 로빈스, 척 프랫, 에릭 벡과 스티브 로퍼 등 1년에 몇 개월간 요세미티에 머물렀던 등반가들은 그곳에 소속감을 느꼈으며, 그곳은 곧 그들에게 정신적 고향이 되었다. 그들은 평화를 느끼며 소박하게 살았고, 등반을 통해 겸손함, 평정심, 두려움을 이겨내고 자신감을 얻었다. 한마디로 그들에게 등반은 영혼에 이로운 행위였고, 무모한 본성을 진정시켰으며, 열반의 세계로 인도했다.

번역하면서 무엇보다 흥미로웠던 지점은 바로 이 개성 강한 등반가들에 관한 생생한 이야기였다. 엄두조차 내지 못한 불가능의 영역에 도전한 존 살라테와 워런 하딩의 대담한 발상과 끈기, 탁월한 등반력으로 볼트의 벽을 뛰어넘은 로열 로빈스, 시니컬한 자유등반가 프랭크 사슈리, 다양한 재능을 발휘한 크랙등반의 달인 척 프랫, 등반장비 개발과 환경보호라는 두 마리 토끼를 잡으려 노력한 이본 취나드와 톰 프로스트, 불운한 마크 파월의 등반과 목소리를 만날 수 있었다. 특히 50개가 넘는 등반과 인물 사진들도 함께 실려 있어, 책을 번역하는 동안 자연스레 내적 친밀감이 생겼다.

이 책이 나온 것이 30년 전이라 황금시대 주역들은 이후 어떻게 지내는지 근황이 궁금해 찾아보았다.

먼저, 엘캡의 노즈와 돈월을 개척한 워런 하딩(1924~2002)은 1980년대 이후부터는 거의 등반을 하지 않고, 시에라네바다의 북쪽 지역에 거주하면서 친구와 함께 열기구를 타러 다니고 값싼 와인을 계속 사랑하다 2002년 간부전으로 82세 나이에 사망했다.

워런 하딩과 볼트 문제로 각을 세웠던 자유등반의 대가 로열 로빈스(1935~2017)도 82세이던 2017년 세상을 떠났다. 로빈스는 자유등반 기술과 깨끗한 등반윤리를 강조한 두 권의 책 〈Basic Rockcraft〉와 〈Advanced Rockcraft〉에서 초등은 그림이나 노래와 같은 창작품이며, 인공등반 장비를 거부한다면 더 예술적인 작품이 될 수 있다고 피력했다. 볼트 없는, 피톤 없는 깨끗한 등반을 추구했던 그는 이본 취나드와 함께 그 바위의 자연적인 특징의 사용과 보존을 장려함으로써 1960년대 말과 1970년대 초의 등반문화를 바꾸는 데 중요한 역할을 했다.

로열 로빈스가 가장 친절하고 관대한 사람으로 꼽은 톰 프로스트(1936~2018)도 82세에 사망했다. 그는 1959년 이본 취나드와 함께 러프 RURP를 설계하고 제작했으며, 1960년대 후반에는 지금도 출시되고 있는 등반장비 '헥사'(스토퍼)를 만들며 자신을 '피톤 엔지니어'라고 칭했다. 1997년부터 2001년까지, 그는 아들과 함께 요세미티로 돌아와 노즈와 NA월을 올랐으며, 마지막으로 그 첫 등반 40주년 기념일에 살라테월을 올랐다. 또한 자연과 전통을 존중하고 등반에서의 환경윤리를 옹호하는 그는 1997년 요세미티 공원관리공단이 역사적인 암벽 등반가들의 야영지인 캠프4 근처에 직원 기숙사 건설을 계획하자 이를 저지하기 위해 싸웠다.

로빈스가 당대 최고의 등반가이자, 등반 작가라고 칭했던 척 프랫(1939~2000)은 등반 강사와 가이드로 일하면서 겨울마다 들렀던 태국에서 잠자던 중 심장마비로 61세에 사망했고, 유해는 그의 소원대로 메콩강에 뿌려졌다.

저자가 가장 열정적이고 빠른 등반가로 뽑은 로키산맥 출신의 최고 등반가 레이튼 코어(1938~2013)는 70대 초반까지 등반을 계속하다 74세에 신부전과 전립선암을 앓다가 사망했다.

저자가 이 책을 쓰는 데 결정적인 공헌을 했으며, 저자와 함께 〈어센트〉를 창간했던 앨런 스텍(1926~2003)은 70번째 생일에 스텍-살라테 루트를 다시 올랐고, 86살까지 일주일에 두 번 실내암장을 다니고, 강연을 하면서 왕성하게 활동하다, 2023년 2월 23일 96세의 나이로 사망했다.

이 책에 등장한 황금세대에 속하는 인물 가운데 생존해 있는 등반가는 이본 취나드와 저자인 스티브 로퍼 등 극소수에 불과하다.

현재 84세인 이본 취나드(1938~)는 〈블랙다이아몬드〉의 전신인 〈취나드이큅먼트〉를 설립해 피톤과 헥사 등 등반장비를 만들었고, 친환경을 모토로 하는 의류브랜드 〈파타고니아〉 창립자로서 2023년 타임지가 꼽은 세계에서 가장 영향력 있는 100인에 선정되었다.

이 책의 저자 스티브 로퍼(1941~)는 1964년 최초로 본격적인 요세미티 등반가이드북을 만든 인물로, 등반가들이 탐독하던 산악저널 〈어센트〉를 만들었고, 〈하이 시에라 암벽등반 가이드〉, 〈요세미티 등반 가이드〉, 〈북미 클래식 등반 50선〉을 펴냈다. 1972년 같이 등반하던 친구들의 잇따른 죽음에 충격을 받으면서, 등반활동을 접고 탐조와 경비행기를 모는 취미활동을 하고 있다.

이 책을 번역하면서 '인생을 살아가는 데는 오직 두 가지 방법밖에 없다. 하나는 아무것도 기적이 아닌 것처럼, 다른 하나는 모든 것이 기적인 것처럼 살아가는 것이다.'라는 아인슈타인의 말이 떠올랐다. 『캠프4』 번역을 맡은 것은 놀라운 우연이자, 영광이었다. 암벽등반을 시작하면서 다녔던 실내암장이 서니사이드였고, 이곳에서 요세미티 등반의 꿈이 잉태되었기 때문이다.

지금은 서니사이드로 이름이 바뀐, 요세미티 등반가들의 땀과 웃음, 고통과 성취가 서려 있는 요세미티 등반 베이스캠프. 캠프4의 역사와 이곳에 머물렀던 등반가들을 만나서 즐거웠다. 물론 수많은 고유명사와 등반루트 세부 묘사, 인용구의 독특한 어조를 글로 옮기는 과정 자체는 즐겁기만 한 것은 아니었다. 감수를 해준 김동수 이사님께 심심한 감사의 말을 전한다.

마지막으로, 요세미티 등반의 특수성과 그에 따른 등반 테크닉과 장비의 발전, 그리고 탁월한 등반가들과 그들의 삶에 관한 이야기를 옮기면서 우리나라의 주요 루트의 초등에 관한 이야기도 궁금해졌다. 무엇인가가 살아 있는 기억 속에 머무르는 시간의 길이는 한정적이며, 만물은 무정하게 흐른다. 우리나라 주요 바윗길도 1960년대에 본격 개척된 것으로 알고 있다. 당시의 등반과 기억, 등반가들과 이야기들이 속절없이 흘러 사라지기 전에 우리의 등반역사가 담긴 회고록이 나오기를 기대해본다.

송은희

아래 목록은 이 책에 나오는 인용문의 출처를 나열한 것이다. 아래에는 세 가지 약어가 사용된다. AAJ는 『아메리칸 알파인 저널American Alpine Journal』을 나타낸다. SCB는 『시에라클럽 소식지Sierra Club Bulletin』를 말하며, SR은 저자를 나타낸다.

● EPIGRAPHS

Borghoff's paean to Yosemite appears in his article in *Summit*, June 1962.
Chouinard's view of Valley climbing appears in his first article in the 1963 *AAJ*.

● CHAPTER 1

The epigraph comes from Robinson's article in the June 1934 *SCB*.
Greeley's observations appear in his book *An Overland Journey* (New York: C. M. Saxton, 1860).
Muir's "earthly dwelling" comment appears in William Colby's article in the March 1948 *SCB*.
Emerson's statement is reported in *A Western Journey with Mr. Emerson*, by J. B. Thayer (Boston: Little, Brown, & Co., 1884).
Muir's "overwhelming influence" remark is from his book *My First Summer in the Sierra* (Boston and New York: Houghton Mifflin Co., 1911).
Chase's "great cleft" description appears in his book *Yosemite Trails* (New York: Houghton Mifflin Co., 1911).
Muir's "harmless scum" and "fifty visitors" comments come from William Colby's article in the March 1948 *SCB*.
Leonard's description of the joys of rappelling comes from his article in the February 1940 *SCB*.
Leonard's "ineffectual climbing" quote comes from his note in the June 1934 *SCB*.
Leonard's "pitons as a direct aid" quote is found in his note in the June 1934 *SCB*.
Underhill's assertion about doing climbs unaided comes from his article in the February 1931 *SCB*.
Leonard's description of the Flake comes from his note in the February 1935 *SCB*.

The evaluation of Dave Brower comes from an unsigned report in Dick Leonard's files; SR has a copy.

Meyer's description of Dave Brower comes from his letter to SR, February 23, 1993.

Bunn's comment about women comes from his a note in the January 1920 *SCB*.

Bedayan's remark about women comes from his note in the June 1939 *SCB*.

Leonard's statement about Marjory Bridge comes from his note in the February 1935 *SCB*.

Lippmann's description of the West Arrowhead Chimney climb comes from his note in the August 1942 *SCB*.

Hansen's story about John Salathé on Hunters' Hill comes from his letter to Tom Jukes, dated July 26, 1993.

Leonard's "undefined borderline" quote comes from his note in the February 1936 *SCB*.

Leonard's two comments about the difficulties of the Lost Arrow appear, respectively, in his notes in the February 1936 *SCB* and the April 1938 *SCB*.

Salathé's recollections of his experience on the first pitch of the Arrow were told to Nick Clinch in the early 1950s; Clinch related the story in a letter to SR, February 9, 1994.

Thune's comments on the Salathé-Thune attempt come from Thune's unpublished manuscript dated April 21, 1975, a copy of which SR has.

● CHAPTER 2

The epigraph comes from Allen Steck's article in the May 1951 *SCB*.

Nelson's "unclimbability" quote comes from his article in the March 1948 *SCB*.

Leonard's "terrifyingly clear" comment appears in his note in the February 1940 *SCB*.

Nelson's view of the fairness of using bolts appears in his article in the March 1948 *SCB*.

Nelson's statement about losing weight appears in his article in the March 1948 *SCB*.

Nelson's recollection of the "mining" of flakes in the Arrow Chimney comes from his unpublished manuscript dated April 3, 1975, a copy of which is in SR's possession.

Nelson's comments on the urge to climb appear in his article in the March 1948 *SCB*.

Chase's description of Sentinel Rock comes from his book *Yosemite Trails*, 1911.

Most of the quotes on this page and the following ones about the first ascent of the north face of Sentinel appear in Allen Steck's article in the May 1951 *SCB*.

The cobra venom story was told to Allen Steck by Dick Leonard on April 1, 1991. Doris Leonard added details in a conversation with SR, March 17, 1994.

The outlines Salathé's life on this and the following pages come from the files of Allen Steck, SR's three personal interviews with him (1963, 1986, 1991), and from city directory files in the San Mateo, California, library.

The story of Salathé on the Matterhorn appears in John Thune's unpublished manuscript dated April 21, 1975, a copy of which SR has.

Clinch's stories of his halcyon days in the Stanford Alpine Club come from his letter to SR, February 9, 1994.

Brower's recollection of the proposed "pole" ascent of the El Cap Tree comes from his note in the December 1952 *SCB*.

Steck's commentary about future rock engineers comes from his note in the December 1952 *SCB*.

Steck's description of the fog on Yosemite Point Buttress comes from his note in the December 1952 *SCB*.

Dunmire's recollections of his accident come from his letter to SR, December 5, 1992.

The story of the midnight meeting is related in a letter from Nick Clinch to SR, February 9, 1994.

Harding's "brute stupidity" comment comes from an interview that appears in the March 9, 1986, issue of Image, the Sunday magazine of the *San Francisco Chronicle*.

Tarver's recollections of meeting Harding, climbing Middle Cathedral Rock, and making the Arrow Chimney climb come from his letter to SR, February 2, 1993

Harding's story of paving the Valley floor appears in Bob Swift's article in the April 1955 *SCB*,

Wilson's view of bivouacking appears as a note in the June 1957 *SCB*.

Powell's warnings about the Arrowhead Arête climb come from his note in the June 1957 *SCB*.

Harding's "ambitious dreamer statement comes from his and Wayne Merry's article in the April 1959 issue of *Argosy* magazine.

Sherrick's concerns about publicity come from the November 1958 *SCB*.

● CHAPTER 3

The epigraph comes from Wilson's book *The Lore and the Lure of the Yosemite* (San Francisco: Schwabacher-Frey, 1926).

Shonle's comments about Warren Harding appear in his letter to SR, February 3, 1993.

Harding's comments about tires and wineries appear in an interview in Nicholas O'Connell's book *Beyond Risk* (Seattle: The Mountaineers, 1993).

Harding's view of the aesthetics of the El Cap Nose appears in his book *Downward Bound* (Englewood Cliffs, NJ: Prentice Hall, 1975).

Harding's description of the traffic jams below El Cap appear in the 1959 *AAJ*.

Robbins's explanation of why he declined to join Harding can be found in an interview in *Mountain*, November 1971.

Harding's comment about using nylon ropes comes from his article in *Argosy*, April 1959.

Harding's dismissal of the Dolt Cart comes from his book *Downward Bound*, 1975.

Harding's explanation of why Dolt dropped out of the El Cap climb comes from his book *Downward Bound*, 1975.

Harding's story of "conning" climbers appears in the 1959 *AAJ*.

Merry's comments about the exposure come from his letter to SR, March 15, 1993.

Harding's comment about the ranger enforcement comes from the 1959 *AAJ*.

Harding's view of the "monotonous grind" appears in the 1959 *AAJ*.

Merry's comment about the naming of the Glowering Spot comes from his letter to SR, March 15, 1993.

Calderwood's view of the pressure appears in a story in the *San Francisco Chronicle*, November 12, 1958.

Calderwood's comment about his work ethic was made in a phone conversation to SR, April 13, 1993.

Harding's comment about Ellen Searby comes from the November 13, 1958 *San Francisco News*.

The editorial about global peace appears in the November 13, 1958 *San Francisco News*.

The quote about stamina and courage appears in an editorial in the *Oregon Journal*, November 15, 1958.

Wirth's statement about stunt climbing is reported in Doug Scott's *Big Wall Climbing*, 1974.

● CHAPTER 4

The epigraph comes from Sessions's letter to the editor in Summit, April 1958.

Powell's comparison of his route on Middle Cathedral Rock to Sentinel comes from his note in the October 1959 *SCB*.

Dolt's description of Powell's nailing speed appears in his note in the November 1958 *SCB*.

Powell's description of climbing the overhang on Bridalveil East comesfrom his note in the November 1958 *SCB*.

Robbins's "dizzy with fear" quote comes from his article in the 1968 *AAJ*.

Robbins's assessment of the Arrow Chimney tradition appears in the December 1960 *SCB*.

Merry's recollection of the Worst Error chimney comes from his letter to SR, March 15, 1993.

Harding's memory of the Worst Error appears in the October 1959 *SCB*.

Swift's story of the Wide World of Sports affair comes from his letter to SR, July 15, 1993.

Carter's view of Valley climbing appears in his letter to the editor in *Summit*, July 1957.

Sessions's statement about the Ahwahnee Buttress appears in the December 1960 *SCB*.

Dunmire's assessment of the north face of Middle Cathedral appears in the December 1952 *SCB*.

Robbins's comment about Pratt's lead on Middle Cathedral comes from the October 1959 issue of *Mugelnoos*, the newsletter of the Sierra Club's Southern California Rock Climbing Section.

Czamanske's recollections of the Washington Column climb come from a personal interview with SR, September 30, 1993.

• CHAPTER 5

The epigraph comes from Robbins's article in the December 1960 *SCB*.

The statement by Smith's father appears in the *Fresno Be*, March 21, 1960.

Chouinard's comment about Tahquitz comes from his article in the 1963 *AAJ*.

Robbins's views about the north face of Lower Cathedral appear in the October 1961 *SCB*.

Chouinard's comment on Tom Frost's lead of the Dogleg Crack is found in his note in the 1961 *AAJ*.

Robbins's view of Tom Frost appears in an unpublished manuscript, dated December 8, 1992, in SR's possession.

Borghoff's evaluation of his shortcomings comes from his letter to SR, August 15, 1963.

Kor's comments come from his letter to SR, December 11, 1962.

• CHAPTER 6

The epigraph comes from Chouinard's article in the 1963 *AAJ*.

Harding's remark about the three Nose climbers appears in his book *Downward Bound*, 1975.

The "giddy conclusion" comment comes from Robbins's note in the December 1962 *SCB*.

Robbins's view of fixed ropes appears as a note in the December 1962 *SCB*.

Robbins's remark about the certitude comes from his article in the 1963 *AAJ*.

Robbins's description of the Ear comes from his article in the 1963 *AAJ*.

Harding's explanation of why he wanted to climb the Leaning Tower comes from his book *Downward Bound*, 1975.

The dialogue about Harding's injury is given in Al Macdonald's article in the December 1962 *SCB*.

Macdonald's comment on the tourists comes from his article in the December 1962 *SCB*.

Hempel's account of the Crack of Doom comes from a letter to SR, April 1993.

Chouinard's view of speed climbing appears in his article in the 1963 *AAJ*.

Higgins's view of speed climbing appears in his letter to the editor in *Summit*, July/August 1963.

Amborn's view of competition appears in his letter to the editor in *Summit*, September 1963.

Robbins's "Mozart" comment comes from his article in *Summit*, March 1963.

Chouinard's description of the Quarter Domes route comes from a letter to SR, December 1962.

Cooper's remarks on competition come from his article in the 1963 *AAJ*.

Denny's summit impressions appear in a letter to SR, November 29, 1962.

Robbins's characterization of Harding comes from an interview in *Mountain*, November 1971.

Robbins's views on first continuous ascents appear in a letter to SR, December 22, 1962.
Denny's thoughts on Macdonald appear in a letter to SR, January 15, 1963.

● CHAPTER 7

The quote about the dark side of the Vulgarians comes from Ted E. Kirchner's letter to
   the editor in *Climbing*, December 1993.
Sims's story of the Leaning Tower Traverse was related in his letter to SR, February 22,
   1994.
Cook's two stories come from 1993 E-mail communications with SR.
Borghoff's comments appear in his letter to SR, August 15, 1963.
Borghoff's "salamander" descriptions come from his article in *Summit*, June 1962.
Father Murphy's comments come from his letter to Al Macdonald, January 13, 1960.
Borghoff's description of the Camp 4 bears comes from his article in *Summit*, June 1962.
Cook's story of the Empire Builder comes from an E-mail communication to SR,
   March 27, 1993.
Morton's story of the Alps comes from an E-mail communication to SR, September 23,
   1993.
Chouinard's comment about sex comes from his letter to SR, December 1962.
Borghoff's rave about Tri-Delts comes from an unpublished manuscript in the possession
   of SR, dated January 31, 1975.
The four limericks, with subtle variations, have been passed down orally through the
   years. The chief custodians: Eric Beck, John Morton, and Jeff Dozier.
Parckel's view of climbers appears in his letter to SR, June 1963.
Herbert's Sentinel bivouac story was told to SR by Galen Rowell, February 16, 1994.
Herbert's "wake up and listen" story is related by Don Lauria in his note in the 1971
   AAJ.
Komito's two comments come from letters to SR, dated, respectively, January 6, 1964 and
   August 7, 1964.

● CHAPTER 8

The epigraph comes from Pratt's letter to SR, March 18, 1965.
Leonard's reflections about the AAC come from his letter to Galen Rowell, June 25,
   1972.
Carter's musings about the California climbers come from his letter to SR, March 1,
   1994.
Chouinard's views on his article appear in his letter to SR. December 7, 1962.
Chouinard's several comments about the Valley come from his article in the 1963 *AAJ*.
Robbins's remark about sticking to the decimal system is quoted in a letter from Orrin
   Bonney to the American Alpine Club Council, May 1, 1963.

Robbins's quote about Ortenburger's plan comes from a manifesto, dated March 15, 1963, that he sent to many people, including SR.

Ortenburger's view of the independence of climbers appears in his undated (but undoubtedly early 1963) circular mailed to numerous people, including SR.

Robbins's remarks about his transgression" come from a letter to SR, March 7, 1994.

Borghoff's view of Galen Rowell appears in his letter to SR, April 19, 1964.

Robbins's comment about sloppy climbing comes from his note in *Summit*, April 1964.

Robbins's remark about claiming the price comes from a note to SR, January 13, 1994.

Robbins's comment about the stimulating experience comes from his article in the 1964 *AAJ*.

McCarthys evaluation of Robbins and Kor appears in his article in the 1964 *AAJ*.

Foott's recollection of his Patio climb comes from a phone interview with SR, October 27, 1993.

Robbins's comments about the hangers come from his letter to SR, August 9, 1964.

Robbins's view of Ed Cooper's integrity appears as a note in the 1965 *AAJ*.

All quotes by John Evans come from his diary entries, June 18 through June 22, 1964.

Baldwin's comments on his wretchedness come from his letter to SR, April 18, 1964.

Pratt's several witticisms about the Ribbon climb come from his note in the 1965 *AAJ*.

Pratt's rave on Ribbon is reported by Allen Steck in his article in the 1967 *Ascent*.

Leonard's comment about direct aid on the Higher Spire comes from his note in the February 1941 *SCB*.

Kor's trepidation about climbing with Sacherer appears in his letter to SR, December 30, 1964.

Chouinard's comments about Sacherer come from his article in the 1970 *AAJ*.

Morton's story of the dropped piton comes from an E-mail communication to SR, May 18, 1993.

The story of Sacherer's grades is related in a letter from Jan Sacherer to SR, November 7, 1993.

Steck's recollection of Terray in Yosemite comes from his letter to SR, July 22, 1964.

Beck's view of Sheridan Anderson appears his letter to SR, May 1964.

Robbins's characterization of Pratt, Harding, and Chouinard comes from his note in *Summit*, January/February 1969.

• CHAPTER 9

The epigraph comes from Chouinard's article in the 1966 *AAJ*.

Robbins's comment on fixed ropes comes from his article in the 1965 *AAJ*.

Robbins's view of the difficulties on the NA Wall appears in his letter to SR, December 12, 1964.

Robbins's thoughts about the "chilling specter" appear in his article in the 1965 *Ascent*.

Robbins's comment about decay and death comes from his article in the 1968

Robbins's comment on why he writes is from his letter to SR, February 15, 1994.

Kelsey's spoof of Robbins comes from his article in *Summit*, April 1970.

Chouinard's various descriptions of the Muir Wall climb come from his article in the 1966 *AAJ*.

Beck's comment about Jim Bridwell's "boys" comes from his letter to SR, May 1965.

Pratt's mention of Jim Bridwell's "puppets" comes from his letter to SR, August 8, 1965.

Pratt related the Chuck Ostin/Sentinel story to SR in 1961.

Beck's brag about Sentinel comes from his letter to SR, May 19, 1965.

Kamps's comment about bolts comes from his article in *Summit*, July/August 1965.

Higgins's views of Valley climbing appear in his letter to the editor in *Summit*, September 1965.

Powell's view of Higgins appears in his letter to SR, June 18, 1964.

Robbins's view of tolerance appears as a note in *Summit*, October 1965.

Kilness's plea comes from her letter to SR, December 9, 1965.

Robbins's comment on "pilgrims of the vertical" comes from his note in *Summit*, June 1968

Robbins's recommendation of El Cap's west face comes from his article in the 1968 *AAJ*.

Robbins's comment about attitudes comes from his note in *Summit*, June 1968.

Robbins's views on pre-fixing pitches on El Cap appear in an interview in *Mountain*, January 1973.

Robbins's comment about Madsen appears in his note in *Summit*, October 1968.

Lauria's witticism about the Dihedral climb comes from his article in *Summit*, September 1988.

Lauria's comments on "Mutt and Jeff appear in his article in *Summit*, September 1966.

Robbins's mention of foreigners comes from his note in *Summit*, January/February 1966.

Robbins's bullfighting comparison comes from his letter to SR, June 17, 1966.

Pratt's view of British talent appears as a note in the 1967 *AAJ*.

Pratt's comment about the end of an era is quoted by Royal Robbins in his note in *Summit*, March 1967.

Robbins's comment about Ed Drummond's attitude comes from Drummond's article in *Summit*, April 1969.

Drummond's description of his knees comes from his article in *Summit*, April 1969.

Smaill's comments about the Salathé Wall come from his article in the 1970 *Canadian Alpine Journal.*

Rowell's bolting percentage quote comes from his article in *Summit*, May 1969.

Robbins's views of soloing appear in his article in the 1969 *AAJ*.

Robbins's three comments on his travails on the Muir Wall come from his article in *Summit*, March 1969.

● CHAPTER 10

The epigraph comes from McCarthy's article in *Summit*, November/December 1971.

Robbins's remark about camping comes from his note in *Summit*, July/August 1970.

McCarthy's view of climbing schools appears in his article in *Summit*, November/December 1971.

Leeper's view of commercialism appears in his letter to the editor in *Summit*, January February 1971.

Rowell's limerick appears in *Vulgarian Digest*, Fall 1970.

Graber's comment about trash comes from his letter to the editor in *Summit*, January/February 1972.

Robbins's warning about future visits to the Valley comes from his note in *Summit*, July/August 1970.

Robbins's view of nuts is reported by Anthony Greenbank in his article in *Summit*, May/June 1965.

Robbins's comment about learning from the British comes from his letter to SR, June 17, 1966.

Robbins's disclosure of his underestimation of nuts comes from his article in *Summit*, May 1967.

Robbins's description of Boulderfield Gorge comes from his article in *Summit*, May 1967.

Herbert's view of Robbins's downfall is reported in Robbins's article in *Summit*, July/August 1970.

Robbins's first two characterizations of Don Peterson come from his article in the 1970 *AAJ*. The next three quotes come from his article in the 1970 *Accent*.

Robbins's description of the blankness of Tis-sa-ack comes from a phone interview with SR, January 11, 1994.

Robbins's rebuttal about solo climbing comes from his article in the 1971 *AAJ*.

Matthew's views on being a woman climber come from her letter to SR, January 21, 1994.

Robbins's comment about faddists comes from his note in *Summit*, November 1970.

Kroger's comment on the "circus" comes from his article in the 1971 *AAJ*.

Davis's description of the falling flake comes from a letter to SR, March 14, 1994.

Kroger's comments on the Heart climb come from his article in *Climbing*, January 1971.

Davis's views of the earlier generation come from his letter to R, March 7, 1994.

Harding's description of body odor and reason for climbing both come from a story in the *San Francisco Chronicle*, November 19, 1970,

The bull image comes from Thomas L. P. Davies's letter to the editor in the *San Francisco Chronicle*, November 19, 1970.

Adams's view of the Dawn Wall climb appears in his letter to the editor in the *San Francisco Chronicle*, December 1, 1970.

Harding's comments on Caldwell and making money both come from a story in the *San Francisco Chronicle*, November 19, 1970,

Harding's undated (but undoubtedly 1971) "To Whom It May Concern" letter is in SR's possession.

Robbins's appraisal of Harding comes from his note in *Summit*, December 1970.

Robbins's explanation for the "erasure" comes from an interview in *Mountain*, January 1973.

Lauria's comment about castration appears in Harding's book *Downward Bound*, 1975.

Robbins's view of the Dawn Wall as contrived appears as a note in *Summit*, April 1971.

Robbins's comment about hard nailing comes from an interview in *Mountain*, November 1971.

Herbert's statement about the Dawn Wall "erasure" comes from his note in the 1971 *AAJ*.

Harding's comment about Robbins's motives comes from his letter to the editor in *Mountain*, November 1971.

Rowell's views of the future of Valley elimbing appear in his article in Climbing, May June 1971.

Wilson's observations about the Dawn Wall and Harding come from his editorial in *Mountain*, May 1971.

Harding's characterizations of Robbins, Chouinard, and SR come from his book *Downward Bound*, 1975. .

Robbins's review of Downward Bound appears in *Mountain Gazette*, May 1975.

● EPILOGUE

The epigraph comes from Salathé's letter to Allen Steck, September 8, 1974.

Rowell's doubts about pitonless ascents appear in his book review of the Chouinard catalog in the 1973 *AAJ*.

세로 토레

메스너, 수수께끼를 풀다 • 체사레 마에스트리의 1959년 파타고니아 세로 토레 초등 주장은 오랫동안 논란을 불러일으켰다. 라인홀드 메스너가 세로 토레 초등의 진실을 추적했다.

라인홀드 메스너 지음 | 김영도 옮김 | 26,000원

더 타워

세로 토레 초등을 둘러싼 논란과 등반기록 • 자만심과 영웅주의, 원칙과 고생스러운 원정등반이 뒤범벅된 이 책은 인간의 조건을 내밀하게 들여다보게 하며, 극한의 노력을 추구하는 사람들의 존재 이유를 적나라하게 파고든다.

켈리 코르데스 지음 | 권오웅 옮김 | 46,000원

Fallen Giants

히말라야 도전의 역사 • 높고 위험한 히말라야의 여러 산에서 기술과 담력을 시험하려 했던 많은 모험가들. 생생하고 풍부한 삽화, 사진과 함께 50년 만에 최초로 히말라야 도전의 방대한 역사를 정리했다.

모리스 이서먼, 스튜어트 위버 지음 | 조금희, 김동수 옮김 | 62,000원

산의 전사들

슬로베니아 알피니즘의 강력한 전통과 등반문화 • 국제적으로 명성이 자자한 산악문화 작가 버나데트 맥도널드가 슬로베니아의 알피니즘이 그 나라의 험난한 정치 역사 속에서 어떻게 성장하고 발전했는지 읽기 쉽게 정리했다.

버나데트 맥도널드 지음 | 김동수 옮김 | 37,000원

FREEDOM CLIMBERS

자유를 찾아 등반에 나서는 폴란드 산악인들의 놀라운 여정 • 제2차 세계대전과 그에 이은 억압적 정치상황을 뚫고 극한의 모험을 찾아 등반에 나섰던 폴란드 산악인들. 이들은 결국 세계에서 가장 강인한 히말라야 산악인들로 거듭났다.

버나데트 맥도널드 지음 | 신종호 옮김 | 43,000원

WINTER 8000

극한의 예술, 히말라야 8000미터 동계등반 • 한겨울에 세계 최고봉들을 오르려 했던 얼음의 전사들! 그들의 고통과 노력, 성공과 실패에 대한 이야기를 버나데트 맥도널드가 상세하게 서술했다.

버나데트 맥도널드 지음 | 김동수 옮김 | 33,000원

중국 등산사

중국 등산의 기원과 발전 과정에 대한 철저한 기록 • 다음 세대를 위한 역사적 근거와 간접 경험을 제공하고자 중국 국가 차원에서 기획하여 고대, 근대, 현대를 아우르는 등산에 관한 자료를 최대한으로 수집하여 정리했다.

장차이젠 지음 | 최유정 옮김 | 47,000원

정당화할 수 없는 위험?

근대등산의 태동부터 현재까지 영국 등산 200년사 • 지적이고 읽기 쉬우며 명료하게 잘 쓰인 이 책은 정당화할 수 없는 위험까지도 기꺼이 감수해온 영국인들의 등반과 그 동기를 통해 삶에 대한 고찰의 기회를 제공한다.

사이먼 톰슨 지음 | 오세인 옮김 | 48,000원

일본 여성 등산사

후지산에서 에베레스트까지 일본 여성 산악인들의 등산 역사 총망라 • 7년에 걸쳐 방대한 자료를 수집하고 정리하여 완성한 최초의 일본 여성 등산사이다. 부조리와 난관을 극복해가는 일본 여성 산악인들의 위대한 발걸음의 궤적을 확인할 수 있다.

사카쿠라 도키코, 우메노 도시코 지음 | 최원봉 옮김 | 31,000원

M4

산 그 4차원의 세계 • 과학과 극한등반의 절묘한 콤비네이션으로 세계 최고의 산 13개를 압축된 등반역사와 함께 위성기술을 활용 전례없는 해상도와 화질로 시각화하여 보여준다.

슈테판 데호, 라인홀드 메스너, 닐스 슈파르바서 지음 | 김동수 옮김 | 68,000원

무상의 정복자

위대한 등반가 리오넬 테레이의 불꽃 같은 삶과 등반 이야기 • 그랑드조라스 워커릉, 아이거 북벽에 이어 안나푸르나, 마칼루, 피츠로이, 안데스, 자누, 북미 헌팅턴까지 위대한 등반을 해낸 리오넬 테레이의 삶과 등반 이야기가 펼쳐진다.

리오넬 테레이 지음 | 김영도 옮김 | 46,000원

마터호른의 그림자

마터호른 초등자 에드워드 윔퍼의 일생 • 걸출한 판각공이자 뛰어난 저술가이며 스물다섯 나이에 마터호른을 초등한 에드워드 윔퍼의 업적에 대한 새로운 평가와 더불어 탐험가가 되는 과정까지 그의 일생이 담겨 있다.

이언 스미스 지음 | 전정순 옮김 | 52,000원

나의 인생 나의 철학

세기의 철인 라인홀드 메스너의 인생과 철학 • 칠순을 맞은 라인홀드 메스너가 일찍이 극한의 자연에서 겪은 체험과 산에서 죽음과 맞서 싸웠던 일들을 돌아보며 다양한 주제로 자신의 인생과 철학에 대해 이야기한다.

라인홀드 메스너 지음 | 김영도 옮김 | 41,000원

ASCENT

알피니즘의 살아 있는 전설 크리스 보닝턴의 등반과 삶 • 영국의 위대한 산악인 크리스 보닝턴. 사선을 넘나들며 불굴의 정신으로 등반에 바쳐온 그의 삶과 놀라운 모험 이야기가 가족에 대한 사랑과 더불어 파노라마처럼 펼쳐진다.

크리스 보닝턴 지음 | 오세인 옮김 | 51,000원

엘리자베스 홀리

히말라야의 영원한 등반 기록가 • 에베레스트 초등부터 현재에 이르기까지 히말라야 등반의 방대한 역사를 알고 있는 엘리자베스 홀리의 비범한 삶과 세계 최고 산악인들의 이야기가 흥미롭게 펼쳐진다.

버나데트 맥도널드 지음 | 송은희 옮김 | 38,000원

프리솔로

엘 캐피탄을 장비 없이 홀로 오른 알렉스 호놀드의 등반과 삶 • 극한의 모험 등반인 프리솔로 업적으로 역사상 최고의 암벽등반 지위를 획득한 호놀드의 등반경력 중 가장 놀라운 일곱 가지 성과와 그의 소박한 일상생활을 담았다.

알렉스 호놀드, 데이비드 로버츠 지음 | 조승빈 옮김 | 37,000원

RICCARDO CASSIN

등반의 역사를 새로 쓴 리카르도 캐신의 50년 등반 인생 • 초창기의 그리나와 돌로미테 등반부터 피츠 바딜레, 워커 스퍼와 데날리 초등까지 상세한 이야기와 많은 사진이 들어 있는 이 책은 리카르도 캐신의 반세기 등반 활동을 총망라했다.

리카르도 캐신 지음 | 김영도 옮김 | 36,000원

산의 비밀

8000미터의 카메라맨 쿠르트 딤베르거와 알피니즘 • 역사상 8천 미터급 고봉 두 개를 초등한 유일한 생존자이자 세계 최고의 고산 전문 카메라맨인 쿠르트 딤베르거. 그의 등반과 여행 이야기가 흥미진진하게 펼쳐진다.

쿠르트 딤베르거 지음 | 김영도 옮김 | 45,000원

하루를 살아도 호랑이처럼

알렉스 매킨타이어와 경량·속공 등반의 탄생 • 알렉스 매킨타이어에게 벽은 야망이었고 스타일은 집착이었다. 이 책은 알렉스와 동시대 클라이머들의 이야기를 통해 삶의 본질을 치열하게 파헤쳐 들려준다.

존 포터 지음 | 전종주 옮김 | 45,000원

太陽의 한 조각

황금피켈상 클라이머 다니구치 케이의 빛나는 청춘 • 일본인 최초이자 여성 최초로 황금피켈상을 받았지만 뜻하지 않은 사고로 43세에 생을 마감한 다니구치 케이의 뛰어난 성취와 따뜻한 파트너십을 조명했다.

오이시 아키히로 지음 | 김영도 옮김 | 30,000원

등반가 시리즈

카트린 데스티벨
암벽의 여왕 카트린 데스티벨 자서전 • 세계 최고의 전천후 클라이머로, 스포츠클라이밍, 암벽등반 그리고 알파인등반에서 발군의 실력을 발휘한 그녀의 솔직담백한 이야기가 잔잔한 감동으로 다가온다.

카트린 데스티벨 지음 | 김동수 옮김 | 30,000원

지옥은 나를 원하지 않았다
폴란드 얼음의 전사 비엘리츠키의 등반과 삶 • 히말라야 8천 미터급 고봉을 오르기 위한 불굴의 의지, 동료의 죽음과 그에 대한 정신적 딜레마, 사랑, 희생 등 비엘리츠키의 삶을 르포 형식으로 보여주고 있다.

다리우시 코르트코, 마르친 피에트라셰프스키 지음 | 서진석 옮김 | 51,000원

Art of Freedom
등반을 자유와 창조의 미학으로 승화시킨 보이테크 쿠르티카 • 산악 관련 전기 작가로 유명한 버나데트 맥도널드가 눈부시면서도 수수께끼 같은 천재 알피니스트 보이테크 쿠르티카의 전기를 장인의 솜씨로 빚어냈다.

버나데트 맥도널드 지음 | 김영도 옮김 | 36,000원

등반기 시리즈

에베레스트 정복
에베레스트 전설적인 초등 당시의 오리지널 사진집〈흑백사진 101점 + 컬러사진 62점〉• 에베레스트 초등 60주년 기념 사진집. 초등 당시 등반가이자 사진가로 함께했던 조지 로우가 위대한 승리의 순간들을 찍은 뛰어난 독점 사진들과 개인 소장의 사진들을 모아 펴냈다.

조지 로우, 휴 루이스 존스 지음 | 조금희 옮김 | 59,000원

캠프 식스
에베레스트 원정기의 고전 • 1933년 에베레스트 원정대에 대한 따뜻한 기록. 프랭크 스마이드가 마지막 캠프까지 가져가서 썼던 일기를 토대로, 등반의 극적인 상황과 산의 풍경에 대한 생생한 묘사를 담았다.

프랭크 스마이드 지음 | 김무제 옮김 | 33,000원

꽃의 계곡
아름다운 난다데비 산군에서의 등산과 식물 탐사의 기록 • 뛰어난 등산가이자 식물학자이며 저술가였던 프랭크 스마이드가 인도 난다데비 산군에서 등산과 식물 탐사를 하며 행복하게 지냈던 넉 달간의 이야기가 펼쳐진다.

프랭크 스마이드 지음 | 김무제 옮김 | 43,000원

하늘에서 추락하다
마터호른 초등에 얽힌 소설 같은 이야기 • 동반자이자 경쟁자였던 장 앙투안 카렐과 에드워드 윔퍼를 주인공으로 하여, 라인홀드 메스너가 마터호른 초등에 얽힌 이야기를 소설처럼 재미있고 생생하게 들려준다.

라인홀드 메스너 지음 | 김영도 옮김 | 40,000원

산악기술 시리즈

클라이머를 위한 1001가지 팁

철저하게 경험에 근거하여 만든 1001가지 클라이밍 팁! • 클라이밍은 위험하며 결코 열정은 경험을 대체할 수 없다는 믿음으로, 철저하게 자신의 경험에 근거하여 제시하는 클라이머로서의 조언이 슬기롭고 실속 있다.

앤디 커크패트릭 지음 | 조승빈 옮김 | 36,000원

버티컬 마인드

암벽등반을 위한 심리학적 접근 • 정신력이 중요한 암벽등반에서 더 열심히, 더 재미있게 등반하고 싶은 사람들을 위해 다양하고 실용적인 단계별 정신-신체 통합 훈련법을 제시한다.

제프 앨리슨, 돈 맥그래스 지음 | 권아영 옮김 | 38,000원

히말라야 다울라기리 산군의 탐사기

한국 최초의 히말라야 탐사 보고서 • 이 책은 한국 최초의 히말라야 원정 60주년을 기념하기 위하여 제작된 것으로 1962년 80여 일에 걸쳐 이루어진 경희대학교 산악회의 다울라기리 산군 탐사기이다.

박철암 지음 | 22,000원

산악 만화·소설·영화 계보

예술창작 작품들 속에서 산은 어떻게 그려져 왔을까? • 일본 작가 가모(GAMO)가 산악 관련 작품들의 변천과 역사를 집대성했다. 산악 픽션 전체를 조감하고 방대한 자료를 보기 쉽게 정리하여 특별하고 풍성한 즐거움을 맛볼 수 있다.

가모(GAMO) 지음 | 최진희 옮김 | 40,000원

산은 나의 종교
나는 산의 전도자

노산 이은상

요세미티 스타일을 만든 초기 등반가들 이야기

캠프 4

초판 1쇄 2023년 5월 29일

지은이   스티브 로퍼Steve Roper
옮긴이   송은희

펴낸이   변기태
펴낸곳   하루재 클럽
주소   (우) 06524 서울특별시 서초구 나루터로 15길 6(잠원동) 신사 제2빌딩 702호
전화   02-521-0067
팩스   02-565-3586
이메일   haroojaeclub@naver.com
출판등록 제2011-000120호(2011년 4월 11일)

윤문   김동수
편집   유난영
디자인   장선숙

ISBN   979-11-90644-12-9 03900

* 책값은 뒤표지에 있습니다.

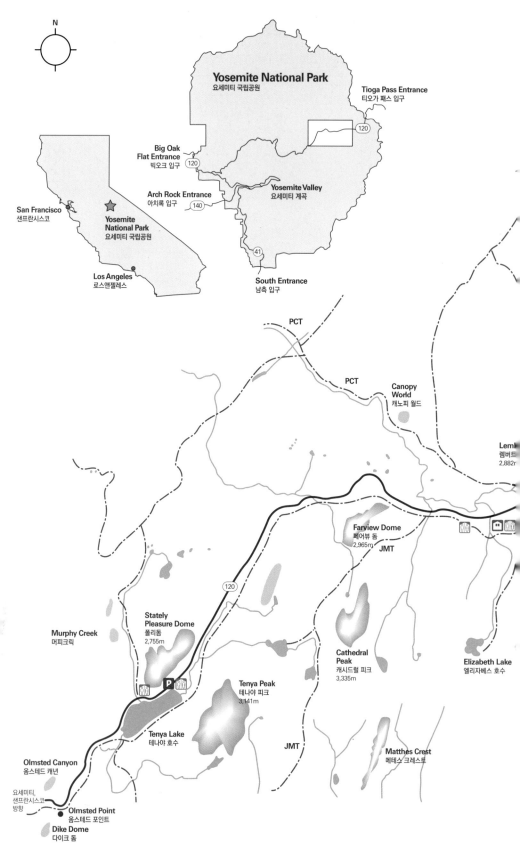